法学研究
CHINESE JOURNAL OF LAW

《法学研究》专题选辑

陈甦 / 总主编

马克思主义法学及其中国化

Marxist Legal Science and
Its Chinization

顾培东　主编

社会科学文献出版社
SOCIAL SCIENCES ACADEMIC PRESS (CHINA)

总　序

　　回顾与反思是使思想成熟的酵母，系统化的回顾与专业性的反思则是促进思想理性化成熟的高效酵母。成熟的过程离不开经常而真诚的回顾与反思，一个人的成长过程是如此，一个学科、一个团体、一本期刊的发展过程也是如此。我们在《法学研究》正式创刊40年之际编写《〈法学研究〉专题选辑》，既是旨在引发对有关《法学研究》发展历程及其所反映的法学发展历程的回顾与反思，也是旨在凝聚充满学术真诚的回顾与反思的思想结晶。由是，《〈法学研究〉专题选辑》是使其所刊载的学术成果提炼升华、保值增值的载体，而非只是重述过往、感叹岁月、感叹曾经的学术纪念品。

　　对于曾经的法学过往，哪怕是很近的法学过往，我们能够记忆的并非像我们想象的那样周全、那样清晰、那样深刻，即使我们是其中许多学术事件的亲历者甚至是一些理论成就的创造者。这是一个时空变化迅捷的时代，我们在法学研究的路上走得很匆忙，几乎无暇暂停一下看看我们曾经走过的路，回顾一下那路上曾经的艰辛与快乐、曾经的迷茫与信念、曾经的犹疑与坚定、曾经的放弃与坚持、曾经的困窘与突破，特别是无暇再感悟一下那些"曾经"中的前因后果与内功外力。法学界同仁或许有同样的经验：每每一部著述刚结句付梓，紧接着又有多个学术选题等待开篇起笔，无参考引用目的而只以提升素养为旨去系列阅读既往的法学精品力作，几为夏日里对秋风的奢望。也许这是辉煌高远却又繁重绵续的学术使命造成的，也许这是相当必要却又不尽合理的学术机制造成的，也许这是个人偏好却又是集体相似的学术习惯造成的，无论如何，大量学术作品再阅读的价值还是被淡化乃至忽略了。我们对没有被更充分传播、体现、评价及转化的学术创造与理论贡献，仅仅表达学人的敬意应该是不够的，真正的学术尊重首先在于阅读并且一再阅读映现信念、智慧和勇气的学术作品。《〈法学研究〉专题选辑》试图以学术史研究的方法和再评价的方式，向学界同行表达我们的感悟：阅读甚至反复阅读既有成果本该是学术生活的重要部分。

我曾在另外一本中国当代法学史著作的导论中描述道：中国特色社会主义法治建设之路蜿蜒前行而终至康庄辉煌，中国法学研究之囿亦蔓延蓬勃而于今卓然大观。这种描述显然旨在鼓舞而非理解。我们真正需要的是理解。理解历史才能理解现在，理解现在才能理解未来，只有建立在对历史、现在和未来的理解基础上，在面对临近的未来时，才会有更多的从容和更稳妥的应对，才会有向真理再前进一步的勇气与智慧。要深刻理解中国法学的历史、现在以及未来，有两种关系需要深刻理解与精准把握：一是法学与法治的关系，二是法学成果与其发生机制的关系。法学与法治共存并互动于同一历史过程，法学史既是法律的知识发展史，也构成法治进步史的重要组成部分。关于法、法律、法治的学术研究，既受制于各个具体历史场景中的给定条件，又反映着各个历史场景中的法律实践和法治状况，并在一定程度上启发、拨动、预示着法治的目的、路径与节奏。认真对待中国法学史，尤其是改革开放以来的法学史，梳理各个法治领域法学理论的演进状态，重估各种制度形成时期的学术供给，反思当时制度设计中背景形塑和价值预设的理论解说，可以更真实地对法治演变轨迹及其未来动向作出学术判断，从中也更有把握地绘出中国法学未来的可能图景。对于既有法学成果，人们更多的是采取应用主义的态度，对观点内容的关注甚于对观点形成机制的关注。当然，能够把既有学术观点纳入当下的理论创新论证体系中，已然是对既往学术努力的尊重与发扬，但对于学术创新的生成效益而言，一个学术观点的生成过程与形成机制的启发力远大于那个学术观点内容的启发力，我们应当在学术生产过程中，至少将两者的重要性置于等量齐观的学术坐标体系中。唯其如此，中国法学的发展与创新才会是一个生生不息又一以贯之的理性发展过程，不因己悲而滞，不因物喜而涨，长此以往，信者无疆。

作为国内法学界的重要学术期刊之一，《法学研究》是改革开放以来中国法学在争鸣中发展、中国法治在跌宕中进步的一个历史见证者，也是一个具有主体性、使命感和倡导力的学术过程参与者。《法学研究》于1978年试刊，于1979年正式创刊。在其1979年的发刊词中，向初蒙独立学科意识的法学界和再识思想解放价值的社会各界昭示，在办刊工作中秉持"解放思想、独立思考、百家争鸣、端正学风"的信念，着重于探讨中国法治建设进程中的重大理论和实践问题，致力于反映国内法学研究的最新成果和最高学术水平，热心于发现和举荐从事法学研究工作的学术人才。创刊至今40年来，《法学研究》虽经岁月更替而初心不改，虽有队伍更新而使命不坠，前后八任主编、50名编辑均能恪守"严谨、务实、深入、学术"的办刊风格，把《法学研究》作为自己学术生命的存续载体和学术奉献的展示舞台。或许正因如此，《法学研究》常被誉为"法学界风格最稳健、质量最稳定的期刊"。质而言之，说的是刊，看的是物，而靠的是人。我们相信，《法学研究》及其所刊载的文章以及这些文章的采编过程，应该可以视为研究中国改革开放以来法学发展、法治进步的一个较佳样本。也正因如此，我们有信心通过《〈法学研究〉专题选辑》，概括反映改革开放以来中国法学发展的思想轨迹以及法学人的心路历程。

本套丛书旨在以《法学研究》为样本，梳理和归整改革开放以来中国法学在一个个重要历史节点上的思想火花与争鸣交织，反思和提炼法学理论在一个个法治建设变奏处启发、拨动及预示的经验效果。丛书将《法学研究》自创刊以来刊发的论文分专题遴选，将有代表性的论文结集出版，故命名为"《法学研究》专题选辑"。考虑到《法学研究》刊发论文数量有限，每个专题都由编者撰写一篇2万字左右的"导论"，结合其他期刊论文和专著对该专题上的研究进展予以归纳和提炼。

丛书第一批拟出版专题15个。这些专题的编者，除了《法学研究》编辑部现有人员外，多是当前活跃在各个法学领域的学术骨干。他们的加入使得我们对这套丛书的编选出版更有信心。

所有专题均由编者申报，每个专题上的论文遴选工作均由编者主要负责。为了尽可能呈现专题论文的代表性和丰富性，同一作者在同一专题中入选论文不超过两篇，在不同专题中均具代表性的论文只放入其中的一个专题。在丛书编选过程中，我们对发表时作者信息不完整的，尽可能予以查询补充；对论文中极个别受时代影响的语言表达，按照出版管理部门的要求进行了细微调整。

不知是谁说的，"原先策划的事情与实际完成的事情，最初打算写成的文章与最终实际写出的文章，就跟想象的自己与实际的自己一样，永远走在平行线上"。无论"平行线"的比喻是否夸张，极尽努力的细致准备终归能助力事前的谨慎、事中的勤勉和事后的坦然。

我思故我在。愿《法学研究》与中国法学、中国法治同在。

陈　甦
2019 年 10 月 8 日
于沙滩北街 15 号

目录 Contents

导　论 ·· 顾培东 / 1

上编　马克思主义法学经典理论的阐释

论马克思主义法学的科学性 ···················· 余先予　夏吉先 / 29
试论法的阶级性和社会性 ························ 孙国华　朱景文 / 40
法不是从来就有的
　　——学习恩格斯《家庭、私有制和国家的起源》的
　　一点体会 ·· 郭宇昭 / 47
略论法的概念和法的质的规定性 ···························· 张宗厚 / 54
法与法律的概念应该严格区分
　　——从马克思、恩格斯法学思想的演变看法与法律
　　概念的内涵 ····························· 李　肃　潘跃新 / 63
也谈法的本质和概念
　　——与张宗厚同志商榷 ··························· 田培炎　董开军 / 73
论法与法律的区别
　　——与李肃、潘跃新同志商榷 ····························· 公丕祥 / 84
在马克思主义法学思想中，法与法律概念没有严格区分
　　——与李肃、潘跃新同志商榷 ····························· 汪永清 / 96

论马克思主义法学 ·· 黎　青 / 106
马克思晚年《人类学笔记》中的法律思想初探 ··················· 公丕祥 / 121
《资本论》及其创作过程中的历史唯物主义法律观
　　··· 吕世伦　毛信庄 / 131

中编　马克思主义法学中国化的理论与实践

马克思的无产阶级专政理论和中国的实践
　　——纪念马克思逝世一百周年 ································ 张友渔 / 143
论人民民主专政理论的形成和发展 ·································· 李用兵 / 159
民主与专政的辩证关系
　　——纪念毛泽东同志诞辰九十周年 ························· 李步云 / 171
论以法定制
　　——学习《邓小平文选》的体会 ······························· 宋　峻 / 183
论毛泽东同志的制宪思想 ································ 张庆福　陈云生 / 194
周恩来关于和平共处五项原则的思想
　　——纪念周恩来诞辰一百周年 ································ 赵建文 / 206
苏联法学对中国法学消极影响的深层原因
　　——从马克思东方社会理论出发所作的分析 ············ 唐永春 / 237
苏联法影响中国法制发展进程之回顾 ··············· 孙光妍　于逸生 / 257

下编　新时代马克思主义法学的深化与发展

习近平全面依法治国思想的理论逻辑与创新发展 ············· 李　林 / 277
当代中国政法体制的形成及意义 ······································ 侯　猛 / 307
党管政法：党与政法关系的演进 ······································ 周尚君 / 327
中国司法体制改革的经验
　　——习近平司法体制改革理论研究 ························· 陈卫东 / 346

导　论

顾培东[*]

当代中国社会主义法学理论在政治或意识形态属性上，无疑应归宗于马克思主义法学。作为我国法学理论研究领域的主要权威期刊《法学研究》，马克思主义法学及其中国化的研究也必然成为其复刊40年来的重要主题或重要内容。编者从《法学研究》40年中发表的约50篇此类主题的论文中，辑选23篇，汇成一集，名之为《马克思主义法学及其中国化》，借以较为集中地展示40年来我国法学界对马克思主义法学研究的成果，同时概略地呈现40年来马克思主义法学研究在我国不断深化与发展的历史过程。

一　关于"马克思主义法学"范畴的界定

"马克思主义法学"一词不仅在多种意义上运用，同时在理论形态上也呈现多种样式，因此，什么是马克思主义法学、如何界定或理解马克思主义法学的范畴，在理论上不具统一性甚至不具确定性。

从实际情况看，"马克思主义法学"通常在下述几种意义上运用。一是作为法律思想史研究中的一个重要对象，主要指马克思、恩格斯等经典作家关于法或法律的理论与思想。这显然是对"马克思主义法学"最狭义的运用。二是作为一个法学流派，主要显示马克思主义法学与其他法学流派之间的区别。在博登海默"综合法理学"中，马克思主义的法律理论就

---

[*] 顾培东，四川大学法学院教授，博士生导师。

被当成"历史法学与进化论法学"中的一个重要理论分支。① 三是作为一种政治信仰或政治主张，重在突出马克思主义法学的政治意涵以及政治属性。这种情况不仅存在于我国这样以马克思主义为主流意识形态的国度之中，而且在西方马克思主义法学研究者中也不乏这样的群体。四是作为一种具有广泛指导意义的原理，作为国家法治理论建构的整体基础，泛指符合马克思主义法学原理的一切理论、观点、理念及主张。马克思主义法学的前述几种意涵通常有一定重合之处，只是在不同语境中各有侧重、各有强调。还应提到，在西方马克思主义理论阵营中，还有多种以批判、曲解马克思主义法学理论为主旨，或者"以马克思主义反马克思主义"（如西方马克思主义研究中的"塔克—伍德命题"②）的"马克思主义法学"，但这些理论在真正的马克思主义法学信奉者视野中，并不归属于马克思主义法学，而是应当撇清进而摒弃的意识形态。

鉴于在编辑本书过程中对"马克思主义法学"范畴的界定并不是一种严肃的学术讨论，而只是用于对论文主题或内容的粗略辨识，因此，综合各方面因素，我们把辑选论文主题的范围限定于三个方面。一是马克思主义法学经典理论的阐释。既包括马克思主义法学本体的研究成果，又包括对马克思、恩格斯有关法学重要问题的理解和阐释，还包括对马克思、恩格斯某些经典著作中重要法律思想的解读。二是马克思主义法学中国化的理论与实践。除了探讨马克思主义法学在中国传播过程的论文外，主要收录对毛泽东、周恩来、邓小平等马克思主义在中国主要传承者的法律思想和理论的研究成果，并且重点收录了探讨人民民主专政在中国具体实践的相关论文，以此折射马克思主义法学中国化过程中对这一重大问题的复杂认知。三是新时代马克思主义法学的深化与发展。这部分研究成果本可与前面同归一类，但考虑到新时代以习近平为代表的马克思主义传承者对马

---

① 参见〔美〕E. 博登海默《法理学：法律哲学与法律方法》，邓正来译，中国政法大学出版社，2004，第103—108页。
② "塔克—伍德命题"是指罗伯特·塔克和艾伦·伍德对马克思主义，尤其是马克思本人的正义观提出的一种观点，认为马克思是反正义论者，他并没有否定资本主义的正义性，也没有把未来的共产主义社会想象成正义的，而是肯定了资本主义的正义性。这个命题一经提出，便在西方马克思主义理论界引发了持续几十年的争论。参见〔美〕罗伯特·查尔斯·塔克《马克思主义革命观》，高岸起译，人民出版社，2012；〔美〕艾伦·伍德《马克思对正义的批判》，转引自李惠斌、李义天编《马克思与正义理论》，中国人民大学出版社，2010。

克思主义中国化作出了新的、重要的探索与贡献，在马克思主义法学指导下所形成的中国特色社会主义法治理论有了重要的深化与发展，故将此单列为一个方面。本书依照这三个方面，分成上、中、下三编，基本囊括了《法学研究》40年中所发表的有关马克思主义法学的主要研究论文，也大体反映了我国法学理论界对这一主题研究的基本面貌和总体水平。

进一步看，上、中、下三编中的不同内容，在时间维度上也契合了我国马克思主义法学研究发展过程的不同阶段。从20世纪80年代初至90年代，我国法学界对马克思主义法学的研究，集中于对经典作家原著中法律思想的理解以及经典作家对重要法律问题的阐释。这客观反映出我国法治建设恢复初期对马克思主义法学思想启蒙的理论需求，也反映出在中国法治化道路探索初期溯源归宗、从马克思主义法学理论中寻求并建立正当性的内在愿望。20世纪90年代至中共十八大前所形成和刊发的研究成果，集中对毛泽东、邓小平等马克思主义在中国的传承者的法律思想及理论进行探讨和分析。这些研究成果主要是解读和阐释毛泽东、邓小平等政治家、思想家如何把马克思主义法律思想和理论与中国实践相结合，进而在中国法治建设的一些重大或基本问题上所形成的认识与见解。由于毛泽东、邓小平等不仅是马克思主义的传承者，也是中国政治实践的主导者，因而他们的法律思想在较大程度上体现于中国社会实践的具体过程之中。虽然辑选的论文对于毛泽东、邓小平等政治家来说不足以反映其法律思想的全貌，但从这些研究成果中仍然可以窥见马克思主义法学中国化的大体历程与基本图景。中共十八大后，中国进入全面推进依法治国阶段，基于依法治国在社会全局中的地位（"'四个全面'战略布局"之一），习近平新时代中国特色社会主义思想中包含丰富的法治方面的内容。习近平有关法治的一系列论述，进一步阐发了马克思主义法学的基本原理，同时对于马克思主义法学理论的中国化、现实化、实践化也形成了实质性的推动，由此激发了我国法学界对习近平法治思想研究的热情，使阐释和理解习近平法治思想成为当下马克思主义法学研究的重点与热点，并由此使我国马克思主义法学研究进入一个新的历史阶段。不难推断，这样一种研究以及对习近平提出的"发展中国特色社会主义法治理论"这一命题的回应，将持续地成为我国法学理论研究的主导性任务。

40年后的今天，展阅和浏览本书辑选的这23篇论文，回溯马克思主义法学研究在我国的不同发展阶段，对于明确当下法学理论研究重心，尤其是在中国法治现实问题的研究与马克思主义法学的深化和发展之间建立观念和逻辑上的联系，提升现实问题研究的使命感与价值认知，具有重要的现实意义。

二 马克思主义法学经典理论阐释

马克思主义法学研究的首要构成部分自然是对马恩等马克思主义法学创始人经典理论的阐释，探求经典作家对法、法律以及法学的论述中所蕴含的立场、观点和方法。从本书辑选的这方面论文来看，一方面，反映了特定时期我国法学界对待马克思主义法学的认知水平；另一方面，或多或少体现出同一时期我国法学界对待马克思主义法学的态度，映现出不同时期法治意识形态的某种复杂性。

1. 关于马克思主义法学本体的认识

马克思主义法学在中国的地位既不是天然形成的，也不会基于某种政治倡导或政治要求而轻易确立。事实上，在我国法治建设恢复初期，法学界对马克思主义法学的地位，特别是马克思主义法学的科学性是有不同认识的。在此境况下，论证马克思主义的科学性，捍卫马克思主义法学的地位便成为法学界主流的一种责任。黎青的《论马克思主义法学》[①] 以及余先予、夏吉先的《论马克思主义法学的科学性》[②] 当属这方面的代表之作。这两篇论文针对其时存在的对马克思主义法学本体的几个认识问题，逐一展开辨析和论述。

（1）马克思主义法学的历史地位

黎青坚持"马克思主义法学的产生是法学史上一次革命性变革"的论断。这一论断的产生，有两个理由：一方面，"马克思主义法学是伴随着马克思主义产生而产生的，到现在已经有100多年的历史。它由马克思、恩格斯创立，由各国共产党人以及无数马克思主义法学家丰富和发展，它

[①] 黎青：《论马克思主义法学》，《法学研究》1989年第6期。
[②] 余先予、夏吉先：《论马克思主义法学的科学性》，《法学研究》1980年第5期。

得到了千百万马克思主义者或赞许马克思主义的人的信奉,也得到了世界上更多人的重视与研究";另一方面,以往及现今各种非马克思主义的法学家、思想家、政治家"由于缺少一个严谨而科学的世界观和方法论作指导,受本身所处阶段地位的限制,他们所取得的研究成果的科学水准不能不受到很大的限制"。余先予等在论文中认为:"资产阶级以及一切剥削阶级的法学是唯心主义的、非科学的。只有马克思主义,才破天荒地把法学建立在科学的基础之上。""马克思主义法学,是在对资产阶级法学以及资产阶级以前的各种法学进行科学的批判中,奠定自己的理论基础的。""古往今来著名的法典和法律上的一切建树,都被他们重新探讨过、批判过。在这个广泛研究和深入批判的基础上,确立了无产阶级的科学的法学体系。"而马克思主义法学批判以及建构的根本基础,就在于它发现并坚持"法律是根植于社会经济条件的",换句话说,正是历史唯物论使马克思主义法学具备了此前各种法学所不具有的科学性或先进性。

(2) 马克思主义法学的基本支柱

黎青认为,与其他法学流派不同,马克思主义法学根植于它自己的理论基础,并由此形成了自己的理论支柱,这些支柱也是马克思主义法学区别于非马克思主义法学的重要标志。这些支柱有以下几个。一是唯物观点。代表性的论述是马克思的著名论断:"法的关系正象国家的形式一样,既不能从它们本身来理解,也不能从所谓人类精神的一般发展来理解,相反,它们根源于物质的生活关系。"由之使马克思主义法学同既往的法是"神的意志",是"绝对精神",是"人类理性",是"主权者的个人意志"形成了明确区别。二是阶级的观点。与以往非马克思主义主张"法是超政治、超阶级的,同阶级与阶级斗争没有必然联系,从而否认法律具有阶级属性"不同,马克思主义法学坚持认为,"在阶级对立的社会里,法同阶级矛盾与阶级斗争存在不可分割的密切联系,法律具有鲜明的阶级性"。三是发展的观点。"马克思主义法学认为,法的产生与发展同整个社会的性质、同它的产生与发展相适应,是一个由简单到复杂,由低级到高级,由落后到进步,由野蛮到文明的历史过程,永远不会停止在一个水平上。"因此,马克思主义法学不仅揭示了法发展的客观事实和法律进化的规律,也对那种把资产阶级法律奉为"最完善、最进步、最理想法律"的观点进行了批判。

(3) 马克思主义法学具有体系性

马克思主义法学是否具有体系性，一直都是具有一定争议的问题。由于马克思主义创始人毕竟不是专门的法学家，同时，在经典著作中，专门性的法学论著也极为稀少，有关法或法律的思想散见于浩瀚的著述以及不同主题的论述之中，因此，无论是在我国还是在西方，不少人并不认为马克思主义法学具有完整的体系性。而黎青则认为，马克思主义法学体系与现代法学体系的构成具有同一性，理论法学、历史法学、部门法学、应用法学、边缘法学在马克思主义法学中都有完整的呈现。黎青对此问题的论证路径是："必须把马克思主义法律观同马克思主义法学这两个概念加以区别。"由于马克思主义法律观中包含关于法律的本质、特征与发展规律的最基本的观点和理论，这种法律观贯穿于马克思主义法学的全部内容和结构之中，马克思主义法律观在整个宏大的马克思主义法学体系中是处于核心的、指导的地位，是它的灵魂，因而有足够的理由把体现马克思主义法律观的法学体系称为马克思主义法学体系。这也提示人们在认识马克思主义法学时，不能仅仅从马克思主义创始人的具体论述中去辨识这些论述能否建构成现代意义上的完整的法学体系，而应主要看法学体系中是否依据或体现了马克思主义的法律观。在此意义上说，"马克思主义法学"更主要是对法学体系属性的一种界定或强调。

(4) 马克思主义法学是否已经过时

"马克思主义法学过时论"的观点产生于两个方面：一是认为马克思主义法学强调"阶级论"，而在社会主义条件下，阶级状况发生了根本变化，因而马克思主义已不适于对社会主义条件下法律根本属性的说明和解释；二是因系统论、控制论、信息论的出现，有人主张"以'三论'作为法学的最高层次的方法"，并据此认为马克思主义"辩证法已经过时"。对于前者，余先予等人的辩驳是："我们国家制定的法律只能是无产阶级意志的体现。作为研究法这种规范和法律关系的马克思主义法学，也只能是无产阶级的意识形态。阶级状况的根本变化，并不改变这一本质性的规定。"余先予等人还认为，"无产阶级的意志完全代表了广大人民的意志"，因此，既要摆脱阶级斗争扩大化的影响，又不能据此认为马克思主义法学已经过时。至于"三论"出现对马克思主义的影响，黎青认为，"三论"的出现"只是证明了辩证唯物论的正确性，而不是证明它已经过时。在一定意义上讲,'三论'的出现丰富了唯物辩证法,但它们不可能代替唯物辩证法作为完整哲学世界观的地位"。

2. 马克思主义法学的重要问题

在对马克思主义法学本体研究的同时,马克思主义法学的一些重要或基本问题也成为20世纪80年代法学研究的重要对象。

(1) 法的概念和法的本质

法的概念和法的本质无疑是马克思主义法学最核心的问题。对此问题的讨论曾经引起法学界尤其是法理学界的高度关注。为此,《法学研究》刊登了几篇针锋相对的商榷文章。这些文章既表明了其时法学界在这些重大问题上的分歧,也体现了思想解放运动影响下法学界空前活跃的氛围。

对法的概念和法的本质问题的讨论首先是由张宗厚《略论法的概念和法的质的规定性》这篇论文引起的。① 张文认为:"法在尖锐阶级对立的社会里具有鲜明的阶级性,并表现为'阶级统治的工具'。但当剥削阶级作为阶级在我国已不存在,阶级斗争已不再是社会的主要矛盾,阶级斗争减次减弱,而法制逐步加强,二者呈逆向运行状态的时候,如果仍然沿袭过去在阶级尖锐对立时期形成的一些观念,如'法是统治阶级意志的体现','法是阶级斗争的产物和阶级斗争的工具',显然已经不能适应我国当前的实际。"为此,张文主张,"必须一切从实际出发;更新传统的法学理论,势在必行!"张文对这一观点的论证建之于三个方面:一是法并不是阶级社会的特有现象,也并不是所有的法都体现了阶级性,如交通法规;二是必须坚持一切从实际出发,概念是运动的,要从运动中揭示概念的本质;三是不应坚持一元论,而应坚持多元论,法不仅有阶级性,还有国家意志性、社会性、公众意志性、客观性、科学性、民主性等属性。社会性、强制性、规范性三位一体的规定性,揭示了法与其他社会现象相区别的特殊本质。

早在张宗厚的前述论文发表前,孙国华、朱景文就对法的阶级性和社会性以及两者之间的关系进行过探讨。② 孙、朱在《试论法的阶级性和社会性》一文中的基本主张是:"阶级性是法的重要属性,但并非法的唯一

---

① 张宗厚:《略论法的概念和法的质的规定性》,《法学研究》1986年第6期。
② 孙国华、朱景文:《试论法的阶级性和社会性》,《法学研究》1982年第4期。

属性","法有多方面的属性和功能，法的社会性就是法的属性的另一重要方面。问题在于怎样理解法的社会性，怎样理解法的阶级性与社会性的关系"。孙、朱文章所提出的"法不仅有阶级性，还有社会性"的观点，与其说是解构"法的阶级性"，毋宁说是进一步证成"法的阶级性"。其基本理由是：法虽然根植于社会生活中，是社会关系的反映，但研究法不能脱离它所反映和维护的社会关系，"所以法的社会性和法的阶级性不是绝对排斥的，而是辩证联系、有机统一的。法的社会性反映法的阶级性，法的阶级性说明法的社会性"。孙、朱文章还提出了一个在当时为人们所困惑的问题：调整统治阶级与被统治阶级关系的法律有阶级性，那么调整统治阶级内部关系的法律规范是否也有阶级性？文章对此持肯定的态度。理由在于，这些法律仍然是维护统治阶级的整体利益，即便是种子法、环保法、交通规则这类执行社会职能的法律，同样具有服务统治阶级的社会职能。

针对张宗厚的文章，田培炎、董开军以《也谈法的本质和概念——与张宗厚同志商榷》提出了商榷意见。① 田文分别从法是阶级社会特有的现象、阶级性是法的本质属性以及法应有的定义三个方面进行了论证和阐述，逐一回应了张文的主要观点。田文除指出张文对马恩某些论述存在重要误解、误引外，还从法的阶级性与阶级斗争的现实状况以及事物的本质与事物发展过程中现象的关系论证了张文观点的乖谬。田文对法的阶级性作出了自己的解读，"法的阶级性是指法具有的一定阶级通过一定方式对阶级共同利益的追求这样一种属性"。这样的解读，显然大大提升了法的阶级性的包容性，缓解了法的阶级性与一些"反映全社会利益"、"全民利益"的法律之间的冲突或紧张关系。在此基础上，田文把法的概念表述为："法是由国家制定或认可，旨在概括和实现一定阶级的阶级利益，并由国家强制力保证实施的行为规范的总和。"

（2）"法"与"法律"概念的区别

法与法律的概念，在现代法理学上是存在明确区别的。前者通常指"法现象"，后者则一般指实存的法律规范。那么，在马克思主义法学中，

---

① 田培炎、董开军：《也谈法的本质和概念——与张宗厚同志商榷》，《法学研究》1987年第4期。

这两个概念之间是否具有区别？如果有，两者之间的区别又是什么？研究这种区别的意义何在？1987年，《法学研究》围绕这些问题，先后刊发了三篇论文，展现了几位作者对此的不同认识与见解。

问题首先是由李肃、潘新跃《法与法律的概念应该严格区分——从马克思、恩格斯法学思想的演变看法与法律概念的内涵》一文提出的。[①] 李文通过引述马克思早年两篇论文[②]中的一些论述，认为在马克思的认知中，"法是法律的内容，法律是法的形式"，并且认为，这种区分"是马克思吸收德国古典法哲学思想的结果"。但李文认为，这只是马克思早年的思想，1843—1846年，马克思法学观发生了重要转变，从唯心主义哲学基础转变为唯物主义，对法与法律区别的认识也随之发生变化，两者区别的内容也发生了重要变化："法与法律是两个内涵不同的概念，法律是一种权力化的强制规范，法是一种客观化的现实基础。两者区分的实质，是国家生活中客观内容与主观形式的差别。"李文还认为，在马克思主义法学的理解中，"法（统治阶级意志）"已被赋予唯物主义的含义，构成了法律现象的客观内容；法律则是统治者以国家名义制定或认可的行为规范，是法的表现形式，两者具有不同的内涵。"法是统治阶级的整体意志状态"，具有"整体性、客观性、现实性的特征"；法律则是统治阶级意志的体现，具有"主观规范性、普遍适用性、国家强制性的特征"。至于区分两者的意义，李文推测，马恩的出发点"就是要科学地解释统治阶级意志与国家现行立法之间的对立统一关系"；从现实意义看，认识这种区别在于把"意志内容"与"行为规范"区别开来，"从而使社会主义法律与工人阶级及广大人民群众的意志达到和谐的、历史的统一"。

对李肃等人的观点，汪永清、公丕祥分别撰文提出了商榷意见，但两者商榷的基点并不相同。[③] 汪文虽然总体上认为"在马克思主义法学思想

[①] 李肃、潘新跃：《法与法律的概念应该严格区分——从马克思、恩格斯法学思想的演变看法与法律概念的内涵》，《法学研究》1987年第1期。

[②] 即《第六届莱茵省议会的辩论（第一篇论文）：关于出版自由和公布等级会议记录的辩论》和《第六届莱茵省议会的辩论（第三篇论文）：关于林木盗窃法的辩论》这两篇文章。参见《马克思恩格斯全集》第1卷，人民出版社，1956，第35—96页、第135—181页。

[③] 汪永清：《在马克思主义法学思想中，法与法律概念没有严格区分——与李肃、潘跃新同志商榷》，《法学研究》1987年第6期；公丕祥：《论法与法律的区别——与李肃、潘跃新同志商榷》，《法学研究》1987年第4期。

中，法与法律概念没有严格区分"，但并不否认"在马克思早期的法学思想中，法与法律是有严格区分的，但这种区分是建立在唯心主义二元论的法律观基础上的两种法律的区分，即理性法（客观法）与制定法（实在法）的区分"，而"随着马克思主义法学观的逐步确立，马恩著作中有关法与法律的内涵也趋于一致，即法和法律都是以国家意志形式表现出来的统治阶级意志。马克思主义法学观确立的标志之一，就是揭示了法和法律的这一共同内涵"。汪文还认为，所谓法与法律概念的区别既不构成马克思主义法学理论的核心，也不会对我国法制建设的理论与实践产生什么意义。公丕祥在商榷文章中指出，"在马克思、恩格斯的大量著作中，法和法律这两个概念有时是并列使用的，有时又是交叉使用的，有时甚至未加区别地混用"，但"在马克思、恩格斯那里，法和法律之间还是存在某种微妙的差异性"，"法和法律都是反映社会物质生活条件的形式，然而，虽然法和法律同为形式，但二者与社会经济关系的联系的性质和程度是不同的"。法对一定社会经济生活条件的反映是直接的，而法律在这种反映过程中通常需要掌握国家政权的统治阶级作为中介，因而，"与社会经济条件的联系，常常具有偶然性特征"。公丕祥还认为，法是一种"应有"，而法律是一种"现有"。应然与实然关系才是法和法律概念的真正区别。从这一判断出发，公丕祥在指出李肃等人的文章误解马克思、恩格斯某些论述的同时，不同意李肃等人把"客观内容"和"主观形式"作为法和法律区别的观点或主张。

3. 马克思主义经典著作中的法律思想

马克思主义法学思想既散见于大量的著述中，又相对集中于某些重要论著之中，因此，从这些重要论著中挖掘马克思主义法学思想，便构成了马克思主义法学研究的一个重要方面，本书辑选的公丕祥等几位作者的三篇论文，即代表了这方面的研究成果。

（1）《人类学笔记》中的法律思想

《人类学笔记》原本是马克思晚年研读摩尔根、柯瓦列夫斯基、菲尔等人的人类学著述所作的笔记。公丕祥《马克思晚年〈人类学笔记〉中的法律思想初探》旨在从这篇著述中提炼出相关法律思想。[①] 为此，公文从

[①] 公丕祥：《马克思晚年〈人类学笔记〉中的法律思想初探》，《法学研究》1992 年第 1 期。

三个方面进行了梳理。其一，法权关系经历了从野蛮到文明的变迁。公文深入分析了马克思的论证路径：社会分工的扩大和劳动产品的增多，导致"财产关系个体化"，进一步导致财产关系以及财产制度的形成，特别是继承制度和财产所有制度的形成，调整社会关系的手段也从习俗转变为法律，由此推动了人类法律文明的历史起源，产生了法的现象。其二，东方社会法律文化的社会机制。古代东方社会法律文化建诸并维护其独特的经济基础，这就是"不存在个人所有，只有个人占有"，"不存在土地私有制。这甚至是了解东方天国的一把真正的钥匙"。公文认为马克思这一论断是马克思晚年"一个极其重要的理论贡献"。公文还关注到了马克思对村社制度或"农村公社"在东方法律文化中的特定作用。其三，西方法律文明对东方的冲击。公文重点阐释了欧洲人征服其他地区或国度后对待被征服法律的四种形式。一是根据利己原则承认或确认。二是以误解或曲解方式进行变通，两者都是"变相压迫"。三是用新的法律否定殖民地法律的某些规定。四是用新的法律文件来使殖民地的传统文明实际变形或解体。公文从马克思这篇论著中得到的最终启示或结论是："西方法律文化对东方社会的冲击，固然可以改变东方社会法律文化的某些方面或领域，但是不可能消弭东方社会法律文化的固有特征。那种企图用西方模式来理解东方社会法律文化系统的'西方中心论'，是经不住历史检验的。"

（2）《资本论》中的法律观

吕世伦、毛信庆的《〈资本论〉及其创作过程中的历史唯物主义法律观》[①]认为："《资本论》这部伟大的政治经济学著作，也是马克思主义法学的宝藏。马克思在《资本论》及其创作过程中所阐发的历史唯物主义法律观，至今仍然照耀着马克思主义法学的发展道路。"

关于《资本论》及其创作过程中的历史唯物主义法律观，吕文从四个方面揭示。其一，法的关系是一种反映社会经济基础的意志关系。"物质生活的生产方式制约着整个社会生活、政治生活和精神生活的过程"。"生产关系是内容，法是它的形式之一"，"法律形式作为单纯的形式，是不能决定这个内容本身的"。同时，"每种生产形式都产生出它所特有的法权关

[①] 吕世伦、毛信庆：《〈资本论〉及其创作过程中的历史唯物主义法律观》，《法学研究》1993年第1期。

系、统治关系等等"。另外，法权关系是意志关系，但意志关系并不总是法权关系，前者转为后者，需要以商品交换中存在的"人的法律因素"为中介。其二，法的物质制约性包含各种内在矛盾。物质制约所产生的结果并不都是完全相同的，现象上会"显示出无穷无尽的变异和程度差别"，相同经济类型的国家，法律制度也会有诸多差异。同时，法的观念也不可能与产生它的所有制关系完全符合。再有，一定形态下的生产关系产生的法或法的关系，其发达程度同生产关系可能会不相称。其三，法是对符合统治阶级利益的现状的神圣化。吕文认为，马克思在《资本论》中进一步强化或具体化了法体现统治阶级意志的具体方式和过程，揭示了资产阶级把体现统治阶级利益的法律和规则神圣化的实质，并且由此得出结论，无产阶级反对资产阶级的斗争，不可能通过"人民直接立法"形式进行，而必须"作为一个阶级来强行争得一项国家法律"，无产阶级只有在取得政权后，才谈得上由自己和人民来立法。其四，法也执行社会公共职能。吕文阐述了马克思在《资本论》中所表达的这一思想。法的社会职能产生于一定的社会分工，社会分工使所有权与监督职能相对分离，国家职能正是这种分离的集中和放大，国家职能中既包含维护剥削阶级的内容，也包含管理公共事务的职能，由此使法具有了"社会公共职能"。吕文还把这一因素理解为法具有继承性（非阶级本质继承）的一个重要原因。

（3）《家庭、私有制和国家的起源》中的法律思想

《家庭、私有制和国家的起源》（下称《起源》）是马克思主义著作中经典之经典，其中蕴含的法律思想十分丰富，尤其是有关法的起源的理论。郭宇昭《法不是从来就有的——学习恩格斯:〈家庭、私有制和国家的起源〉的一点体会》这篇论文正是对《起源》中主要观点的阐释。[①] 郭文的写作背景在于回应法学界"法究竟是自古以来就有的，还是历史发展到一定阶段的产物"的疑问。郭文认为，恩格斯在《起源》中并没有专门就法的起源作出论证和分析，有关法的起源是放置在国家之中，把法作为国家的一个从属问题来加以研究的。在恩格斯看来，法同国家一样，随着私有制的产生而产生，但其产生经历了一个较长的过程，法具有不同于原

[①] 郭宇昭:《法不是从来就有的——学习恩格斯:〈家庭、私有制和国家的起源〉的一点体会》，《法学研究》1983年第4期。

始氏族习惯的特征。郭文还根据恩格斯在《起源》中所阐述的理论，重点辩驳了"法是自人类社会出现以来就有的"的观点，进一步强调了法是"历史发展到一定阶段的社会现象"、"国家和法是不可分割地联系在一起的"这些马克思主义法学的基本观点。

三 马克思主义法学中国化的理论与实践

在研究马克思主义法学经典理论的同时，20世纪90年代至今，我国法学界更加关注马克思主义法学的中国化问题，由此也形成了一批理论成果。这些成果虽然研究的侧重点不一样，但都体现了我国法学界在推进马克思主义法学中国化方面的努力。

1. 马克思主义法学在中国的传播

研究马克思主义法学在中国的传播过程及方式，并不在于简单地回溯马克思法学中国化的这一段经历，更主要是从中分析出这样的传播过程和方式对我们理解马克思主义法学会有怎样的实际影响。在这类研究成果中，孙光妍、于逸生的《苏联法影响中国法制发展进程之回顾》以及唐永春的《苏联法学对中国法学消极影响的深层原因——从马克思东方社会理论出发所作的分析》具有一定代表性。[1]

毋庸赘述，马克思主义法学是通过苏联传入我国的，正如毛泽东所说："十月革命一声炮响，给我们送来了马克思列宁主义。"[2] 因此，苏联法对中国的影响过程也就是马克思主义法学在中国最初的传播过程。孙文分析了这种影响过程的三个历史阶段。第一阶段，孙中山领导的民族民主革命时期，以俄为师。在这一阶段，孙中山新三民主义思想的产生以及"以党治国"法制原则的确立正是受到俄国理论与实践的启发。在国民革命时期，广州、武汉的法制改革也可以说是对苏联相关制度与实践的模仿。第二阶段，中国共产党领导革命根据地时期，苏区建设苏维埃渐与中国国情相结合，由此确立了党对国家法制领导的原则，同时在宪法立法、

---

[1] 孙光妍、于逸生：《苏联法影响中国法制发展进程之回顾》，《法学研究》2003年第1期；唐永春：《苏联法学对中国法学消极影响的深层原因——从马克思东方社会理论出发所作的分析》，《法学研究》2002年第2期。

[2] 《毛泽东选集》第4卷，人民出版社，1991，第1471页。

土地立法、劳动立法、刑事立法等方面，也结合根据地情况，广泛吸收了苏联经验。第三阶段，新中国成立后，50年代前期，进入全面学习苏联时期。在法律指导思想上，国家明确提出了"全面学习苏联"的方针。法学基础理论、刑事诉讼法学、婚姻家庭法学乃至宪法的制定、部门法的草拟、司法制度的设计等，都基本照搬了苏联的模式。孙文认为，苏联法的性质是革命法，继受苏联法既有政治意识形态因素，也有新中国成立初期特定的社会条件以及国家体制相近性等客观因素。至于苏联法对中国法制建设的"功与过"，孙文没有作具体评价，而是以列宁的论述代之："在分析任何一个社会问题时，马克思主义理论的绝对要求，就是要把问题提到一定的历史范围之内。"[①]

与孙光妍等人的观点有所不同的是，唐永春直接认为苏联法学对中国法学存在消极影响，但唐文的立意不仅在于指出这种影响的消极性，更主要是从马克思主义东方社会理论出发，揭示这种消极影响的深层原因。唐文认为，苏联法学对中国的影响既有积极的一面，也有消极的一面，其消极性在于：片面强调阶级意志的法本质观；纯粹工具论的法功能观；法学中的国家主义倾向。形成这些影响的一般性原因在于苏联与我国在制度上的同质性、意识形态上的同质性。但这几个因素仍不足以说明这些影响的深层原因，故而，唐文运用马克思的东方社会理论，从中苏两国传统政治文化——古代东方亚细亚生产方式基础上形成的专制主义传统角度作出解说。唐文认为，由亚细亚生产方式、东方专制主义理论和俄国跨越资本主义的"卡夫丁峡谷"预想三大部分组成的东方社会理论为中苏两国的政治文化传统作出了很好的说明，也正是这种政治文化传统的相似性或同质性，构成了中苏两国文化同质的基础及其历史遗留的影响。基于这样的判断，唐永春还提出，总结历史经验教训，应着眼于反思中国自身的政治文化传统，对中国法学所出现的片面化、教条化应有所鉴别并立足于自身的反思，同时，应关注苏联解体后法律文化的变化。

2. 人民民主专政理论

人民民主专政是马克思主义法学中国化过程中无法回避的重大主题。人民民主专政理论既关乎社会主义基本政治制度的建构，也关乎社会主义

[①] 《列宁选集》第2卷，人民出版社，2012，第375页。

法律本质、功能等一系列基本范畴的认知。《法学研究》在1983年连续刊登了数篇文章,对此进行阐释和讨论。结合这些讨论的时代背景不难看出,这种讨论不仅是因为人民民主专政主题的重大或重要,也在于"文革"中"无产阶级专政"或"人民民主专政"概念被赋予了极"左"的意涵和内容,需要通过学理上的讨论正本清源,科学地把握马克思主义这一思想的精神内核,对这一概念作出更为理性的解说,特别是拓展这一概念的时代容量,从而为改革开放的新时代提供理论支撑或放大改革开放所必要的意识形态空间。

张友渔的《马克思的无产阶级专政理论和中国的实践——纪念马克思逝世一百周年》①重申了无产阶级专政在马克思主义中的重要地位,强调无产阶级专政是人类社会通向共产主义所不可逾越的历史过程,而"马克思的无产阶级专政理论在中国的实践中,是采取了具有中国特点的人民民主专政的形式","无产阶级专政也就是真正的人民民主专政"。张友渔指出,"我国的人民民主专政,具有中国特点,那就是把民族资产阶级纳入人民的范围,而不作为专政的对象"。张文还进一步认为,人民民主专政在不同时期具有不同的内容、不同的形式以及不同的具体工作方面,在"革命的暴风雨"过去后,人民民主专政的主要任务是"在新的生产关系下,保护和发展生产力"。张文实际上告诉人们四个结论:①无产阶级专政不能丢;②无产阶级专政在中国就是人民民主专政;③人民的范围在社会主义时期有很大的包容性;④人民民主专政的现实内容不再是"以阶级斗争为纲",更主要是发展生产力。

张文是借助于纪念马克思逝世一百周年而作的,但基于其时中国社会正处于改革开放、思想解放初始阶段这一特定背景,也基于作者的特殊身份和威望,这篇论文的理论意义远远超出了一般学术讨论层面,对于澄清在人民民主专政这一问题上的大是大非具有不容忽略的重要影响。

李用兵的《论人民民主专政理论的形成与发展》则以近于考证的方式,对人民民主专政在中国不同历史时期中的萌芽、形成、确立、发展及运用过程进行了分析和论证。②这种分析和论证不仅是为了证成和维护人

---

① 张友渔:《马克思的无产阶级专政理论和中国的实践——纪念马克思逝世一百周年》,《法学研究》1983年第2期。
② 李用兵:《论人民民主专政理论的形成与发展》,《法学研究》1983年第2期。

民民主专政在社会主义中国的历史地位,也旨在澄清人民民主专政问题上的一些错误认识,对人民民主专政在新时期的历史任务作出适宜的解读,延续人民民主专政在新时期的生命力。

人民民主专政在理论及实践中面临的重要问题之一是民主与专政处于什么样的关系。李步云的《民主与专政的辩证关系——纪念毛泽东同志诞辰九十周年》,① 意在阐释他对马克思主义法学这一原理的理解。李文梳理了从马克思、恩格斯、列宁到毛泽东对于这一关系的认识,论证了毛泽东在民主与专政问题上的特殊理论贡献:①对无产阶级专政理论作出了高度理论概括;②提出了两类矛盾学说;③强调民主与专政不可分,必须相互结合。在具体结合方面,又体现为:民主与专政相区别;民主与专政既相反,又相成;民主与专政相互转化。在这些论证基础上,李文针对当时思想界的状况,着重就四个问题回答了人们的疑问:一是"既然敌对阶级消灭了,还需要保存专政的职能吗";二是"把民主和专政作为平行的、同等重要的"是否科学;三是现在强调对敌专政,是否会妨碍发扬人民民主;四是现在是否只讲专政,不讲民主了。这些问题在今天看来似乎不难判断,但在思想解放起始阶段,依然是全社会的普遍性困惑,因此李文的论述,能够为社会各方面提供某种启迪。

3. 代表人物对马克思主义法学的贡献

在马克思主义法学中国化的过程中,毛泽东、周恩来和邓小平等政治家都在不同时期作出了重要贡献。在《法学研究》刊发的论文中,也有一些具有一定代表性的研究成果,本书辑选其中三篇,或多或少反映了这方面的研究状况。

(1) 毛泽东的制宪思想

新中国成立后,不仅面临着旧宪法的废除,更需要制定一部共和国的新宪法;而制定一部新宪法,与其说是制定一部法律,不如说是表达执政者对新中国蓝图的构想。作为新中国重要缔造者的毛泽东,在制宪问题上也必定有其自身的判断与设想。张庆福、陈云生在《论毛泽东同志的制宪思想》一文中对此进行了专题研究。② 张文对毛泽东制宪思想进行了提炼,

---

① 李步云:《民主与专政的辩证关系——纪念毛泽东同志诞辰九十周年》,《法学研究》1983年第6期。
② 张庆福、陈云生:《论毛泽东同志的制宪思想》,《法学研究》1985年第1期。

将其概括为五个方面。其一，宪法是国家的总章程，是根本大法。这是毛泽东作为国家领袖对宪法地位的认知。其二，制宪是为了建设一个伟大的社会主义国家。这不仅表达了制宪的根本目的，也体现了毛泽东通过制宪所希望达致的愿景。其三，正确恰当地结合原则性和灵活性，是制宪应当遵循的原则之一。在"五四宪法"制定过程中，毛泽东一方面强调了宪法所应坚持的原则，如宪法作为统治阶级治国总章程、社会主义原则等，另一方面，又从实际情况出发，在一些问题上保持一定的灵活性。"现在能实行的就写，不能实行的就不写"，"一时办不到的，必须允许逐步去办"。其四，正确恰当地总结经验。"五四宪法"总结了"无产阶级领导的反对帝国主义、反对封建主义、反对官僚资产阶级的人民革命的经验，总结了最近几年来社会改革、经济建设、文化建设和政治工作的经验"，甚至也"总结了从清朝末年以来关于宪法问题的经验"。其五，领导机关的意见和广大人民群众的意见相结合。制宪过程不仅要发挥领导机关的作用，同时应吸收和尊重广大人民群众的意见。

毛泽东的制宪思想显然是围绕新中国第一部宪法的制定而提出的，既是对制宪过程的实际指导，也是对制宪过程的实际总结，更为重要的是，这些思想中的基本方法有着持久的影响力，对于指导我国此后的制宪和行宪实践具有重要意义。张庆福、陈云生的文章也表明，毛泽东的制宪思想在我国现行宪法的制定过程中仍然发挥着重要的指导作用。

（2）周恩来关于和平共处五项原则的思想

和平共处五项原则是新中国在建立各国之间正常关系以及进行国际交流合作问题上提出的基本原则，得到了国际社会的广泛认可，成为规范国际关系的重要准则。作为和平共处五项原则的最早提出者，周恩来为这五项原则的倡导和实行作出了重要贡献。赵建文《周恩来关于和平共处五项原则的思想——纪念周恩来诞辰一百周年》按照和平共处五项原则的顺序，细致梳理了和平共处五项原则提出的时代背景，阐述了周恩来有关这五项原则的思想以及相关实践。[①] 和平共处五项原则是在新中国成立之初面临改变旧的不平等的国际格局、建立新的平等的国际秩序的情况下，特

[①] 赵建文：《周恩来关于和平共处五项原则的思想——纪念周恩来诞辰一百周年》，《法学研究》1998年第3期。

别是为了促进新中国与广大亚非拉其他发展中国家建立和平互信的外交关系而提出的。随着国际局势的不断演变，经过周恩来等人的积极倡议和推动，这五项原则不仅成为亚非拉发展中国家之间交往所遵循的基本原则，也逐渐成为抵制帝国主义、殖民主义和霸权主义的重要的国际法原则，体现了持续的生命力。赵文将和平共处五项原则所具有的生命力概括为三个方面。其一，和平共处五项原则是适用于各种国际关系的普遍原则。"和平共处五项原则的每一项原则，都不是只适用于某种国际关系的具体原则，而是普遍适用于各种各类国际关系的基本原则。"其二，和平共处五项原则是建立国际新秩序的基础。"周总理有关和平共处五项原则的许多论述，实际上都涉及了改变国际旧秩序、建立国际新秩序的问题，特别是建立国际经济新秩序的问题。"其三，国际实践证明了和平共处五项原则的强大生命力。正如邓小平所指出的："总结国际关系的实践，最具有强大生命力的就是和平共处五项原则。"①

（3）邓小平的法制思想

在当代中国法治（法制）发展历程中，邓小平是推动中国走向法治（法制）化道路的关键人物，邓小平基于历史教训提出的有关法治（法制）问题的一系列论述成为指导中国法治（法制）建设的重要思想。邓小平关于法治（法制）问题思考的关键之处在于非常重视制度的重要性，强调要用制度改革和完善社会主义。他认为"最重要的是一个制度问题"，"制度是决定因素"，"制度问题不解决，思想作风问题也解决不了"。宋峻的文章《论以法定制——学习〈邓小平文选〉的体会》以此作为线索，阐述了邓小平关于制度化、法律化的思想。② 宋文将制度的决定性作用具体阐述为四个要点，即认为制度具有根本性、全局性、稳定性和长期性，以此来说明邓小平所作出的"这种制度问题，关系到党和国家是否改变颜色，必须引起全党高度重视"的论断所具有的重要价值。宋文认为，邓小平不仅强调制度的重要性，还非常重视将制度建设与制定法律紧密结合，"经济制度、政治制度、文化制度和社会生活制度，都是法律的内容；反过来，凡属重要的制度，又都是由法律加以规定的"，因此要以法定制，加强立

---

① 《邓小平文选》第 3 卷，人民出版社，1993，第 96 页。
② 宋峻：《论以法定制——学习〈邓小平文选〉的体会》，《法学研究》1984 年第 5 期。

法工作。邓小平就立法工作提出了许多观点和要求，宋文将之总结为五点：一是要正视现实；二是法律条文开始可以粗一点；三是立法工作中要发挥中央和地方的两个积极性；四是立法有个逐步完善的过程；五是暂时没有法律的"成套设备"也不必等待，可以先搞单行法规，以解决突出的矛盾。贯穿以上五点的是邓小平所强调的"有比没有好，快搞比慢搞好"立法工作的总精神。现在看来，邓小平的上述法制思想已经融入中国的法治（法制）工作之中，在中国40年的法治（法制）建设中发挥了重要的作用。

四 新时代马克思主义法学的深化与发展

从中共十八大开始，中国法治建设进入一个新的历史发展阶段，依法治国的广度和深度前所未有。与此同时，以习近平为代表的中国共产党人关于法治的一系列论述和实践也在深化和发展着马克思主义法学。

1. 习近平法治思想

在不同历史阶段，中国所面临的问题存在差别，中国法治实践所具有的特点也会存在差异。在每个历史时期，中国共产党都为法治注入了与时代要求相呼应的思考。在新的历史时期，习近平法治思想成为中国特色社会主义法治理论的重要组成部分，是马克思主义法学中国化的最新理论成果。李林的文章《习近平全面依法治国思想的理论逻辑与创新发展》是对新时代马克思主义法学最新成果的系统阐述，属于这方面研究的代表作。①

李文从九个方面对习近平法治思想进行了阐述，梳理和分析了其中的理论脉络。一是治国方略论。在经历了历史经验和教训之后，执政党选择了法治道路，逐渐"把依法治国作为党领导人民治理国家的基本方略，把法治作为治国理政的基本方式"。习近平法治思想中的重要创新是将全面依法治国放在"'四个全面'战略布局"中来把握和定位。二是人民主体论。依法治国需要将党的领导地位与人民的主体地位相统一。"我国社会主义制度保证了人民当家作主的主体地位，也保证了人民在全面推进依法治国中的主体地位。"人民的主体地位并不只是政治倡导，而且是能够体

---

① 李林：《习近平全面依法治国思想的理论逻辑与创新发展》，《法学研究》2016年第2期。

现在立法、执法、司法、守法等各个方面中的。三是宪法权威论。确立宪法的权威性是树立法治权威和形成法治信仰的内在要求，党领导人民治国理政必须维护宪法权威，保障宪法实施。宪法权威与执政党的权威、人民的意志具有一致性。"维护宪法权威，就是维护党和人民共同意志的权威。捍卫宪法尊严，就是捍卫党和人民共同意志的尊严。"四是良法善治论。全面依法治国和国家治理现代化的最佳状态是"良法善治"，通过一整套系统完备、科学规范、运行有效、成熟定型的法律体系，提升管理国家、治理社会的能力，其中的重点在于保证法律得到严格实施。五是依法治权论。规范和约束权力一直是我国法治建设的重要任务，习近平把这一任务放在更为突出的位置，强调用法治思维和法治方法，通过高压反腐败和全面从严治党，实现对权力的进一步规范和约束，以破解绝对权力的神话。六是保障人权论。充分保障和实现人权，是执政党"全心全意为人民服务"这一政治承诺的重要的法治化表现，对于夯实执政党治国理政的民意基础具有非常突出的意义。七是公平正义论。在先后实现了"人的政治解放"和"人的经济解放"之后，中国面临着如何实现公平正义的"人的社会解放"的问题。全面依法治国将公平正义视为"法治的生命线"，坚持"促进社会公平正义是政法工作的核心价值追求"。八是法治系统论。与中国以往侧重在各个领域相对分别地开展法治建设相比，新时期全面依法治国的重要特点是具有显著的系统性。"全面推进依法治国是一个系统工程，是国家治理领域一场广泛而深刻的革命。"具体而言包括坚持依法治国、依法执政、依法行政共同推进，法治国家、法治政府、法治社会一体建设。九是党法关系论。党法关系问题一直都是中国法治建设中最为重要的问题之一，习近平法治思想的突出贡献在于第一次明确地将这一问题定位为"法治建设的核心问题"。正确处理这一对关系的基本原则在于坚持党的领导、人民当家作主和依法治国的有机统一。

2. 习近平关于司法体制改革的论述

中共十八大以来，法治建设的一个突出的重点和亮点是司法体制改革的全面推进。衡量中国法治进步程度的重要标准在于司法，因此，司法体制改革具有非常显著的意义。新一轮司法体制改革的重要特点在于贯穿始终的"顶层设计"，习近平参加司法体制改革方案和文件的审议，从全局的层面对司法体制改革进行部署。因此，梳理和阐释习近平关于司法体制改革的论述，有助于更好地理解和把握我国司法体制改革的决策依据以及新一轮司法体制改革的主要内容。陈卫东的《中国司法体制改革的经验——习近平司法体制改革思想研究》体现了这种努力。①

陈文从六个方面总结和阐述了习近平关于司法体制改革的论述。第一，将司法体制改革作为全面深化改革的重要突破口。改革和发展过程中必然会出现许多矛盾和纠纷，司法可以提供"制度化的缓释机制"，促进"社会的秩序化和规范化"。司法领域的改革风险相对较小，可以为其他领域的改革积累经验，从而推动改革的全面深化。第二，司法体制改革是全面推进依法治国的重要保障。依法治国不仅需要制定良好的法律，还需要确保法律能够得到实施，司法则是确保法律得到遵守、违法行为得到制裁的"最佳机制"，而司法若要真正发挥作用，离不开司法的公正、高效和权威。司法体制改革所针对的正是影响司法公信力的深层次的体制机制问题。第三，司法体制改革要坚持党的领导，强调顶层设计。司法体制改革坚持党的领导，是党与法治关系这一核心问题在司法领域的具体展开。中国共产党作为执政党的地位，决定了其领导司法体制改革有助于确保改革的政治方向、应对改革中出现的风险和挑战、统筹协调改革所需的各方面资源。第四，司法体制改革要依法进行，于法有据。当代中国法治建设一直面临着如何处理好改革与法治的关系问题。"改革要于法有据，但也不能因为现行法律规定就不敢越雷池一步，那是无法推进改革的。"新一轮司法体制改革，不仅强调改革本身的合法性，也注重解决改革的需求问题，"实现改革和法治的双赢"。第五，司法体制改革要稳步推进，试点先行。本轮司法体制改革注重调查研究、循序渐进、分类推进和试点先行。这种改革方法有助于降低改革的社会风险、增强司法体制与国家治理体系和治理能力的适应性，探索适合国情的司法体制，防止改革中出现冒进主义。第六，司法体制改革要分清矛盾主次，牵住"牛鼻子"。司法体制改革涉及的问题非常广泛，有效推进改革必须抓住改革的主要矛盾，而不能不分主次。"既要讲两点论，也要讲重点论，没有主次、不加区别、眉毛胡子一把抓的改革方式是做不好工作的。"具体而言，完善司法人员分类

---

① 陈卫东：《中国司法体制改革的经验——习近平司法体制改革思想研究》，《法学研究》2017年第5期。

管理，完善司法责任制，健全司法人员职业保障，推动省以下地方法院、检察院人财物统一管理等，都是司法体制改革的关键性措施。

3. 党管政法的理论与实践

马克思主义法学作为指导中国法治的理论体系，不仅体现在经典作家和主要领导人的论述之中，还体现为诸多具体的实践举措。当代中国法治建设中的一些重要实践，都是在马克思主义法学基本原理的指导下逐渐探索形成的。

与西方国家法治相比，"党管政法"无疑是当代中国法治的重要特色。按照马克思主义法学的基本观点，法律服务于政治，据此，我国将政法机关定位为国家机器的重要组成部分，是实行国家和社会治理的重要工具。"政法系统"或"政法机关"是远比"司法系统"或"司法机关"更能准确到位地概括中国特定政治建构下的司法运行特征的本土概念。侯猛的《当代中国政法体制的形成及意义》和周尚君的《党管政法：党与政法关系的演进》对政治关系中的基本问题进行了较为系统的研究。①

两篇文章采取了相近的研究方法，通过对文献史料的细致梳理，提炼出党管政法的思想和实践的历史线索、主要机理，并且，两篇文章都更为关注政法体制或党与政法关系的动态形成过程。对于这一点，侯文指出："当代中国政法体制的基本格局，是中国共产党在建国初期基于特定时期的历史任务所奠定的，并且随着制度变迁逐渐形成的。"周文则认为："随着政党目标的变迁，中国共产党政法组织体制经历了多次'连续均衡'的动态调整，组织机制和运作技术也发生了制度性变革。"

两篇文章也存在差异。侯文侧重于对党管政法的思想和实践在1949—1966年这一起初阶段的形成过程和体现出的运行机理的分析。周文则对党管政法的思想和实践在革命、建设、改革以及十八大以来等不同历史时期的具体形态进行了总结，"力图对中国共产党在不同历史时期'为何管政法'、'如何管政法'和'如何管好政法'等基础性问题作出经验性回应"。

侯猛和周尚君的文章所体现出的学术追求都不限于研究政法体制本

---

① 侯猛：《当代中国政法体制的形成及意义》，《法学研究》2016年第6期；周尚君：《党管政法：党与政法关系的演进》，《法学研究》2017年第1期。

身，而是有更为高远的学术目标，希望通过对党管政法的思想和实践的经验性理解和阐释，为认识当代中国法治提供本土性的分析概念和框架。在此意义上，研究党管政法的思想和实践，只是他们经验性地理解中国法治的一个切入点。对此，侯文在结语部分提出，"研究当代中国政法体制的形成，重要的学术意义在于探索形成中国社会主义法治理论：中国的政法体制能否构成现代法治国家的一个理想类型"，"这种法律与政治关系类型的形成至成熟，也说明法治并非只有西方式的发展道路和样态"。与此相近，周文在文章开始处便指出，这样的研究"有利于深刻分析中国共产党作为执政党所具有的优势、持久性、调适性以及长期执政的潜力"。

五 结语：对马克思主义法学研究的展望

编辑本书，与其说是汇集马克思主义法学研究的智慧成果，毋宁说是回顾并展示40年来我国马克思主义法学研究的历史过程。辑选的早期发表的一些论文，在今天看来或许有些浅显，但如果结合当时的时代背景，不难看出，这些文章都是以特定的视角回应着彼时理论界或实践中所面临的困惑和问题，从而仍然可以成为我们了解和理解我国法治意识形态近几十年变化发展的重要资源，在此意义上说，本书更值得我们重视的是它的资料价值。

对于马克思主义法学在我国法学理论研究中的现实地位，有学者通过对《法学研究》等期刊近10年刊发文章的主题分析，认为我国马克思主义法学研究近10年呈衰落状态。笔者认为，这一结论多少有些失于片面，因为不同时期马克思主义法学研究的侧重点以及研究成果的表现形态也会呈现很大的差异，不能把是否以马克思主义法律思想为直接主题作为判定马克思主义法学研究状况的依据。事实上，近10年，不仅运用马克思主义法学原理分析和研究中国特色社会主义法治以及法治现实中重大问题的研究成果不断推出，而且对马克思、恩格斯法律思想的研究也取得重要进展，代表性成果如公丕祥、龚廷泰等人主编的四卷本《马克思主义法律思想通史》[①]、周尚君等著的《自由的德性：马克思早期法哲学思想

[①] 公丕祥、龚廷泰主编《马克思主义法律思想通史》，南京师范大学出版社，2014。

研究》① 以及王耀海著的《马克思主义法学的逻辑脉向》② 等。然而，不能否认的是，当下如何进一步深化马克思主义法学研究，特别是如何推进马克思主义中国化，仍然是我国法学理论界所面临的重大主题。为此，需要探讨和思考这样几个问题。

第一，关于重读经典。认知和理解马克思主义法学，阅读马克思、恩格斯等经典作家的原著是不可或缺的过程。为此，当下有必要倡导重读经典。之所以说是"重读经典"，是因为20世纪八九十年代我国法学理论界出现过阅读经典的热潮，30多年来，由于马克思主义法学的一些原理已经在很大程度上内化于中国法治理论之中，因而法学理论界特别是新一代法学理论研究者已经疏离于经典原著，需要经历"重读经典"的过程。更为重要的是，与20世纪八九十年代阅读经典不同，30多年的法治实践丰富了我们对法治的直接感受，充实了我们对法治的具体认知，带着对中国法治现实问题而重读经典，对马克思主义法律思想势必有更为深刻的理解。当然，客观地说，要求每一个法学研究者都系统地阅读经典原著，既无必要，也不客观，这就需要部分学者通过重读经典，深入挖掘马克思主义法学的理论精华，进一步系统、全面地呈现马克思主义法学的整体面貌，让更多的人从这些研究成果中了解马克思主义法学的基本原理和基本知识。

第二，关于马克思主义法学批判性与建设性的关系。马克思、恩格斯等马克思主义法学创始人既是思想家、理论家，也是革命家。他们所处的时代是资产阶级统治且阶级对立十分严酷的时代，因此，他们著作中有关法律的论述，很多内容涉及对资产阶级统治特别是对资产阶级法律的批判，相关法律思想无疑是对资产阶级法律批判的锐利武器，这些法律思想对于我们认识现今资产阶级法律、把握资产阶级法律的本质仍然具有重要的现实意义。然而，仅仅把马克思主义法律思想看成批判工具是不够的，当下更应重视的是马克思主义法律思想对我国社会主义法治的建设性意义。马克思主义法律思想中有关法律与经济的关系、法律与社会的关系、法律与人的关系、法律与国家的关系等，都是或都应成为建构中国特色社会主义法治的基本原理；坚持并运用这些原理不仅是保持我国法治社会主

---

① 周尚君等：《自由的德性：马克思早期法哲学思想研究》，知识产权出版社，2015年。
② 王耀海：《马克思主义法学的逻辑脉向》，中国社会科学出版社，2016年。

义性质的必要条件，也是使法治适应于中国社会条件的重要理性基础。因此，只有高度重视马克思主义法学的建设性意义，才能更好地把马克思主义法学运用于中国法治建设，推进马克思主义法学的中国化和现实化。

第三，关于政治话语与学术话语的转换与语境对接。马克思主义法学在当代中国的重要体现之一是毛泽东、邓小平、习近平等政治领导人物有关法治的论述。作为政治家，他们的法律论述更多是通过政治话语加以表达的，因此，法学理论界在马克思主义法学中国化过程中的一个重要现实任务就是把这些政治话语转换成学术话语，让相关论述、理论和要求在学理层面得以阐释，实现政治话语语境与学术话语语境的对接，从而一方面深化对这些政治领导人物法治论述的理论研究，另一方面也提升相关政治话语的社会接受度。简单地寻章摘句、引经据典式的研究容易使马克思主义法学研究陷入程式化甚而庸俗化的境地，不利于保持和提升马克思主义法学的权威性和影响力。

第四，关于中国特色社会主义法治理论体系的构建。马克思主义法学中国化的最终理论成果应当体现为中国特色社会主义法治理论体系的构建。中国特色社会主义法治理论体系，包含具有中国特色的法理学体系，但绝不简单等同于学科意义上的法理学体系，它既包括法理学及各部门法学理论，也包括立法、执法、司法、守法等法治各个环节的理论，还包括法治国家、法治政府、法治社会以及法治过程中一些重大问题的理论。概括地说，这个体系应当全面覆盖我国法治各个领域、各个方面以及各个环节，全面阐释中国特色社会主义法治基本机理和逻辑，全面展示和描绘中国特色社会主义法治的应然状态，成为人类法治文明中的重要成果。在此意义上说，当下法学理论界为构建中国特色社会主义法治理论体系所进行的一切研究和探索，都是马克思主义法学研究的现实努力，都应被视为对马克思主义法学中国化的实际贡献。

本书编辑过程中，四川大学法学院刘磊、李鑫、李振贤、杨小凤、张颖睿在资料收集整理方面提供了诸多帮助，刘磊参与了导论第四部分的写作，谨对他们致以谢意！

上编　马克思主义法学经典理论的阐释

论马克思主义法学的科学性[*]

余先予　夏吉先[**]

摘　要：马克思主义法学是在对资产阶级以及资产阶级之前的各种法学进行科学批判的基础上确立的无产阶级的科学的法学体系。法学研究的内容是各个时代的法律规范及其所确定的法律关系。法律关系是由法定权利和法定义务联系起来的人们之间的关系，不同于一般社会关系，它为被奉为法律的统治阶级意志所确定，只能在设有国家组织的社会里存在。阶级性和科学性的统一是马克思主义法学独具的特点。法学工作者要把自己的工作建立在科学基础之上。

关键词：马克思主义法学　科学批判　阶级性　科学性

我国法学长期处于落后状态。新中国成立 30 年了，法学著作很少，"法学"这个名词过去也很少提到。毛泽东同志在 1954 年主持制定我国第一部宪法时就指出，搞宪法是搞科学，1958 年又提出党、政、军领导干部都要学点法学，但收效甚微。法学的发展长期停顿，法学教育一再倒退。当然，林彪、"四人帮"的严重破坏是重要的因素，但是极"左"思潮泛滥，人们对马克思主义法学的科学性认识不足，甚至根本不承认它的科学性，因而没有下功夫、花气力去研究它，也是一个不可忽视的重要原因。今天我们加强社会主义法制建设，大力开展法学研究和法学教育，有必要

---

[*] 本文原载于《法学研究》1980 年第 5 期，收入本书时有改动。
[**] 余先予，原文发表时为华东政法学院副教授，现为上海财经大学法学院教授；夏吉先，原文发表时为华东政法学院老师，现为华东政法大学教授。

在肃清林彪、"四人帮"流毒的同时，认真解决这个认识问题。

一 法学是怎样建立在科学基础上的？

法学是一门古老的社会科学，有几千年的历史。历代法学家的著作，浩如烟海。但是资本主义和前资本主义的法学家，都不把法律看成经济关系的反映，而是把它们视为与经济关系无关的本身包含独立根据的体系，不把法律看成阶级专政的工具，而把它视为"公平"、"正义"的平衡器，所以资产阶级以及一切剥削阶级的法学是唯心主义的、非科学的。只有马克思主义，才破天荒地把法学建立在科学的基础之上。

马克思主义法学，是在对资产阶级法学以及资产阶级以前的各种法学进行科学的批判中，奠定自己的理论基础的。从马克思和恩格斯的著作中，我们可以清楚地看到，他们对资产阶级和一切剥削阶级关于国家和法的学说，作过确切、缜密而深刻的研究和批判。古往今来著名的法典和法律上的一切建树，都被他们重新探讨过、批判过。在这个广泛研究和深入批判的基础上，确立了无产阶级的科学的法学体系。

资产阶级法学家的根本错误，首先就在于他们歪曲了这样的客观事实：法律是植根于社会经济条件的。资产阶级的法学家，他们正好是把作为上层建筑的法律及研究法律的法学，与产生这种法律与法学的经济基础的位置完全给颠倒了。他们不是把物质作为基础，而是把精神作为基础。黑格尔曾在他的《法哲学原理》中，公开声称："法的基地一般说来是精神的东西，它的确定的地位和出发点是意志。意志是自由的，所以自由就构成法的实体和规定性。至于法的体系是实现了的自由的王国，是从精神自身产生出来的、作为第二天性的那精神的世界。"① 黑格尔不是从社会物质生活条件出发，而是抽象地从人的意志自由出发，脱离开物质实体来谈主观意志，这种意志无疑是空中楼阁。马克思雄辩地指出："法的关系正象国家的形式一样，既不能从它们本身来理解，也不能从所谓人类精神的一般发展来理解，相反，它们根源于物质的生活关系。"② "无论是政治的

---

① 〔德〕黑格尔：《法哲学原理》，范扬、张企泰译，商务印书馆，1961，第10页。
② 《马克思恩格斯选集》第2卷，人民出版社，1972，第82页。

立法或市民的立法，都只是表明和记载经济关系的要求而已。"① 马克思主义正是从历史唯物论的观点出发，肃清了笼罩在法学研究中的迷雾，揭示了法律这种社会政治设施的本质和作用，指出法律不过是现实经济基础的上层建筑的一个组成部分，是经济上占统治地位的阶级对被统治阶级实行专政的工具。在奴隶社会、封建社会、资本主义社会和社会主义社会中，在经济上占统治地位的阶级，为了保护社会的经济基础，巩固自己的统治，都要把本阶级的意志提升为国家意志，以法律的形式取得一体遵行的效力。

但法律也只有正确地反映社会经济关系才具有生命力。如果把法律当作统治者意志的一时灵感来玩弄，那么，正如马克思、恩格斯所指出，就一定会经常发现法律在世界的"硬绷绷的东西"上碰得头破血流。法律作为一种社会现象，法律关系作为一种社会关系，它也是一种不以人们意志为转移的客观存在。它不是人们想要就要，不想要就不要的东西，也不是人们想要什么样的法律关系就可以建立什么样的法律关系。在封建自然经济的基础上产生不了资本主义商品所有者的形式上平等的法律关系。在资本主义私有制的基础上，也绝不可能建立起社会主义的法律大厦。既然社会主义社会的法律和法律关系是客观存在的事物，那么研究这种法律和法律关系的马克思主义法学，和任何一种自然科学、社会科学一样，当然不能不具有客观的科学性。离开了科学性就不可能揭示法律关系与经济关系的联系，就无法对加强社会主义法制的必要性和途径提供合理有益的意见，因而也就不能促进法律这种上层建筑越来越符合经济基础发展的要求，适合生产力发展的需要。

二　法学研究的对象是什么？

法学作为一门独立的科学，有自己专门的研究对象。法学研究的对象是什么，过去众说纷纭，现在人们也有一些不同的提法。

有的同志主张，法学研究的对象是国家制度与法律。我们认为法律是靠国家强制力保证执行的，研究法律现象，不能孤立地进行，要联系国家

---

① 《马克思恩格斯全集》第 4 卷，人民出版社，1958，第 121—122 页。

制度进行考察，这是毫无异议的。但是联系考察的因素，哪怕是最直接联系的因素，也并非就是研究对象的本身。国家制度应该是政治学研究的内容，把它作为法学研究的对象，使法学变得很庞杂，影响对本学科所固有的对象的深入探讨，这是不合适的。

有的同志主张，法学研究的对象就是法律制度。但这只接触到问题的现象，尚未揭示法学研究对象的本质。因为，说法学研究的对象是法律制度，等于说法学研究法和说数学研究的对象是数、历史学研究的对象是历史等一样，不过是一种同语反复，并未揭示法学研究的特殊矛盾。

毛泽东同志指出："科学研究的区分，就是根据科学对象所具有的特殊的矛盾性。因此，对于某一现象的领域所特有的某一种矛盾的研究，就构成某一门科学的对象。例如，数学中的正数和负数，……社会科学中的生产力和生产关系、阶级和阶级的互相斗争，……哲学中的唯心论和唯物论、形而上学观和辩证法观等等，都是因为具有特殊的矛盾和特殊的本质，才构成了不同的科学研究的对象。"① 毛泽东同志的这个观点与列宁《关于辩证法问题》里谈的观点是完全一致的。这个观点是我们揭示法学研究对象的出发点。

马克思曾经指出："社会不是以法律为基础的。那是法学家们的幻想。相反地，法律应该以社会为基础。法律应该是社会共同的、由一定物质生产方式所产生的利益和需要的表现，而不是单个的个人恣意横行。"② 这种社会共同的、由物质生产方式产生的利益和需要，通过法律规范所确定的法律关系，构成了一对特殊的矛盾，即法定权利与义务的矛盾。法定权利与义务的矛盾是建立在生产力和生产关系的矛盾的基础之上的。历史上有什么样的生产力和生产关系，就有什么样的法定权利和义务。

法学研究的内容是各个时代的法律规范及其所确定的法律关系。不过，如果我们就此止步，还不能达到揭示法学研究对象的特殊矛盾的目的。我们知道，我国的法律规范规定了国家机关、法人、自然人的法律地位，确定了它们受国家保护的法定权利（可以做的行为）和必须履行的法律义务（应该做的行为）。这种由法定权利和法律义务联系起来的人们

---

① 《毛泽东选集》第 1 卷，人民出版社，1966，第 284 页。
② 《马克思恩格斯全集》第 6 卷，人民出版社，1961，第 291—292 页。

（或人的联合体）之间的关系就是法律关系。法律关系不同于一般的社会关系，它为被奉为法律的统治阶级的意志所确定，只能在设有国家组织的社会里存在。法律关系是法律调整人们行为的产物。社会关系是极其广泛的，只有当它受到法的调整时，才具有法律关系的性质。如果没有相应的法律规范，社会关系就不具有法律关系的形式。社会主义的法律关系正是实现社会主义法律规范的结果。

一切法律关系的最重要的特征，就是双方当事人之间存在权利与义务的联系，而且每一个法律关系的主体与国家之间也存在内在的联系，因为国家通过立法和司法活动，保护法律关系当事人的权利与义务的实现。严格监督法律关系参加者正确地行使权利和切实地履行义务，是加强社会主义法制不可缺少的条件。社会主义法制维护着法律规范所规定的国家机关、法人、自然人的法律地位不受侵犯，保护它们的权利，促使它们履行作为法律关系参加者所承担的各种义务。由于社会主义的法律规范反映了社会发展的客观规律，并运用这些规律来推动社会向前发展，为劳动群众谋取福利，所以它应该也能够对它所调整的社会关系产生有效的积极作用。

社会主义的法律关系是一种人与人之间的关系，虽然有时这种关系是通过物而发生的，但它绝不是人与物之间的关系。这种法律关系的法定权利必须具备三个要素：

（1）权利享有者在一定限度内具有完成某种行为的可能性；

（2）有要求他人作出一定行为（或不作为）以保证自己权利实现的可能性；

（3）权利不能实现时有请求国家机关以强制力量保证其实行的可能性。

法定权利的这三个要素是统一的，不可分割的。

与法定权利相适应的法律义务也必须具备三个要素：

（1）在一定限度内必须完成某种作为或不作为；

（2）这种作为或不作为是法律所明示的；

（3）逃避法律义务应负法律责任。

法律义务的这三个要素也是统一的，不可分割的。

由法定权利与义务连接起来的法律关系，如果一个主体享有某种权利而另一个主体负有相应的法律义务，这是最简单的法律关系。如果几个主体对另一个主体享有一种甚至几种权利，或者一个主体对几个主体负有一种或几种法律义务，或者一个主体对另一个主体负有某种法律义务，而对第三者又享有某种法定权利时，就构成了比较复杂的法律关系。一切复杂的法律关系都可以分解为简单的法律关系。无论是复杂的法律关系还是简单的法律关系，都要当事人慎重地行使自己的权利，积极地履行自己的义务，充分地满足他人的合法要求。

法学不同部门的研究对象虽然都有其不同的特点，但都受法定权利与法律义务这个总的矛盾所制约。国家法研究国家机关的权力与职责、公民的权利与义务；民法、经济法研究国家机关、社会团体、法人、自然人在民事交往中的权利与义务；诉讼法研究审判活动中原告与被告的法律地位及其权利与义务；国际公法研究国家间的权利与义务；国际私法研究涉外民事法律关系中的法人与自然人的权利与义务；等等。这些都一目了然，容易被人们所理解。刑法却有其突出的特点，需要多讲几句。所有刑法都研究罪与非罪的问题，表面上看，似乎和权利、义务不搭界。但仔细分析一下，我们就可以发现：犯罪正是对他人权利的侵犯，而惩罚又是对犯罪者权利的剥夺。刑法上规定的禁止某种行为的规范，在其生效之后，实际上就对一切人定下了不做法律禁止的行为的义务，也赋予了公民告发法律禁止行为的权利，赋予了有关国家机关制止和制裁这种行为的权利。因此，刑法所研究的对象也脱离不了法定权利与法律义务的矛盾。可见，法学研究的特殊矛盾对于一切部门法都具有普遍的指导意义。

三　马克思主义法学的阶级性和科学性的统一

科学性与阶级性的统一，是马克思主义法学所独具的特点。

一切法学都有鲜明的阶级性，只为一定的阶级利益服务。旧的法学尽管不承认这一点，但稍加剖析就不难发现它为各个时期的统治阶级利益服务的实质。资产阶级以及一切剥削阶级的法学，虽然能够积累一些有益的素材，提供一些有益的历史经验，有马克思主义法学可资借鉴和吸收之处，但从总体来看，它是缺乏科学性的。在旧法学那里，阶级性是被掩盖着的，科学性是被窒息着的，而且两者之间是分离的。只有马克思主义法学，既公开声明自己的无产阶级的阶级性，又具有经得起实践检验的科学性，其阶级性与科学性是不可分离地结合在一起的。

马克思主义法学是无产阶级的意识形态，是无产阶级争取自身解放并解放全人类的一种理论武装，所以它必然具有鲜明的无产阶级的阶级性。这种阶级性从根本上表现在它真实地为无产阶级和广大人民的利益服务，与一切旧法学的传统观念决裂，与一切修正主义或教条主义的法学思想作不调和的斗争，与一切破坏社会主义法制，侵犯国家、集体和公民的合法权益的行为作坚决的斗争。马克思主义法学的这种党性原则，是不可动摇的。

马克思主义法学的阶级性和科学性是一致的，这表现在马克思主义的法学尊重社会发展的客观规律，是社会发展客观规律的反映。无产阶级是人类历史上与大生产相结合的最先进的阶级。随着现代科学技术的发展，科学技术人员不断增加，无产阶级的队伍越来越壮大，素质越来越高。无产阶级的利益与社会发展的客观规律的要求是完全一致的。不断加深对社会发展的客观规律的认识，根据已认识到的规律来指导自己改造社会的斗争，推动社会迅速向前发展，正是无产阶级最高的阶级利益。故马克思主义法学阶级性本身就要求它具有真理性。马克思主义法学的阶级性和科学性或党性与真理性就这样有机地结合在一起。

有的同志认为，现在我国作为阶级的地主、富农和资本家既然已经消灭了，阶级状况发生了根本变化，那么，阶级性就不必讲了。这种认识是不正确的。我国是工人阶级领导的以工农联盟为基础的人民民主专政的社会主义国家，我们国家制定的法律只能是无产阶级意志的体现。作为研究法这种规范和法律关系的马克思主义法学，也只能是无产阶级的意识形态。阶级状况的根本变化，并不改变这一本质性的规定。当然，我国无产阶级的意志完全代表了广大人民的意志，在我们这里，无产阶级的阶级性和人民性是一致的。如果看不到阶级状况的根本变化，拿着老皇历过日子，甚至摆脱不了阶级斗争扩大化的影响，思想僵化，跟不上已经变化了的新形势，当然是错误的。同样，如果一讲变化，连马克思主义的基本原理都忘记了，法学的阶级性都不要了，那更是错误的。

还有些同志对马克思主义法学的科学性不以为然，总感到法学既然是阶级性很强的科学，就只能一锤定音，不能百家争鸣，习惯于万马齐喑的状态。这种看法当然也是片面的。恰恰相反，正因为马克思主义的法学具有强烈的阶级性，就更需要通过百家争鸣的途径使我们的法学理论、观点更符合客观实际，更具有科学性，这样才能满足无产阶级和广大人民群众关于加强社会主义法制的需要。过去，由于法学领域长时期处于一潭死水的状态，很多问题都没有得到深入的研究，现在也很难谈得上求得了统一的意见。如何理解人治与法治的关系？公民在法律上一律平等是否只是适用于法律上的平等，而在立法上不能讲平等？法律如何反映客观经济规律的要求？如何分清两类不同性质矛盾的犯罪？……所有这些问题，都是学术问题，只有通过百家争鸣，充分地摆事实，讲道理，才能使人们的认识逐步地统一在客观真理的基础上。所以，在法学领域认真地开展百家争鸣，是马克思主义法学本身发展的需要，是无产阶级和广大人民根本利益的需要，我们应该通过艰苦的工作，把它开展起来。斯大林曾经批评过的学术领域中的军阀式统治的现象，我们应当坚决杜绝。当然，百家争鸣并非乱鸣一通。我们的百家争鸣是社会主义时代的百家争鸣，是在马克思主义指导下进行的学术探讨活动。因此，一切有损无产阶级和广大人民利益的非马克思主义观点，应该予以抵制和批判。

四 法学工作者要把自己的工作建立在科学的基础上

由于法学是一门科学，这就要求法学的理论家和实践家，包括立法工作者、司法工作者、法学研究工作者和法学教育工作者，要具有科学家那样的尊重客观实际的精神、严肃的工作态度和科学的工作方法。社会科学家和自然科学家一样，都要尊重客观规律。马克思曾经指出，"立法者应该把自己看做一个自然科学家。他不是在制造法律，不是在发明法律，而仅仅是在表述法律"。[①] 这里讲的对立法者的要求，对于一切法律工

---

① 《马克思恩格斯全集》第1卷，人民出版社，1956，第183页。

作者无疑都是适用的。司法工作者不尊重客观实际,就要出冤、错、假案。法学理论工作者不尊重客观实际,理论再好也无用处。这些都是不言而喻的。

法律与客观外界的科学法则并不是一回事。客观外界的科学法则是不以人们的意志为转移的,不管你承认或不承认,它都在那里起作用。法律则是通过人们的主观意志制定的,它只能接近于客观的科学法则。马克思主义的法学工作者的任务,就是要使社会主义的法律,尽量符合客观规律的要求。要使法律的制定符合客观规律,就必须把自己的工作建立在充分调查研究的基础上。毛主席亲自主持制定的我国1954年宪法,就是在充分调查研究基础上产生的。当时的宪法草案初稿,在北京和全国各大城市组织了各民主党派、各人民团体和社会各方面的代表人物共8000多人,用两个多月时间,进行了认真的讨论。经过修改的宪法草案,由中央人民政府委员会在1954年6月14日公布,交付全国人民讨论。全国人民讨论了两个多月,共有1.5亿人参加,提出了很多修改和补充的意见。1954年9月全国人民代表大会通过的宪法,就是在这样广泛发动群众参加立法工作的前提下搞出来的。宪法是国家的根本大法,全国人民自下而上、自上而下反复酝酿讨论的过程,也就是反复调查研究、集中正确意见的过程。要知道,人们制定的法律,可以适应社会主义经济规律的要求,促进社会主义经济的发展;也可以落后于社会主义经济发展的要求,甚至完全违背社会主义经济的客观规律,从而延缓甚至破坏社会主义经济的发展。经济关系以外的其他社会关系也有类似的情况。这就要求我们立法者像科学家那样慎重,那样尊重客观实际,那样有求实精神和一丝不苟的作风。这样,我们才能使社会主义的法律比较接近和符合客观规律的要求,使社会主义法制建立在科学的基础上。

毛泽东同志在《兴国调查》中指出:"实际政策的决定,一定要根据具体情况,坐在房子里面想像的东西,和看到的粗枝大叶的书面报告上写着的东西,决不是具体的情况。倘若根据'想当然'或不合实际的报告来决定政策,那是危险的。……所以详细的科学的实际调查,乃非常之必需。"① 这里讲的是政策的制定和执行,其精神当然也适用于法律的制定与

---

① 《毛泽东农村调查》,高级党校中央党史研究室翻印,1961年3月,第5页。

执行。毛泽东同志关于"没有调查就没有发言权"的名言,我们必须铭记心里,并且付诸行动。今天我们可以这样说:没有调查就没有立法权,没有调查就没有执法权,没有调查就宣传不好法律,教授不好法律,研究不好法律。

五　向法学科学的高峰攀登

随着全国工作着重点的转移,加强社会主义法制的任务极其现实地摆在了全国人民和全体法学工作者的面前。我们的法学需要大发展,才能适应四个现代化的要求。

马克思主义的法学已经有了100多年的历史,为我们进行法学研究奠定了基础。马克思和列宁都学过法律,非常关心法学问题。马克思批判黑格尔哲学体系,就是从批判黑格尔的法哲学开始的。但是由于当时斗争的需要,马克思和列宁的主要理论成果都不在法学方面,而在哲学、政治经济学和科学社会主义方面。如果说马克思主义的哲学、政治经济学、科学社会主义都需要根据新的社会实践向前推进的话,那么马克思主义更没有穷尽法学的真理,法学对于我们来说还是个可以大有作为的领域。马克思、恩格斯由于身处资本主义社会,他们对法学研究的重点只能放在对资产阶级的法律和法学理论的批判上,通过批判来指明无产阶级在夺取政权后,创立社会主义法制的大体的方向。至于究竟怎么建立和健全社会主义法制,当时还不可能提上日程。列宁在苏维埃法制建设上取得了一些成功的经验,但是,他只搞了七年,还没有来得及完成社会主义法制建设理论的科学体系,就逝世了。我们党和国家进行社会主义的法制建设,取得过不少成绩,但由于林彪、"四人帮"一伙的严重破坏,以及我们内部的法律虚无主义思想的长期影响,因此就整个国家的各项工作而言,法制建设还是一个很薄弱的环节,法学研究几乎还是空白。现在,党中央正领导我们把这个薄弱的环节加强起来,我们应该勇敢地挑起重担,向马克思主义法学科学的高峰攀登。

法学是一门科学,法学家是社会科学家。立法要反映客观规律;执法要以事实为根据,以法律为准绳,法律工作者要经过严格的科学训练,法盲不能执法;法学教学和研究要系统地占有材料而不应单纯罗列个别例子；如此等等。科学的道路是不平坦的，它"要求每一个想在任何专业内成为内行的人进行极深刻的专门研究"①。社会历史科学的复杂性，从一定意义上说并不亚于自然科学。"即使只是在一个单独的历史事例上发展唯物主义的观点，也是一项要求多年冷静钻研的科学工作。"② 可见在法学上要钻进去成为内行，非下一番苦功夫不可。我们的国家不仅需要"电子迷"、"种子迷"，也需要"法学迷"。

---

① 《马克思恩格斯选集》第3卷，人民出版社，1972，第130页。
② 《马克思恩格斯选集》第2卷，人民出版社，1972，第118页。

试论法的阶级性和社会性

孙国华　朱景文

摘　要：阶级性是法的重要属性，但并非法的唯一属性。因此，不应把法的属性简单地归结为一个阶级性，也不应把法单纯看作阶级斗争的工具。法有多方面的属性和功能，法的社会性就是法的属性的另一重要方面。法的社会性是指法是社会发展的某些阶段的社会关系的反映，它的存在和发展，归根到底取决于这些历史阶段社会的生产关系，同时法又是这些社会的社会关系的调整器。研究法不能脱离它所反映并维护的社会关系，法的社会性也反映法的阶级性。

关键词：法的属性　社会关系　阶级性　社会性

阶级性是法的重要属性，但并非法的唯一属性。因此，不应把法的属性简单地归结为一个阶级性，也不应把法单纯看作阶级斗争的工具。法有多方面的属性和功能，法的社会性就是法的属性的另一重要方面。问题在于怎样理解法的社会性，怎样理解法的阶级性与社会性的关系。

在关于法的阶级性问题的讨论中，有的同志提出，法的社会性就是指法反映了"整个社会的利益和要求"。这样理解的法的"社会性"，必然是与法的阶级性绝对排斥的"社会性"，这是法根本没有的属性。

---

* 本文原载于《法学研究》1982 年第 4 期，收入本书时有改动。

** 孙国华，1925—2017 年，生前为中国人民大学法学院教授；朱景文，中国人民大学法学院教授。

不错，法是生根于社会生活之中的，但它并不是任何社会的社会生活的产物，而只是原始公社解体并向阶级社会过渡的阶段，在阶级社会的各种社会形态中，以及在从阶级社会向无阶级的共产主义社会过渡的阶段的社会生活的产物。

法的社会性就是指法是社会发展的上述那些阶段的社会关系的反映，它的存在和发展，归根结底决定于这些历史阶段社会的生产关系，同时法又是这些社会的社会关系的调整器。

研究法不能脱离它所反映并维护的社会关系，但法所反映的不是任何社会的社会关系，而只是存在经济上的不平等的社会的、对统治阶级有利的社会关系。所以法的社会性和法的阶级性不是绝对排斥的，而是辩证联系、有机统一的。法的社会性反映法的阶级性，法的阶级性说明法的社会性。

法的社会性反映法的阶级性。这首先表现在法所反映的社会关系本身是带有阶级性的，是有了阶级分化、阶级和阶级斗争的社会的社会关系，是对统治阶级有利的社会关系；其次表现在法并不是这种社会关系的被动的、消极的反映、摄影，而是对这种社会关系的能动的、积极的确认、保护和发展，是积极的服务。

法的阶级性说明法的社会性。这首先表现在法作为被奉为法律的统治阶级的意志，这个意志并不是任意想出来的，而是一定社会关系，归根到底是一定社会的生产关系的要求的反映；其次表现在法要实现其阶级压迫的职能，就必须同时执行某种社会职能。恩格斯曾指出："政治统治到处都是以执行某种社会职能为基础，而且政治统治只有在它执行了它的这种社会职能时才能持续下去。"① 这一原理对法完全适用。法要执行自己的阶级使命，就必须考虑到社会的某些共同需要，譬如维护交通秩序、兴修水利、保护环境等。因为执行这些社会职能正是政治统治得以持续的必要条件。把这两点概括起来，也可以说法这种与阶级、阶级斗争紧密联系的，具有阶级性的社会规范，是生根于人类历史一定阶段的社会关系，归根到底是生根于经济生活之中的。法的阶级性恰恰说明法的社会性，说明它是一定社会关系的反映和调整器。

---

① 《马克思恩格斯选集》第3卷，人民出版社，1972，第219页。

有的同志在把法的社会性与法的阶级性绝对地对立起来的同时，似乎也把法的阶级性与法的客观性，即法对客观规律的反映绝对地对立起来了。在他们看来，似乎只有法的社会性能够反映社会发展的客观规律，而法的阶级性则不反映这种规律。

其实，如我们上面讲到的，不仅法的社会性最终被社会发展的客观规律所制约，而且法的阶级性最终也被社会从原始公社过渡到阶级社会、阶级社会以及从阶级社会向无阶级的共产主义社会过渡的客观规律所制约。法是社会的上层建筑，它的性质归根结底是被它赖以建立的经济基础发展运动的规律所制约。

法能够反映社会生活的客观规律，而且归根结底也是被这种规律所制约着，因为法是社会运动的一种特殊形式。但是，法并不等于这种规律。法是一定社会关系的反映，它可以正确反映客观规律，也可以歪曲或者违背客观规律。并不因法有社会性就一定能够正确反映客观规律，也并不因法有阶级性就一定不能反映客观规律。对法反映客观规律的情况应该进行具体分析。一般说来，法反映社会发展客观规律的程度决定于法的阶级本质，决定于统治阶级对本阶级利益认识的程度。当法反映着处于上升时期、代表新的生产关系的阶级的利益和意志时，它就能够做到比较符合社会发展的客观规律；当法反映着处于没落阶段的，代表阻碍生产力发展的生产关系的阶级的利益和意志时，它就阻碍社会发展，成为掌握在统治阶级手中，对抗生产关系一定要适合生产力性质的规律的工具。不过这种对抗并不能长久持续下去，"当某一个国家内部的国家政权同它的经济发展处于对立地位的时候……斗争每次总是以政治权力被推翻而告终。经济发展总是毫无例外地和无情地为自己开辟道路"。①

法对社会发展客观规律的反映，一方面决定于统治阶级所处的历史阶段，另一方面也取决于统治阶级对本阶级利益认识的程度。后者主要是指法反映它赖以建立的那种生产关系所特有的经济规律的程度问题。

可见法的客观性，即法反映社会发展客观规律的程度，同法的阶级性也不是绝对对立的。法反映社会发展客观规律程度之不同，恰恰正是法的阶级性在不同社会历史条件下的表现。

---

① 《马克思恩格斯选集》第 3 卷，人民出版社，1972，第 222—223 页。

把法的社会性与法的阶级性绝对地对立起来，必然会导致认为只是一部分法律规范（如执行阶级压迫职能的那部分规范）有阶级性，而另一部分法律规范（如调整统治阶级内部关系的和执行社会职能的那部分规范）没有阶级性的错误结论。

调整统治阶级与被统治阶级的关系的法律规范有阶级性，这是很明显的。那么调整统治阶级内部关系的法律规范是否也有阶级性呢？答案也是肯定的。

法既是统治阶级意志的反映，那么调整统治阶级内部关系的法律规范也是统治阶级共同意志的反映，怎么就没有阶级性呢？法在调整统治阶级内部的关系时，就是要使统治阶级内部不同集团和个人的利益，服从于统治阶级的整体利益，服从于统治阶级对被统治阶级的斗争，服从于同国内外敌对势力的对抗性斗争的根本利益。

认为调整统治阶级内部关系的法律规范不具有阶级性，至少犯了两个错误。第一，是把阶级性和阶级专政简单地画了一个等号。在持这种观点的同志看来，似乎只有实行专政，才叫有阶级性，而法在调整统治阶级内部的关系时，既然不是阶级对阶级的专政，那么似乎就没有阶级性。其实对敌对阶级的专政，这只是法的阶级性的一方面的表现，法的阶级性还表现在，法在调整统治阶级内部关系时要维护统治阶级的整体利益，而限制统治阶级内部个别集团或个人的恣意妄为。第二，是把法对统治阶级内部关系的调整同法对被统治阶级执行压迫职能以及同国内外敌对势力的斗争，完全割裂开了。似乎调整统治阶级内部关系与实行对被统治阶级的专政以及同国内外敌对势力的斗争没有内在联系。其实把统治阶级内部的关系调整好，发扬统治阶级内部的民主，同对被统治阶级的专政以及同与国内外敌对势力的斗争，是紧密联系的。调整好统治阶级内部的关系，是加强对被统治阶级的专政，增强同国内外敌对势力进行斗争的力量的重要前提。从这种意义上讲，调整统治阶级内部关系的规范，虽然不是直接实行对被统治阶级专政的规范，但它和实行经济、文化职能的规范一样，仍然不是与国内外的阶级斗争无关的，不是与对被统治阶级的专政无关的，它们同对被统治阶级直接执行压迫职能的那部分规范一起，构成统治阶级对国内外敌对势力进行斗争，维护其政治统治的精巧工具，怎能说没有阶级性呢？

在我国现阶段，剥削阶级作为阶级已被消灭，法律调整的问题，大量属于人民内部问题，而且不少问题并不是阶级斗争问题。但法律规范直接规定的不是阶级斗争问题，并不等于这个法律规范就没有阶级性。原因有两点：第一，我国的任何法律规范都是工人阶级领导的以工农联盟为基础的广大人民的共同意志的体现，任何法律规范都是从工人阶级和广大人民的利益出发而制定和实施的，有着鲜明的阶级性；第二，这一规范本身所规定的问题虽然不是阶级斗争问题，但按照工人阶级为领导的广大人民的意志处理好这一问题，必然有利于促进安定团结的政治局面，有利于加强以工人阶级为领导的广大人民在阶级斗争中的力量。

有的同志认为像种子法、环保法、交通规则等执行一定社会职能的法律规范是没阶级性的，因为实行这些规范对全社会成员都有利。这显然是把"阶级性"同"对全社会有利"简单地对立起来了。似乎任何现象只要对全社会有利，就没有阶级性。用这种观点来分析剥削者类型的法，也未尽然，用这种观点来分析社会主义法，就更加不适合了。其所以产生这种简单化的观点，还是同把法的阶级性与会性绝对地对立起来有关。

如前所述，阶级的政治统治本身就要求必须执行某种社会职能，否则任何政治统治都维持不下去。中国历代的封建统治阶级，都懂得治理黄河对维护其"天下"的重大意义。兴修水利、保护环境、建立并维护交通秩序等，都是执行一定的社会职能，看起来对全社会有利，但不要忘记这个"社会"是什么样的社会，不要忘记这个"社会"正是使统治阶级的统治得以继续下去的社会。在剥削社会，统治阶级关心这些事，不能说对劳动人民一点利益也没有，但最根本的还是对统治阶级有利，因为它使统治阶级的统治得以持续。在社会主义社会，工人阶级为领导的广大人民当然更要关心这些问题。社会主义法有大量执行经济文化职能和社会职能的规范，这同社会主义法的阶级本质紧密联系。社会主义法担负着改造旧社会建设新社会的历史使命，社会主义法执行一定的社会职能，不仅是实现工人阶级为领导的广大人民的政治统治所必需，而且是为建设社会主义和共产主义，为最终消灭阶级的划分、消灭政治统治本身、解放全人类创设条件。社会主义法由其本质所决定，它的阶级性和社会性是一致的。从根本上讲，工人阶级的利益代表着全社会发展的利益，符合工人阶级利益的，必然是符合全社会利益，符合全社会发展利益的也必然符合工人阶级利益。社会主义法的社会性，反映了社会主义法的阶级性，社会主义法的阶级性决定它有更加广泛的社会性。

有的同志认为，像种子法、环保法、交通规则等类法律规范，在资本主义社会是那样规定的，在社会主义社会也那样规定，有些规范完全一样，这种法律规范是没有阶级性的。我们认为这种认识是模糊的，产生这种模糊认识的原因有二。

第一，脱离法律规范所反映和保护的社会关系，也脱离法律规范所属的整个法律体系，孤立地观察法律规范。这样孤立地观察法律规范，自然认不清它的性质。就拿环保法来说，如果我们把环保法这种法律规范，放在它所属的某一法律体系中，再把它同它所反映和保护的社会关系联系起来观察，那么它的阶级性也是很明显的。资本主义国家的环保法在资产阶级国家整个法律体系之中和其他资产阶级法律规范互相配合，共同维护着有利于资产阶级的社会关系和社会秩序。社会主义国家的环保法是社会主义法律体系的组成部分，它同社会主义法的其他规范一起，保护着有利于社会主义的社会关系和社会秩序。怎么会没有阶级性呢？

第二，混淆了单纯技术规范和法律技术规范这两个不同的概念。技术规范反映着人与自然、人与劳动对象和劳动工具的关系。因此技术规范本身是没有阶级性的。但是遵守某些技术规范，不仅涉及人与自然、人与劳动对象和劳动工具的关系，而且涉及人与人的关系。违反这些技术规范不仅违反自然规律，而且会影响或危害社会上其他人的利益。这样，某些技术规范除了原有的技术规范的属性外，又具有社会性，而成为社会技术规范，对它的遵守也是维护一定社会关系所要求的。现在，这种规范随着社会生产力的增长，随着生产的日益社会化，随着人们改造和破坏周围环境的能力的增长，而大量地增加了。对于涉及重大社会利益的某些技术规范，统治阶级往往要运用国家权力确认它有法律规范的属性或者规定遵守这些技术规范是法律上的义务，从而这些技术规范就不单纯是技术规范，也不单纯是社会技术规范，而成为法律技术规范了。环保法、种子法、交通规则和有关安全生产、劳动保护、标准化、计量管理、资源保护等法规中，有些规范原本是技术规范，没有阶级性，但当这些规范被确定在国家的法律体系中，成为维护现存秩序不可缺少的一个组成部分，它就体现了统治阶级的意志，成为法律技术规范，成为对该统治阶级有利的社会关系服务的法律体系的组成部分，带上了阶级性。因此，法律技术规范，从它反映人与自然的关系、体现自然规律方面看，它是不带阶级性的，从它具有了社会性、法律上的属性看，它又服务于一定的社会关系，由国家确认并以国家强制力保证着人们对它的遵守和执行，又带上了阶级性。这就是说，任何法律规范，包括原本反映自然规律而后又反映一定社会关系的法律技术规范，都是有阶级性的。世界上没有不带有阶级性的法律规范。

当然，我们应当区别不同的法律规范。这种原本来自技术规范的法律规范，当然具有很大的继承性。在引进一种先进技术的时候，同时应该考虑沿用相应的技术规范，但在法律上加以规定时，还应该考虑到不同社会制度的区别。如在社会主义国家就要更多地考虑保护劳动者的问题，而不能简单地照抄资本主义国家法律上的所有规定。要注意区别什么是技术上必须遵守的，什么是法律上附加的属性。通过以上的分析，我们认为应该承认和正确地理解法的社会性这个概念，正确地理解法的阶级性与法的社会性的关系。法的阶级性与法的社会性是法的两个既相互区别，又互相渗透的主要特性。法的社会性是带有阶级性的社会性，因为法同阶级、阶级斗争有着必然的联系；法的阶级性是带有社会性的阶级性，因为法本身就是一种社会现象，它是社会运动的一种特殊形式。二者是有机统一的，而不是互相排斥的。法的属性很多，我们不应以法的某一属性去否定法的另一属性。当然更不应当以法的社会性去否定法的阶级性这个法的本质属性。

法不是从来就有的[*]

——学习恩格斯《家庭、私有制和国家的起源》的一点体会

郭宇昭[**]

摘　要：法是随着私有制的产生、社会分裂为阶级产生的，而不是从来就有的。但是，并非私有制和阶级一出现，法就立即产生了。法与原始氏族习惯不同，是掌握公共权力的统治者为了维护自己的统治地位建立的，是以统治者掌握的公共权力为后盾的。在马克思、恩格斯的著作中，都是把法看作是历史发展一定阶段上的社会现象，是阶级斗争的产物和表现。马克思、恩格斯历来认为国家和法是不可分割地联系在一起的。

关键词：法的产生　私有制　阶级斗争　国家

法究竟是自古以来就有的，还是历史发展到一定阶段的产物，在我国法学界至今仍有不同的看法。这反映出人们对恩格斯的《家庭、私有制和国家的起源》（以下简称《起源》）一书关于原始社会氏族制度的阐述存在截然不同的理解。《起源》是马克思主义关于国家和法的理论的一部重要著作，它对国家和法的起源问题作出了科学的论断。自此书问世以来，无论是地下的古代文物，还是地上发现的迄今仍然处于原始社会阶段的、被史学家称作古代社会"古化石"的氏族、部落的现实生活情景，都证明

---

[*] 本文原载于《法学研究》1983年第4期，收入本书时有改动。
[**] 郭宇昭，中国人民大学法学院教授。

了《起源》一书所阐明的原理的正确性。正确理解《起源》所阐明的国家和法的原理,对我们正确认识法的本质及其发展趋向具有重要指导意义。

恩格斯在《起源》中明确指出:"国家并不是从来就有的。曾经有过不需要国家,而且根本不知国家和国家权力为何物的社会。"① 在原始制度下,"没有军队、宪兵和警察,没有贵族、国王、总督、地方官和法官,没有监狱,没有诉讼,而一切都是有条有理的。……一切问题,都由当事人自己解决,在大多数情况下,历来的习俗就把一切调整好了"②。由于全书的主要任务是考察国家怎样从原始氏族制度解体中产生出来,因而恩格斯着重阐述了国家产生的原因、过程及其最终形成的标志。根据恩格斯的观点,国家产生的原因,在于社会内部生产力的发展和随之发生的社会分工而导致私有制的出现和社会分裂为阶级的结果;其形成的典型过程(典型形式)是"靠部分地改造氏族制度的机关,部分地用设置新机关来排挤掉它们,并且最后全部以真正的国家权力机关来取代它们而发展起来的"③。其最终形成的标志是"按地区来划分它的国民"和"公共权力的设立"。这两点十分重要,是考察国家是否形成的主要依据。凡是读过《起源》的人都应清楚地了解恩格斯的上述基本观点,而不会因为恩格斯在阐述原始氏族组织时曾多处使用了诸如"最高权力机关"、"军队"、"法庭"、"行政权"、"官吏"之类属于国家机构和职能的专用名词而产生"原始社会已有国家"的误解。

关于法的起源问题,恩格斯在本书中没有专就法产生的原因、形成的方式以及最终形成的法所具有的特征等展开论述,因为马克思和恩格斯一般是把法作为国家的一个从属的问题来加以研究的。在他们看来,"对法权(它始终只是某一特定社会的经济条件的反映)的考察是完全次要的"④。但是,这并不意味着他们不就法的问题表明自己的看法。相反,由于法的问题和国家的问题关系十分紧密,他们的许多著作在阐明国家问题的同时,也都论述到法的问题。例如,《起源》在论述提修斯对雅典部落组织所进行的改革,使相邻的各自独立的部落之间的单纯联盟融合为统一

---

① 《马克思恩格斯选集》第4卷,人民出版社,1972,第170页。
② 《马克思恩格斯选集》第4卷,人民出版社,1972,第92—93页。
③ 《马克思恩格斯选集》第4卷,人民出版社,1972,第105页。
④ 《马克思恩格斯全集》第21卷,人民出版社,1965,第557页。

的民族时，即相应地指出，由于这种情况，"于是就产生了凌驾于各个部落和氏族的法权习惯之上的一般的雅典民族法"①。在阐明罗马氏族由于财富的增加过渡到一夫一妻制而趋于瓦解时，也指出这时"新的法律规范已逐渐渗入氏族的习俗"②。最后在总结性的论述中也明确指出，古雅典法和古罗马法"都是纯粹由于经济强制，作为习惯法而自发地产生的"③。恩格斯在阐明国家最终形成的标志时，关于法也写道："从前人们对于氏族制度的机关的那种自由的、自愿的尊敬，即使他们能够获得，也不能使他们满足了；他们（指掌握公共权力的官吏——笔者）作为日益同社会脱离的权力的代表，一定要用特别的法律来取得尊敬，由于这种法律，他们就享有特殊神圣和不可侵犯的地位了。"④ 从这些论述不难看出恩格斯关于法的基本观点。

第一，法同国家一样，也是随着私有制的产生，社会分裂为阶级，即有了"经济强制"之后才产生的，而不是从来就有的。

第二，法同国家一样，并非私有制和阶级一出现，就立即产生了。凌驾于氏族习惯之上的法的形成也经历了一个长期的、逐渐的历史演变过程。这个过程的典型形式是依靠改造旧的氏族习惯，或者说是通过用新的萌芽状态的法"渗入氏族的习俗"而逐渐演变为习惯法而取代原始氏族习惯的。

第三，法同国家一样，也有区别于原始氏族习惯的独具的特征。搞清这个问题十分重要，它是考察完整意义的法是否出现的重要标志。恩格斯虽不像阐述国家特征那样明确地阐述法的特征，但从上述论述中也可以理解恩格斯对这一问题的基本看法。恩格斯用"特别的法律"来表述公共权力出现以后的法律显然是和原始氏族习惯和正在形成过程中的萌芽状态的法律相对而言的，说明现在的法律和原始氏族的习惯乃至萌芽状态的法律已有本质的区别，它具有某些新的特征。

（1）它是掌握公共权力的统治者为了维护自己的统治地位，使其具有"特别神圣和不可侵犯"的性质而自觉建立起来的。当然，它也就只能反

---

① 《马克思恩格斯选集》第4卷，人民出版社，1972，第106页。
② 《马克思恩格斯选集》第4卷，人民出版社，1972，第117页。
③ 《马克思恩格斯选集》第4卷，人民出版社，1972，第163页。
④ 《马克思恩格斯选集》第4卷，人民出版社，1972，第168页。

映统治者的利益和意志,而不是如同原始氏族习惯,是在氏族全体成员共同利益基础上自发形成和反映全体氏族成员共同利益和意志的。

(2) 它是一种特殊的"强迫手段",是以统治者手中掌握的公共权力为后盾的;而在原始氏族制度下,除了舆论以外,它没有任何强迫手段。原始氏族的习惯是建立在人们对机关的自由和自愿的尊敬上面的。

以上两点是完整意义的法所具有的基本特征,其核心是公共权力的建立,也即国家的建立。我们在考察法是否最终形成也必须以此作为标志。在国家建立以前,尽管伴随着国家的萌芽,也有了萌芽状态的法律,但它毕竟还没有完全脱离血缘关系的基础,仍然是以亲属关系的名义来要求的,仍然具有原始氏族习惯的特征。如果我们不看到法最终形成的这一标志,我们不仅不能把法与原始氏族习惯区别开来,就是在现代,也会把法同社会上的其他社会规范相混淆。这样一来,岂非人们的一切行为都囊括在法里面了?

既然在原始氏族制度下没有法,为什么恩格斯在阐述氏族组织及其职能时,多处使用"法律"、"诉讼"、"审判"、"判决"等法律术语说明当时情景呢?在同一书中,一方面明确地说,在原始氏族制度下没有法官,没有监狱,没有诉讼;另一方面又说原始氏族机关"决定新法律",行使"审判权",接受"诉讼",进行"判决"等活动。从字面上看,这的确是矛盾的。这种矛盾的表述不仅在法的问题上,在国家的问题上如前所述,也有类似情况。其他,如权利、义务的问题也是如此。一方面明确地说,"在氏族制度内部,权利和义务之间没有任何差别";另一方面却又说在原始氏族制度下,氏族成员享有选举和撤换酋长和军事首领的权利,享有使用本氏族名称的权利,以及收养外人入族的权利等;同时,谈到氏族成员有互相帮助和为本氏族受害的成员进行血族复仇的义务。但是,只要我们不停留在字面上,把前后引文和全书的论述连贯起来加以思考,就不难看出恩格斯使用"法律"、"诉讼"、"审判"等法律术语基本上有三种情况。一是援用资产阶级史学家和古代历史文献上原有的说法(书中大量引用和分析了他们提供的资料)。例如,关于德意志人氏族的"人民大会同时也是审判法庭;各种控诉都向它提出,并由它作出判决……"[1] 这是根据塔

---

[1] 《马克思恩格斯选集》第 4 卷,人民出版社,1972,第 140 页。

西佗的著作（主要是《日耳曼尼亚志》）加以阐述的。至于援用摩尔根《古代社会》的用语更是不胜枚举。二是指原始社会解体过程中氏族机关已部分地发生质变，从而产生了类似国家的机构和萌芽状态的法律。例如，关于梭伦改革后的雅典人民大会的职权，恩格斯说："一切官吏都是在这里选出的，一切官吏在这里都要作关于自己活动的报告；一切法律都是在这里制定的……"① 单从这段话来看，这里的氏族人民大会已经俨然是国家的最高权力机关了。甚至可以把它叫作议会，何止于存在法律！但是恩格斯并不认为这时雅典已经形成国家，因为它并没有完全割断以血缘关系为基础的氏族部落组织的脐带，直到克利斯提尼改革后雅典国家才最终形成。那么，这里所讲的法律也应作同样的理解。另外，关于罗马氏族"元老院"职权的阐述，也有类似的情况。三是恩格斯用现代语言说明原始社会中类似的情况，正如他自己关于使用"母权制"一词所作的解释那样，是"为了方便起见"。如关于原始氏族成员享有某种权利、履行某种义务的用语，显然不是指法律意义上的权利和义务。对上述情况我们应加以分析，以准确地了解其真实含义，而不能根据这些用语得出原始氏族制度下已存在国家与法的结论。

"法是自人类社会出现以来就有的"这种看法是法学中久已存在，并广为流传的一种观点。例如，莱翁·狄骥（1859—1928）在《宪法论》中写道："只要人类社会存在，客观法就存在；而且同时这种客观法和社会内部所发生的分化完全没有关系。……社会的概念就含有法的概念。"② 在旧中国，类似的观点也颇为流行。这就是说，法律与人类社会共存。其错误在于抹杀法所具有的特征，把法律规范与原始社会的习惯以及其他社会规范混为一谈。资产阶级学者持此种看法以论证法的"超阶级性"和"永恒性"是毫不奇怪的，他们的阶级利益要求他们这样做，他的唯心主义宇宙观和方法论使他们不可能对法的起源作出科学的研究。

特别值得一提的是，第二国际领袖卡尔·考茨基也是这种观点的宣扬者。他在《无产阶级革命及其纲领》中写道，"人按本性来说是社会的动物。还在最早时期，在国家形成以前很久，我们就发现联合成一定组织的

---

① 《马克思恩格斯选集》第4卷，人民出版社，1972，第111—112页。
② 〔法〕狄骥：《宪法论》第1卷，钱克新译，商务印书馆，1959，第381页。

人群，这些组织具有一定的秩序和法律，这些法律虽然最初只是习惯法，但是仍旧是严格执行的。我们只需要想一下我们在离任何国家共同体还很远的澳洲人那里看到的婚姻制度、吃饭规则、继承法、狩猎法以及其他许多法规"。① 他在《库诺夫对马克思国家理论所作的阐明》中也写道："人类共同生活的形式还在国家出现以前就已存在，而且这种共同生活的某些类型已经有了十分定型的宪法，如氏族联盟和部落公社的联盟……就具有它们的立法权、审判权和执行权。因此，国家与这些先前的社会形态的区别不在于是否具有法律、法庭、军事领袖，而是在于是否存在着阶级差别和阶级矛盾。"② 考茨基声称这种观点是按照马克思和恩格斯"最成熟的著作"提出的学说来阐述的。其实，马克思、恩格斯的观点与它毫无共同之处。

第一，在马克思、恩格斯的著作中，都是把法看作历史发展到一定阶段的社会现象，是阶级斗争的产物和表现。它和其他事物一样，有其产生、发展到消亡的过程。那么，法是否将永远存在下去呢？恩格斯曾经说："我们消灭个人和其他一切人之间的敌对现象，我们用社会和平来反对社会战争，我们彻底铲除犯罪的根源，因而就使行政机关和司法机关目前的大部分工作、甚至是很大一部分工作成为多余的了。……文明甚至在现在就已经教人们懂得，只有维护公共秩序、公共安全、公共利益，才能有自己的利益，从而尽可能地使警察机构、行政机关和司法机关变成多余的东西。"③ 在恩格斯看来，法不仅必将消亡，而且我们还要努力创造条件使之成为多余的东西。考茨基却认为人类社会的一切阶段都必须有法，否认法有产生、发展到消亡的历史。

第二，马克思、恩格斯历来认为国家和法是不可分割地联系在一起的，并且把法称作"国家意志"的表现形式。如他们说："在这种关系中占统治地位的个人除了必须以国家的形式组织自己的力量外，他们还必须给予他们自己的由这些特定关系所决定的意志以国家意志即法律的一般表

---

① 中共中央马克思恩格斯列宁斯大林著作编译局资料室编《考茨基言论》，生活·读书·新知三联书店，1966，第379—380页。
② 转引自〔苏〕萨谢理雅《修正主义反对无产阶级专政学说》，陈安、田锡宋译，生活·读书·新知三联书店，1962，第270页。
③ 《马克思恩格斯全集》第2卷，人民出版社，1957，第608—609页。

现形式。"① 而考茨基却否认法与国家的必然联系，混淆了作为一种特殊行为规则的法和其他社会规范的根本区别。

由上可见，考茨基的观点非但不符合马克思、恩格斯的学说，而恰恰是从马克思主义倒退到"超阶级"的庸俗自由主义观点上去了。

总之，从人类社会的全部历史来看，任何时期都必然有一定的行为规则，不如此便不能维持一定的社会秩序，不能保证人类社会的存在，这是毫无疑问的。但是，法这种特殊的行为规则并非人类社会发展的一切阶段都需要的，而只是在存在阶级、阶级斗争的社会才是必需的。随着阶级、阶级斗争的消灭，法终归是要消亡的。但它的消亡正如它的产生一样，是一个漫长的逐渐的过程。阶级的出现并不能立即引起法的产生，同样，作为阶级的剥削阶级虽然已经消灭，法也不会立即消失或改变其性质，何况阶级斗争还将在我国社会的一定范围内长期存在。阶级斗争的现实告诉我们，法还将以原来的属性存在一个相当长的历史时期。只有当全世界普遍地建立了社会主义制度，并进而消灭了阶级和阶级斗争，作为国家这种暴力组织已无必要的时候，法这种具有特殊强制力的手段，才可能也必然为新的更文明、更高级的行为规范所取代。

---

① 《马克思恩格斯全集》第 3 卷，人民出版社，1960，第 378 页。

略论法的概念和法的质的规定性

张宗厚

摘　要：将阶级性视为法的本质属性的观点存在方法论上的错误。阶级性不是法的本质属性，法也不是阶级社会特有的现象。法的本质属性，即法的质的规定性，是社会性、强制性、规范性三个属性的统一，正是这三个属性把法律现象从政治、宗教、道德、哲学等其他社会现象中区别出来。法可以被定义为：由国家或社会管理机关制定或认可，并以强制力保证其实施的、调整社会和人们相互关系的行为规则的总称。

关键词：法的本质属性　社会性　强制性　规范性

我很赞成英国17世纪唯物主义哲学家培根的下述一段话："既成的习惯，即使并不优良，也会因习惯使人适应。而新事物，即使更优良，也会因不习惯而受到非议。……然而，历史是川流不息的。若不能因时变事，而顽固恪守旧俗，这本身就是致乱之源。"我国当前的法学研究有些与这种情况类似。诚然，法在尖锐阶级对立的社会里具有鲜明的阶级性，并表现为"阶级统治的工具"。但当剥削阶级作为阶级在我国已不存在，阶级斗争已不再是社会的主要矛盾，阶级斗争渐次减弱，而法制逐步加强，二者呈逆向运行状态的时候，如果仍然沿袭过去在阶级尖锐对立时期形成的一些观念，如"法是统治阶级意志的体现"，"法是阶级斗争的产物和阶级斗争的工具"，显然已经不能适应我国当前的实际。再则，如果说法律过

---

* 本文原载于《法学研究》1986年第6期，收入本书时有改动。
** 张宗厚，论文发表时单位为中国法制报社。

去的活动范围主要是政治斗争舞台，那么现在它已大步流星地跨进了经济发展、科学研究、文化教育、工程建设、智力开发、经营管理、人口控制、资源保护、能源开发、生态平衡等广泛的领域。如果不从多角度和全方位去观察分析法律现象，把它看成贯穿于社会生活各个方面的现代决策系统和现代化管理网络，而仍然仅从政治的角度（甚至更简单化为阶级斗争的角度）去观察，或者仍把阶级性视为"法的唯一本质属性"，那就难免"以古断今"、"以偏概全"或以"一"代"多"。所以，我认为，我们的法学研究在当前面临着下述两个互为关联的课题——法学研究，必须一切从实际出发；更新传统的法学理论，势在必行！

当前，法学界仍然有人无视我国阶级斗争逐步减弱，阶级斗争已不是社会的主要矛盾，而法制却逐步加强的现实，坚持阶级性是法的唯一本质属性的观点，认为只要还有一个阶级敌人，法律就仍然是阶级斗争的工具，阶级性就仍然是法的唯一本质属性。

对此看法我认为有三个问题需要搞清楚。

第一，法究竟是不是阶级社会特有的现象？我国目前的阶级斗争逐步减弱而法制逐步加强的铁的事实，使我们清楚地看到，法与阶级和阶级斗争的存在不一定要有一种必然的联系。从这里，我们还可以获得一个据以进行科学预测的强有力的信息，即将来阶级对立、阶级斗争甚至阶级差别不存在了，法制和民主一起作为"根本目标"（中央文件语）还要持续发展下去。如果我们从事实出发，得出法不是阶级社会特有现象的结论，那么对"阶级性是法的唯一本质属性"的命题，就没有必要去争论了。这是常识范围里的一个问题。

第二，当我们从马克思主义那里学得了阶级分析方法去分析一切具有阶级性质的事物的时候，不能忘记比这更本质的东西，即马克思主义活的灵魂——一切从实际出发，一切以时间、地点、条件为转移，不能把阶级分析的方法不分场合地牵强附会地套用，更不能"以阶级斗争为纲"的眼光去观察一切，分析一切，处理一切。比如，有人提出，我国目前的经济犯罪是新形势下阶级斗争的反映。当然，从它反映了剥削阶级意识这一方面讲，经济犯罪确与阶级斗争有关。但如果仅仅笼统这样讲，而不是具体情况具体分析，就有可能重犯过去"以阶级斗争为纲"时期所犯的某些错误。人们还会问：如果说社会主义条件下的经济犯罪是资产阶级势力与无产阶级的较量,那么对资本主义国家的经济犯罪又当如何解释呢?总不能说它是无产阶级与资产阶级的斗争吧!确实,我们有不少同志在过去被"以阶级斗争为纲"的哲学整怕了,似乎不讲阶级性,便有被指责为"右"的危险。这种余悸,从情理上可以理解,但如果被此死死框住,不敢面对实际,大胆探索,我们法律科学的命运和前途,不是很值得忧虑吗?

第三,在方法论上,一些同志习惯于一元论,而不习惯多元论,因为那样简单、省事。最典型的,莫过于认为红绿灯也有阶级性。正如周凤举同志指出的,这是把事物在相互联系和相互作用过程中所产生的政治影响和政治作用当作法的阶级性,包括红绿灯在内的公共交通规则以及体育竞赛规则、食品卫生法规等,为什么说它是公共规则?正因为它们不是哪一个阶级所需要的,而是全社会所需要的。当然,在阶级社会里,统治阶级利用这些实行治理,会使他们获得政治上的好处,如获得好的声誉、赢得选票等。但这只是法的政治影响和政治作用,绝不能因此说这些法也是阶级斗争的工具,或者说这些法本身也有鲜明的阶级性。至于存在于各个不同社会制度国家间的国际法,用阶级对立和阶级斗争的观点,更是难以解释的。

法的质的规定性

关于法的本质属性是什么,是否一切法都有阶级性的问题,20世纪50年代已有争论,近几年来讨论更趋热烈,比较集中的是围绕着法的阶级性与社会性进行讨论。至今,尚未取得较一致的认识,甚至对于什么是阶级性,什么是社会性,还在争论不休。

我认为,这种争论虽给了我们不少启发,但因局限在一个很狭小的天地里,即使再进行多少年,也不可能获得突破性的进展。如果把眼光放在一个更广阔的领域,如法是不是阶级社会特有现象的问题,这个讨论将会获得新的意义。这个问题下节再讲。在这里,我想从法的本质属性的理论价值的角度,谈一谈法的质的规定性问题。

理论研究的意义,绝不在于理论自身,而在于它能否科学地解释实际,并对实际产生有力的指导作用。讨论法的本质属性,目的不是别的,而是在于把握法一事物同其他事物的联系与区别,进而探索它的运动的规律性。因此，讨论的着眼点应是法的质的规定性，或者是它的特性。

法的特性，或曰质的规定性是什么呢？在以往的讨论中，学者们指出法的多种属性，如社会性、阶级性、客观规律性、国家意志性、科学性、探索性、间接性、程序的特殊性以及一般法所具有的普遍性、强制性、规范性、稳定性等。其中哪些是法的质的规定性呢？有同志认为是阶级性，有的认为是社会性，有的认为是阶级性和社会性的统一。对此，我都不能苟同。因为仅仅一个阶级性，或加上社会性，都不能使我们把法这种现象从其他诸多社会现象中分离出来，众所周知，在阶级社会里，政治、哲学、文化、教育、新闻、出版等，也都是具有阶级性和社会性的。因此，阶级性和社会性仍是存在于法这种社会现象和其他诸多社会现象之间的共性，而不是法区别于其他社会现象的特性。

那么，法的质的规定性究竟是什么呢？在回答这个问题之前，需要解决一个方法论问题，在过去相当长的时间内，我们有些同志很喜欢一元论，在"以阶级斗争为纲"时期，更是如此。其实，任何事物都是一个多层次、多侧面的立体，而不是一条几何线或一个几何平面。正如列宁所说："要真正地认识事物，就必须把握、研究它的一切方面、一切联系和'中介'。我们决不会完全地做到这一点，但是，全面性的要求可以使我们防止错误和防止僵化。"① 但是，科学研究的任务不仅仅是对各种现象的罗列，它还要求人们运用思维的创造能力，从客体的全部客观性、具体性再现客体，从发展中和从历史上理解客体，并运用综合能力把最能反映该事物特征及本质联系的东西，用简明的语言概括出来。在对法的各种属性进行比较、筛选和提炼的基础上，我提出了法的质的规定性是依赖于客观存在的社会性，区别于道德的强制性和不同于一般习俗和习惯的规范性的综合体。

须作补充的是，法不仅具有质的规定性，还具有一些其他属性，诸如国家意志性、阶级性、公众意志性、客观性、科学性、民主性等。任何一个法律都是经过一定的立法程序制定出来的，在立法过程中，社会需要（其中包括公众需要和阶级统治需要），对立法者的立法意图起决定作用。此外，在法律施行中还将表现出法的实践性、稳定性、普遍性、教育性和

---

① 《列宁选集》第4卷，人民出版社，1972，第453页。

惩戒性等属性。有人会说，你不是认为法不是阶级社会特有的现象么，为什么也把阶级统治需要作为立法意图的一个因素，把阶级性作为法的一种属性？答案是，这里所说的是包括各种社会形态的法律现象，在无阶级社会里，阶级统治需要和阶级性将消失，但正像九面体变为八面体并未使多面体丧失一样，法的整个立体结构并未受到根本影响。有人又会说，为什么把社会性作为法的质的规定性，而不把阶级性作为它的质的规定性？因为社会性可以包括阶级性，而阶级性包括不了社会性。我们所说的社会，是人们相互作用的产物，在共同的物质生产活动的基础上相互联系的人类活动的总体。人类的相互依存关系纷繁复杂，有经济关系、政治关系、家庭关系以及由精神和文化生活结成的种种其他关系，当然也包括阶级关系，社会性即指一定社会关系的反映。在阶级社会里，法的社会性，不仅包括整个社会的经济、文化和生活需要（如维护交通安全、防止环境污染等），也包括统治阶级用来镇压敌对阶级，以便建立对统治阶级有利的社会关系和社会秩序的需要。当然，也不排斥被统治阶级希望用法律来维护他们的合法利益，维护生命安全和生活稳定，而反对统治阶级中个别人无法无天、为所欲为的需要。

我认为，恰恰不是阶级性而是社会性、强制性、规范性这三个联为一体的质的规定性，揭示了法与其他社会现象相区别的特殊本质。当我们用这三个属性对法进行多角度透视时，就能把法这种社会现象从政治、宗教、道德、哲学等其他众多社会现象中分离出来。这样，便能真切地把握它，并进而对它的运动规律进行研究。

法是不是阶级社会的特有现象

我国现在多数法学教科书关于法的定义是：法是体现统治阶级意志，由国家制定或认可，并以强制力保证施行的行为规则的总称。这个定义建立在一个前提下，即法是阶级社会特有的现象。如果我们能论证法不是阶级社会特有的现象，就会像一个大厦被抽掉了基石一样，传统的定义就站不住脚了。

我们研究问题，应一切从实际出发，而不能从原则出发，这是恩格斯在《反杜林论》中反复阐述过的唯物辩证法的方法论的精髓。我之所以提出法不是阶级社会特有的现象，绝不仅仅是因为恩格斯在《家庭、私有制和国家的起源》一书中曾多次引用或评述过原始社会的法律或法权关系，也绝不仅仅是因为中国的马克思主义理论家毛泽东、周恩来等指出过"一万年后还是需要有法庭的"、"到了共产主义社会，也是要有章程的"，而是更多地从实际出发。我国现在已不存在尖锐的阶级对立，阶级矛盾已不是社会的主要矛盾，在此情况下不断加强法制，使传统的法的定义和概念相形见绌。在我国的实际情况下，阶级斗争逐步减弱，法制逐步加强，这种逆向运动过程，清楚地显示了法的发展趋势，即法作为管理手段和保障民主、调整社会关系的手段，绝不会随着阶级斗争的减弱而趋于消失，相反，它要逐步加强。所以，讨论法是不是阶级社会特有现象，绝不是一个无所谓的问题，也不是详细探讨无阶级社会究竟有什么样的法律现象的问题，它的巨大理论意义和实践意义，在于论证党中央提出把建设高度民主与法制作为我们的根本任务和根本目标，是不是当代的马克思主义，我们真正坚持四项基本原则，就应该对党的这一符合马克思主义基本原理的战略决策，作出科学的有说服力的理论论证。

科学思维的巨大力量在于理论概括。但是，科学概念中一般的东西，只能通过单一的和特殊的东西反映揭示出来。概念正是借助于此才体现其所包含的特殊和个别的东西的丰富内容。如果忽视对单一的探讨，关于一般和特殊的知识也就空乏了。如果你认定法律是阶级社会特有现象，你就必须排除在无阶级社会里存在法的所有可能性。可是，我们现在的交通法规，它的基本准则，必然地要从有阶级社会延续到无阶级社会。你总不能否认交通法规是法吧！这一个小小的例子（当然还可以举出很多），就足以说明"法是阶级社会特有现象"这一命题缺乏普遍适用性了，因而它不是一个科学的命题。

当然，科学研究决不能满足于单个的分析，它还必须在单个分析的基础上进行综合，即理论的概括。科学研究可以循两条途径前进：从作为思维运动起点的单一出发进到特殊，再从特殊进到普遍；以及由普遍和一般出发进到特殊，再从特殊进到单一。恩格斯指出："事实上，一切真实的、详尽无遗的认识都只在于：我们在思想中把个别的东西从个别性提高到特殊性，然后再从特殊性提高到普遍性；我们从有限中找到无限，从暂时中找到永久，并且使之确定起来。然而普遍性的形式是自我完成的形式，因而是无限性的形式；它是把许多有限的东西综合为无限的东西。"① 我们过去借以对法律现象进行分析和综合的材料，基本上是阶级尖锐对立时期的现象，在那里，人们不可能详尽地认识到像今天我国尖锐阶级对立已不存在情况下的具体法律现象，也不可能站在新的地平线上遥望无阶级社会里法律现象的曙光。这正是"法是阶级社会特有现象"这一命题产生的历史原因。

还有一个因果观的问题。我们有些同志习惯于单因果式的思维，而不习惯于现代思维方式——多因果的网络。实际上，世界上一切现象，一切变化和过程，都是多因果的网络。不能一谈法，就简单地说它是阶级斗争的产物。一部法制史，也不能简化为阶级斗争史。每一部法律的产生，都有很多因素在起作用，政治的、经济的、文化的、科学技术的、历史传统的、风俗习惯的、民族心理的等，但是，从根本上和产生法的原动力来说，法产生于每天重复着的生产、分配和交换产品的需要。虽然在阶级对立社会里，统治阶级力图把法律变为维护本阶级利益的工具，但它仍不能无视这种基本的需要，只能适应这种需要或局部地控制这种需要。所以，马克思指出："法律应该以社会为基础。法律应该是社会共同的、由一定物质生产方式所产生的利益和需要的表现。"② 我们的理论研究，必须回答每天提出的问题，抛弃教条和空想。很显然，由物质生活方式所产生的对法的需要，不仅在阶级社会存在，到了将来无阶级的共产主义社会仍然存在，而且那时因为社会分工更细、人际交往更频繁，应该有更详尽更完备的法律。只不过，到那时法的专政职能不存在而管理职能大大加强，法的强制性大大减弱而更多地依靠自觉遵守罢了。

所以，说法是阶级社会特有的现象，既不符合历史实际，又不能解释现在和科学地预见未来；既不能为我们党中央关于加强民主与法制的正确决策提供理论论证，也不符合马克思主义的基本原理。

法的概念和定义

"人的概念并不是不动的，而是永恒运动的，相互转化的，往返流动

---

① 《马克思恩格斯全集》第 20 卷，人民出版社，1971，第 577 页。
② 《马克思恩格斯全集》第 6 卷，人民出版社，1961，第 292 页。

的；否则，它们就不能反映活生生的生活。"① 揭示概念运动的辩证法，就是揭示概念发展的规律性，提取对象中的普遍的东西和本质的东西。既然我们已由阶级尖锐对立的社会进到阶级对立消失的社会，那么就必然要求法学理论作为科学更新在过去的历史条件下形成的不能解释目前情势的旧概念。

需要改变的旧概念，除了上述所说"法是阶级社会特有现象"这个命题之外，还要改变在我国颇有市场的认为法即是专政、镇压、惩罚、制裁等"法者，刑也"的旧概念。现代的法，虽然还有专政、制裁的职能，但更多的已转化为社会管理、保障民主、科学决策等方面。所以，现代的法的概念，应是一个多侧面、多层次的立体结构。从侧面上讲，可以说它是经济发展的杠杆、管理国家的工具、生态平衡的调节器等；从层次上讲，可以说它是维护社会秩序的武器、依法治国的工具、社会民主的保障等。

概念的变革要求定义的更新。定义不等于概念。在下定义的过程中，是把一个概念置于另一个更广泛的概念之中。为了揭示对象的本质，需要揭示一般，因为本质对个别现象来说总是表现为一般。但是仅仅指出一般还不足以给概念下定义。马克思写道："如果有一位矿物学家，他的全部学问仅限于说一切矿物实际上都是'矿物'，那末，这位矿物学家不过是他自己想像中的矿物学家而已。"② 在定义中，除了指出最近的属性，还要力求简短和准确地指出构成种的质的规定性。因此，对法律，我们可以定义为"一种特殊的行为规则"；对法，我们可以定义为"具有社会性、强制性和规范性的行为规则的总称"。

但是，定义的最为重要的优点，不是它的简短，而是把握对象的深刻性和全面性。一般地说，人们是从法的制定、施行和功能这几个方面来看待它的，从尽可能简明，尽可能全面的考虑出发，我提出法的新定义是：法是由国家或社会管理机关制定或认可，并以强制力保证其施行的、调整社会和人们相互关系的行为规则的总称。

我认为，这个定义不仅确定了所要定义对象的种差和质差，概括了法的质的规定性，而且简明地指出法的制定、施行和功能。需要说明的是，

---

① 《列宁全集》第38卷，人民出版社，1959，第277页。
② 《马克思恩格斯全集》第2卷，人民出版社，1957，第72页。

我之所以加上"社会管理机关",是考虑到无阶级社会中不存在国家的情况,它不是一般意义上的社会管理机关,是指马克思恩格斯所说的"公共管理机关"。因为定义中有"国家",而国家在阶级尖锐对立的社会里,又表现为阶级统治的机关,所以这个定义也包括了法在阶级对立社会里的"国家意志性"和"统治阶级意志的体现"。

一切从实际出发,为建设高度民主法制的社会主义社会服务,让理论更加彻底,从而使它能产生巨大的物质力量,这是我研究的出发点和执着追求。我研究中肯定会存在失误,渴望得到严肃的科学批评。

法与法律的概念应该严格区分[*]
——从马克思、恩格斯法学思想的演变看法与法律概念的内涵

李 肃　潘跃新^{**}

摘　要：马克思早年的法学思想带有一定的唯心主义成分，法主要被视为社会合理的应然状态（自然法），法律则被视为社会的实然状态（人定法）。马克思、恩格斯的法学观在1843－1846年间转向唯物主义，法和法律分别被理解为客观化的现实基础和权力化的强制规范。在《共产党宣言》中，作为统治阶级意志的法被明确地赋予了唯物主义的含义，构成法律现象的客观内容，法律则是以国家名义制定或认可的行为规范，是法的表现形式。

关键词：法　法律　唯物主义　唯心主义

按照目前法学理论的解释，"法又称法律（就广义而言）。国家按照统治阶级的利益和意志制定或认可，并由国家强制力保证其实施的行为规范的总和，包括宪法、法律（就狭义而言）、法令、行政法规、条例、规章、判例、习惯法等各种成文法和不成文法"。[①] 在这个解释中，法与法律并无内涵上的区别。它们的宾语都是行为规范；它们的产生都源于国家的制定（或认可）；它们的实质都是统治阶级意志的体现（或表现形式）。两者的

---

* 本文原载于《法学研究》1987年第1期，收入本书时有改动。
** 李肃、潘跃新，原文发表时未注明作者信息。
① 《中国大百科全书·法学》，中国大百科全书出版社，1984，第76页。

区别只不过是规范总和（法）与特殊规范（狭义的法律）的数量差别。由此而来，两个概念就被人们混同使用，很少有人去探究它们的内涵差别。

然而，通过系统学习马克思、恩格斯有关法学的论述，我们不难发现一个问题：法与法律是两个内涵不同的概念。马克思、恩格斯从未将它们混为一谈。诚然，马克思、恩格斯对法与法律概念的理解有一个演变过程，但是纵观他们法学思想发展的全过程，法律的概念始终是指国家颁布的强制性规范，是法的具体表现形式，两者有内容（法）与形式（法律）的本质区别。

据此，本文试图通过对马克思、恩格斯有关论述的分析，以求科学、准确地把握马克思主义的法学思想。

一

马克思早年的法学思想，集中表现在他写于1842年的两篇论文中。

在《关于出版自由和公布等级会议记录的辩论》一文中，马克思指出，法是"自由的肯定存在"，它"具有普遍的、理论的、不取决于个别人的任性的性质"。与此不同，法律则是"法的表现"，是一种"肯定的、明确的、普遍的规范"。两者的关系在于：法律与法一致时，社会便合法运转，反之，则是一种非法现象。这里所说的法，是人类理性的肯定存在，它反映着社会平等、自由的应然状态；而法律是指普遍适用于一切人的强制性行为规范，是条文化了的已然状态。法与法律的关系表现为，法（人类理性）是衡量法律是否正确的唯一尺度。运用这一观点，马克思批判了"书报检查令"，他认为，"出版法是真正的法律"，"是出版自由在立法上的认可"，"书报检查法不是法律，而是警察手段，并且还是拙劣的警察手段"，因此，"即使它千百次地具有法律形式，也永远不能成为合法的"。[①]

上述理论起源于资产阶级的自然法学观，所不同的是：自然法学把法律现象二元化地分为自然法（人类理性）与人定法（现行法律），他们的概念体系借助于中世纪的自然法理论，有浓厚的神化色彩残留。为此，马

[①] 《马克思恩格斯全集》第1卷，人民出版社，1956，第71—74页。

克思使用了法与法律的概念，进而为法学理论的发展开辟了广阔的天地。

不久，马克思又发表了《关于林木盗窃法的辩论》一文，进一步发展了上述思想。他认为，法与法律的关系，从本质上讲，是内容与形式的关系，即法律"是事物的法的本质的普遍和真正的表达者"。因而，"事物的法的本质不应该去迁就法律，恰恰相反，法律倒应该去适应事物的法的本质"。其原因是，"如果形式不是内容的形式，那末它就没有任何价值了"。这就是说，法是法律的内容，法律是法的形式，内容决定形式是一个最基本的哲学原理。因此，马克思尖锐地抨击了"林木盗窃法"，他认为，私人利益"就其本性说是盲目的、无止境的、片面的，一句话，它具有不法的本能；难道不法可以颁布法律吗？"因此，"省议会""为了保护林木的利益而牺牲法的原则"，这"不仅打断了法的手脚，而且还刺穿了它的心"。① 马克思在此将批判的矛头直接指向了维护私有制的法律。

上述观点，是马克思吸收德国古典法哲学思想的结果。自19世纪开始，德国哲学家区分了法与法律的概念，并由此创立起各自的法哲学体系。

首先，康德对法与法律作了理论区分。他认为，法是一种抽象的权利，是人们"按照普遍的自由法则""协调各种行为""的全部条件的综合"；而法律则是人们行为准则的强制性规定。② 继康德之后，黑格尔更明确地指出，法与法律是内容与形式的区别。他说，"任何定在，只要是自由意志的定在"，就叫法。所以一般说来，法就是作为理念的自由。然而，法要为"被知道为普遍有效的东西""就必须获得它的普遍的形式，而且必须获得它的真实的现实性"。这种普遍而现实的形式就是法律。③ 在黑格尔看来，"定在"构成事物的内容方面，这就是法。而法律不过是它的表现形式，其意义是使法成为普遍的、现实的东西。

德国古典法哲学家对法与法律概念的划分虽是系统的，却具有明显的保守主义倾向。他们用客观唯心主义的绝对精神，抹杀应然与已然的矛盾，从而使其理论成为维护封建国家和法律的工具。马克思、恩格斯划分

---

① 《马克思恩格斯全集》第1卷，人民出版社，1956，第139、178—179页。
② 参见〔美〕C. 摩里斯编《伟大的法律哲学家》，商务印书馆（台北），1971，第242页。
③ 参见〔德〕黑格尔《法哲学原理》，范扬、张企泰译，商务印书馆，1961，第10页、第28页。

法与法律概念的伟大贡献，在于运用辩证唯物主义的方法，对法与法律的概念作出了本质的划分，其理论核心可概括为以下三点。

第一，在概念体系上，马克思综合了自然法学（二元法理论）和德国古典法哲学（区分法与法律）之长处，将社会应然（自然法）与已然（人定法）的矛盾，用法与法律的概念加以概括，从而为法学理论的革命找到了新的概念起点。

第二，在理论归宿上，马克思坚持了较资产阶级民主派更彻底的革命性。特别是在关于"林木盗窃法"问题上，其法的理性化内容已超出了平等、自由的范围，被加进了否定私人利益（即私有制）的成分，将法（社会合理的应然状态）与一切现行的封建主义、资本主义的法律对立起来，尖锐地将批判矛头指向私有制本身。

第三，在哲学基础上，马克思的早年思想带有唯心主义辩证法的色彩。从世界观上看，这时的马克思还没有摆脱唯心主义的影响，法的内容还存在于人类理性的主观意念之中；但是，从方法论上看，马克思的早年理论已娴熟地运用了黑格尔的辩证方法，他把应然与已然的矛盾纳入内容与形式的范畴，通过这对范畴的辩证运动规律，揭示了法与法律的内在关系。

由此可见，马克思初期的法学观，为其法学理论的发展奠定了基础。只要从中剔除唯心主义的成分，辩证唯物主义的法学体系就能在这基础上确立起来。

二

马克思、恩格斯的哲学思想，1843—1846年发生了质变。随之，其法学观也完成了从唯心主义到唯物主义的转变。这一转变的实质在于，马克思、恩格斯对法作了彻底的唯物主义解释。据此，法与法律的概念区分被纳入客观与主观的哲学范畴，它们各自的科学内涵得到了准确的概括。这些思想，集中体现在以下几篇著作中。

1843年，马克思在《摩塞尔记者的辩护》一文中，开始清除自己的唯心主义世界观。他指出："在研究国家生活现象时，很容易走入歧途，即忽视各种关系的客观本性，而用当事人的意志来解释一切。但是存在着这样一些关系，这些关系决定私人和个别政权代表者的行动，而且就像呼吸一样地不以他们为转移。只要我们一开始就站在这种客观立场上，我们就不会忽此忽彼地去寻找善意或恶意，而会在初看起来似乎只有人在活动的地方看到客观关系的作用。"① 不久，马克思又写了《黑格尔法哲学批判》，更明确地指出："家庭和市民社会是国家的前提，它们才是真正的活动者；而思辨的思维却把这一切头足倒置。"② 在这里，法的理性化内容开始受到马克思的怀疑，国家现象（包括法律现象在内）的本质，已被理解为客观性的关系。于是，社会的现实存在成了国家活动的"客观要素"。这就排斥了"人类理性"和"绝对精神"在法律现象中的地位。在此，马克思、恩格斯向唯物主义大大地前进了一步。

1846年，马克思、恩格斯合写了第一部成熟的科学巨著——《德意志意识形态》，在这部著作中，他们的法学思想集于两个方面。

第一，他们的理论出发点落在了物质生产活动上，并通过分析人类的劳动分工，揭示出法律产生的根源。

马克思、恩格斯认为，人类劳动的社会性分工，是推动法律产生的原因。

"分工只是从物质劳动和精神劳动分离的时候起才开始成为真实的分工。"社会在阶级分裂之后，"分工也以精神劳动和物质劳动的分工的形式出现在统治阶级中间，因为在这个阶级内部，一部分人是作为该阶级的思想家而出现的"③，社会秩序要由少数统治者加以规范和维护，法律由此应运而生。正如恩格斯所说，法律不过是社会上一部分人积极地按自己的意志规定下来并由另一部分人消极地接受下来的秩序。由此可见，法律的产生，源于社会生活中主观与客观的对立。

"分工不仅使物质活动和精神活动、享受和劳动、生产和消费由各种不同的人来分担这种情况成为可能，而且成为现实。"④ 这就是权利与义务在阶级之间的分离。恩格斯为此更明确地指出，在资产阶级的所谓文明社会，"几乎把一切权利赋予一个阶级，另方面却几乎把一切义务推给另一

---

① 《马克思恩格斯全集》第1卷，人民出版社，1956，第216页。
② 《马克思恩格斯全集》第1卷，人民出版社，1956，第250—251页。
③ 《马克思恩格斯全集》第3卷，人民出版社，1960，第35、53页。
④ 《马克思恩格斯全集》第3卷，人民出版社，1960，第36页。

个阶级"①。这就使法律的产生成为必要。因为，统治阶级的权利需要法律保护，被统治阶级的义务需要靠法律强制履行。由此可见，法律的产生，源于权利与义务的对立。

"物质劳动和精神劳动的最大的一次分工，就是城市和乡村的分离。……随着城市的出现也就需要有行政机关、警察、赋税等等，一句话，就是需要有公共的政治机构"②，"这种从社会中产生但又自居于社会之上并且日益同社会脱离的力量，就是国家"③，借助于这种凌驾于社会之上的统治机器，精神劳动者、权利享受者才得以用全社会的名义实现自己的利益，这种名义就是国家制定或认可的强制性规范，由此可见，法律的产生，源于国家与社会的对立。

以上分析表明，法律作为阶级社会的一种特殊行为规范，是统治者主观活动的结果，是社会权利者利益的体现，是国家统治的特定工具。但是，它的内容，它的存在根源，却并不是主观化的人类理性，而是与人类物质生产水平，与人类劳动分工相联系的客观现实状态。因此，恩格斯认为："市民社会的一切要求（不管当时是哪一个阶级统治着），也一定要通过国家的愿望，才能以法律形式取得普遍效力。这是问题的形式方面，……这个仅仅是形式上的愿望（不论是个别人的或国家的）有什么内容呢？……在现代历史中，国家的愿望总的说来是由市民社会的不断变化的需要，是由某个阶级的优势地位，归根到底，是由生产力和交换关系的发展决定的。"④ 这就明确地将法律现象的内容，归结为由生产力水平决定的现实社会需要和统治阶级地位。从此，马克思、恩格斯为法找到了唯物主义的哲学位置。

第二，《德意志意识形态》的另一重要思想，是将法与法律概括为主观和客观的差别，并由此揭示出两个概念的本质属性。

马克思、恩格斯在这部著作中，多次批判了混淆法与法律的观点。他们指出："国家是属于统治阶级的各个个人借以实现其共同利益的形式，是该时代的整个市民社会获得集中表现的形式，因此可以得出一个结论：

----

① 《马克思恩格斯全集》第21卷，人民出版社，1965，第202页。
② 《马克思恩格斯全集》第3卷，人民出版社，1960，第56—57页。
③ 《马克思恩格斯全集》第21卷，人民出版社，1965，第194页。
④ 《马克思恩格斯全集》第21卷，人民出版社，1965，第345—346页。

一切共同的规章都是以国家为中介的，都带有政治形式。由此便产生了一种错觉，好像法律是以意志为基础的，而且是以脱离现实基础的自由意志为基础的。同样，法随后也被归结为法律。"① 他们在批判麦克斯·施蒂纳的观点时又指出，他"把社会的'意志'或社会的'统治者的意志'从他的关于法的'论述'中排除出去"，"而只有当他谈到完全另一件事，即谈到法律的时候，他才重新把法抓回来"。因为"只有法被确定为人的权力，他才能把法作为自己的权力收回到自身中来"。② 这些论述的核心只有一个，即法与法律是两个内涵不同的概念，法律是一种权力化的强制规范，法是一种客观化的现实基础。两者区分的实质，是国家生活中客观内容与主观形式的差别。

基于上述看法，马克思、恩格斯对客观内容与主观形式的关系作了科学的阐述。一方面，"现实的关系……是创造国家政权的力量。在这种关系中占统治地位的个人……必须给予他们自己的由这些特定关系所决定的意志以……法律的一般表现形式"③。可见，客观内容决定主观形式。另一方面，统治者"个人通过法律形式来实现自己的意志，同时使其不受他们之中任何一个单个人的任性所左右"④，这就把阶级成员的"个人统治"变成为"一个一般的统治"。可见。主观形式也在反作用于客观内容。这些论述都清楚地表明，法与法律的区别，已被马克思、恩格斯纳入客观内容与主观形式的哲学范畴；两者的关系，已被置于主客观对立统一的哲学体系之中。

《德意志意识形态》完成不久，他们又合写了《共产党宣言》，并给法和法律下了人所共知的定义："法不过是奉为法律的你们阶级的意志，而这种意志的内容是由你们这个阶级的物质生活条件来决定的。"⑤ 从这一论述中，我们应该注意以下三点：法与法律的概念显然存在质的区别，即法作为内容，是用法律形式表现出来的统治阶级意志；法并不是"社会提供的公认的规章"，也不是"国家规定的""准则"⑥，而是统治阶级意志本

---

① 《马克思恩格斯全集》第3卷，人民出版社，1960，第70—71页。
② 《马克思恩格斯全集》第3卷，人民出版社，1960，第376—377页。
③ 《马克思恩格斯全集》第3卷，人民出版社，1960，第377—378页。
④ 《马克思恩格斯全集》第3卷，人民出版社，1960，第378页。
⑤ 《马克思恩格斯全集》第4卷，人民出版社，1958，第485页。
⑥ 《马克思恩格斯全集》第21卷，人民出版社，1965，第546页。

身；统治阶级意志不是一种主观认识状态，也不是国家可以制定或认可的东西，它由这一阶级的物质生活条件直接决定。至此，法与法律的概念内涵，已经形成了大致的轮廓，马克思、恩格斯的法学思想基本形成。

按照传统的解释，统治阶级意志仍然是一种精神的、主观的范畴，是整个阶级的认识结果，不能将其归结为事物的客观内容。但是，这与马克思、恩格斯的哲学思想并无共同之处。

在马克思主义哲学中，认识论与历史观的研究是有区别的。前者是研究物质与意识的关系；后者是研究被意志化了的历史现象。人们在历史领域发现，社会发展史不同于自然发展史，"在社会历史领域内进行活动的，全是具有意识的、经过思虑或凭激情行动的、追求某种目的的人；任何事情的发生都不是没有自觉的意图，没有预期的目的的"①。因此，历史观的研究，必须建立在对人类意志状态的分析之上。

长期以来，历史观围绕着意志的自由与不自由争论不休，由此产生了决定论与非决定论。马克思主义哲学，一方面批判了主观唯心主义的意志自由论，指出个人的意志活动总是受制于客观规律；另一方面否定了客观唯心主义的宿命论，并将人类改造世界的能动活动置于重要地位。为此，马克思、恩格斯研究了各种意志状态，从而发现："历史是这样创造的：最终的结果总是从许多单个的意志的相互冲突中产生出来的……这样就有无数互相交错的力量……由此就产生出一个总的结果，即历史事变，这个结果又可以看作一个作为整体的、不自觉地和不自主地起着作用的力量的产物。"② 这就是历史唯物主义的重要范畴——社会整体意志。恩格斯在论述这种意志的重要地位时指出，历史进程是受内在的一般规律支配的，"如果要去探究那些隐藏在……历史人物的动机背后并且构成历史的真正的最后动力的动力，那末应当注意的，与其说是个别人物、即使是非常杰出的人物的动机，不如说是使广大群众、使整个整个的民族、以及在每一民族中间又使整个整个阶级行动起来的动机"③，因此，阶级的、民族的、社会的整体意志与个人意志截然不同，它们作为一种客观的物质力量，构成了历史发展的"真正的最后动力的动力"。

---

① 《马克思恩格斯全集》第 21 卷，人民出版社，1965，第 341 页。
② 《马克思恩格斯全集》第 37 卷，人民出版社，1971，第 461—462 页。
③ 《马克思恩格斯全集》第 21 卷，人民出版社，1965，第 343 页。

为什么整体意志是客观物质力量而不是主观意识形态呢？马克思主义哲学的理论依据有二。

第一，整体意志不是个人意志的简单相加，它是存在于个人意志之外的客观现状。各个人的意志"融合为一个总的平均数，一个总的合力"[①]，形成特定的整体意志，于是，"在历史上活动的许多个别愿望在大多数场合下所得到的完全不是预期的结果，往往是恰恰相反的结果，因而它们的动机对全部结果来说同样地只有从属的意义"[②]。由此可见，社会整体意志作为一种"总的合力"，在本质上不能按单个人的意志随意支配，其最终结果是早已被客观规律决定的。

第二，整体意志的具体内容，是由其全体成员的物质生活条件决定的。马克思、恩格斯之所以区分个人意志与整体意志，其哲学含义是在表面上的主观意志状态中，抽取出客观性的社会存在。统治阶级一方面不以个人意志为转移，另一方面不是阶级全体成员的主观认识状态，而是由统治阶级物质生活条件直接决定的利益状态。因此，社会整体意志，不管思想家是否认识它，不管社会成员是否接受它，都不影响其在社会生活中的作用。整体意志状态与客观利益状态一样，都是一种个人意识之外的社会存在。

基于以上分析，法（统治阶级的意志）已被赋予唯物主义的含义，构成了法律现象的客观内容；法律则是统治者以国家名义制定或认可的行为规范，是法的表现形式。两者具有不同的内涵。法是统治阶级的整体意志状态，是统治阶级物质生活条件决定的利益需要状态，是国家用法律形式固定下来的社会关系状况，具有整体性、客观性、现实性的特征。法律是统治阶级意志的体现，是法的主观表现形式，由国家制定或认可，由国家强制力保证实施，是一种受国家暴力强化的行为规范（有广义、狭义之分），有主观规范性、普遍适用性、国家强制性的特征。

三

为什么要对法与法律的概念加以区分呢？马克思、恩格斯对此有精辟

[①] 《马克思恩格斯全集》第37卷，人民出版社，1971，第462页。
[②] 《马克思恩格斯全集》第21卷，人民出版社，1965，第342页。

的阐述。我们知道，主观与客观、形式与内容是两对哲学范畴，马克思、恩格斯之所以要将法与法律归入这一哲学体系，就是要科学地解释统治阶级意志与国家现行立法之间的对立统一关系。恩格斯曾指出："如果说民法准则只是以法律形式表现了社会的经济生活条件，那末这种准则就可以依情况的不同而把这些条件有时表现得好，有时表现得坏。"① 这就清楚地表明，法律现象是客观内容（法）与主观规范（法律）的统一。这种统一不是僵死的、机械的，而是需要通过一定的中介环节，这就是人类改造客观世界的社会实践，在法学领域表现为法律实践。它反映的是法与法律的对立统一关系。在阶级社会中，不管是统治阶级意志上升为法律的过程，还是统治者运用法律为本阶级服务的过程，都是法与法律、内容与形式、主观与客观的矛盾运动过程，它们的辩证统一，取决于统治阶级的法律实践。

但是，长期以来，我们的法学理论没有科学地区分法与法律概念的内涵，不承认它们之间的矛盾运动，认为法律是统治阶级意志的自然反映，认为主客观矛盾在法律现象上可以达到无差别的统一。于是，法律实践被排斥于法学研究之外，法与法律的中介环节没有受到人们的重视。因此，在实际生活中，长期以来，"意志内容"与"行为规范"相互替代，使社会主义法制的健全受到影响。例如，在立法上，把现行法律当成凝固不变的统治阶级的意志体现，忽视法律的废、改、立工作；在司法上轻视法律的作用，用"主观意志"代替"行为规范"或用政策代替法律，造成了社会生活的随意化，给野心家的阴谋活动造成了可乘之机；等等。几十年的教训表明，混淆法与法律的概念，轻视法律实践的作用，在理论上背离了马克思主义的法学观，在实践上必然给社会主义法制建设带来严重后果。

笔者认为，马克思主义法学思想的理论核心，是在内容和形式、主观和客观对立统一的基础上区分法与法律概念内涵的。它要求我们高度地重视法律现象所包含的内在矛盾，高度重视连接内容与形式、主观与客观环节的法律实践，从而使社会主义法律与工人阶级及广大人民群众的意志达到和谐的、历史的统一。

---

① 《马克思恩格斯全集》第21卷，人民出版社，1965，第347页。

也谈法的本质和概念*
——与张宗厚同志商榷

田培炎　董开军**

摘　要：张宗厚同志在其文章中提出法不是阶级社会特有的现象，阶级性不是法的本质属性等观点。其存在引用资料方面的误解和论证逻辑方面的错误。法是阶级社会特有的现象，阶级性是法的本质属性。法是由国家制定或认可，旨在概括和实现一定阶级的阶级利益，并有国家强制力保证实施的行为规范的总和。

关键词：法的本质属性　阶级性　阶级社会

继《对法的三个基本概念的质疑》（载《法学》1986年第1期）提出了一些颇值得探讨的问题之后，张宗厚同志又在《法学研究》1986年第6期上撰文《略论法的概念和法的质的规定性》，重申了自己关于法的本质和概念的基本观点。两篇文章表达的基本思想主要集中在三个方面：第一，法不是阶级社会特有的现象，而与人类社会共始终；第二，阶级性不是法的本质属性，法的本质属性是社会性、强制性、规范性；第三，法的定义是，由国家或社会管理机关制定或认可，并以强制力保证其施行的，调整社会和人们相互关系的行为规则的总称。我们佩服张宗厚同志探索问题的态度和勇气，从中也颇受启发，但无法同意他的基本观点。在此，提

---

* 本文原载于《法学研究》1987年第4期，收入本书时有改动。
** 田培炎，原文发表时为中国社会科学院研究生院法学系研究生，现为中央政策研究室副主任；董开军，原文发表时为中国社会科学院研究生院法学系研究生，现为安徽省高级人民法院党组书记、院长。

出商榷意见，加入大家的讨论。

法是阶级社会特有的现象

作为张宗厚同志"法不是阶级社会特有现象"这一观点的论据主要有两个方面：一是对马克思主义经典作家论述的引证；二是"我国目前的阶级斗争逐步减弱而法制逐步加强的铁的事实"。我们认为，这两方面的论据都难以成立。

由于张宗厚同志在引证马克思主义经典作家的论述时发生了明显的误解，在这里，笔者不得不就张宗厚同志对有关论述的理解作些稍微具体的分析。为了说明法与阶级斗争没有必然联系，张宗厚同志引证了一段自以为具有直接说服力的恩格斯的话："在社会发展某个很早的阶段，产生了这样的一种需要：把每天重复着的生产、分配和交换产品的行为用一个共同规则概括起来，设法使个人服从生产和交换的一般条件。这个规则首先表现为习惯，后来便成了法律。随着法律的产生，就必然产生出以维护法律为职责的机关——公共权力，即国家。"① 如果说，张宗厚同志引证恩格斯的这段话是为了说明法是阶级矛盾不可调和的产物，当然是与经典作家的原意相吻合的；可是，引文是为了证明相反的命题，这就与原意大相径庭了。在这里，恩格斯不仅是对蒲鲁东及其追随者米尔柏格和拉萨尔等表现在法律上的主观唯心主义的批判，也是对法的起源所作的历史唯物主义的概括表述。蒲鲁东不把法的根源归结为社会物质生活关系，而是归结为纯粹主观的"公平原则"。他在其《论革命中和教会中的公平》一书里说："各社会中的基本原则，有机的、统治的、最高主权的原则，支配其他一切原则的原则，指导、保护、排斥、惩戒、在必要时甚至镇压一切叛乱因素的原则究竟是什么呢？……这个原则在我看来就是公平。"② 拉萨尔则把法的起源归结为某种意志概念的自身。他在《既得权利体系》中说，"法权是一个从自身以内（这就是说不是从经济前提中）发展出来的合理的机体"，法权不是起源于经济关系，而是起源于"仅以法哲学为发展和反映

---

① 《马克思恩格斯选集》第2卷，人民出版社，1972，第538—539页。
② 《马克思恩格斯选集》第2卷，人民出版社，1972，第536页。

的意志概念自身"。① 正是为了驳斥这类典型的主观唯心主义，恩格斯才给予了法的起源与社会经济关系、阶级和阶级斗争紧密相连的历史唯物主义回答。同时，恩格斯的这段话也是对法的起源的概括表述。其中的"很早阶段"究竟早到什么时候呢？是不是像张宗厚同志所理解的早到整个原始社会呢？不是的。最早的界限是社会第一次大分工，因为概括生产和交换的一般条件的规则产生在交换出现之后，而交换是以社会分工为前提的。恩格斯在《家庭、私有制和国家的起源》中认为，"第一次社会大分工，在使劳动生产率提高，从而使财富增加并且使生产场所扩大的同时，在既定的总的历史条件下，必然地带来了奴隶制。从第一次社会大分工中，也就产生了第一次社会大分裂，即分裂为两个阶级：主人和奴隶、剥削者和被剥削者"②。显然，所谓"很早阶段"，是指原始社会向奴隶社会转化的过渡时期。接下来恩格斯的话是对"很早阶段"的进一步界定。这个规则首先表现为习惯，为什么后来便成为法律呢？这里，恩格斯把原始社会的习惯和阶级社会的法律作了区分。之所以习惯成为法律，恰好在于社会分工导致的社会财富相对富足以及由此产生的利益追求中阶级分化和阶级斗争的必然结果，"如果不是对财富的贪欲把氏族成员分成富人和穷人，如果不是'同一氏族内部的财产差别把利益的一致变为氏族成员之间的对抗'（马克思语），如果不是奴隶制的盛行已经开始使人认为用劳动获取生存资料是只有奴隶才配做的、比掠夺更可耻的活动，那末这种情况（即氏族制被国家取代，习惯被法律取代——引者注）是决不会发生的"③。因此，在习惯变成法律的同时，"就必然产生出以维护法律为职责的机关——公共权力，即国家"④。因此，无论如何也得不出像张宗厚同志所理解的"法律产生于国家之前"这个结论。

为了说明法与阶级性无关，张宗厚同志引证了马克思在《对民主主义者莱茵区域委员会的审判》发言中的一段话为据："法律应该以社会为基础。法律应该是社会共同的、由一定物质生产方式所产生的利益和需要的

---

① 《马克思恩格斯选集》第2卷，人民出版社，1972，第538页。
② 《马克思恩格斯选集》第4卷，人民出版社，1972，第157页。
③ 《马克思恩格斯选集》第4卷，人民出版社，1972，第161页。
④ 《马克思恩格斯选集》第2卷，人民出版社，1972，第539页。

表现。"① 其实，这也是一种误解，马克思所指的"共同利益"同样是一定阶级的共同利益。针对莱茵省联合议会已不能代表社会新的资产阶级，因而也无权概括资产阶级的共同利益而颁布法律的现实，马克思认为颁布法律，概括本阶级的共同利益只能由新兴资产阶级组成议会来实现，旧的封建贵族者的联合议会已丧失了代表新兴阶级共同利益的资格，以上思想马克思是这样表述的："保存那些属于前一个社会时代的、由已经消失或正在消失的社会利益的代表人物所创立的法律，——这只能意味着把这种与共同需要相矛盾的利益提升为法律。"②

此外，张宗厚同志还把恩格斯在考察原始社会诸形态时借用的某些法律术语作为原始社会存在法的依据，这是十分令人惊讶的，只要稍加注意就会发现，恩格斯在考察原始社会的社会结构和社会规范的具体形态时，大量借用现代法律政治语言，而在一般结论中则严格使用明确具体的术语。如果按张宗厚同志的理解，恩格斯认为原始社会就有法，那么又将如何解释他在一般结论中所说的"在氏族制度内部，权利和义务之间还没有任何差别；参加公共事务，实行血族复仇或为此接受赎罪，究竟是权利还是义务这种问题，对印第安人来说是不存在的；在印第安人看来，这种问题正如吃饭、睡觉、打猎究竟是权利还是义务的问题一样荒谬"③？难道还有某种不规定人们权利和义务的奇特法律吗？这种莫名其妙的法律又是什么呢？可见，张宗厚同志在引用马克思主义经典作家论述时，不止一次地背离著者原意，不去研究和重视经典作家通过具体考察得出的一般科学结论，而热衷于具体论证中的个别词句，据此否定一般结论，并责难人们"先定一个框框，把不在这个框框之内的全排除在外"。这种不从整体上把握马克思主义基本原理而拘泥于个别词句的做法，和张宗厚同志反复向人们规劝的"一切从实际出发"，"在实践中发展马克思主义"的思想方法究竟有多少共同之处？

作为"法不是阶级社会的特有现象"这一观点的另一方面论据是"我国目前的阶级斗争逐步减弱而法制逐步加强的铁的事实"。这的确是铁的事实，但作为张宗厚同志的具体论据则显得苍白无力。在这里，张宗厚同

---

① 《马克思恩格斯全集》第6卷，人民出版社，1961，第292页。
② 《马克思恩格斯全集》第6卷，人民出版社，1961，第291页。
③ 《马克思恩格斯选集》第4卷，人民出版社，1972，第155页。

志产生了两个错误认识：一是把法的阶级性与阶级斗争的现实状况混为一谈（关于法的阶级性，本文第二部分还要谈到）；二是把事物的本质及其规律性与事物在发展过程中的具体现象相等同。马克思主义认为，阶级属于经济范畴，一定的阶级赖以形成的根据是经济地位、物质利益的共同性。所谓法的阶级性，主要是指法具有的一定阶级通过一定方式对共同阶级利益的追求这样一种属性。由于一定阶级的共同利益是多方面的，表现形式是多元化的，因此在实现利益追求中所呈现的手段和方式也就具有多样性；同时，法的阶级性的具体内容也是随着不同历史时期或同一历史时期不同阶段的具体社会经济条件的发展变化而发展变化的。掌握国家政权的阶级运用法律作为激烈阶级斗争的镇压工具是法的阶级性的体现，同样，运用法律组织管理社会经济、文化建设也是对阶级共同利益的追求，因而也是法的阶级性的体现。阶级斗争已不再是我国目前的主要矛盾，因而法的功能主要表现为社会公共事务管理职能。这只是表明法的阶级性表现形式的变化，而根本不意味着法的阶级性已不存在了。另外，加强法制，这是党和国家在总结长期以来法制建设正反两方面经验特别是法制不健全所导致的消极后果的教训基础上，为推进社会主义现代化建设而作出的工作部署；而法的阶级性则属于法在整个历史发展过程中的规律性的概括，二者不是同等序列的范畴。前者属于法律发展至今其本质在特定时期的外部表现，属于事物的现象范畴；后者则只有通过法的诸内部要素之间必然联系的动态考察才能加以把握，属于事物的本质范畴。用事物现象的易变状态作为事物本质的判断尺度怎么能够得出科学的结论呢？

至于共产主义社会是否有法，确实是十分复杂的问题。不过，我们仍然可以依据马克思主义关于人类社会发展一般规律的原理作出大致的预测。诚然，马克思主义创始人从来都反对像空想社会主义者那样详细地描绘未来社会的蓝图，他们很少作这样的描绘。但是，他们在严格剖析资本主义制度及其发展规律的基础上，根据事物发展的必然逻辑得出的关于人类未来发展一般趋势的普遍原理，仍然可以作为我们思考问题的理论根据。可是，当人们依据这些科学原理思考国家和法的问题时，却被张宗厚同志指责为"武断"、"狭隘"；而与此同时，张宗厚同志又认为到那时，"法律恐怕是消亡不了的"，"我想没有法律是不可想象的"，究竟谁更武断呢？至于把"法是阶级社会特有的现象"这一观点斥责为只是局限于阶级社会的狭隘范围里研究法而得出的片面结论，就更令人难以置信了。因为人们（尤其是马克思主义创始人）正是把法置于整个人类社会的发展历史中进行科学考察后才得出"法是阶级社会特有现象"这个结论的。如果不考察原始社会的社会结构、社会规范，怎么会知道原始社会没有法，如果不依据一定根据预测未来共产主义社会的状况又何以知道法将在那时逐渐消亡呢？我们在法的起源、法的历史性上，究竟应该相信摩尔根的翔实的历史考察、恩格斯的严密的科学论证以及马克思关于未来社会的一般原理，还是相信张宗厚同志"恐怕"、"我想"之类的主观断想呢？

阶级性是法的本质属性

张宗厚同志把法的本质规定为"依赖于客观存在的社会性，区别于道德的强制性和不同于一般习俗和习惯的规范性"。我们认为，这一表述不仅没有揭示法的本质，而且使法的特征更加模糊不清了。在此，拟提出两点商榷意见，然后再谈一下我们关于这个问题的看法（其实，上文已有所涉及）。

第一，不能把法的功能等同于法的本质，二者既相联系又有区别。张宗厚同志的"依赖于客观存在的社会性"究竟是什么呢？他说："法的社会性，不仅包括整个社会的经济、文化和生活需要（如维持交通安全、防止环境污染等），也包括统治阶级用来镇压敌对阶级，以便建立对统治阶级有利的社会关系和社会秩序的需要。"这里，张宗厚同志不仅把法的本质和法的作用（满足社会需要）相等同，而且把法的阶级性仅仅理解为法的作用的一个方面（阶级镇压职能）。在这种理解的基础上，去责难人们坚持法的本质的阶级性"已经过时"、"应该更新"等，显然是缺乏说服力的。

诚然，事物的本质与功能具有密切的联系，作为构成一事物诸要素内在联系的本质，总是要在多种途径和形式中表现出来，其中事物价值形态（功能）的外化，是本质得以实现的主要途径。因此，我们从法的功能实现过程中探寻法的本质的外化形式进而求取对法的本质的认识，是一条有效途径。然而，本质和功能毕竟不是一回事，就像我们不能把"能喝水"归结为杯子的本质（当然，从不同学科、不同实践需求和认识角度可以作出不同的本质规定），把"能遮雨"归结为雨伞的本质一样，也不能把法的社会性功能和阶级性功能归结为法的本质属性。功能总是从属于而不等于本质，服务于而不同于本质的，如果说，恩格斯关于法的执行社会公共职能是服务于政治的职能的论述，只是就法在政治领域的本质与功能的关系而言，那么，帕森斯的公式则从方法论上给人以本质与功能关系的启迪。帕森斯认为，为了保持按一定结构组成的体系的质态维持和稳定，体系必须具有自我维持价值形态的必要条件，各价值形态（即功能形态）都彼此协调共同服务于具体目标——体系质态的维持和稳定。这些必要条件是：①目标设定，即确定体系的行为取向（或价值取向）；②适应，即对外部环境的自我调节和适应；③行为规范的创制；④对行为（通过规范）的综合。① 也就是说，要实现体系的质态均衡和维持，必须具备这四项功能性的必要条件；或者说，所有这些功能性条件都是服务于质态稳定与维持的。因此，我们不能把复杂的功能形态与事物本质相等同，不能像张宗厚同志那样把法的功能的社会性理解为或归结为法的本质的社会性。

第二，否定判断不能揭示事物的本质，简单列举不能穷尽事物的特征。张宗厚同志在表述法的本质时恰恰违反了上述逻辑规则。他说，法的本质是"区别于道德的强制性和不同于一般习俗和习惯的规范性"。这一逻辑错误是很明显的。揭示事物的本质，必须正面表述事物固有的本质属性而不能用否定判断把事物的本质隐藏在不表述中。试问，"区别于道德的强制性"究竟是一种什么样的"强制性"，"不同于一般习俗和习惯的规范性"又是一种具有怎样特征的"规范性"呢？同样，用否定性的简单列举来修饰肯定性的本质，也无法穷尽事物的特征。试问，区别于道德的强制性是否也区别于其他社会规范诸如纪律、政策、宗教规范等的强制性；不同于一般习俗和习惯的规范性是否就一定也不同于其他社会规范的规范性呢？由于违反了起码的逻辑规则，张宗厚同志关于法的本质的表述不仅没有揭示法的本质，反而使法的本质特征更加模糊难辨了。

我们认为，法的本质仍然是阶级性，问题的关键在于如何理解这一本质属性。

---

① Adam Podgorecki, Marice Los, *Multi-dimensional Sociology* (London: Rouutledge, 1979), pp. 25 – 26.

如前所述，法的阶级性是指法具有的一定阶级通过一定方式对阶级共同利益的追求这样一种属性，进一步说，法的阶级性指法所具有的通过国家意志化了的一定阶级的阶级利益这样一种属性。具体说来，对这一表述可以作以下几方面的展开和理解。

其一，利益概括体现了法的阶级性。所谓利益概括，主要指法律创制过程中对一定阶级利益的认识、提炼以及通过立法机关用法律规范对一定阶级共同利益的肯定。这一肯定通常采取使体现一定阶级利益的重大社会关系的法律化方式，即将一定阶级所赖以生存和发展的物质生活关系上升为具有国家意志的法律规范。这是因为，任何社会利益产生的渊源都必须从一定社会关系中寻找，或者说，任何社会利益都体现在一定社会关系中。所以，概括一定阶级利益总是通过一定社会关系的法律化来实现的。由于社会利益表现为物质利益和非物质利益，利益概括也表现为两种形式：一方面，法对物质利益的概括，主要以法律规范确认人们之间旨在直接取得物质利益的社会关系，如对财产所有权的确认，对交换关系的规定等；另一方面，法对非物质利益的概括则以法律规范确认人们之间旨在取得非物质利益的社会关系，如对婚姻关系的确认等。然而，在纷繁复杂而具体的现实的利益概括中，无论是物质利益的法律概括还是非物质关系的法律概括，都必须以阶级利益的整体概括为方向，即必须有利于整个阶级共同利益的形成、提炼和凝聚；必须从总体上或最终的利益实现上有利于阶级统治的巩固和加强，否则，任何具体社会关系的确认和肯定都是不可能的。所以，法对阶级利益的概括过程体现了鲜明的阶级性。

第二，利益实现体现了法的阶级性。用法律规范概括的阶级利益，在实现过程中必然与多元的个人特殊利益发生冲突。这是因为，在社会利益不能充分满足社会每个成员的利益需求的社会中，任何个人的目标指向都带有浓厚的个人主义色彩，每个人都有满足自我需求的愿望和获得个人全部利益的欲念。观念上，谁也没有也不可能划清自己与他人相同或相异的利益界限。因此，为了首先保障已经概括了的阶级共同利益的实现，必须在利益实现过程中赋予国家强制性，从而使法律实施严格遵循其中所包含的阶级利益——这时，法律不仅是划分共同利益与个人特殊利益的客观尺度，而且是侵蚀它的反对因素的否定力量。在人们自觉实现法律的场合，它是内化为人的行为的引导力量；在人们盲目地实现法律时，它是一种自发的规范力量；当人们破坏法律的时候，它便成为外在的强制力量了。可见，法的利益概括的实现过程的阶级性也是显而易见的。

第三，利益实现形式多样性表现为法的功能形式多样性，进而体现为法的阶级性形式多样性。也就是说，不同历史类型的法律代表不同阶级的利益，同一历史类型的法律在不同历史阶段所代表的同一阶级利益的具体内容也不相同，从而在利益实现中即法的作用形式上也必然不尽相同。因此，就不难理解法不仅在阶级镇压职能中具有阶级性，在执行社会性职能中也具有阶级性了。需要说明的是，社会性职能的实现过程通常也体现全社会成员的共同利益，这又何以体现其阶级性呢？对此，如果我们把思维置于人类历史发展规律性或人类社会发展的必然性的理论抽象上，就不难理解这一令人困惑的现象了。马克思主义认为，把握社会发展的自然历史过程，必须将其归结到社会生产方式特别是生产力的高度才有可能。任何阶级在特定历史条件下，基于生产力的发展和制约，都具有一定的历史进步性和历史局限性。其进步性通常表现为适应生产力的需要而推动人类进步和文明的创造；其局限性则主要表现为基于阶级利益的狭隘性而阻碍社会进步和文明的演进或客观上的无能为力。两者都有阶级性。当一定阶级在法律运用中实现上述性质截然不同、功能（价值）截然相反的阶级利益时，寓于前者通常表现为社会性的功能，寓于后者则总是阶级统治和阶级镇压的功能。但是，不管是前者还是后者，都始终贯穿着特定阶级的利益追求、利益实现，因而都具有阶级性。这是我们在理解法的功能作用的阶级性问题时必须着重注意的，不能把阶级性仅仅理解为处于利益冲突的阶级差异性。相反，在一定条件下，阶级之间的利益共同性并不一定意味着消失了阶级性而恰恰是阶级性（阶级进步性）的一种表现。有了这样的认识，就不难理解总是令张宗厚等同志费解的"红绿灯"之类的法的阶级性了。

至于法的特征是不是法的本质属性，这是不言而喻的。因为特征是就事物的本质与其他事物的关系相比较而言的。事物的同一本质和不同事物相比较可以归纳出无尽的特征。因此，我们说法的本质在于法的阶级性，并不是所谓"一元论"，同样，张宗厚同志所谓的社会性、强制性、规范性也并不是什么"多元论"；而只是在于它们揭示法的本质属性时是否与别的事物进行了比较从而举出一些特征来。其实，张宗厚同志在撇开法的本质的阶级性所作的尝试中，列举法的社会性、强制性、规范性恰恰说明了法的本质的阶级性。张宗厚同志的"依赖于客观存在的社会性"即法的功能的社会性，正是一定阶级基于自己特定的历史地位对阶级利益的必然追求（已如前述），其阶级性是显而易见的。法的强制性主要指法的适用和遵守的国家强制性，法之具有强制性正在于它所反映的是社会中一定阶级的意志，所概括的是社会上居于支配地位的阶级的共同利益，因而法的适用和遵守必然具有阶级对抗和利益冲突性质。这时，就必然要借助于作为"整个社会的正式代表"① 的国家强制力了。法具有规范性也正因为法所概括的只是一定阶级的共同利益，而它的实现必须以全社会成员的共同肯定为条件。于是，只有通过规定人们权利与义务的明确、肯定、普遍的规范才能完成，诚如恩格斯指出："从某一阶级的共同利益中产生的要求，只有通过下述办法才能实现，即由这一阶级夺取政权，并用法律的形式赋予这些要求以普遍的效力。"② 总之，法的社会性、强制性、规范性不仅直接服务于法的阶级性，而且是法的阶级性与其他同类事物的性质相比较的差异点，而绝非像张宗厚同志所申明的是游离于法的阶级性以外的所谓"质的规定性"。

关于法的概念

概念的表述通常是以对事物本质的明确认识为前提的。只要对事物本质的认识取得了统一看法，各人的定义和描述即对概念的揭示就大可不必强求一律了，而是允许有表述上的多样性。然而在法的概念问题上，由于存在对法的本质的不同理解，因而就不能认为张宗厚同志关于法的概念只是表述上的不同，而是有着质的不同。张宗厚同志把法定义为："法是由国家或社会管理机关制定或认可，并以强制力保证其施行的、调整社会和人们相互关系的行为规则的总称。"我们认为，这一定义混淆了不同强制力的性质。在阶级社会中，概括一定阶级利益的法律规范，由于具有鲜明的阶级性，其实施必须以国家暴力为后盾；而国家暴力是具有强烈阶级性

---

① 《马克思恩格斯选集》第 3 卷，人民出版社，1972，第 320 页。
② 《马克思恩格斯全集》第 21 卷，人民出版社，1965，第 567—568 页。

的军队、警察、法庭、监狱等。无阶级社会特别是共产主义社会的社会管理机关，则不具有阶级性，也不具有像国家强制力那样的威吓和惩罚。它只是一个旨在组织社会生产和生活、协调人与人之间关系的、为每个社会成员所遵循和崇尚的公共生活调节机构，完全失去政治性质和阶级内容，不存在惩罚性的强制性，因而由这一机构作后盾的行为规则只是靠大家自觉遵守的公共准则而绝不是以国家强制力为后盾的法律规范。那时的人们，是彻底摆脱了传统所有制和传统观念束缚的新人，是获得了人类潜能的充分发展的新人，"每个人的自由发展是一切人的自由发展的条件"[①]。可见，张宗厚同志的定义混淆了两种不同社会行为规则的性质，与其对法的本质属性的理解一脉相承，实际上仍没有跳出原有概念的窠臼，只不过在前面加上一个并不与后面对称因而也塞不进去的"社会管理机关"。加之这一定义是建立在对法的本质的错误认识基础上的，因而也不可能真正科学地揭示法的概念的内涵和外延。

基于上述分析和我们对法的本质属性的理解，这里试图把法的概念作如下表述：法是由国家制定或认可，旨在概括和实现一定阶级的阶级利益，并由国家强制力保证实施的行为规范的总称。

[①] 《马克思恩格斯选集》第 1 卷，人民出版社，1972，第 273 页。

论法与法律的区别*

——与李肃、潘跃新同志商榷

公丕祥**

摘 要：李肃、潘跃新同志在《法与法律的概念应该严格区分》一文中，从马克思主义经典作家的论述中，分析了法和法律概念的区别。然而，其对马克思主义经典作家关于法和法律的论述存在着误解，其论述难以令人信服。在马克思主义经典作家那里，法被视为一定社会经济条件的直接法权要求，是社会经济关系的法权意义上的内在结构形式，法律则是占统治地位的阶级意志的集中体现，与社会经济条件之间的联系具有偶然性的特征。法是评价法律的性质、内容、功能及其效率的基本法权标准，是法律现象的"应有"领域，法律则是再现法的价值目标的实证规范体系，是法律现象的"现有"领域。

关键词：法 法律 社会经济条件 应有 现有

什么是法和法律？法律现象的本质属性是什么？这是法哲学或法理学领域中的根本问题之一。近年来，我国法学界围绕法的本质问题展开了热烈的讨论，取得了可喜的进展。我们高兴地看到，李肃、潘跃新二位同志的《法与法律的概念应该严格区分——从马克思、恩格斯法学思想的演变看法与法律概念的内涵》（刊于《法学研究》1987 年第 1 期，以下简称

---

* 本文原载于《法学研究》1987 年第 4 期，收入本书时有改动。

** 公丕祥，南京师范大学教授。

"原文")一文，另辟蹊径，对马克思主义经典作家关于法和法律概念的论述作了具体分析，从马克思主义法哲学的高度，区别了法与法律，读后很受启迪。但是，原文对马克思、恩格斯有关论述的理解，以及根据其理解对法和法律所作的区分，则是笔者所不敢苟同的。特在此发表我个人的见解，企望原文作者和法学界同人斧正。

一　如何准确理解马克思主义经典作家有关法的论述

原文认为，"马克思、恩格斯区分法与法律的概念的哲学根据，就在于他们把法与法律归入内容与形式、客观与主观的哲学体系之中"。在作者看来，法构成了法律的内容，法律则是法的表现形式；法是一种客观化的现实基础，法律则是主观性的行为规范。作者引用了马克思主义经典作家许多有关法的论述来证明其立论的可靠性。然而，只要仔细研读经典作家的原著，就会发现原文中有的引证及其阐释是不确切的。这里兹举三例来加以说明。

其一，原文作者为了论证法是法律的内容，法律是法的主观表现形式这一思想，便引用了马克思在《关于林木盗窃法的辩论》中的论述，即"法律不应该逃避说真话这个人人应尽的义务。……因为它是事物的法的本质的普遍和真正的表达者。因此，事物的法的本质不应该去迁就法律，恰恰相反，法律倒应该去适应事物的法的本质"[1]。继而，原文把"事物的法的本质"与法相等同，并据此加以推论。

笔者认为，马克思所提及的"事物的法的本质"中的"法"，并非像原文作者理解的那样指的是法，而是指类似于事物的客观规律的客观事物（当时马克思还没有关于事物的规律的明确概念）。马克思的这一看法，显然是受到了孟德斯鸠法学观的影响。在《论法的精神》中，孟德斯鸠指出："从最广泛的意义来说，法是由事物的性质产生出来的必然关系。在这个意义上，一切存在物都有它们的法。"[2] 由于当时马克思还没有摆脱启蒙思想家的思想影响，在他那里，构成法的本体要素仍然是自由、正义和

---

[1] 《马克思恩格斯全集》第1卷，人民出版社，1956，第138—139页。
[2] 〔法〕孟德斯鸠：《论法的精神》上册，张雁深译，商务印书馆，1961，第1页。

人类理性；所以，马克思并没有对"事物的法的本质"加以科学的界说。但是，历史地看，法律是"事物的法的本质的普遍和真正的表达者"这一命题，无疑是马克思对法和法律要符合事物的客观规律要求的思想的最初表述，即不是法和法律决定"事物的法的本质"，而是"事物的法的本质"决定法和法律。然而，原文作者把"事物的法的本质"理解为法，并且由此区别法与法律，断言法是法律的内容，法律是法的形式，这与马克思论述的本来含义是大相径庭的。

其二，原文作者为了证明其立论的正确性，还对《德意志意识形态》中的有关思想加以诠释。马克思、恩格斯指出："那些决不依个人'意志'为转移的个人的物质生活，即他们的相互制约的生产方式和交往形式，是国家的现实基础，……这些现实的关系决不是国家政权创造出来的，相反地，它们本身就是创造国家政权的力量。在这种关系中占统治地位的个人除了必须以国家的形式组织自己的力量外，他们还必须给予他们自己的由这些特定关系所决定的意志以国家意志即法律的一般表现形式。这种表现形式的内容总是决定于这个阶级的关系，这是由例如私法和刑法非常清楚地证明了的。这些个人通过法律形式来实现自己的意志，同时使其不受他们之中任何一个单个人的任性所左右。"[①] 对于这一段论述，原文作者认为："这些论述都非常清楚地表明，法与法律的区别，已被马克思、恩格斯纳入客观内容与主观形式的哲学范畴。"所以，上述论述就被解释为符合原文作者逻辑需要的新的表述，即法（客观内容）决定法律（主观形式），法律（主观形式）也在反作用于客观内容。

很显然，这样的诠释实在令人遗憾！其实，马克思、恩格斯上述论述的基本精神乃是：第一，现实的物质生活关系决定占统治地位的个人的意志，因而也是法律的内容；第二，法律是由特定的现实物质生活关系所决定的统治阶级意志的一般表现形式，即国家意志；第三，作为国家意志的法律，不是统治阶级中少数人意志的反映，更不是个别人的任性，而是体现了统治阶级的整体意志。可见，原文作者把法与法律的区别看作内容与形式的关系，是不能令人信服的。

其三，原文作者为了证明体现统治阶级意志的法可以归结为"事物的

[①] 《马克思恩格斯全集》第 3 卷，人民出版社，1960，第 377—378 页。

客观内容",引用了恩格斯晚年关于历史唯物主义通信中的历史发展"总合力"的论述,认为"整体意志是客观物质力量而不是主观意识形态"。这也是需要予以澄清的理论问题。

恩格斯在1890年9月给布洛赫的信中,阐发了历史运动是在许多单个意志的相互冲突中实现的历史辩证法思想,并且特别强调"其中每一个意志,又是由于许多特殊的生活条件,才成为它所成为的那样"①。这就是说,产生各种不同意志的根源是特殊的生活条件,即由个人的内在需要和外部的经济状况所决定的,由此形成不同的或对立的物质利益,产生各种不同的意志和动机。然而,原文作者在阐发过程中,不仅略去了恩格斯上述重要的论述,使意志失去了物质的本源和存在的客观根据,而且把意志看作"历史发展的真正的最后动力的动力"。这显然是不正确的。

二 法与法律的区别可以纳入客观与主观的哲学范畴吗

贯穿原文的一个基本命题是:法是客观的,而法律则是主观的。原文作者指出:"法与法律是两个内涵不同的概念,法律是一种权力化的强制规范,法是一种客观化的现实基础。两者区分的实质,是国家生活中客观内容与主观形式的差别。""法作为内容,是用法律形式表现出来的统治阶级意志。""法是统治阶级的整体意志状态,是统治阶级物质生活条件决定的利益需要状态,是国家用法律形式固定下来的社会关系状况,具有整体性、客观性、现实性的特征。法律是统治阶级意志的体现,有主观规范性、普遍适用性、国家强制性的特征。"在笔者看来,这些见解是有疏漏之处的:其一,能不能仅仅把法归于统治阶级意志?其二,法和法律现象是属于客观的,还是主观的范畴?

马克思主义法哲学并不否认法是一种意志,是一种"被奉为法律"的统治阶级意志,即国家意志。正是法的这一主观属性,使法和法律同其他社会现象区别开来。一些唯心主义法学家,如施蒂纳之类的青年黑格尔分

---

① 《马克思恩格斯选集》第4卷,人民出版社,1972,第478页。

子,也宣扬"法就是它的统治者的意志","统治者的意志就是法律"①。那么,在这个问题上,马克思主义法哲学同唯心主义法学观的根本分歧在什么地方呢?按照马克思、恩格斯的看法,施蒂纳之流完全忽视了社会经济关系对社会统治者意志的决定性作用,而偏执于法的主观属性,"使法脱离它的实在基础,从而得出某种'统治者的意志'"②。与此相反,把唯物史观贯彻到法的领域,就应当把法看作"从人们的物质关系以及人们由此而产生的互相斗争中产生"③,而不应当把脱离现实经济关系的"自由意志"看作法的基础。考察作为国家意志的法,不能把国家意志与制约这种国家意志的社会经济关系割裂开来,而应当认识到国家意志的客观内容乃是一定社会的经济关系。"不是国家由于统治意志而存在,相反地,是从个人的物质生活方式中所产生的国家同时具有统治意志的形式。"④

在马克思、恩格斯看来,那种仅仅把法归于统治者意志的观点,是"从头脑中挤出来"的看法,是一种唯心主义的法学偏见。产生这一偏见的一个重要的认识论根源,就是在实际生活中,法都是以国家为中介的,都带有政治形式,"由此便产生了一种错觉,好像法律是以意志为基础的,而且是以脱离现实基础的自由意志为基础的"⑤。于是,许多法学家便产生了一种"独特幻想",把法看成统治者意志的一时灵感,"这种意志在不同的时代有不同的表现形式,并且在自己的创造物即法律中具有自己独立的历史。结果是政治史和市民史就纯观念地变成了一个挨一个的法律的统治史"⑥。然而,这种意志的创造物即法律,一旦脱离了其客观的现实基础,便在"世界的'硬绷绷的东西'上碰得头破血流"⑦。

可是,原文把法仅仅归于统治阶级意志,把法律看作统治阶级意志的体现,这显然同马克思主义经典作家论述的本意不相吻合。这一观点不仅割裂了作为统治阶级意志的法同决定这一意志内容的社会经济条件的内在联系,使法丧失其客观基础,而且含糊不清地认为法律是一种权力化的强

---

① 《马克思恩格斯全集》第 3 卷,人民出版社,1960,第 376 页。
② 《马克思恩格斯全集》第 3 卷,人民出版社,1960,第 379 页。
③ 《马克思恩格斯全集》第 3 卷,人民出版社,1960,第 363 页。
④ 《马克思恩格斯全集》第 3 卷,人民出版社,1960,第 379 页。
⑤ 《马克思恩格斯全集》第 3 卷,人民出版社,1960,第 71 页。
⑥ 《马克思恩格斯全集》第 3 卷,人民出版社,1960,第 379 页。
⑦ 《马克思恩格斯全集》第 3 卷,人民出版社,1960,第 379 页。

制规范，这就割裂了法律同一定"意志内容"的内在联系，使法律成为缺乏意志规定性的空洞的行为规范外壳。这显然是片面的。

值得注意的是，原文作者在阐发法的规定性（即统治阶级意志）时，提出了一个重要的问题：统治阶级意志不属于精神的、主观的范畴，而是一种客观物质力量，因而应当把法纳入客观的范畴，纳入社会存在的范畴。这是涉及法哲学本体论的重大问题，不可小觑。

唯物史观告诉我们，从宏观角度来看，人类社会划分为社会存在与社会意识两大基本领域。社会存在决定社会意识。列宁根据马克思在《〈政治经济学批判〉序言》中的思想，把社会关系分成物质的社会关系和思想的社会关系两个层面，指出："思想关系只是不以人们的意志和意识为转移而形成的物质关系的上层建筑，是人们维持生存的活动的形式（结果）。"① 显然，包括法律现象在内的上层建筑，属于社会意识即思想的社会关系的范畴，而不属于社会存在即物质的社会关系的范畴。法律现象同其他上层建筑组成部分一样，既是对不依人们意志和意识为转移的物质关系即社会存在的反映，也是人们维持自身生存的活动的形式。因此，从法的本体论意义上来讲，法律现象是第二性的、派生的、主观性的东西，而现实的社会经济关系是第一性的、本原的、客观性的东西。

此外，法律现象之所以是思想的社会关系，之所以是一种精神现象，就在于它是"通过人们的意识而形成的关系"②，是人有目的活动的产物。法的发展衍化史，正如同整个人类社会历史一样，乃是文明社会各个发展阶段居于支配地位的阶级通过自己有目的的对象性活动而创制和实施法的历史。在法律现象世界中进行活动的，就如同在社会领域内一样，"全是具有意识的、经过思虑或凭激情行动的、追求某种目的的人"③。一切法律现象都是同一定的有意识的、有目的的活动联系在一起的，不存在什么无意识、无目的的法律现象。并且，这种有意识、有目的的活动，无疑要受到客观的社会经济关系的支配；在人的动机、目的、倾向、情感、态度等背后，隐藏着更为深刻的东西即客观经济必然性。

因此，把法归于客观的社会存在的范畴，归结为事物的客观内容，这

---

① 《列宁全集》第1卷，人民出版社，1955，第131页。
② 《列宁选集》第1卷，人民出版社，1960，第8页。
③ 《马克思恩格斯全集》第21卷，人民出版社，1965，第341页。

是与马克思主义法哲学本体论背道而驰的。诚然，体现思想的社会关系的法律上层建筑的一个重要特征，就在于它不是纯粹的社会意识，而是具有"物质外壳"的社会意识。它总得借助于某种物质材料和物质力量，才能客观地存在于现实社会之中，也才能以自己的特殊方式反作用于社会存在，或调整物质的社会关系。关于这一点，恩格斯在谈到国家组织与氏族组织的差别时指出，国家权力是用来对付被统治阶级的，"构成这种权力的，不仅有武装的人，而且还有物质的附属物，如监狱和各种强制机关"①。但是，这丝毫不意味着法律现象属于社会存在的范畴。与法律现象相伴而行的"物质附属物"，之所以成为支撑法的物质力量，就是因为它们是由统治阶级用来维护自己的阶级统治、达到自己目的的工具。因此，一切法律现象归根结底还是属于主观的、精神的范畴。如果说法是客观的，那也仅仅是指法的内容（即社会物质生活条件）是客观的。所以，法是内容的客观性与形式的主观性的辩证统一。

为了证明社会整体意志是客观的物质力量，原文作者还提出了所谓马克思主义哲学的两条理论根据。一条根据是引证恩格斯的论述，借以表明"整体意志不是个人意志的简单相加，它是存在于个人意志之外的客观现状"。其实，恩格斯的论述是要阐明历史运动的具体过程是无数相互交错的力量、无数个力的平行四边形错综复杂作用的结果；并且这个结果是"谁都没有希望过的事物"，而是作为一个整体的、不自觉地起作用的力量的产物。在恩格斯看来，历史过程是受其背后的历史规律支配的，个人意志实现的程度，最终是同它反映历史规律的程度成正比的。显然，恩格斯的论述，绝不是为了证明整体意志的客观物质力量。

另一条根据是"马克思、恩格斯之所以区分个人意志与整体意志，其哲学含义是在表面的主观意志状态中，抽取出客观性的社会存在"。在论述过程中，原文作者混淆了两个问题。第一，把整体意志具体内容的客观性等同于整体意志自身的客观性。实际上，整体意志的具体内容与整体意志是不同的，前者——全体成员的物质生活条件——的客观物质力量，绝不能归之于整体意志自身的客观物质力量，整体意志只能在一定条件下，通过一系列中介环节，才能由主观精神力量转化为客观物质力量。但这种

---

① 《马克思恩格斯选集》第 4 卷，人民出版社，1972，第 167 页。

转化绝不意味着整体意志自身是一种客观物质力量，相反，它在本体意义上仍然是一种主观意识形态。第二，把统治阶级意志等同于由统治阶级物质生活条件直接决定的利益状态。实际上，利益是一定社会生产方式的表现，它"作为彼此分工的个人之间的相互依存关系存在于现实之中"①，"每一个社会的经济关系首先是作为利益表现出来"②。因而，在本体论意义上，利益属于客观的、社会存在的范畴；而统治阶级意志则是一种特殊的精神现象，属于主观的、社会意识的范畴。原文作者把整体意志状态视为与客观利益状态同一，"都是一种个人意识之外的社会存在"，是不妥当的。

三 究竟怎样理解法律现象的内容与形式的关系，把握法与法律的区别

的确，在法哲学或法理学领域中，内容和形式的关系是一个很重要的问题。正确认识这个问题，是科学地把握法的本质属性的关键之一。按照马克思主义法哲学的基本观点，研究法和法律现象，绝不能离开社会的物质生活条件。在法哲学领域中坚持内容与形式的辩证统一关系，就必须紧紧抓住法和法律同一定社会经济条件的内在联系。从宏观意义上讲，一定社会的经济条件是法和法律的内容，法和法律则是社会经济条件的法权形式。构成法和法律内容的社会经济关系，绝不是消极的、被动的，而是积极地、主动地制约或决定着一切法和法律现象。离开一定的社会经济生活，就不能真正揭示法和法律的实质内容和固有属性。

正是在上述意义上，马克思指出："形式必然从内容中产生出来；而且，形式只能是内容的进一步的发展。"③ 他要求人们应当特别注意法的内容，这里的"法的内容"绝不可能是法自身，而只能是一定社会的现实的物质生活条件。马克思十分强调客观的社会物质生活是法的现实基础，认为一切法律现象，只有理解了与之相适应的时代的物质生活条件，并且从

---

① 《马克思恩格斯全集》第3卷，人民出版社，1960，第37页。
② 《马克思恩格斯全集》第18卷，人民出版社，1964，第307页。
③ 《马克思恩格斯全集》第40卷，人民出版社，1982，第11页。

这些物质条件中被引申出来的时候,才能理解。"法的关系正像国家的形式一样,既不能从它们本身来理解,也不能从所谓人类精神的一般发展来理解,相反,它们根源于物质的生活关系。"① 恩格斯也批判唯心主义法学家只看到法律形式,看不到经济内容的唯心主义观点,强调经济事实对法律的决定作用。在《资本论》中,马克思进一步阐发了法哲学领域中的内容与形式的关系。他认为,"如果一种生产方式持续一个时期,那末,它就会作为习惯和传统固定下来,最后被作为明文的法律加以神圣化"②。这样,生产方式就"取得了有规则的和有秩序的形式"③,"这种规则和秩序,正好是一种生产方式的社会固定的形式"④。因此,生产方式是法律的内容,这些法律形式作为单纯的形式,是不能决定这个内容的。这些形式只是表示这个内容。所以,法和法律作为特定的意志化形式,只能根源于社会经济关系这一内容,舍此,法和法律就成为无源之水、无本之木。但是,原文作者虽然力图把内容与形式的辩证法原理贯彻到法理学领域之中,却忽略了社会物质生活条件这一制约法律现象的客观内容,极力论证法是法律的内容、法律是法的形式这一思想。这是令人遗憾的事!

尽管本文对原文的观点提出了诘难,但是笔者仍然认为,原文作者明确指出法和法律是两个内涵不同的概念,这是很有见地的。科学地区分法与法律的内涵差别,这绝不是什么概念游戏,也不是什么理性的狡计,它对于提高法学理论思维水平,促进我国法哲学或法理学的研究,是大有裨益的。在当前,真正从理论上解决这个问题,对于深化正在进行的关于法的本质问题的讨论,也是一条有益的思路。

那么,究竟怎样正确认识法与法律的区别呢?

在马克思、恩格斯的大量著作中,法和法律这两个概念有时是并列使用的,有时又是交叉使用的,有时甚至未加区别地混用。但是,如果我们深入分析一下,就会发现,在马克思、恩格斯那里,法和法律之间还是存在某种微妙的差异性。按照马克思主义唯物辩证法的基本观点,任何客观事物的内容总存在一定的内部结构形式和外部表现形式,这两种形式之间

---

① 《马克思恩格斯全集》第 13 卷,人民出版社,1962,第 8 页。
② 《马克思恩格斯全集》第 25 卷,人民出版社,1974,第 894 页。
③ 《马克思恩格斯全集》第 25 卷,人民出版社,1974,第 894 页。
④ 《马克思恩格斯全集》第 25 卷,人民出版社,1974,第 894 页。

具有一定的区别，并且它们和内容之间也有着不同的关系。在法律现象领域中，一定社会的物质生活条件是法和法律的内容，法和法律都是反映社会物质生活条件的形式，然而，虽然法和法律同为形式，但二者与社会经济关系的联系的性质和程度是不同的。

一般来说，马克思主义经典作家把法视为一定社会经济条件的直接法权要求。他们提到法时，常常把法等同于法权关系，把法看作经济关系的意志化形态，进而揭示法权关系与经济生活的紧密联系。马克思指出："经济关系产生出法权关系。"① 在商品交换过程中必然产生一定的交换关系，"这种通过交换和在交换中才产生的实际关系，后来获得了契约这样的法的形式"②。恩格斯也认为，"这种具有契约形式的法权关系，不外是一种反映经济关系的意志关系。这种法权关系或意志关系的内容是由经济关系本身赋予的"③。他还分析说，"在社会发展某个很早的阶段，产生了这样的一种需要：把每天重复着的生产、分配和交换产品的行为用一个共同规则概括起来，设法使个人服从生产和交换的一般条件"④。这种共同规则，实际上就是法。可见，法是社会经济关系的法权意义上的内在结构形式，它与社会经济条件之间有着必然的联系。

与法稍有不同，当马克思主义经典作家讲到法律时，则通常把法律同肯定的、明确的、普遍的、体现国家意志性和强制力的行为规范联系在一起。在他们看来，法律与社会经济关系之间虽然具有一定的联系，但这种联系常常需要借助一定的中介环节，即掌握国家政权的那个阶级认识和掌握客观经济必然性的水平和能力。恩格斯曾指出，私法所确认的经济关系，其"采取的形式可以是很不相同的"；"如果说民法准则只是以法律形式表现了社会的经济生活条件，那末这种准则就可以依情况的不同而把这些条件有时表现得好，有时表现得坏"⑤。在这里，把社会经济条件表现得好的法律，就沿着经济发展的同一方向起作用；而把社会经济条件表现得坏的法律，则沿着经济发展的相反方向起作用。在这两种方向的作用中，

---

① 《马克思恩格斯全集》第19卷，人民出版社，1963，第19页。
② 《马克思恩格斯全集》第19卷，人民出版社，1963，第423页。
③ 《马克思恩格斯全集》第16卷，人民出版社，1964，第277—278页。
④ 《马克思恩格斯选集》第2卷，人民出版社，1972，第538—539页。
⑤ 《马克思恩格斯全集》第21卷，人民出版社，1965，第346—347页。

统治阶级的主观能动性的状况是一个至关重要的因素。如果统治阶级的成员（主要是掌握立法权的人们）真正认识到现存经济关系的性质及其发展趋势，进而有意识地主动地顺应这一性质和趋势，有效地进行法律创制工作，把现存经济生活条件在法律上表现得好一些，那么，这样的法律就会促进经济发展和社会进步。反之，法律就会阻碍社会经济的顺利发展。当然，把社会经济条件表现得坏一些的法律，最终必然要被社会经济关系这一客观物质力量所推翻。

因此，法对一定社会经济生活条件的反映是直接的，它是社会经济关系的直接的法权要求和内部结构形式，是社会主体在社会经济活动中形成的直接的法的愿望、倾向和态度，它与社会经济条件的联系具有客观必然性的性质。而法律则是占统治地位的那个阶级意志的集中体现。把占统治地位的意志上升为法律，就意味着法律是一种约束一切人行为的尺度，从而与偶然性和任意性相对立，形成符合统治阶级需要的法律秩序；法律虽然也要反映一定社会的物质生活条件，但这种反映通常需要掌握国家政权的统治阶级作为中介环节，并且这种反映往往取决于统治阶级对客观必然性的认识水平。所以，在这个意义上，我们也可以说，法律与社会经济条件之间的联系，常常具有偶然性特征，它是社会经济关系的外部表现形式。这就是法与法律之间的基本差异性。

那么，法与法律之间又有何种联系呢？这个问题相当复杂。要对这个问题加以全面论述，需要另外著文。在这里，笔者仅仅指出，法与法律之间的联系是一个有机的网络，它体现在法律现象的各个方面，但这种联系的基本点在于对法律现象的评价方面，即法是评价法律的性质、内容、功能及其效率的基本法权标准，属于法律现象的"应有"领域；法律则是再现法的价值目标的实证规范体系，属于法律现象的"现有"领域。

正确认识法与法律的区别，有助于我们更加深刻地把握法律现象的本质。在唯物辩证法看来，任何事物的本质都是一个具有不同等级的、有层次的结构体。而人们对事物的认识，乃是一个从现象进入本质，从一层本质不断地向另一层本质深化的过程。列宁指出："人的思想由现象到本质，由所谓初级的本质到二级的本质，这样不断地加深下去，以至于无穷。"[1]

---

[1] 《列宁全集》第38卷，人民出版社，1959，第278页。

法律现象的本质也是如此。从法哲学认识论的意义上来讲，人们对法律现象的本质的认识，实际上是沿着法律现象形式的梯级层次不断前进的过程。也就是说，在扑朔迷离的法律现象中，人们对法律现象的认识，总是从其外部表现形式开始的，首先呈现在人们面前的是普遍的、明确的、具有国家强制力的行为规范。经过法学思维的科学抽象，人们发现在这些行为规范背后隐藏着的，是掌握国家政权的那个阶级的意志，法律不过是这一意志具体的体现。这样，就把握了法律现象的外层本质，并且对法律的内涵有了自觉的认识。然而，人们对法律现象本质的揭示，还不能只限于其外部形式，而应当达于其内部形式，深入揭示制约上升为法律的一定阶级意志的内在机制。这就必然要研究在社会经济生活中直接形成和发展的法权要求。于是，法的概念形成了，并且由此洞察到法律现象的内层本质（也是最基本的本质）。正是在这样的意义上，把法律现象的本质规定为反映一定社会经济关系的法权要求或意志化形态，也许更能体现法律现象的价值之所在。倘若循此观点，对于揭示社会主义法律现象的本质，也许不无益处。

在马克思主义法学思想中，法与法律概念没有严格区分[*]

——与李肃、潘跃新同志商榷

汪永清[**]

摘　要：在马克思早期的法学思想中，法与法律的区分是建立在唯心主义二元论的法律观基础上的两种法律的区分，即理性法（客观法）与制定法（实在法）的区分。随着马克思主义法学观的逐步确立，马恩著作中有关法与法律的内涵也趋于一致，即法和法律都是以国家意志形式表现出来的统治阶级意志。法与法律概念的区别既不构成马克思主义法学理论的核心，也不会对我国法制建设的理论和实践产生什么意义。

关键词：唯心主义二元论　法与法律　马克思主义法学观

《法学研究》1987 年第 1 期刊登了李肃、潘跃新同志的文章《法与法律的概念应该严格区分——从马克思、恩格斯法学思想的演变看法与法律概念的内涵》（以下简称李文）。文章认为：在马克思、恩格斯的法学思想中，法与法律一直被认为有着内容与形式的本质区别。进而强调"马克思主义法学思想的理论核心是在内容和形式、主观和客观对立基础上区分法与法律概念内涵的"。对此，笔者不敢苟同，特提出以下管见与李、潘二同志商榷，不对之处，请指正。

---

[*]　本文原载于《法学研究》1987 年第 6 期，收入本书时有改动。
[**]　汪永清，原文发表时单位为北京大学法律系，现为第十三届全国政协副主席。

一 在马克思早期的法学思想中，法与法律是有严格区分的，但这种区分是建立在唯心主义二元论的法律观基础上的两种法律的区分，即理性法（客观法）与制定法（实在法）的区分

马克思早期的法学观是对古典自然法思想和德国理性法学特别是黑格尔法学思想的兼收和综合。它一方面以古典自然法思想为存在基础和理论结构，把自然法思想的精神实质融入自己的内涵之中；另一方面又用理性法学特别是黑格尔法学思想的某些成分改造、发展并表述自然法思想。

众所周知，古典自然法思想的主要代表人物格劳秀斯、洛克、孟德斯鸠等，对法都有几个基本和共同的看法：第一，在不完善或不正当的实在法之上，有着完善的、绝对正确的自然法，实在法只有符合自然法时才是正当的；第二，自然法是人类理性的体现，而理性就是事物的本质。早期的马克思对法也有着与此相同的认识。马克思曾多次强调法不依立法者的主观意志而客观地存在，指出"立法权并不创立法律，它只揭示和表述法律"①。主张法是"人类理性的自然规律"，指出，当国家实现了法律的、伦理的、政治的自由的时候，"个别公民服从国家的法律也就是服从自己本身理性的即人类理性的自然规律"②。还认为，法律应当"是事物的法的本质的普遍和真正的表达者。因此，事物的法的本质不应该去迁就法律，恰恰相反，法律倒应该去适应事物的法的本质"③。同时，马克思还把人类理性的自然规律及其他事物的本质归结为"自由的肯定存在"。进而强调，法是具有普遍的、理论的、不取决于个别人任性的"自由的肯定存在"。所以，出版法符合了事物的本质即"出版的自由的存在"，因而是真正的法律。检查法则把自由看成一种滥用而加以惩罚，因而它不是法律而是拙劣的警察手段。这样，马克思便向古典自然法学思想贯注了新的内容。然而把事物的本质、法、自由定在三个概念融为一体又是马克思在早期作为

---

① 《马克思恩格斯全集》第1卷，人民出版社，1956，第316页。
② 《马克思恩格斯全集》第1卷，人民出版社，1956，第129页。
③ 《马克思恩格斯全集》第1卷，人民出版社，1956，第139页。

一个青年黑格尔派在法学观上的必然表露。把法看作自由的肯定存在的观点，直接导源于黑格尔关于"自由构成法的实体和规定性"的思想。黑格尔曾指出："任何定在只要是自由意志的定在，就叫做法。所以一般说来，法就是作为理念的自由。"①

早期马克思的法学观是以古典自然法思想为存在基础和理论结构，但在表述方式上或某些概念的内涵上又不等同于古典自然法学；在理论和逻辑结构上导源于理性法学，又不是理性法学概念的简单运用。第一，马克思用理性法学的概念来表述自然法思想，使自然法思想在理性法学外衣的笼罩下，带有抽象和辩证的色彩。第二，马克思主张人民理性和发展的理性，反对永恒和绝对理性，表现在对法的观念上则主张客观法（理性法）与人民意志的法的统一。马克思曾说："要使人相信用以判断某种伦理关系的存在已不再符合其本质的那些条件确定得正确而毫无成见，既符合科学所达到的水平，又符合社会上已形成的观点，——当然，要能达到这一点，只有使法律成为人民意志的自觉表现，也就是说，它应该同人民的意志一起产生并由人民的意志所创立。"② 这里"人民"的概念虽然也很抽象，但比古典自然法学代表人物的"人类"的概念要具体得多。而这一点却有别于黑格尔把理性与人民对立起来的观点。第三，马克思主张作为人民理性的法的本质是对自由的保护，"法典是人民自由的圣经"。因此，与自由相悖的防御性法律、惩罚思想的法律都是非法的。

但是，马克思早期法学观与古典自然法思想、理性法思想的区别也仅表现于此，并且这些区别只是表面而非实质的，无论马克思在早期有关文章中使用的某些概念与自然法学、理性法学有多大不同，马克思早期法学观却始终贯穿这样两条线索：①无异于理性法学的唯心主义哲学基础；②无异于自然法学的法的二元论的理论形态。这两条线索是区别早期马克思法学观与马克思主义法学的关键，也是我们探讨马克思主义法学演变过程、把握马克思主义法学精神实质所不可混淆和忽视的因素。因此，也只有抓住这两条线索，才能对早期马克思法学观中法与法律作正确的区分和理解，事实上，在以二元论的自然法思想为核心内容的法学观中，法与法

---

① 〔德〕黑格尔：《法哲学原理》，范扬、张企泰译，商务印书馆，1961，第36页。
② 《马克思恩格斯全集》第1卷，人民出版社，1956，第184页。

律只不过分别是客观法与制定法的同义语而已（这一点，在马克思早期的文章中是显而易见的）。两者的区别也只是客观法与制定法的区别，而不是也不可能是客体的内容与形式的区别。因为，世界上不存在无内容的形式和无形式的内容，内容与形式的统一才构成客体的现实存在，试问，作为内容的法与作为形式的法律所构成的客体是什么？

李文对马克思早期思想作出那样的分析，主要是出于这样的考虑：马克思主义法学体系的建立是通过对早期法学观中唯心主义成分的剔除来实现的。文章在谈到马克思早期法学思想的意义时指出："马克思初期法学观，为其法学理论的发展奠定了基础。只要从中剔除唯心主义成分，辩证唯物主义的法学体系就能在这个基础上确立起来。"这一看法于理是不通的：第一，马克思初期法学观是以唯心主义的哲学观为存在基础的，剔除了唯心主义哲学成分，整个理论体系就无法成立；第二，马克思主义法学观和其他观念一样，是以对唯心主义世界观彻底变革为存在前提的，而不是对原来思想的修修补补。事实上，马克思法学思想转变的过程，就是在着眼于社会的物质生活条件，考察法律存在的现实基础的同时，逐渐抛弃早期抽象的、超然的理性法观念的过程。马克思主义的主要代表者，就是在正视活生生的斗争现实和客观环境的同时，参加社会实践，才确立了自己科学的世界观，才探寻到法律的真谛，也只有在实践这个基础上，才能对早期的法学观进行彻底的反思和改造，才能构筑科学的法学体系。

二 随着马克思主义法学观的逐步确立，马恩著作中有关法与法律的内涵也趋于一致，即法和法律都是以国家意志形式表现出来的统治阶级意志。马克思主义法学观确立的标志之一，就是揭示了法和法律的这一共同内涵

如前所述，马克思主义法学建立在对旧世界观根本变革的基础之上。马克思早期的唯心主义的理性法学观向马克思主义辩证唯物主义的法学观转变的根本标志是：不再用法与法律的区别来揭示各自的内涵，而是鲜明地指出，法、法律都是由统治阶级的物质生活条件决定的该阶级的共同意志的反映。马克思、恩格斯在《德意志意识形态》中指出，统治阶级的生

活条件"是作为对许多个人共同的条件而发展起来的"。为了维护这些条件，统治者"与其他的个人相对立，而同时却主张这些条件对所有的人都有效。由他们的共同利益所决定的这种意志的表现，就是法律"①。然而，这一标志在有关著作中的文字表述则不再是法和法律概念的严格区分，而是把它们当作同一意义的两个不同的词来使用。马克思、恩格斯在谈到私法和私有制关系时指出，随着资产阶级强大起来，"国王开始保护它的利益，以便依靠它的帮助来摧毁封建贵族，这时候法便在一切国家里（法国是在16世纪）开始真正地发展起来了"②。在谈到法与商品交往形式的关系时，接着指出："每当工业和商业的发展创造出新的交往形式，例如保险公司等等的时候，法便不得不承认它们是获得财产的新方式。"③ 马克思在谈到继承法问题时指出："继承法最清楚地说明了法对于生产关系的依存性。"④ 而在谈到法与经济的关系时，马克思则指出："在这里，并且到处都一样，社会上占统治地位的那部分人的利益，总是要把现状作为法律加以神圣化，并且要把习惯和传统对现状造成的各种限制，用法律固定下来……这每周两天的徭役劳动因此会固定下来，成为一个不变量，而由习惯法或成文法在法律上规定下来。"⑤ 可见，在这些论述中，法与法律毫无区别，而这无外乎表明：在马克思法学观中理性法的观念已经消失，法律的概念已经明确，法与法律的区别使用已无必要。

　　至此，已经很清楚：第一，马克思主义法学思想中法与法律的概念并无本质区别，早期马克思法学观中法与法律的区别不是一个客体内容与形式的区别，更不是马克思主义法学的某些成分；第二，马克思早期的法学观与马克思主义的法学思想的区别，不是同一思想体系里不同要素之间的区别，而是两个思想体系即唯心主义法律观与唯物主义法律观之间的根本区别。因此，马克思早期法与法律概念的区别不仅在内容上不能用来说明马克思主义的法学思想，就是在形式上即法与法律概念的划分上也不是相互连贯、前后承启的。

---

① 《马克思恩格斯全集》第3卷，人民出版社，1960，第378页。
② 《马克思恩格斯全集》第3卷，人民出版社，1960，第71页。
③ 《马克思恩格斯全集》第3卷，人民出版社，1960，第72页。
④ 《马克思恩格斯全集》第3卷，人民出版社，1960，第420页。
⑤ 《马克思恩格斯全集》第25卷，人民出版社，1974，第893—894页。

李文在把马克思早期法与法律概念内涵的区别看成内容与形式的区别的前提下，力图说明马克思主义法学思想中法与法律的概念仍有区别并且仍是内容与形式的区别，最后得出一个结论：作为统治阶级"整体意志的法"，是"客观物质力量"，它决定着由国家制定和认可，由国家强制力保证实施的、体现统治阶级意志的法律。对此，笔者不同意。

第一，任何意志总要受制于社会的客观条件及其发展规律。一定的阶级都有由社会历史条件决定的自己的利益和要求，他们也会根据自己在社会关系中的不同地位对改造社会提出自己的看法，并力图以自己的利益、要求为尺度来改造社会。但是，不管他们怀有多么强烈的意志以及这种意志形成的合力有多么大，他们只能在已经客观存在的条件下进行改造活动。而且，这种客观条件是不以他们的意志为转移的。这种条件主要包括：①与社会成员相联系的条件，如人口数量、地理环境等；②与社会存在相联系的条件，如社会的经济因素、生产关系性质、生产力发展水平等。因此，人们（包括统治阶级）改造社会、创造历史，一方面力图把自己的利益、要求作为尺度；另一方面又不可避免地要受社会历史的客观尺度的制约。在阶级社会，由于不同阶级或集团各有不同的甚至是相互冲突的利益和要求，会形成不同的意志，并作为不同的内在尺度支配着他们的活动，因而他们不能自觉地（实际上也无法真正做到）用这种客观尺度来指导他们的活动。但是，社会的客观条件仍然作为一个不以任何人或集团的愿望为转移的客观尺度，强制那些由不同利益决定的彼此冲突、相互妨碍的活动，趋向于一个总的历史结果。这种结果可能是谁也没有希望过的事件，至少不是大家共同希望的事件，但其中又确实包括按不同内在尺度（意志、愿望）进行活动的人们的努力。正是在这个意义上，恩格斯指出："历史总是象一种自然过程一样地进行，而且实质上也是服从于同一运动规律的。但是，各个人的意志——其中的每一个都希望得到他的体质和外部的、终归是经济的情况（或是他个人的，或是一般社会性的）使他向往的东西——虽然都达不到自己的愿望，而是融合为一个总的平均数，一个总的合力，然而从这一事实中决不应作出结论说，这些意志等于零。相反地，每个意志都对合力有所贡献，因而是包括在这个合力里面的。"[①] 这里

---

① 《马克思恩格斯选集》第 4 卷，人民出版社，1972，第 478—479 页。

要注意，是社会各个个体的意志而不是哪个集团或阶级的意志融为一个总的合力。因此，恩格斯这里所强调的是各不相同的社会个体的意志对社会的发展都有所贡献，而不是指哪个个体的整体意志可以取代其他个体的意志而构成这一合力。即使这个个体的整体意志是由其所处的物质生活条件决定的，也不能说这种意志具有"客观的物质力量"而决定历史的发展方向。因为，一方面表达整体意志的人或集团的思想素质及可靠程度受到限制；另一方面社会环境又常常动荡与多变。很清楚，决定历史进程和推动历史发展的不是社会哪个个体的整体意志，而是社会客观条件制约的人们的实践活动。

第二，统治阶级的整体意志不是抽象的、超然的，而是与具体的统治活动及与此相适应的意志形式相联系的，立法者（统治者）通过运用手段的实际操作，对现实的客观条件进行实际和具体的分解和综合，改造它们的结构方式和规定，创造符合于体现外部事物的尺度（客观规律、经济条件等）与自己内在尺度（自己的要求及对客观条件的可能认识）统一的规定的客体——法律，事实上，法或法律就是统治阶级根据法或法律自身的特性（强制性、规范性等），在它所接触或认识到的社会客观条件的基础上形成的意志，这种意志只要以国家意志形式表现出来，就是统治阶级共同的意志。马克思主义关于法反映统治阶级意志的观点，并不是说，立法的对象是统治阶级的共同意志而不是统治阶级成员的个别意志，而是强调立法者着眼于自己所处的物质生活条件，同时受自己的阶级利益、认识水平等因素的影响，他们在判断客观要求时又往往是从自己的或阶级的需要和意志出发，因此，法律不过是社会上一部分人（立法者）积极地按自己的意志规定下来并由另一部分人消极地接受下来的秩序，人类法律文化的演变已经证明：一部法律的生命力如何，不在于法律是否反映了统治阶级的意志，而在于它是否符合特定社会经济关系尤其是生产关系的需要，是否与社会的发展、历史的进步相一致，《拿破仑法典》之所以能流芳百世，不仅仅是因为它反映了当时资产阶级的意志，而主要是因为它符合当时社会经济发展的规律。《消除人民和国家痛苦法》之所以遗臭万年，不是它没有反映德国法西斯的共同意志，而是它违背了社会发展的规律。如果说法是统治阶级的意志，决定法律这一法的形式，那么衡量像这样两种法律的标准就是统治阶级的意志，这与历史实际相悖，也与早期马克思把法

（人类理性）作为衡量法律是否正当的尺度没有什么本质区别。

第三，法律作为主观范畴的现象，依经济条件的存在变化而存在变化，它的客观内容应该而且必须从社会的经济条件和其他客观条件来说明，而不应该也没有必要从意志本身或法与法律的所谓概念的区分中来探究。马克思、恩格斯曾多次强调每一个历史时期的法律设施、法的观点都是从经济基础上发展起来的，并由这个基础来解释的。"经济发展是社会生活的'物质基础'，是它的内容，而法律、政治的和宗教、哲学的发展是这个内容的'思想形式'，是它的'上层建筑'。"[①]

但是，经济关系成为法的内容，并不意味着经济关系自发地创制法律，经济关系的物质性到法律的意志性的转变，是靠立法者（统治者）这一中介有意识的活动来实现的。统治阶级也就往往在这个时候，把应当反映经济关系的法律渗透自己的意志或阶级倾向，而使法律往往脱离特定经济关系的要求。人们对此也就常常产生两种误解，一种是把法律归结为统治阶级随心所欲的结果；另一种是把法律的创立看作以统治阶级的意志为对象。

三 所谓法与法律概念的区别既不构成马克思主义法学理论的核心，也不会对我国法制建设的理论与实践产生什么意义。要使社会主义法律与我国人民的意志达到和谐的历史的统一，既要从经济和社会的客观条件及发展规律中寻找原动力，也要在这个基础上实现作为国家主人的人民与作为法律主人的人民的现实的统一

众所周知，马克思主义法学理论的核心内容是：①资产阶级的法律是资产阶级意志的体现；②这一意志及与此相适应的观念形态，都是资产阶级生产关系和所有制关系的产物。而李文则把马克思主义法学理论的核心看作对法与法律概念的区分，并在此基础上得出结论说，实现法与法律的统一，就会使社会主义法律与工人阶级及广大人民群众的意志达到和谐的

---

① 《斯大林全集》第1卷，人民出版社，1953，第291页。

历史的统一。这种观点不仅对我国法制建设的理论与实践没有什么积极作用，还会出现种种混乱和不利。

第一，失去衡量法律可行与否的标准。在我国，人民是国家的主人，立法机关代表人民行使立法权。但法律总要渗透立法者的意志，不管立法者是否能够或在多大程度上能够体现人民的意志，其活动的最终结果都是在"法律反映了人民意志"的前提下颁布各种法律的。因此，就像我国1954年宪法和1982年宪法比另外两部宪法要好的事实一样，同是人民意志反映的法律却有是否真正反映人民意志的问题。然而，对法律是否体现人民意志不能靠人民意志本身来检验，就像真理不能用真理本身检验一样，也不靠对"内容与形式统一"的主观"注重"，而要靠社会实践。否则，立法者就可以在反映人民意志的幌子下，随心所欲地创制法律。这时，法律就不是"被当成"而是实际成为凝固不变的立法者的意志。因为，凝固的立法者的意志也可以用不凝固的人民意志来掩饰。

第二，不利于法学这一学科自身的完善和发展。一方面，我国法学理论中把法看成规范的总和，法律则是法的规范的一种，暂且不追究这一看法有无可靠的理论根据，但至少这种区分是约定俗成的，人们不需要更深的专业知识就可能轻易地区分、掌握并正确地运用它们。另一方面，为了使用的方便，法又往往成为法律的省略用法，如特别法、基本法、法的观念等。如果在法律现象以外硬要作出法与法律所谓概念的本质区分，势必会造成法学基本概念的混乱，进而影响法学理论的发展。

第三，不利于法律的严格执行。司法活动的生命就在于严格依法办事，而不容许以任何借口弃法活动。然而，依"法"究竟是人民意志本身的"法"还是反映人民意志的"法律"？若是前者，所依的人民意志的标准是什么？若是后者，通过实践检验，法律却没有反映人民的意志，那依据这种法律来保护人民的利益不就失去了人民法官的天职吗？而这导致的最终结果则是造成司法人员无所适从，无法可依。

第四，不利于法律的遵守。法律是人民意志的反映，服从法律就是服从人民的意志。这是人人皆知的道理，若把法与法律作本质上的划分，违法者就可以以"法律没有反映人民的意志"为借口，实施"符合人民意志"的违法行为，这对人民群众又往往有极大的煽动性和蛊惑性。事实上，一些坏人总是以符合人民的要求为由从事破坏活动。前些日子，极少数人煽动学生闹事就是例证。

第五，不利于人民的法律观念的确立。当前的普法活动，不在于使人们能记住多少法律条文，而在于培养人们一种全新的观念：法是人民的法，人民是国家的主人，也是法律的主人。如果把人民的立法者的意志与人民的意志截然分开，就混淆了立法机关在人民意志支配下如何活动和立法机关如何活动的区别，同时，也等于承认了立法机关是凌驾于人民之上的统治机关，这与我国的政治现实不符。这必然导致"法只管百姓不管官"的法律观念无法改变。

诚然，法律作为一种特殊的意志现象，有自己独特的存在和发展的规律。法学研究应着意探讨这些规律，并且注意法律与立法者之间、法律与客观条件之间以及它们相互之间的关系。马克思主义法学以其科学的方法论，从特定的角度对此作过精辟的阐述，但我们不能把自己在目前条件下形成的某些认识简单地纳入这些论述的轨道之中以寻求自己理论的权威价值。我们应当立足于活生生的社会现实之中，探讨法律作为一种意志现象深层所隐喻的客观内容，以及这一内容和其他社会现象对法律作用，尤其是对法律发展规律的影响。这却是李文所忽视的。

论马克思主义法学[*]

黎 青[**]

摘 要：马克思主义法学的产生是法学史上一次革命性变革。马克思主义法学关于唯物、阶级和发展的基本观点，同一切非马克思主义法学存在根本区别。马克思主义法学是代表人类最先进的阶级——工人阶级的意志与利益的，是为建设社会主义并最终实现共产主义理想服务的。马克思主义法学的基本原理必须坚持。马克思主义法学是一个宏大的、发展的、开放的体系。

关键词：马克思主义法学　工人阶级　革命性　体系性

马克思主义法学的产生是法学史上一次革命性变革

马克思主义法学是伴随着马克思主义的产生而产生的，到现在已经有100多年的历史。它由马克思、恩格斯创立，由各国共产党人以及无数马克思主义法学家丰富和发展。它得到了千百万马克思主义者或赞许马克思主义的人的信奉，也得到了世界上更多人的重视与研究。自俄国十月革命以来，马克思主义法学一直在指导与影响着社会主义国家的法制建设，也一直指导与影响着世界上其他一些国家共产党人的革命实践。

法学是以法律这一特定社会现象作为研究对象的科学。它是随着法律的产生而产生的。虽然法学从政治学、哲学中分离出来成为一门完全独立

---

[*] 本文原载于《法学研究》1989年第6期，收入本书时有改动。
[**] 黎青，原文发表时单位为中国社会科学院法学研究所。

的科学只是近代的事情，但无论是中国还是外国，它的存在都已经有几千年的历史。以往及现今各种非马克思主义的法学家、思想家、政治家，为法学的产生与发展作出过多方面的重大贡献，但由于缺少一个严谨而科学的世界观与方法论作指导，受本身所处阶级地位的限制，他们所取得的研究成果的科学水准不能不受到很大的限制。马克思主义法学诞生以来，法学的这种状况才发生根本性变化。

马克思主义的辩证唯物论与历史唯物论，是迄今为止人类认识史上最严谨、最科学的世界观与方法论。马克思主义法学正是以它作为自己的理论基础。在辩证唯物论与历史唯物论的指导下，马克思主义法学具有以下几个最基本的观点，而同一切非马克思主义法学存在根本的区别。

一是唯物的观点。马克思主义法学认为，决定法律的基本面貌、引起法律发生各种变化的决定性的与终极的原因，是该社会的物质生活条件。马克思指出："法的关系正象国家的形式一样，既不能从它们本身来理解，也不能从所谓人类精神的一般发展来理解，相反，它们根源于物质的生活关系。"① 他又说："每种生产形式都产生出它所特有的法权关系、统治形式等等。"② 所谓社会物质生活条件，虽然包括地理环境与人口等因素，但最主要的因素是物质资料的生产方式。生产方式包括生产力与生产关系两个方面。一个国家一定时期的法律的面貌、法的内容与形式，主要是由当时生产方式的状况决定。当然，这绝不是说经济条件是决定法律的唯一因素。一个国家的政治、思想、文化、民族、宗教、历史传统等因素，都会对该国家的法律产生影响。但是，起主要作用和最终决定性作用的因素是物质资料的生产方式。

以往一切非马克思主义法学都在不同程度上以唯心史观为基础。它们认为，决定法的面貌及其发展变化的因素与力量，或者是"神的意志"、"绝对精神"，或者是"人类理性"，是主权者的个人意志。它们之中有的认为法律与经济无关，甚至是法律决定经济，有的则认为法律虽然与经济条件有关，却否认经济对法律的最终决定作用。这就不可能对法的本质及其发展规律作出科学的说明；就无法解释清楚，古代的、中世纪的以及近

---

① 《马克思恩格斯选集》第2卷，人民出版社，1972，第82页。
② 《马克思恩格斯选集》第2卷，人民出版社，1972，第91页。

现代的法律为什么会有如此之大的差别，特别是在法的内容方面。只是马克思主义法学才正确地解决了这一问题，从而为法学成为一门真正的科学奠定了坚实的基础。

二是阶级的观点。马克思主义法学认为，在阶级对立的社会里，法同阶级矛盾与阶级斗争存在不可分割的密切联系，法律具有鲜明的阶级性。马克思和恩格斯在他们合写的《德意志意识形态》一书中曾指出，法律是由统治者的共同利益所决定的意志的表现。① 在《共产党宣言》中则具体地揭露了资产阶级法律的本质，指出："你们的法不过是被奉为法律的你们这个阶级的意志……而这种意志的内容是由你们这个阶级的物质生活条件来决定的。"② 在阶级对立社会中，在经济上占统治地位的阶级，在政治上也必然占据着统治地位。他们为了捍卫自己的经济利益与政治利益，必然利用法律这一工具，来维护私有制与剥削，维护由自己掌握领导权的国家机器，建立、巩固和发展有利于自己的社会关系和社会秩序。因此，在阶级对立的社会里，法是统治阶级意志的体现。如果我们对奴隶社会、封建社会和资本主义社会中法律的内容进行分析，对这些社会中立法、执法、司法的实际状况进行考察，就无从否认，法律确实具有鲜明的阶级性。

以往一切非马克思主义的法学对阶级社会中法的本质有各种不同的解释，但有一个共同点，它们都是以不同的形式否认法律的阶级性。它们或者认为阶级社会不存在阶级矛盾与阶级斗争，或者认为法是超政治、超阶级的，同阶级与阶级斗争没有必然联系，从而否认法律具有阶级属性。他们之所以这样看，有认识论和政治立场两个方面的原因。从历史唯心主义出发，势必把法看成超政治、超阶级的一种存在；而剥削阶级的思想家、法学家如果承认法律的阶级性，势必同维护自己的经济利益与政治统治的愿望发生尖锐的矛盾。无产阶级是人类历史上最进步的阶级，它的根本利益——从资本奴役下解放出来同社会发展的客观趋势是一致的。因此，马克思主义法学要求而且可能实现阶级性与科学性的统一。马克思主义承认阶级与阶级斗争的存在，正是为了消灭它，逐步实现没有阶级、没有剥削

---

① 参见《马克思恩格斯全集》第3卷，人民出版社，1960，第378页。
② 《马克思恩格斯选集》第1卷，人民出版社，1972，第268页。

与压迫的共产主义社会。马克思主义承认阶级社会里法律具有鲜明的阶级性，正是为了创造条件消除法的阶级性，把法推进到一个没有任何阶级性的新的历史发展阶段与理想境界。

三是发展的观点。马克思主义法学认为，法的产生与发展同整个社会的性质，同它的产生与发展相适应，是一个由简单到复杂，由低级到高级，由落后到进步，由野蛮到文明的历史过程，永远不会停止在一个水平上。它经历由原始社会的习惯到阶级社会的法，而发展到无阶级社会更为完善、更为进步与文明的社会行为规范。它认为奴隶制法律、封建制法律、资本主义法律与社会主义法律，是四种不同类型的法律，是一个由低级到高级的发展序列；资本主义法律并不是法律发展的顶峰，它为更进步的社会主义类型的法律所代替，乃是历史的必然。

这些观点，同以往一切非马克思主义法学也有根本的区别。剥削阶级法学大都认为法律是超历史的、永恒不变的；或者认为法有变化，但不承认有质变，不承认法律是一个由低级阶段向高级阶段发展的过程。它们认为资本主义法律是最完善、最进步、最理想的法律，否认社会主义法律代替资本主义法律的历史必然性。它们只进行法的形式的分类，竭力回避对法律内容的分析，否认法的历史类型的分类的必要性与科学性。剥削阶级法学家之所以坚持这些理论观点，也是由他们的唯心主义与形而上学的世界观以及阶级立场所决定的。

此外，马克思主义法学是代表人类最先进的阶级——工人阶级的意志与利益的，是为建设社会主义并最终实现共产主义理想服务的。这与一切非马克思主义法学也截然不同。

上述马克思主义法学同一切非马克思主义法学相区别的主要方面，是密切联系在一起的统一整体。其中法最终是由社会物质生活条件所决定的原理，是整个马克思主义法律观的基石。这一原理不仅适用于人类社会的始终，而且决定与制约着其他两个原理的内容。

在我国，坚持"马克思主义法学的产生是法学史上一次革命性变革"这一论断，正确地阐明它的科学含义、划清马克思主义法学同一切非马克思主义法学的原则界限，具有十分重要的理论与实践意义。这是关系到马克思主义法学的地位与前途，关系到中国法制建设的方向和成败的大问题。自1978年党的十一届三中全会以来，在党中央的正确路线指引下，我国广大的法学工作者和法律工作者，以马克思主义为指导，解放思想，敢于创新，在法学研究中取得了很大成绩，对社会主义民主与法制建设作出了重大贡献。这一主流应当肯定。但是，我们也要看到，近几年的资产阶级自由化思潮影响到了法学领域，出现了一些错误观点，如否定马克思主义法学的某些基本原理，否定马克思主义对法学研究的指导作用，甚至否定马克思主义法学的存在。如果我们在这些问题上不明辨是非，法学研究就会偏离正确方向，就会给民主与法制建设带来危害。

例如，有的同志认为，系统论、控制论、信息论的出现，证明了辩证法已经过时，主张以"三论"作为法学的最高层次的方法论。这种观点是不正确的。系统论、控制论与信息论是现代科学技术的重大成就。但它们的出现只是证明了辩证唯物论的正确性，而不是证明它已经过时。在一定意义上讲，"三论"的出现丰富了唯物辩证法，但它们不可能代替唯物辩证法作为完整哲学世界观的地位。辩证唯物论是一个内容博大、精深与严谨的体系。其他一切科学的方法论都只能是它的某一原理或某一方面原理的具体化或派生物。坚持唯物辩证法是一切自然科学与社会科学包括法学在内的方法论基础，但并不排斥各种具体的科学方法论的指导意义。我们肯定系统论、控制论、信息论以及价值分析方法、实证分析方法等对法学研究的方法论意义，但它们都不应当也不可能代替唯物辩证法成为法学最高层次的方法论。在我们以往的法学研究中，方法论的指导作用的发挥远远不能令人满意，这也是阻碍马克思主义法学发展与繁荣的一个重要因素，但它并不能证明唯物辩证法的内容贫乏与空洞；相反，造成这种现象的原因是我们在法学研究中还没有充分地、很好地发挥唯物辩证法的指导作用。这同我们的很多法学研究工作者缺乏深厚的马克思主义哲学功底是有联系的。历史上任何一种法学学说都是自觉或不自觉地以某种哲学作为自己的世界观与方法论。马克思主义法学之所以成为法学史上的一次根本性变革，主要就是因为它以唯物辩证法作为自己的理论基础。因此，我们决不可否认辩证唯物论的世界观与方法论的指导意义，抛弃它的指导作用，而是要发挥这一理论优势，更好地运用它来批判各种唯心主义与形而上学的法律观，划清马克思主义法学同一切非马克思主义法学的原则界限，并促进马克思主义法学更好的发展与繁荣。

有的同志认为，马克思主义法学只是形似有而实质根本不存在；坚持这种"学说"是我国法学理论长期落后于法制实践的重要原因。这种观点也是错误的。因为这种观点把马克思主义法学完全否定了。尽管人们对马克思主义法学有着这样或那样的评价，但无疑它有自己的丰富内容与完整体系，在指导着社会主义国家法制建设的实践。虽然，马克思主义法学从产生到现在，经历了一个逐步丰富和发展的过程；像一切科学理论一样，它对客观世界的认识并非一次完成；它在自身的发展过程中经历了曲折的道路，在不断修正不正确或不完全正确的认识中，一步步走向客观真理，然而，所有这些都不能否认它的客观存在与正确性。我国法学理论长期落后于法制建设实践，原因是复杂的，从这里也丝毫得不出马克思主义法学根本不存在这样的结论。如果马克思主义法学根本不存在，那就只能是全盘接受西方的法学作为我国社会主义法制建设的理论。这当然是有害的。

马克思主义法学的基本原理必须坚持

有的同志完全否定法律具有阶级性；有的同志提出现在再划分法的历史类型已经没有必要。这些问题都直接关系到是否应当坚持马克思主义法学的基本原理，是需要认真地通过讨论加以澄清的。

我们在前面已经指出，在阶级对立的社会里，说"法是统治阶级意志的体现"是正确的。这是法的本质表现。诚然，法律并不仅仅反映统治阶级的意志和利益，仅仅实现阶级的统治。事实上，在阶级对立的社会里，法律在执行着政治统治这一根本职能的同时，也不能不完成一定社会职能的任务。因为为了统治阶级的整体利益，它不可能不在某些方面、某种程度上维护一个国家全体社会成员的共同利益，维护社会其他群体的特殊利益，维护社会成员某些个人的特殊利益。关于这一点，马克思主义创始人就有过不少论述。例如，恩格斯曾指出，法典很少把一个阶级的统治鲜明地、不加缓和地、不加歪曲地表现出来。[①]"政治统治到处都是以执行某种社会职能为基础，而且政治统治只有在它执行了它的这种社会职能时才能持续下去。"[②]

[①] 参见《马克思恩格斯选集》第4卷，人民出版社，1972，第483页。
[②] 《马克思恩格斯选集》第3卷，人民出版社，1972，第219页。

但是，法体现统治阶级意志，这是法的本质属性。我们必须看到，在阶级对立的社会里，法律在调整国家、群体与个人的各种错综复杂的利益矛盾与冲突时，统治阶级与被统治阶级的利益矛盾与冲突是处于主要矛盾的地位，而统治阶级则是主要矛盾的主要方面。因为在经济、政治、文化等各种利益矛盾与冲突中，经济利益的矛盾是处于主导的地位。而阶级划分与阶级对立正是建立在经济地位不同与经济利益根本对立的基础上。因此，统治阶级与被统治阶级在利益上的矛盾与对立，在阶级社会各种错综复杂的国家、群体与个人之间的利益矛盾与冲突中是处于影响一切与支配一切的地位。因此，我们可以把阶级社会中法的本质概括为"法是统治阶级意志的体现"。

在阶级对立的社会里，法律具有鲜明的阶级性，这一原理现在并未过时。资本主义国家的阶级关系虽然发生了重大变化，出现了诸如"福利国家"这样的现象，但生产资料的资本主义私有制依然存在，剥削制度依然存在，国家政权掌握在有产阶级（主要是垄断资产阶级）手里的事实并没有改变。垄断资产阶级与广大人民利益的矛盾与冲突在现今资本主义国家复杂的社会利益结构中仍然处于主要的与支配的地位，因此，"法是统治阶级意志的体现"这一原理，仍然适用于现今的资本主义社会。如果否认资本主义法律具有鲜明的阶级性，就会麻痹与模糊劳动人民的革命意识，也不利于推进资本主义法律制度的改革。

应当承认，"法是统治阶级意志的体现"，是"阶级统治的工具"的原理，适用于社会主义制度的法律的方式已经有了变化。因为在社会主义社会里，作为剥削阶级的地主阶级和资产阶级已经被消灭，在这里已经没有被统治阶级。既然没有"被统治阶级"，当然也就不存在"统治阶级"。可是，现在我国仍然存在阶级（工人阶级、农民阶级），存在阶级斗争，有时还会激化；但这种斗争只是在一定范围内存在。它已经不是我国社会的主要矛盾。然而，这绝不是说，社会主义法律已经没有阶级性。在社会主义社会里，法体现着包括工人阶级（含知识分子）、农民阶级以及一切爱国人士在内的广大人民的意志和利益，但它并不代表极少数敌对分子的意志和利益。社会主义法与一切剥削阶级类型法的不同，不在于有无阶级性，而在于它代表绝大多数人的意志与利益，具有最广泛的阶级基础。法虽然行使着"一般社会"中必然行使的公共职能，但它的主要任务是保证这一社会的经济、政治、文化制度沿着社会主义的轨道和方向前进，它的最终目标是实现消灭私有制与剥削的共产主义社会。因此，社会主义的法仍然具有阶级性。如果我们否认社会主义法律的阶级性，就会解除与松懈广大干部和群众反对敌对分子的警惕性，就会不利于我们的法律制度在不断改革中坚持社会主义方向。

有的同志认为，社会主义法不仅保护生产资料公有制，而且保护生产资料私有制，允许一定限度的剥削，因此已经没有必要再划分剥削阶级类型的法与无产阶级类型的法。这种看法显然是不妥当的。在我国经济发展过程中，我们坚持以公有制为主体、发展多种经济成分的方针，发挥个体经济、私营经济以及中外合资、合作企业和外资企业对社会主义经济的有益的、必要的补充作用。实行这一方针，是为了更好地发挥社会主义制度的优越性，促进经济的更快发展，而不是要削弱与否定公有制经济的主体地位，更不是要实行经济"私有化"。只要我们始终保持公有制经济的绝对优势地位，同时加强对个体与私营经济的管理与引导，既发挥其积极作用，又限制其消极作用，我国经济制度的社会主义性质就不会改变。以维护这种经济制度为主要任务的法制就必然是社会主义法制，而同资产阶级法制有着本质的区别。

对法律进行"历史类型"的划分，肯定社会主义法律优越于一切剥削阶级的法律，肯定社会主义法律代替资本主义法律的历史必然性，这是马克思主义法学的一个重要特点，也是马克思主义法学同一切非马克思主义法学的一个原则区别。那么，社会主义法制的优越性究竟表现在哪里呢？最根本的一条是，这种法制体现人民的意志，代表人民的利益，建立在以公有制为基础的有计划的社会主义商品经济的经济基础之上，建立在广大人民群众享有高度民主的政治基础之上，并为建立、健全与发展这"两个基础"服务；它的最终目的是实现共产主义的理想。在那种制度下，人剥削人、人压迫人的现象将被彻底消灭，生产力水平将得到极大的提高，人们的物质与文化生活水平将得到极大的提高，人民的一切基本权利都将得到最可靠的保障。

但是，为什么有的同志会对社会主义法制的优越性产生怀疑呢？除了我们在理论上从正面作阐述与宣传不够之外，可能同以下几个问题有联系。

第一，由于各种主客观条件，不少社会主义国家在法制建设的理论与实践方面都有过这样或那样的重大失误。在苏联出现过20世纪30年代的肃反扩大化错误，在我国甚至出现过"文化大革命"那样的历史悲剧。这就在人们的心目中极大地损害了社会主义法制的形象和威望。虽然这样的错误与悲剧的出现与社会主义法制不健全有不可分割的联系，但它们产生的条件和原因是极其复杂的，有它历史的特殊性和偶然性的一面，并非绝对不可避免。特别是应当看到，这类错误和悲剧之所以出现，固然有力地证明了没有一个健全的法制会造成什么样的恶果，会给人民带来多么大的灾难，但它们绝不是社会主义法制所容许其存在的，而是在特殊的历史条件下社会主义法制遭受严重破坏的产物，是同社会主义法制观与原则完全背道而驰的。只要我们建立起高度发达的民主制度，树立起社会主义法制的极大权威，摆脱掉人治主义的历史包袱，实现社会主义的法治，那种践踏人民民主权利的历史悲剧是不可能重演的。

第二，要建立起一个比资本主义的法律制度优越得多、进步得多的社会主义法律制度，不能不是一个极其复杂而艰巨的任务，不能不是一个历史的长久的过程。它的最终实现，在客观上，需要具备一定经济、政治与文化方面的社会条件；在主观上，人们对它的认识有一个逐步提高的过程，法制建设的经验也要有一个逐步积累的过程。因此，我们从来不认为我们现在的法律以及同法律的制定与实施有关的各项制度是完美无缺的。党的十三大制定的基本路线是：领导和团结各族人民，以经济建设为中心，坚持四项基本原则，坚持改革开放，自力更生、艰苦创业，为把我国建设成为富强、民主、文明的社会主义现代化国家而奋斗。现行中华人民共和国宪法也明确规定了建设一个高度民主的政治制度是新的历史时期全国人民必须为之奋斗的一个目标。近几年，我们一直在强调并实施对经济体制与政治体制的改革。政治体制改革的一个重要方面是法律制度的改革。这些都充分说明，我们现在的社会主义法制还很不完善，需要经过一个很长时期的主观努力和客观条件的成熟，它才能达到理想的境界。

第三，我们的法律和制度本身是好的。但是，正如邓小平同志所指出的那样："旧中国留给我们的，封建专制传统比较多，民主法制传统很少。"① 因此，人治思想、家长制作风、特权思想等意识在一些人的头脑中还存在。同时，资产阶级自由化思潮的存在，把权利与义务对立起来，将民主与法制对立起来的极端民主化和无政府主义有所滋长。这就使一些人还不能切实地遵守法律，使一些领导人还不能切实地依照法律与制度的规定办事，这就很容易造成一种假象，似乎社会主义法制本身是不好的。其实，这是两个不同的问题，应当分开。对于各种不尊重法律权威的思想和不严格按法律规定办事的行为，我们是坚决反对的，认为它同社会主义法制是不相容的。从长远看，这方面存在的问题也是一定可以解决的。

总之，马克思主义法学关于社会主义法制优越于资本主义法制的原理是完全正确的。如果人们能透过现象看本质，能撇开历史发展过程中出现的某些暂时的现象而从长远的发展的观点看问题；如果人们对上述几个问题能有正确的理解，他们对社会主义法制优越性的怀疑与动摇是可以消除的。

马克思主义法学是一个宏大的、发展的、开放的体系

法学自近代从哲学、政治学等学科中分离而成为一门独立的学科以来，就逐步形成了自己的体系。马克思主义法学也是这样。我们大致上可以把它的体系看作由以下几个方面构成：一是理论法学，包括法理学、法哲学、比较法理学等；二是历史法学，包括法律制度史学与法律思想史学；三是部门法学，包括宪法学、行政法学、刑法学、民法学、经济法学、劳动法学、婚姻家庭法学、诉讼法学以及国际公法学、国际私法学等；四是应用法学，包括立法学、司法学、法解释学、法政策学等；五是边缘法学，包括法社会学、法经济学、法心理学、法医学等。近十年，我国的法学研究取得了重大成绩；马克思主义法学体系的建立已经初具规模。

在这里，我们必须把马克思主义法律观同马克思主义法学这两个概念加以区别。马克思主义法律观是马克思主义关于法律的本质、特征与发展

---

① 《邓小平文选》，人民出版社、生活·读书·新知三联书店香港分店，1983，第292页。

规律的最基本的观点和理论，我们在前面提出的区别于非马克思主义法学的几个基本观点，就是马克思主义法律观的主要内容。而马克思主义法学则是一个包括理论法学、历史法学、部门法学、应用法学与边缘法学在内的宏大的体系，正如我们在前面所阐述的那样。马克思主义法律观也区别于马克思主义的法理学。尽管它是马克思主义法理学的核心部分，但不是全部。马克思主义法律观在整个宏大的马克思主义法学体系中是处于核心的、指导的地位，是灵魂，是贯穿于整个马克思主义法学的一根红线。马克思主义法学因有马克思主义法律观作为基础与灵魂而得名，并同其他法学相区别。马克思主义法律观既是马克思主义法学的组成部分，也是马克思主义的一个内容。它属于科学社会主义这个范畴。但是，马克思主义法学却不是马克思主义的组成部分，正像马克思主义的教育学、新闻学、心理学、历史学、政治学等不是马克思主义的组成部分一样。

与这个问题相联系，应当认为，马克思主义法以马克思命名，但并不是他一个人的研究成果。马克思与恩格斯为马克思主义法学的创立奠定了理论基础，提供了指导思想，但马克思主义法学是成千上万信仰马克思主义的人的共同创造。其中，许多共产主义运动的领袖人物如列宁、毛泽东以及其他一些国家共产党的领导人，对马克思主义法学的丰富和发展作出了重大贡献；世界各国的马克思主义法学家以及各社会主义国家中千百万从事法制建设实践的工作者，也对这一法学的丰富和发展作出了巨大的贡献。

有的同志认为，马克思主义不存在一个完整的法学体系。这种看法是不妥当的。显然，持这种观点的同志，没有区分马克思主义法律观与马克思主义法学这两个概念，而把它们当作一回事；以为马克思主义法学只是马克思主义的创始人马克思、恩格斯以及列宁、斯大林、毛泽东等共产主义运动的领袖的创造，是它们关于法的观点的总和。在马克思主义经典著作关于法的论述中，有的属于法的基本原理，有的属于某一法学分支学科的某些重要观点，有的则是针对某些具体问题的个别结论。虽然马克思主义经典著作中关于法的论述相当丰富，其中关于法的基本原理部分是马克思主义法学的理论基础，但不等于这些领袖人物关于法的论述就是马克思主义法学的全部。正如我们在前面所指出的那样，马克思主义法学是一门以法这一特定的社会现象作为研究对象的社会科学，是一个内容十分丰富的宏大体系。其中大部分内容是马克思主义经典作家所没有论述过也不可能作出论述的，因为他们并非专业法学家。如果认为马克思主义法学仅仅由马克思等领袖人物关于法的论述构成，因而不成体系，势必贬低整个马克思法学的科学内容与意义，从而带来各种消极的影响；就会造成这样一种印象或导致这样一种结论：马克思主义法学不过是只言片语，没有多大理论价值；或者引导人们走向法学教条主义。在我国过去的一个时期里，就曾经有相当多的同志，把马克思主义法学看成仅仅是"马、恩、列、斯"语录的汇编，从而妨碍了人们把马克思主义法学作为一门社会科学进行广泛的、深入的、具体的、细致的研究，影响了人们对马克思主义法学作出创造性的贡献，阻碍了马克思主义法学的发展。

我们说，马克思主义法学是一个发展的体系，这是因为马克思主义法学将随着法制建设实践的不断展开以及人们认识能力与知识水平的不断提高而不断发展；它是一个永无止境的发展过程。马克思主义法学是一个庞大的知识体系。知识有两种：一种是直接知识，另一种是间接知识。马克思主义学也是由这两种知识所组成。马克思主义法学的直接知识，来自对法制建设实践的经验总结；它的间接知识来自对各种非马克思主义法学的研究成果的科学借鉴与批判继承。虽然，任何一种间接知识归根结底也是人们的思想对于客观事物及其规律的正确反映，但对于马克思主义法学这一特定对象而言，它的知识来自直接的与间接的两个方面。

法律与法学的发展，都取决于客观与主观两个方面的原因。为什么法律需要不断地"立、改、废"？一是因为各种经济、政治、文化的客观条件有了改变，法所要调整的社会关系已经发生变化或者需要作出改变；二是因为人们的认识水平有了提高，实践经验有了进一步积累。法学理论、法律思想的发展也是这样。如果在客观上时代发生了变化，一个国家的经济、政治、文化条件以及与之相适应的法律制度有了改变或者需要作出改变，法的观念就需要也必然作出改变。在主观上，如果人们的知识水平与认识能力有了提高，即使客观条件没有改变，法的观念也会发生变化。

人的认识不是直线发展的，马克思主义法学的发展也是这样。它是在正确认识与错误认识的相互交织中，曲折地、波浪式地向前发展。因此，不仅在马克思主义法学家的各种著作中势必包括正确的观念和不正确的观念两个方面的成分，而且马克思、恩格斯、列宁、毛泽东关于法的各种论述也不可能句句是真理。对于那些不正确的观点，要分清哪些是当时就不正确；哪些是部分正确但不够全面与准确；哪些是属于当时正确，但现时条件已经改变因而已经不再适用。在马克思主义创始人以及其他革命领袖的著作中，那些不正确的或者现时已经不再适用的观点，不应当被看作马克思主义法学的组成部分，正像我们不能把毛泽东晚年的错误思想看成毛泽东思想的组成部分一样。明确这一点十分重要，否则，人们就有可能把错误的东西当作正确的东西，并用来指导自己的行动；就有可能对马克思主义法学的科学性产生误解和怀疑，阻碍马克思主义法学的发展。

由于法学所反映的客观世界是不断发展的，人们的思想水平与认识能力是不断提高的，这就决定了马克思主义法学不是僵化的、凝固的，而是随着时代不断丰富、不断发展的。但是，这种发展是在保持与坚持原来是正确的理论与思想的基础上的发展；它只是扬弃以前某些不正确的东西，补充以前所没有的东西，而不是也不应当否定原来是正确的东西，更不是也更不应该否定马克思主义法学的基本原理。因此，一方面，我们应当眼界开阔，根据国际与国内的新形势、新条件，对法律科学进行充满新的思想、新的内容、新的论证、新的方法、新的语言的创造性探索；另一方面，我们应当旗帜鲜明地反对那种以发展马克思主义法为"理由"，否定与抛弃马克思主义法学基本原理的错误倾向。

我们说，马克思主义法学是一个开放的体系，这是因为任何一门科学都不可能离开先人的思想成果而凭空产生，任何一个思想家总是要以前人留下来的思想资料为前提来建立自己的新理论。马克思主义的产生就是这样。它的三个思想来源是：德国费尔巴哈与黑格尔的古典哲学，英国亚当·斯密和大卫·李嘉图的古典政治经济学以及法国的空想社会主义。列宁说："在马克思主义里绝没有与'宗派主义'相似的东西，它绝不是离开世界文明发展大道而产生的固步自封、僵化不变的学说。"[①] 马克思主义法学是世界上迄今为止最科学、最全面、最严谨的法学理论，但我们并不否认也不可能否认世界上几千年文明史中，无数思想家、法学家所创造的各种法学理论的科学价值与意义。批判地吸取人类以往的与现代的一切优

---

① 《列宁选集》第2卷，人民出版社，1972，第441页。

秀的法制建设经验与法学研究成果，是建设当代马克思主义法学理论的重要使命。如果我们把马克思主义法学的理论体系看成封闭的，拒绝接受与吸收各种法学流派中那些合理的因素与成分来丰富与充实自己，新时期马克思主义法学就不可能获得长足的进步与飞跃的发展。

当然，对一切非马克思主义的法学思想不能迷信，而是要进行科学的分析。我们应当既吸取其精华，又剔除其糟粕；既继承有益的东西，又扬弃有害的东西。对于其中违反科学的唯心主义与形而上学的观点与方法，对于那些有害于人民大众的封建主义毒素与资本主义的废物，必须予以批判与否定。不加任何分析地照搬别人的理论，这不是马克思主义的态度。

因此，在这个问题上，我们必须同时反对两种错误倾向。一种倾向是以非马克思主义法学替剥削阶级服务为理由而否定它们在某些方面有科学的因素和成分，或者以非历史主义的态度把一些本来在那个时代具有进步性的法学不分青红皂白地一概认为是保守与反动的，因而拒绝借鉴历史的和外国的法学思想中某些具有合理成分与科学因素的有益东西，把马克思主义法学自我封闭起来，从而妨碍马克思主义法学的发展。这种倾向在新中国成立以后的一个很长时期里，在不少同志的思想中，曾经相当严重地存在，影响了我国法学的发展与繁荣。党的十一届三中全会后，情况有了很大改变，但现在与今后仍然需要注意防止和克服。

另一种倾向是，在法学研究中，在观察与评价各种法学理论时，完全抛弃阶级分析方法，认为这种方法已经过时；认为讲"法有阶级性"不能自圆其说，社会主义法只有社会性而没有阶级性；认为已经没有必要再划分剥削阶级类型的法和无产阶级类型的法；认为辩证法已经过时，应以"三论"（即系统论、控制论、信息论）代替辩证唯物论作为法学最高层次的方法论；等等。近10年，由于各种主客观方面的因素，这种错误倾向正在逐步扩大。应当指出，法学理论中一些错误思想与观念的滋生与侵蚀，并不是借鉴国外法学中有益的东西的必然结果。它的产生归根结底是对马克思主义法律观动摇与怀疑的产物，是盲目崇拜西方法学理论的产物。

马克思主义法学自诞生以来，在世界范围内被如此多人民群众信仰，充分表明它具有强大的生命力。马克思主义法学的正确性和生命力是在于，它科学地阐明了法律的本质与发展规律，反映了广大劳动人民群众的根本利益和愿望；它的目的是为最终实现全人类的共同理想——共产主义社会服务。它在自身的发展过程中虽然经历过各种挫折，走过很多弯路，但现在它正在认真地、全面地总结经验与教训。它将同整个马克思主义与共产主义事业一道，不断开拓前进，被全世界更多的人信仰。

马克思晚年《人类学笔记》中的法律思想初探[*]

公丕祥[**]

摘　要：马克思晚年的《人类学笔记》蕴含丰富的法律思想。关于法现象的历史起源，马克思揭示了由氏族习惯发展成为法权习惯，最终确认为成文法这一重要线索。关于东方社会法律文化的社会机制，马克思揭示了古代东方社会法律文化的经济基础和社会结构，即公社土地公有制和土地私有制的并存以及村社制度。关于西方法律文明对东方的冲击，马克思揭示并批判了殖民者对殖民地法律的四种态度及其背后隐藏的"西方中心论"观念基础。

关键词：《人类学笔记》　法的历史起源　东方社会　西方法律文明

马克思晚年的《人类学笔记》蕴含丰富的法律思想，很有必要大力挖掘。本文拟对此作一初步探索。

一　法权关系从野蛮到文明的变迁

马克思说："私法和私有制是从自然形成的共同体形式的解体过程中

---

[*] 本文原载于《法学研究》1992年第1期，收入本书时有改动。
[**] 公丕祥，南京师范大学教授。

同时发展起来的。"① 私有制的每一步发展，都会引起私法关系的新的变化。要正确揭示私法与私有制的关系，就应当从私有财产的经验存在以及私有财产同生产力的联系方面来深入考察私有财产。对此，马克思在晚年《人类学笔记》中作了精辟的阐发。

原始的部落所有制是以低下的生产力水平为基础的。在这一经济条件下，个人的所有权局限于简单的占有，财产也表现为直接的、自然产生的统治。因此，氏族共同体的社会调整机制，一方面取决于流传下来的道德原则和人们在共同生产、分配和交换过程中形成的习惯，另一方面取决于原始共同体及其机构的直接规定。随着社会分工的扩大和劳动产品的增多，个人的私有财产日益多起来，特别是动产的出现，使个人的所有权关系取得了新的经济性质。马克思将这一社会历史经济现象称为"财产关系个体化"的过程。马克思指出，随着氏族公社的逐渐解体，"已经彼此孤立的人都力求成为私有者"。② 这是财产关系个体化的历史运动过程。"随着氏族分为'支系'而必然发生的实际的空间划分"（而不是氏族各支系之间的血亲意识），在氏族的每一分支中都出现了这样一种愿望：调整自己的财产关系，使自己不受比较疏远的其他各分支的参与和干涉，这实际上表现当时"出现了把共同经济分为更加互相隔绝的各个部分的实际必要性。"③

因此，马克思充分肯定财产在人类法律文明历史起源过程中的伟大作用。马克思赞同摩尔根的下述思想："无论怎样高度估计财产对人类文明的影响，都不为过甚。财产曾经是把雅利安人和闪米特人从野蛮时代带进文明时代的力量。管理机关和法律建立起来，主要就是为了创造、保护和享有财产。"④ 由此，马克思对摩尔根关于同原始人财产关系发展阶段相适应的三种继承法演变的论述颇感兴趣。他复述道："财产形式增加，关于占有和继承的某些法规也必然随之发展。关于占有和继承财产的这些法规所依据的习俗，是由社会组织的发展状况和水平决定的。"⑤ 与蒙昧阶段财

---

① 《马克思恩格斯全集》第3卷，人民出版社，1960，第71页。
② 《马克思恩格斯全集》第45卷，人民出版社，1985，第226页。
③ 《马克思恩格斯全集》第45卷，人民出版社，1985，第232—233页。
④ 《马克思恩格斯全集》第45卷，人民出版社，1985，第377页。
⑤ 《马克思恩格斯全集》第45卷，人民出版社，1985，第378页。

产关系相适应，产生了第一种继承法，据此，死者的财产被分给其氏族成员；与野蛮时代低级和中级阶段财产关系相适应，出现了第二种继承法，即把财产分给同宗亲属；而在野蛮时代的高级阶段，共同占有的土地逐渐变成了私有财产，动产一般是个人所有，专偶制家庭也从对偶制家庭中演变出来，继承问题就越来越迫切了，第三种继承法便应运而生，即将死者的财产分给他的子女。① 马克思的上述思想原则，后来由恩格斯在《家庭、私有制和国家的起源》一书中进一步系统地加以阐述和发挥。

氏族公社时代之所以那样井然有序地存在、发展了数十万年，一个重要原因就是它本身具有独特的社会行为规范，这就是氏族习惯。氏族习惯是原始公社生活的主要调节手段，审讯罪犯的法庭和规定刑罚的法律，只是在后来才出现的。在易洛魁人以及印第安人诸部落中，为被杀害的同氏族人复仇是公认的一项义务。血缘复仇的义务，最初是由被害者的氏族担负的，后来就变成了胞族的义务。当政治社会即国家建立以后，血族复仇的义务就变成了到法庭控告凶手的义务，而这一义务是由胞族承担的。因为在古代雅典人中间，在氏族已不再是社会制度的基础以后，胞族在一定时期内仍然继续存在。②

对于摩尔根的上述看法，马克思显然是赞同的，并且认为胞族担负的向法庭控告杀害本胞族成员的凶手的责任，乃是"血亲复仇的改变了的形式"③。社会生产力的发展导致人们之间的关系发生了根本变化，人们之间的关系不再是以血缘联系为基础，而是以相互对立的经济利益关系为基础。于是，适应社会经济生活及其关系发展的要求，人们在日常社会生活和经济活动中所形成的规则和秩序，日益取得法权的意义。如果这些规则仍然没有摆脱习惯的樊篱，却不再是氏族习惯，而是一种"法权习惯"（恩格斯语）。随着国家的出现，法权习惯就转变为法律了。关于这一过程，马克思指出："如果一种生产方式持续一个时期，那末，它就会作为习惯和传统固定下来，最后被作为明文的法律加以神圣化。"④ 在后来的《人类学笔记》中，马克思分析了由习惯法向成文法的转变过程。他显然

---

① 参见《马克思恩格斯全集》第45卷，人民出版社，1985，第379—392页。
② 参见《马克思恩格斯全集》第45卷，人民出版社，1985，第423、506页。
③ 《马克思恩格斯全集》第45卷，人民出版社，1985，第418页。
④ 《马克思恩格斯全集》第25卷，人民出版社，1974，第894页。

对俄国学者柯瓦列夫斯基的下述看法持认同的态度,即印度晚期的法典编纂者,即印度法律文献中以《法经》著称的大批汇编的编者,就是从这些习惯中汲取解释《摩奴法典》的资料。习惯法提供了主要资料来补充远古法典中那些纯法律的特别是纯伦理的贫乏的规定,这些规定起初都是由乡村、城市和省的内政当局调整的。① 马克思又肯定了摩尔根的下述思想:"希腊人、罗马人、希伯来人的最初的法律——在文明时代开始以后——主要只是把他们前代体现在习惯和习俗中的经验的成果变为法律条文。"② 根据摩尔根的研究,成文法逐渐代替习惯法的过程,大致发生在由氏族制度向文明社会的国家制度转变的历史时期。在这一时期,氏族制度逐渐消失,国家制度逐渐出现,两种制度彼此并存。由于权力的冲突,由于滥用尚未十分明确限定的权力,也由于旧的管理制度已经无能为力,这也就需要用成文法代替习惯法,这个过渡时期持续了数个世纪之久。③ 马克思对此也是赞同的。因之,由氏族习惯发展为法权习惯,最终确认为成文的法律,这是法的现象历史起源过程中不可忽视的一条线索。

二 东方社会法律文化的社会机制

古代东方社会的法律文化自成系统,独具品格。而东方社会的法律文化只有理解了与之相适应的社会生活条件,并且从这些社会条件中被引申出来的时候,才能把握其底蕴。对此,马克思在晚年《人类学笔记》中,通过对柯瓦列夫斯基、菲尔等人著述的深入研究,阐发了东方社会法律文化系统的社会机制。这些思想无疑具有重大的理论意义。

首先,关于古代东方社会法律文化的经济基础。

法律文化最深厚的根源,存在于一定社会的物质生活条件之中,存在于现实的人们的经济关系之中,存在于人们在相互交往的活动过程中所形成的法律实践之中。离开了对社会经济关系的把握,就无法理解法律文化的真正奥秘,就会堕入唯心主义的法学虚构之中。

---

① 参见《马克思恩格斯全集》第45卷,人民出版社,1985,第244页。
② 《马克思恩格斯全集》第45卷,人民出版社,1985,第389—390页。
③ 参见《马克思恩格斯全集》第45卷,人民出版社,1985,第514—515页。

马克思对于东方社会法律文化系统的考察，首先注意到该系统的独特的所有制形式。19世纪50年代后半期，他发现，"在亚细亚的（至少是占优势的）形式中，不存在个人所有，只有个人占有；公社是真正的实际所有者；所以，财产只是作为公共的土地财产而存在"。① 很显然，此时的马克思对东方社会法律文化之基础的探讨，有一个确定的前提：亚细亚生产方式是人类历史上最初的一个社会经济形态，奴隶制和农奴制的经济关系都是以这种社会原生形态为基础发展起来的。然而，在晚年的《人类学笔记》中，马克思开始恰当地确立古代东方农村公社的历史位置，把它视为既是原生的社会形态的最后一个阶段，也是向次生形态过渡的阶段。由此出发，马克思从新的角度分析了古代东方社会法律文化赖以存在和发展的经济条件，特别是着重探讨了东方社会农村公社土地所有制关系的内在结构。

在《马·柯瓦列夫斯基〈公社土地占有制，其解体的原因、进程和结果〉一书摘要》中，马克思对柯瓦列夫斯基关于古代印度农村公社土地制度的论述很感兴趣。柯氏在他的论著中提及古代印度公社土地制度是公共所有制与私人所有制的混合体，这一见解显然与马克思在19世纪50年代至70年代前期的看法是不同的。按照柯氏的看法，印度农村公社土地制度的二元化结构出现于农村公社的解体过程。对于柯氏的上述看法，马克思无疑持认同的态度。他认为，柯瓦列夫斯基在《摩奴法典》中发现了古代印度存在双重所有制的痕迹。② 马克思甚至还补充了比《摩奴法典》更为古老的典籍（如《吠陀》、《罗摩衍那》等），试图从更为久远的范围上考察印度农村公社土地关系二元化结构的历史生成过程。这确乎是意味深长的。这表明马克思对自己先前所持的古代东方农村公社土地所有制的观点，已经因柯瓦列夫斯基的历史辨析而发生改变。如果说，马克思曾经在50年代初提出了"不存在土地私有制。这甚至是了解东方天国的一把真正的钥匙"的论断；那么，到了70年代末和80年代初，这个论断就演变成"公社土地公有制和土地私有制并存才是了解整个东方的一把钥匙"的科学命题。这是马克思晚年《人类学笔记》一个极其重要的理论贡献！

---

① 《马克思恩格斯全集》第46卷（上册），人民出版社，1979，第481页。
② 参见《马克思恩格斯全集》第45卷，人民出版社，1985，第244页。

其次，关于东方社会法律文化的社会结构。

在古代东方，农村公社或村社制度是社会结构的基本单元，是基本的社会组织形式。不了解东方社会的村社制度的内部关系，就不可能准确地把握东方社会法律文化的特质。如果说马克思对东方社会所有制关系的思考经历了由土地公有的一元观向土地公有与土地私有并存的二元观的巨大转变，那么，他对东方公社村社制度的性质及特点的看法，则基本上没有什么大的变化。这是颇值得研究的。

早在19世纪50年代初，马克思就发现，《摩奴法典》中所反映的古老村庄，乃印度各种特殊现象的社会基础。这种社会制度的显明特点，就是它的内在封闭性，具有自身相对独立的排外性组织系统。"除了这个政府之外，整个国家（几个较大的城市不算在内）分为许多村社，它们有完全独立的组织，自己成为一个小天地。"① 这种村社制度"使每一个这样的小单位都成为独立的组织，过着闭关自守的生活"。② 正是在村社制度的基础上形成了专制国家。在《经济学手稿（1857—1858）》中，马克思进一步分析了古代东方社会村社制度的内部结构关系。按照他的看法，村社制度的封闭性源自制约这种制度的经济关系的封闭性。"在东方专制制度下以及那里从法律上看似乎并不存在财产的情况下，这种部落的或公社的财产事实上是作为基础而存在的，这种财产大部分是在一个小公社范围内通过手工业和农业相结合而创造出来的，因此，这种公社完全能够独立存在，而且在自身中包含着再生产和扩大生产的一切条件。公社的一部分剩余劳动属于最终作为个人而存在的更高的共同体，而这种剩余劳动既表现在贡赋等等的形式上，也表现在为了颂扬统一体——部分地是为了颂扬现实的专制君主，部分地为了颂扬想象的部落体即神——而共同完成的工程上。"③ 由于这一因素，村社制度具有顽强的生命力，进而成为东方专制制度政治结构的社会基础。

在晚年《人类学笔记》中，马克思更加关注村社制度的形成、结构及其特点。他把村社制度作为进一步认识、解剖古代东方社会的关节点之一来把握。

---

① 《马克思恩格斯全集》第28卷，人民出版社，1973，第271页。
② 《马克思恩格斯选集》第2卷，人民出版社，1972，第66页。
③ 《马克思恩格斯全集》第46卷（上册），人民出版社，1979，第473页。

柯瓦列夫斯基在《公社占有制》一书中，把村社制度看作氏族公社解体后所形成的特殊社会形态，认为这类公社"是建立在由各个家庭分别使用根据继承法属于它们的特定的公社份地的原则上的"。"农村公社，而且是这样的农村公社，即个体份地不是按照距始祖的亲属等级而定，而是按照事实上的占有而定，换言之，即按照实际的耕种情况而定。"① 否则就无法说明，为什么法典中经常提到的不是血缘亲属，而是邻人，这种邻人的会议就是村民大会。从《摩奴法典》时代起至《耶遮尼雅瓦勒基雅法典》和《那罗陀法典》这个时期，财产关系个体化日益加强，因此使村社制度内部的财产关系打破了血缘关系的桎梏，立法亦规定个人可以凭借自己的劳动，不花费家庭任何公共财物而获得财产。对于柯瓦列夫斯基关于村社制度的性质及其内部关系的分析，马克思无疑是赞同的，并且指出："僧侣贼徒｛pack｝在家庭财产个体化的过程中起着主要作用。"②

三　西方法律文明对东方的冲击

从历史的进程来看，由于西方法律文化是建立在近代商品经济基础之上的，它同以村社制度、土地公社所有制与个人私有制并存为基础的东方法律文化，显然体现着不同的价值取向。因此，当西方法律文化东渐、侵入原本自我一体的东方社会法律文化系统之中以后，后者便面临着一种巨大的危机局面。在西方法律文化的挑战面前，东方社会法律文化无疑存在创造性转换的尖锐的时代课题。对此，马克思在晚年的《人类学笔记》中作了详尽的研究。他很重视柯瓦列夫斯基对印度马德拉斯制度以及类似制度的分析材料，把它视为西方法律文化改造东方社会的一个典型。1826年，省督门罗在马德拉斯地区模仿法国的小块土地所有制。在这一制度下，政府不是同某个农民所有者订约，而是同某块田野的暂时占有者订约，后者的权利只要不及时纳税就被剥夺。不过，虽然实行这种制度，但仍可以看到不久前还存在的公社团体的痕迹；土地仍然留在先前的世袭占有者的手中；虽然按照法律，他们各人分别负责及时缴纳政府赋税，可是

---

① 《马克思恩格斯全集》第45卷，人民出版社，1985，第252页。
② 《马克思恩格斯全集》第45卷，人民出版社，1985，第258页。

他们各人仍然按照公社原则继续占有他们的份地。然而，总的来说，马德拉斯的制度破坏了同村的各个占有者之间的团结纽带，破坏了公社社员的相互责任，破坏了公社的人员组成和公社的建立在邻里关系上的团结原则。尽管这一制度因预期的增加财政收入的目的没有实现而没有在西北各省和旁遮普采用，但是1840—1847年，在孟买省推行了同马德拉斯类似的制度。这一制度同马德拉斯制度不同的地方，只在于它在破坏公社团结的同时，还承认公社成员的世袭使用权；即使他们的土地暂时没有耕种，他们的财产也不会被剥夺；土地耕种者和政府之间的中介人如能提出占有权文契，就被承认为所有者。① 对此，马克思认为，这种制度实际上是"把英国和爱尔兰结合在一起。妙极了！"②

在分析柯瓦列夫斯基关于法国人在阿尔及利亚的专横统治的材料时，马克思论及殖民者对殖民地法律的几种既相区别又相联系的态度。在法国的资产者看来，确立土地私有制，是政治和社会领域内任何进步的必要条件。因此，法国人在征服阿尔及利亚部分地区以后所关心的第一件事，就是宣布大部分被征服的领土为法国政府的财产。其借口是：从马立克教派的法律以及哈乃斐教派的法律来看，穆斯林普遍奉行关于伊玛目有权宣布土著的土地为国家教田的学说。其实，这种法律只不过是允许伊玛目向被征服的居民征收人头税。③ 对此，马克思指出："只要非欧洲的（外国的）法律对欧洲人'有利'，欧洲人就不仅承认——立即承认！——它，就象他们在这里承认穆斯林法律一样，而且还'误解'它，使它仅仅对他们自己有利，就象这里所出现的情况那样。"④ 可见，法国人的贪婪是十分明显的。在这里，马克思深刻地揭示了欧洲人征服其他地区或国度后对待被征服地法律的两种形式：第一，只要非欧洲法律对他们有利，就立即予以承认；第二，对非欧洲法律进行"误解"，使之对殖民者有利。总之，这两种形式都是以是否满足殖民者的利益需要为转移。这是赤裸裸的功利主义标准，是一种法律文明的"变相压迫"。

殖民者对待殖民地法律的第三种态度表现为用新的法律规定否定殖民

---

① 参见《马克思恩格斯全集》第45卷，人民出版社，1985，第291—294页。
② 《马克思恩格斯全集》第45卷，人民出版社，1985，第294页。
③ 参见《马克思恩格斯全集》第45卷，人民出版社，1985，第315—316页。
④ 《马克思恩格斯全集》第45卷，人民出版社，1985，第317页。

地法律的某些规定。为了满足贪婪的欲望，法国殖民者甚至直接把穆斯林法律抛弃在一边，直接通过制颁法律来加速土地私有制的进程。法国政府承认一切非法的土地出卖都有效，从而使破坏习惯法的行为合法化。1844年10月1日的法律宣布："凡是经当地人同意的转让不动产的文契有利于欧洲人者，都不得以穆斯林法律规定的不动产不能出让为理由而提出异议。"① 因此，马克思尖锐地讥讽道，这部法律"也就是那个由于曲解穆斯林法律而使自己成了阿尔及利亚土地的唯一所有者的资产者政府宣布"②的。这充分暴露了殖民者对殖民地法律的曲解甚或否定的强盗面目，也反映了殖民者对殖民地法律文明的摧残。在马克思看来，按照法国政府法律关于经当地人同意的转让不动产的文契的规定，"即使这个当地人出卖的是不属于他的东西"③，也依然被殖民者的法律所承认，前提是只要它有利于欧洲人——这显然是以殖民者的利益为最高法律准则。

西方殖民者对待殖民地法律的第四种态度是用新的法律文件来使殖民地的传统法律文明在实际上变形或解体。比如，1863年4月22日的法国参议院决议以及1873年法国国民议会法律，即是如此。④ 对此，马克思认为，"1873年'乡绅会议'所关心的第一件事，就是采取更有效的措施来掠夺阿拉伯人的土地"。"在这个可耻的议院中进行的关于在阿尔及利亚'建立私有制'的方案的辩论，企图用所谓永恒不变的政治经济学规律的外衣，来掩盖这种欺诈勾当。""在这种辩论中，'乡绅'对于消灭集体所有制这个目的意见完全一致。所争论的仅仅是用什么方法来消灭它。"⑤ 针对1873年法国国民议会法律关于"一直由阿拉伯氏族共同使用、没有在各氏族分区之间加以分配的荒地，都是国家财产"的规定，马克思指出："这是直接的掠夺！正因为如此，对神圣不可侵犯的'财产'十分温情的'乡绅会议'，才不加任何修改地通过了粗暴侵犯公社财产的法律草案，并且一定要在1873年当年就付诸实施。"⑥

与此同时，马克思也批判了某些思想家的"西方中心论"。柯瓦列夫

---

① 《马克思恩格斯全集》第45卷，人民出版社，1985，第318页。
② 《马克思恩格斯全集》第45卷，人民出版社，1985，第318页。
③ 《马克思恩格斯全集》第45卷，人民出版社，1985，第318页。
④ 参见《马克思恩格斯全集》第45卷，人民出版社，1985，第319—327页。
⑤ 《马克思恩格斯全集》第45卷，人民出版社，1985，第322—323页。
⑥ 《马克思恩格斯全集》第45卷，人民出版社，1985，第326页。

斯基试图用西欧的封建制模式来解释东方印度社会的变化过程,把"采邑制"、"公职承包制"和"荫庇制"的存在,看作南亚半岛社会生活封建化的标志。① 对此,马克思分析说:"由于在印度有'采邑制'、'公职承包制'(后者根本不是封建主义的,罗马就是证明)和荫庇制,所以柯瓦列夫斯基就认为这是西欧意义上的封建主义。别的不说,柯瓦列夫斯基忘记了农奴制,这种制度并不存在于印度,而且它是一个基本因素。〔至于说封建主(执行监察官任务的封建主)不仅对非自由农民,而且对自由农民的个人保护作用……,那么,这一点在印度,除了在教田方面,所起的作用是很小的〕;〔罗马-日耳曼封建主义所固有的对土地的崇高颂歌……,在印度正如在罗马一样少见。土地在印度的任何地方都不是贵族性的,就是说,土地并非不得出让给平民!〕不过柯瓦列夫斯基自己也看到一个基本差别:在大莫卧儿帝国特别是在民法方面没有世袭司法权。"② 这表明,无论是在"公职承包制"方面和农奴制方面,还是在荫庇制和对土地的态度方面,抑或是在民法领域中的世袭司法权方面,印度与西欧的封建制度都是迥然有别的。因此,东方社会有其确定的社会组织系统以及法律文化体系,它的演变发展也有自己相对独立的特殊的道路和方式。西方法律文化对东方社会的冲击,固然可以改变东方社会法律文化的某些方面或领域,但是不可能消弭东方社会法律文化的固有特征。那种企望用西方模式来理解东方社会法律文化系统的"西方中心论",是经不住历史检验的。

---

① 参见《马克思恩格斯全集》第45卷,人民出版社,1985,第282—285页。
② 《马克思恩格斯全集》第45卷,人民出版社,1985,第283—284页。

《资本论》及其创作过程中的历史唯物主义法律观*

吕世伦　毛信庄[**]

摘　要：马克思在《资本论》及其创作过程中所阐发的历史唯物主义法律观，至今仍然照耀着马克思主义法学的发展道路。其历史唯物主义法律观主要包括：法的关系是一种反映社会经济基础的意志关系；法与生产关系之间存在不平衡性，特别是建立在相同生产关系基础上的各国法的形式可以有很大的差别；法是对符合统治阶级利益的现状的神圣化；法除了具有阶级统治职能外，也执行社会公共职能。

关键词：《资本论》　历史唯物主义法律观　马克思主义法学

《资本论》这部伟大的政治经济学著作，也是马克思主义法学的宝藏。马克思在《资本论》及其创作过程中所阐发的历史唯物主义法律观，至今仍然照耀着马克思主义法学的发展道路。

一　法的关系是一种反映社会经济基础的意志关系

在《资本论》中，马克思再一次地扼要表述了他在《〈政治经济学批判〉序言》里提出的历史唯物主义的经典公式："在那本书中我曾经说过，

---

* 本文原载于《法学研究》1993 年第 1 期，收入本书时有改动。
** 吕世伦，中国人民大学法学院教授；毛信庄，原文发表时单位为上海师范大学政法系。

一定的生产方式以及与它相适应的生产关系,简言之,'社会的经济结构是有法律的和政治的上层建筑竖立其上并有一定的社会意识形式与之相适应的现实基础','物质生活的生产方式制约着整个社会生活、政治生活和精神生活的过程'。"①后来,他又从整个社会结构层次的角度上说明,如果把生产关系作为第一级东西的话,那么国家和法则是"第二级的和第三级的东西,总之,派生的、转移来的、非原生的生产关系"。②如果从形式与内容的范畴上来理解,那么生产关系是内容,法是它的形式之一。"法律形式作为单纯的形式,是不能决定这个内容本身的。这些形式只是表示这个内容。"③不过,法反映生产关系,与生产关系的要求相适应,往往需要经历一个曲折的过程。这主要表现在:由于特殊的经济或政治的因素,有时会出现暂时落后或超前于生产关系的"例外性"那种法律规定。而法与生产关系相适应的规律,恰恰就表现在它不断地去掉这样那样的例外性的过程。例如,英国工厂法的历史就是这样。起初,它维护延长工作日的制度,后来随着蒸汽力、水力以及工人斗争的发展,它又维护限制工作日制度。此外,还要指出,法要适应生产关系是一个"自然规律",它"既不能跳过也不能用法令取消自然的发展阶段。但是它能缩短和减轻分娩的痛苦"④。所以,在这个范围内,立法者的能动性是很重要的。

继而,马克思又指出:"每种生产形式都产生出它所特有的法权关系、统治关系等等。"⑤这就是法的历史类型演进的依据。奴隶制法权关系和封建制法权关系,以公开的等级特权制为特征。这种强权的法权关系,源于人身依附和超经济剥削的生产关系。资本主义法权关系脱下强权的外衣,代之以法律上对财产权的一律平等的保护。但是,这不过是借着"法治"掩饰起来的事实上的强权而已。马克思说:"强权也是一种法权,而且强者的法权也以另一种形式继续存在于他们的'法治国家'中。"⑥他强调指出:"机器引起的劳动力买者和卖者之间的法权关系的革命,使全部交易

---

① 《资本论》第1卷,人民出版社,1975,第99页。
② 《马克思恩格斯全集》第46卷(上册),人民出版社,1979,第47页。
③ 《马克思恩格斯全集》第25卷,人民出版社,1974,第379页。
④ 《马克思恩格斯全集》第23卷,人民出版社,1972,第11页。
⑤ 《马克思恩格斯全集》第12卷,人民出版社,1962,第738页。
⑥ 《马克思恩格斯全集》第12卷,人民出版社,1962,第738页。

本身失去了自由人之间的契约的外表。"① 这种"法权关系的革命",指的就是把自由劳动力的交易普遍化。但正是这种"革命",同时暴露了资本对劳动人民的残酷的经济强制。

那么,法的关系作为一种上层建筑现象,究竟是什么社会关系呢?这一点在《资本论》中有十分明确的回答:法权关系"是一种反映着经济关系的意志关系"②。理解这个命题的关键,不在于作为调整社会关系的法是立法者意志的直接产物,而在于被调整的社会关系都是借助各个主体的行为表现出来的意志之间的关系。这从商品交换中最容易看出来。马克思是这样分析的。第一,商品是物,因而它不能自己走到市场上交换,必须由商品的所有人或"监护人"去进行。第二,商品也不可能拒绝被送到市场。第三,转让商品过程中的双方当事人必须意思表示一致,才能实现相互转让的行为。由此可以得出结论:"为了使这些物作为商品彼此发生关系,商品监护人必须作为有自己的意志体现在这些物中的人彼此发生关系。"③ 这种反映不同商品所有者之间经济关系的意志关系,如果是由约定俗成的规则调整的,那么这种规则就是习惯;如果由国家认可或制定出来的规则调整,就是法律。由此知道,不管是由习惯来调整的关系,还是由法律来调整的关系即法权关系,都是建立在一定经济基础之上的意志关系。

法权关系是意志关系,但意志关系不都是法权关系。意志关系变成法权关系,必须以商品交换中存在的"人的法律因素"为中介。马克思说:"尽管个人 A 需要个人 B 的商品,但他并不是用暴力去占有这个商品,反过来也一样,相反地他们互相承认对方是所有者,是把自己的意志渗透到商品中去的人。因此,在这里第一次出现了人的法律因素以及其中包含的自由的因素。谁都不用暴力占有他人的财产。每个人都是自愿地出让财产。"④ 所谓"人的法律因素"指在客观的经济交往中自然地形成的商品所有者的权利和自由。不过,法律因素并不等于法,而仅仅属于交换的理想

---

① 《马克思恩格斯全集》第 23 卷,人民出版社,1972,第 436 页。
② 《马克思恩格斯全集》第 23 卷,人民出版社,1972,第 102 页。
③ 《马克思恩格斯全集》第 23 卷,人民出版社,1972,第 102 页。
④ 《马克思恩格斯全集》第 46 卷(上册),人民出版社,1979,第 195—196 页;并参阅《马克思恩格斯全集》第 46 卷(下册),人民出版社,1980,第 472 页。

化表现。这种法律因素，最先采取习惯的形式。后来，当它符合统治阶级整个利益的时候，就会或早或迟地得到统治阶级国家的确认，上升为法律。

二 法的物质制约性的内在矛盾

《资本论》创作过程中所指示的法的物质制约性包含各种内在矛盾，就是法与生产关系之间的不平衡性，特别是建立在相同生产关系基础上的各国法在形式上可以有很大的差别。

第一，由于无数的经验事实而引起法现象的变异和程度差别。马克思说："任何时候，我们总是要在生产条件的所有者同直接生产者的直接关系……当中，为整个社会结构，从而也为主权和依附关系的政治形式，总之，为任何当时的独特的国家形式，找出最深的秘密，找出隐蔽的基础。不过，这并不妨碍相同的经济基础——按主要条件来说相同——可以由于无数不同的经验的事实，自然条件，种族关系，各种从外部发生作用的历史影响等等，而在现象上显示出无穷无尽的变异和程度差别，这些变异和程度差别只有通过对这些经验所提供的事实进行分析才可以理解。"[①] 大陆法系和英美法系在法律渊源、诉讼程序、法律方法论等方面都有不少差别，但它们均可以服务于相同的社会形态，阶级本质是相同的。即使属于同一个法系的英国和美国，它们的法律也各有特点。

第二，法的观念也不可能与产生它的所有制关系完全符合。在谈到罗马法对近代资产阶级社会影响的问题时，马克思指出：古罗马自由人在法律上平等的观念，很容易被资产阶级接受下来，并注入资产阶级的内容。由此，马克思引申出一个被他本人认为"极其重要的一点"，即"虽然一定所有制关系所特有的法的观念是从这种关系中产生出来的，但另一方面同这种关系又不完全符合，而且也不可能完全符合"[②]。那么，这种情况由什么原因造成？①法的观念对现实基础的反映是客观见诸主观的过程，是具有能动性和创造性的。客观事物发展变化的复杂性及其规律展示的曲折

---

① 《马克思恩格斯全集》第25卷，人民出版社，1974，第891—892页。
② 《马克思恩格斯全集》第30卷，人民出版社，1975，第608页。

性，并不能被人们迅速和全面地认识到。②法观念有相对的独立性。它一旦形成，就会表现出一定的稳定性以及对经济过程的某种反作用。最常见的，当生产和交换的发展出现新的社会要求时，法观念的传统和习惯就常常会带有程度不等的保守性，而落后于经济关系的演进。③法观念是法律文化的重要组成部分，它有继承性。这种继承性甚至能跨越时代和社会经济形态的界限。虽然法律文化的继承以现实的所有制关系的需要和可能为前提，并进行相应的创造性的改造，但法及其形式同现实经济基础间的不完全符合的情况仍然难以避免。封建时代的英国法对普通法系国家的巨大影响，就可以从这个道理中得到说明。

第三，生产关系作为法的关系的不平衡发展。这一命题指的是，一定形态的生产关系下产生的法或法的关系，其发达程度同那个生产关系不成比例、不相称的情形。《经济学手稿（1857—1858）》导言的最后部分的标题是"生产。生产资料和生产关系。生关系和交往关系。国家形式和意识形式同生产关系和交往关系的关系。法的关系。家庭关系"。其中，马克思特别提醒人们注意，"这里要说明的真正困难之点是：生产关系作为法的关系怎样进入了不平衡的发展。例如罗马私法（在刑法和公法中这种情形较少）同现代生产的关系"①。进而又说："困难只在于对这些矛盾作一般的表述。"② 的确，奠基于奴隶制生产关系上的罗马私法，何以能与现代资本主义生产关系并存？法的物质制约性在这里又是如何表现的？这个显而易见的矛盾，不是随便可以说得清楚的。后来，在另一篇经济学手稿中，马克思直接回答了那个"困难"问题，他说："罗马法虽然是与交换还很不发达的社会状态相适应的，但是，从交换在一定的范围内已有所发展来说，它仍能阐明法人，进行交换的个人的各种规定，因而能成为工业社会的法的先声（就基本规定来说），而首先为了和中世纪相对抗，它必然被当作新兴资产阶级社会的法来看。不过，罗马法的发展本身和罗马共同体的解体也是完全一致的。"③ 这就是不平衡发展的内在根据。就罗马法而言，它虽然是当时交换关系的产物，但这种交换关系又不能完全包容它；要使罗马法精神和原则获得高度的发展，就需要有更高的交换关

---

① 《马克思恩格斯全集》第46卷（上册），人民出版社，1979，第47—48页。
② 《马克思恩格斯全集》第46卷（上册），人民出版社，1979，第48页。
③ 《马克思恩格斯全集》第46卷（上册），人民出版社，1979，第198页。

系——资本主义交换关系的出现。由此可知，类似的矛盾或不平衡现象，同法关系与生产关系相一致的规律并不相悖，相反地正是这种规律的体现。

三 法是对符合统治阶级利益的现状的神圣化

1. 社会现状对法律的影响

马克思在考察劳动地租问题时，再次提到一种使历史学家们感到惊异的现象：作为直接生产者的农奴虽然不是土地的所有者而是占有者，并且他的全部剩余劳动实际上依照法律属于土地所有者，可是在这种关系下，负有徭役义务的这些人竟能有财富的相对独立的发展。其实，这个哑谜中包含社会现状与传统关系这样一个对于法律极为重要的、具有普遍意义的问题。正像马克思明确地指出的那样："很清楚，在这里，并且到处都一样，社会上占统治地位的那部分人的利益，总是要把现状作为法律加以神圣化，并且要把习惯和传统对现状造成的各种限制，用法律固定下来。"①社会发展的结果，总会把某些经常出现的现象凝聚为一定的现状，而这种现状又会受到习惯和传统的限制。这种矛盾表现了社会的复杂性，却又使社会趋于稳定。这里包含有关法律产生和作用的一系列重要原理。

其一，社会现状的基础和形式。一定的生产方式是现状的基础，它必然要表现为某种规则和秩序。马克思说："只要现状的基础即作为现状的基础的关系的不断再生产，随着时间的推移，取得了有规则的和有秩序的形式，这种情况就会自然产生"，"在生产过程以及与之相适应的社会关系的停滞状态中，一种生产方式所以能取得这个形式，只是由于它本身的反复的再生产"。② 简言之，现状的形式作为社会上层建筑物，是基础关系持续生产和再生产的产物。

其二，规则和秩序的重要性。马克思说："这种规则和秩序本身，对任何要摆脱单纯的偶然性或任意性而取得社会的固定性和独立性的生产方式来说，是一个必不可少的要素。这种规则和秩序，正好是一种生产方

---

① 《马克思恩格斯全集》第 25 卷，人民出版社，1974，第 893—894 页。
② 《马克思恩格斯全集》第 25 卷，人民出版社，1974，第 894 页。

式的社会固定的形式,因而是它相对地摆脱了单纯偶然性和单纯任意性的形式"。①

其三,明文的法律把规则和秩序神圣化。马克思说:"如果一种生产方式持续一个时期,那末,它就会作为习惯和传统固定下来,最后被作为明文的法律加以神圣化。"② 习惯和传统是规则和秩序的不成文的形式,而法律则是规则和秩序的明文的形式。并且,规则和秩序一经采取法律形式,便带有十分肯定和不可侵犯的神圣性质。举例说,假定为地主进行的徭役原来是每周两天,那么这两天就会被固定下来,成为一个不变量,而得到习惯法或者成文法的确认。于是,这一法律本身也成为一个不变量,具有相对稳定性。至此,我们看到,"过去表现为实际过程的东西,在这里表现为法律关系,也就是说,被承认为生产的一般条件,因而也就在法律上被承认,成为一般意志的表现"③。可见,法律的出现并非突然,而是社会生活的要求。

当然,法律作为稳定的不变量是相对的。从基本方面说,生产力是不断发展的,因而生产关系以及生产过程,总是要变化的。问题仅在于它们怎样变化而已。

2. 资产阶级法律的本质及其历史地位

在资本主义社会中,作为法律基础的现状是以资产阶级私有制为核心的生产关系,作为这种现状表现形式的规则、习惯特别是法律,以及由这些现状形式造成的社会秩序和稳定,归根结底都是有利于资产阶级的。马克思在评论资产阶级的立法时,尖锐地指出:"它的公开目的无非是使那种只考虑私人利益,只考虑榨取金钱的立法者靠牺牲他的臣民来最大限度地'发财致富'。"④ 这种"发财致富"的前提,"首先也是以直接生产者的赤贫为代价而取得的"。⑤

正是资产阶级法的这种剥削和压迫劳动人民的性质决定了,它有可能继承前资本主义社会的旧法,或者根据某种具体需要而进行"接种"。在

---

① 《马克思恩格斯全集》第25卷,人民出版社,1974,第894页。
② 《马克思恩格斯全集》第25卷,人民出版社,1974,第894页。
③ 《马克思恩格斯全集》第46卷(上册),人民出版社,1979,第519页。
④ 《马克思恩格斯全集》第47卷,人民出版社,1979,第528页。
⑤ 《马克思恩格斯全集》第25卷,人民出版社,1974,第697页。

资本主义社会形成时期,"只要资本的力量还薄弱,它本身就还要在以往的或随着资本的出现而正在消逝的生产方式中寻求拐杖。而一旦资本感到自己强大起来,它就抛开这种拐杖,按它自己的规律运动"①。旧法就是这种"拐杖"之一。即使在资本主义制度确定以后,资产阶级"在意识形态和法律上,他们把以劳动为基础的私有制的意识形态硬搬到以剥夺直接生产者为基础的所有制上来"② 的情况,也是屡见不鲜的。

相反,无产阶级的法律意识和法权要求同资产阶级法是根本对立的。所以,在资本主义社会里要搞什么"人民立法"完全是自欺欺人的想法。1869年7月,在第一国际纽伦堡支部会议上,到会的13个工人团体的代表通过一项所谓争取"人民直接立法"的决议。这个决议立即受到马克思和恩格斯的严厉批评。恩格斯指出,如果工人运动不去集中力量反对"资本老爷",而热衷于"人民直接立法"问题,将有导致无产阶级组织垮台的危险。马克思在《资本论》中也说,无产阶级反对资产阶级的斗争,完全不可能采取"人民直接立法"形式,相反,"为了'抵御'折磨他们的毒蛇,工人必须把他们的头聚在一起,作为一个阶级来强行争得一项国家法律,一个强有力的社会屏障,使自己不致再通过自愿与资本缔结的契约而把自己和后代卖出去送死和受奴役"③。无产阶级只有取得自己的政权以后,才谈得上由自己和人民来立法。

当然,马克思主义法律观引导无产阶级革命从根本上废除资产阶级法,这并不否定其中某些进步的、合理的成分,不排除法律文化的某种继承性。

四 法也执行社会公共职能

法的社会职能与一定的社会分工是密切相关的。当社会分工发达到一定程度特别是社会分裂为阶级以后,便产生管理的必要性;一旦对社会的管理职能集中到国家手里,那么它就要借助法律来表现和实现。马克思说

---

① 《马克思恩格斯全集》第46卷(下册),人民出版社,1980,第160页。
② 《马克思恩格斯全集》第49卷,人民出版社,1982,第144页。
③ 《马克思恩格斯全集》第23卷,人民出版社,1972,第335页。

"社会分工本身表现为固定的法律、外在的法规并受规章支配"①,就是这个意思。

《资本论》中指出:"一切规模较大的直接社会劳动或共同劳动,都或多或少地需要指挥,以协调个人的活动,并执行生产总体的运动——不同于这一总体的独立器官的运动——所产生的各种一般职能。一个单独的提琴手是自己指挥自己,一个乐队就需要一个乐队指挥。"② 这种指挥或管理就是一种集权,甚至就是一种专制。否则,社会生产便无法进行下去。这一点对于一切形态的社会是共同的。不过,这种管理职能在有阶级的社会中必然有两个方面:一是由共同劳动过程的性质产生的职能,谓之社会公共职能;二是由社会对抗的性质产生的职能,谓之阶级统治职能。社会公共职能建立在"生产一般"基础上的公益事务,如修筑道路、运河等工程。它便利于劳动者,也使商品流通易于进行,促进生产力的发展。这种浩大工程,通常是个人无能为力的;即使个人有这种能力,他也往往因无利可图甚至亏本而不去问津。所以,它只能由国家统一地掌握起来。

在资本主义社会,情况亦是如此。马克思指出,资产阶级国家"完全同在专制国家中一样,在那里,政府的监督劳动和全面干涉包括两方面:既包括执行由一切社会的性质产生的各种公共事务,又包括由政府同人民大众相对立而产生的各种特殊职能"③。这一结论,是马克思在仔细地考察资本主义工场情况后得出的。在这里,监督劳动的职能具有二重性:一是要尽可能统一与协调同工场全部活动有关的事务,表现一个指挥意志;二是要保证工场主对劳动者的剥削。起先,监督劳动这两方面职能由资本家自己来执行;但后来,资本家有了足够的财富,便把这种费力的事交给"管家"。这意味着所有权与监督职能的分离。国家职能正是从社会总体上对监督或管理职能的集中和放大。国家职能同样具有二重性。它一方面要管理公共事务,这是维持全社会生产和生存所必要的,是全体社会成员都需要的;另一方面,是为了保证资本家对劳动人民的剥削而实行的统治和镇压,这仅仅对于资本家阶级来说是需要的。但是,只就国家对社会公共事务的管理职能而言,并不是资本主义生产关系所特有的,或者说仅仅同

---

① 《马克思恩格斯全集》第47卷,人民出版社,1979,第357页。
② 《马克思恩格斯全集》第23卷,人民出版社,1972,第367页。
③ 《马克思恩格斯全集》第25卷,人民出版社,1974,第432页。

这种生关系有直接的、必然的联系。相反，马克思强调："只要资本家的劳动不是由单纯作为资本主义生产过程的那种生产过程引起，因而这种劳动并不随着资本的消失而自行消失；只要这种劳动不只限于剥削别人劳动这个职能；从而，只要这种劳动是由作为社会劳动的劳动的形式引起，由许多人为达到共同结果而形成的结合和协作引起，它就同资本完全无关，就象这个形式本身一旦把资本主义的外壳炸毁，就同资本完全无关一样。"① 在"炸毁"资本主义外壳以后，即在社会主义国家，管理公共事务的职能不仅依然存在，而且会得到更大的发展。

马克思关于国家职能二重性的原理，是以历史唯物主义观点考察经济现象与政治现象相互关系的典范。任何国家以及作为国家意志的法，其职能都包含既要管理公共事务又要管理统治阶级特殊事务的二重性。这两种职能是紧密联系一起的。其中，管理本阶级事务的职能，或者叫政治职能、阶级职能、统治职能，则是矛盾的主导方面。但若不同时执行社会职能，国家和法的政治职能也无法维持下去。另外，社会管理职能或监督社会劳动职能是一切国家的共同职能这一原理，也包括不同历史类型的法律制度间的批判继承的必要性和可能性，甚至必然性。一个新的法律体系，如果完全拒绝以往法律体系中包含的人类智慧和经验结晶中的合理成分，是不可能长期存在下去的，但这又不是阶级本质的继承。

---

① 《马克思恩格斯全集》第 25 卷，人民出版社，1974，第 435 页。

中编　马克思主义法学中国化的理论与实践

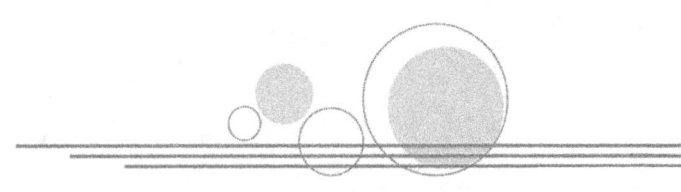

马克思的无产阶级专政理论和中国的实践[*]

——纪念马克思逝世一百周年

张友渔[**]

摘　要：从资本主义到共产主义的革命转变时期，必须有无产阶级专政。无产阶级专政的内容，在初期是镇压被推翻的剥削阶级的反抗，在社会主义建设时期主要是专政的和平工作、组织工作、文化工作、革命法制等。我国的人民民主专政实质就是无产阶级专政，它是马克思主义普遍真理与中国革命和建设实践相结合的典型，是对马克思主义的创造性发展。人民民主专政必须有无产阶级先锋队共产党的领导。

关键词：革命转变　无产阶级专政　人民民主专政　共产党的领导

无产阶级专政的理论是马克思主义的主要内容。正如列宁所说："只有承认阶级斗争、同时也承认无产阶级专政的人，才是马克思主义者。""一个阶级专政，不仅一般阶级社会需要，不仅推翻资产阶级的无产阶级需要，而且，从资本主义过渡到'无阶级社会'、过渡到共产主义的整个历史时期都需要，只有了解这一点的人，才算领会了马克思国家学说的实

---

[*]　本文原载于《法学研究》1983年第2期，收入本书时有改动。

[**]　张友渔，1898—1992年，生前为第六届全国人大常委会委员，我国著名法学家、政治学家、新闻学家。

质。"① 马克思本人在 1852 年 3 月《致约·魏德迈的信》中就曾说："无论是发现现代社会中有阶级存在或发现各阶级间的斗争，都不是我的功劳"。"我的新贡献就是证明了下列几点：1. 阶级的存在仅仅同生产发展的一定历史阶段相联系；2. 阶级斗争必然要导致无产阶级专政；3. 这个专政不过是达到消灭一切阶级和进入无阶级社会的过渡。"② 马克思在 1850 年所写的《一八四八年至一八五〇年的法兰西阶级斗争》一书中，总结了法国革命的经验，第一次提出了"无产阶级专政"的口号，他指出，革命的社会主义"就是宣布不断革命，就是无产阶级的阶级专政，这种专政是达到消灭一切阶级差别，达到消灭这些差别所由产生的一切生产关系，达到消灭和这些生产关系相适应的一切社会关系，达到改变由这些社会关系产生出来的一切观念的必然的过渡阶段"③。后来，马克思总结了巴黎公社的经验教训，于 1875 年 4 月在《哥达纲领批判》中，特别明确地提出了下述论断："在资本主义社会和共产主义社会之间，有一个从前者变为后者的革命转变时期。同这个时期相适应的也有一个政治上的过渡时期，这个时期的国家只能是无产阶级的革命专政。"④ 这一论断，不是马克思自己造出来的，而是科学地总结了历史上历次大革命的经验，特别是吸取了巴黎公社的经验、教训所得出的结论。马克思在这里，第一次极其明确地提出了在资本主义社会和共产主义社会之间，有一个政治上的过渡时期的理论，并论证了过渡时期的国家只能是无产阶级的革命专政，从而丰富和发展了无产阶级专政的理论。马克思逝世后，恩格斯同第二国际修正主义进行了坚决的斗争。为了捍卫无产阶级专政理论，恩格斯在 1891 年公开发表了马克思的《哥达纲领批判》这一光辉著作，并为马克思的《法兰西内战》一书写了导言。马克思和恩格斯一生中，亲身经历了两次重大的革命运动，即 1848 年欧洲革命和 1871 年的巴黎公社运动。1848 年革命对马克思、恩格斯的思想发展有重要意义。列宁曾指出："马克思和恩格斯参加 1848—1849 年的群众革命斗争的时期，是他们生平事业的突出的中心点。"⑤ 马

---

① 《列宁全集》第 25 卷，人民出版社，1958，第 399、400 页。
② 《马克思恩格斯书信选集》，人民出版社，1962，第 63 页。
③ 《马克思恩格斯选集》第 1 卷，人民出版社，1972，第 479—480 页。
④ 《马克思恩格斯全集》第 19 卷，人民出版社，1963，第 31 页。
⑤ 《列宁选集》第 1 卷，人民出版社，1972，第 729 页。

克思正是在总结这次革命运动经验的著作《一八四八年至一八五〇年的法兰西阶级斗争》中，首次提出了"无产阶级专政"的口号。《哥达纲领批判》提出过渡时期的国家"只能是无产阶级的革命专政"的论断，则是吸收了巴黎公社的经验教训。不经过这两次革命，马克思未必能提出无产阶级专政的理论。所以列宁说："历次革命中这个有历史意义的经验，这个有全世界历史意义的——经济的和政治的——教训，马克思把它总结了，给了一个简单、严格、准确、明显的公式：无产阶级专政。"① 列宁捍卫和发展了，并在俄国实现了马克思的无产阶级专政的理论。他在理论方面，作了非常精辟的阐述，同反对无产阶级专政的错误思想和言论进行了坚决的斗争；在事实方面，采取了十分正确的措施，证明无产阶级专政的必要和正确。所以斯大林说："列宁主义的基本问题，列宁主义的出发点，列宁主义的根基，就是无产阶级专政问题。"②

（一）

为什么需要有无产阶级专政？什么是无产阶级专政？为了巩固无产阶级革命已经取得的成果，彻底完成无产阶级革命的任务，实现建立共产主义社会的最终目的，需要有无产阶级专政。恩格斯曾说："马克思和我从1845年起就持有这样的观点：未来无产阶级革命的最终结果之一，将是称为国家的政治组织逐步消亡和最后消失。这个组织的主要目的，从来就是依靠武装力量保证富有的少数人对劳动者多数的经济压迫。随着富有的少数人的消失，武装压迫力量或国家权力的必要性也就消失。但是同时，我们始终认为，为了达到未来社会革命的这一目的以及其他更重要得多的目的，工人阶级应当首先掌握有组织的国家政权并依靠这个政权镇压资本家阶级的反抗和按新的方式组织社会。"③ 列宁作了更详尽、更明确、更进一步的阐述。他说："无产阶级专政不是阶级斗争的结束，而是阶级斗争在新形式中的继续。无产阶级专政是取得胜利、夺得政权的无产阶级进行阶

---

① 《列宁选集》第3卷，人民出版社，1972，第517页。
② 《斯大林选集》上卷，人民出版社，1979，第398—399页。
③ 《马克思恩格斯选集》第4卷，人民出版社，1972，第438页。

级斗争，来反对已被打败但还没有被消灭、没有绝迹、没有停止反抗、反而加紧反抗的资产阶级。"① 又说："向前发展，即向共产主义发展，必须经过无产阶级专政，决不能走别的道路，因为再没有其他人也没有其他道路能够粉碎剥削者资本家的反抗。"② 他除阐述了无产阶级专政在镇压资产阶级反抗方面的必要性外，还阐述了在领导和团结劳动群众、争取和改造小生产者等以进行社会主义建设方面，无产阶级专政的必要性。他肯定地说："人类只有经过无产阶级专政，才能达到社会主义。"③ "社会主义不经过无产阶级专政是不能实现的。"④ 斯大林也说："无产阶级专政是无产阶级革命的工具，是这个革命的机关，是这个革命的最重要的据点，它的使命是：第一，镇压已被推翻的剥削者的反抗，巩固自己的成绩；第二，把无产阶级革命进行到底，使革命达到社会主义的完全胜利。没有无产阶级专政，革命也能战胜资产阶级，推翻资产阶级政权。可是，如果革命不在自己发展的一定阶段上建立无产阶级专政这个专门机关作为自己的基本支柱，那么它就不能镇压资产阶级的反抗，不能保持胜利并向前进展到社会主义的最终胜利。"⑤

总之，从资本主义到共产主义的革命转变时期，必须有无产阶级专政，没有无产阶级专政，就不可能实现社会主义。无产阶级专政的内容，首先是镇压被推翻的剥削阶级的反抗，特别是在它的初期。没有这一条就不称其为无产阶级专政，但是不仅限于这一条。总的来说，像列宁所指出的："无产阶级专政的实质不仅在于暴力，而且主要不在于暴力。它的主要实质在于劳动者的先进部队、先锋队、唯一领导者即无产阶级的组织性和纪律性。"⑥ 列宁把无产阶级专政的任务概括为两个方面，他说："为了取得胜利，为了建立和巩固社会主义，无产阶级应当解决双重的或二位一体的任务：第一、用反对资本的革命斗争的无限英勇精神吸引全体被剥削劳动群众，吸引他们，组织他们，领导他们去推翻资产阶级和完全粉碎资产阶级的一切反抗；第二、把全体被剥削劳动群众以及所有小资产者阶层

---

① 《列宁全集》第29卷，人民出版社，1956，第343页。
② 《列宁全集》第25卷，人民出版社，1958，第448页。
③ 《列宁全集》第29卷，人民出版社，1956，第318—319页。
④ 《列宁全集》第23卷，人民出版社，1958，第14页。
⑤ 《斯大林选集》上卷，人民出版社，1979，第214—215页。
⑥ 《列宁选集》第3卷，人民出版社，1972，第857页。

引上新的经济建设的道路，引上建立新的社会联系、新的劳动纪律、新的劳动组织的道路，这种劳动组织把科学和资本主义技术的最新成果同创造社会主义大生产的自觉工作者大规模的联合结合起来。"① 斯大林作了进一步的阐述。他说："有些同志断定说，无产阶级专政的概念只限于暴力的概念，这是不正确的。无产阶级专政不只是暴力，而且是对非无产阶级的劳动群众实行领导，是建设比资本主义经济类型更高的、具有比资本主义经济更高的劳动生产率的社会主义经济。"② 他指出："无产阶级专政有三个主要方面：（1）利用无产阶级政权来镇压剥削者，保卫国家，巩固和其他各国无产者之间的联系，促进世界各国革命的发展和胜利。（2）利用无产阶级政权来使被剥削劳动群众完全脱离资产阶级，巩固无产阶级和这些群众的联盟，吸引这些群众参加社会主义建设事业，保证无产阶级对这些群众实行国家领导。（3）利用无产阶级政权来组织社会主义，消灭阶级，过渡到无阶级的社会，即过渡到社会主义社会。无产阶级专政就是所有这三方面的结合。其中无论哪一方面都不能提出来作为无产阶级专政的唯一特征，反之，只要缺少其中一个特征，就足以使处在资本主义包围环境中的无产阶级专政不成其为专政。因此，无论除去这三方面中的哪一方面，都不免有曲解无产阶级专政的概念的危险。只有把所有这三方面综合起来，我们才能得到一个完整的无产阶级专政的概念。"他并指出："无产阶级专政有其各个时期、各种特别形式和各种不同的工作方法。在国内战争时期最明显的是专政的暴力方面。可是决不能由此得出结论，说在国内战争时期不进行任何建设工作。不进行建设工作就无法进行国内战争。反之，在社会主义建设时期最明显的是专政的和平工作、组织工作、文化工作、革命法制等等。可是同样决不能由此得出结论，说在建设时期专政的暴力方面已经消失或可以消失。现在，在建设时期中，也象在国内战争时期一样，镇压机关、军队和其他组织都是必要的。没有这些机关，专政就不可能稍微有保证地进行建设工作。"③

为了完成无产阶级专政的任务，应当采取什么样的形式呢？马克思曾指出无产阶级专政的国家必须建立"社会民主主义的红色共和国"，它同

---

① 《列宁选集》第4卷，人民出版社，1972，第12页。
② 《斯大林选集》上卷，人民出版社，1979，第375页。
③ 《斯大林选集》上卷，人民出版社，1979，第410页。

农民的剥削者联合实行专政的"立宪共和国"不同,"是农民的同盟者的专政",即无产阶级专政。马克思还认为,"手持武器夺得了共和国的无产阶级,在共和国上面盖上了自己的印记,并把它宣布为社会共和国。这样就拟定了现代革命的总的内容"①。1871年爆发的巴黎公社革命是无产阶级专政的第一次实践。同1848年法国二月革命建立起来的政权不同,巴黎公社的政权是工人阶级凭借革命暴力独占的政权。由于公社存在的历史极为短促,严格地说,它还没有来得及建立起一整套无产阶级专政的阶级统治的政权形式。但马克思还是认为,巴黎公社正是无产阶级专政的国家——社会共和国的一定形式。

马克思关于无产阶级专政的政权形式的思想后来得到恩格斯的进一步阐述和发展,1891年,恩格斯在《一八九一年社会民主党纲领草案批判》中明确指出:"如果说有什么是勿庸置疑的,那就是,我们的党和工人阶级只有在民主共和国这种政治形式下,才能取得统治。民主共和国甚至是无产阶级专政的特殊形式,法国大革命已经证明了这一点。"② 1917年俄国革命的伟大胜利,揭开了人类历史上无产阶级专政的新的一页。在这一时期,列宁领导俄国无产阶级和广大劳动人民,为建立和巩固无产阶级专政的国家,进行了艰巨复杂的斗争。根据革命实践的发展,1917年,列宁写了《国家与革命》一书,系统地论述了马克思主义的国家学说,进一步发展了马克思恩格斯的无产阶级专政理论。在俄国革命的实践中,根据列宁的这一观点,建立了苏维埃制度。列宁在《苏维埃政权的当前任务》中指出,苏维埃是俄国革命正确地实现无产阶级专政任务,所建立的最恰当的政权组织形式。列宁认为苏维埃是新型的国家机构,"它保证能够把议会制的长处和直接民主制的长处结合起来","同资产阶级议会制比较起来,这是在民主发展过程中具有全世界历史意义的一大进步"。③ 斯大林在论述苏维埃是新型的国家时,也指出,"列宁说得对:自从出现了苏维埃政权,'资产阶级民主的议会制度的时代已经终结。世界历史的新的一章,即无产阶级专政的时代已经开始'"④。

---

① 《马克思恩格斯选集》第1卷,人民出版社,1972,第609页。
② 《马克思恩格斯全集》第22卷,人民出版社,1965,第274页。
③ 《列宁选集》第3卷,人民出版社,1972,第309页。
④ 《斯大林选集》上卷,人民出版社,1979,第223页。

（二）

马克思、恩格斯、列宁、斯大林关于无产阶级专政的论断是有着无可批驳的充分理由的，无产阶级斗争的历史、巴黎公社的经验教训，特别是十月革命以来，苏联无产阶级专政的实践都证明无产阶级专政的理论是颠扑不破的真理。从资本主义到共产主义，必须经过无产阶级专政。这是人类社会发展的客观规律，是适用于一切民族、一切国家的普遍原理，中国也不例外。但是，各民族，各国家，具有各自不同的具体情况，因而在具体适用这个普遍原理时，就应当而且必然要根据各自不同具体情况，采取不同的形式和做法，而不能千篇一律。列宁曾经说过："一切民族都将走到社会主义，这是不可避免的，但是一切民族的走法却不完全一样，在民主的这种或那种形式上，在无产阶级专政的这种或那种类型上，在社会生活各方面的社会主义改造的速度上，每个民族都会有自己的特点。"① 中国要走社会主义道路，必须坚持无产阶级专政，这是不可动摇的。一切反对无产阶级专政的言论和行动都是错误的，不能容许的。但是，由于历史的因素、现实的条件，在中国实行无产阶级专政，必然要具有中国自己的特点，而不能搬用别国的模式。

马克思的无产阶级专政理论在中国的实践中，是采取了具有中国特点的人民民主专政的形式。这种人民民主专政，如刘少奇同志在中共八大会议上所作政治报告中就已指出的，"实质上只能是无产阶级专政"。后来，毛泽东同志在1962年扩大的中央工作会议上，曾经明确地说过："在人民内部实行民主，对人民的敌人实行专政，这两个方面是分不开的，把这两个方面结合起来，就是无产阶级专政，或者叫人民民主专政。"② 本来，无产阶级专政的概念，就有人民民主专政的含义。无产阶级是人民的先锋队，是代表全体人民的利益，组织人民、领导人民、依靠人民去实行镇压被推翻的剥削阶级的反抗的专政职能，而不是脱离人民群众，单枪匹马，去实行专政职能。可以说，无产阶级专政也就是真正的人民专政。所以马

---

① 《列宁全集》第23卷，人民出版社，1958，第64—65页。
② 毛泽东：《在扩大的中央工作会议上的讲话》，人民出版社，1978，第12页。

克思在评价巴黎公社时，说它"是法国社会的一切健全成分的真正代表，也就是真正的国民政府"①。在无产阶级专政的概念中，专政同民主并不矛盾。相反，二者是相辅相成，统一而不可分割的。列宁曾经说过，无产阶级专政"是新型民主的（对无产者和一般穷人是民主的）国家和新型专政的（对资产阶级是专政的）国家"②。这就是说，没有新型的专政，不称其为无产阶级专政，没有新型的民主也不称其为无产阶级专政。列宁曾强调："不实现民主，社会主义就不能实现，这包括两个意思：（1）无产阶级如果不在民主斗争中为社会主义革命做好准备，它就不能实现这个革命；（2）胜利了的社会主义如果不实行充分的民主，它就不能保持它所取得的胜利。"③ 毛泽东同志也曾说："没有广泛的人民民主，无产阶级专政不能巩固，政权会不稳。没有民主，没有把群众发动起来，没有群众的监督，就不可能对反动分子和坏分子实行有效的专政，也不可能对他们进行有效的改造，他们就会继续捣乱，还有复辟的可能。"④ 无产阶级同人民是一体，民主同专政不可分，所以说，无产阶级专政的概念中，本来就有人民民主专政的含义，而人民民主专政，实质上就是无产阶级专政。在苏联曾经有人提出：关于无产阶级专政的含义问题，"列宁的第一个公式说：'无产阶级专政是一个阶级的政权'。而第二个公式说：'无产阶级专政是劳动者的先锋队无产阶级与人数众多的非无产阶级的劳动阶层（小资产阶级、小业主、农民、知识分子等等）所结成的特种形式的阶级联盟。'这两个公式有没有矛盾？"斯大林的答复是"当然没有"。"在阶级联盟的情况下，譬如说在和基本农民群众结成阶级联盟的情况下，又怎样实现一个阶级（无产阶级）的政权呢？办法就是实现执政的无产阶级（'劳动者的先锋队'）在这个联盟中的领导作用。一个阶级即无产阶级的政权是借助于这个阶级和基本农民群众的联盟并对后者实行国家领导而实现的，——这就是这两个公式的基本思想。这里有什么矛盾呢？"⑤ "专政就是领导。"⑥

---

① 《马克思恩格斯全集》第17卷，1963，第366页。
② 《列宁选集》第3卷，人民出版社，1972，第200页。
③ 《列宁全集》第23卷，人民出版社，1958，第70页。
④ 毛泽东：《在扩大的中央工作会议上的讲话》，人民出版社，1978，第14页。
⑤ 《斯大林全集》第9卷，人民出版社，1954，第168页。
⑥ 《列宁全集》第30卷，人民出版社，1957，第364页。

"无产阶级专政就是无产阶级对政策的领导。"① 只要是在无产阶级领导下，为实现社会主义而斗争，就是无产阶级专政。脱离无产阶级领导，就不是无产阶级专政。我国采用的人民民主专政制度是"工人阶级领导的，以工农联盟为基础的人民民主专政"，因此它在实质上是无产阶级专政。

（三）

我国的人民民主专政，具有中国特点，那就是把民族资产阶级列入人民的范围，而不作为专政的对象。这是完全适合中国实际情况，符合客观发展律规的，是马克思列宁主义的普遍原理和中国的革命具体实践相结合的产物，是毛泽东同志对无产阶级专政理论的创造性发展。所以具有这样的特点，是由于近代中国的社会性质、阶级关系、历史条件决定了"民族资产阶级有两面性。在资产阶级民主革命时期，它有革命性的一面，又有妥协性的一面。在社会主义革命时期，它有剥削工人阶级取得利润的一面，又有拥护宪法、愿意接受社会主义改造的一面"②。正因为有革命性的一面，所以在资产阶级民主革命时期，即新民主主义革命时期，有可能也必然会在无产阶级的正确领导下，站在人民的阵营内，进行反封建主义、反帝国主义、反官僚资本主义的革命斗争；正因为有愿意接受社会主义改造的一面，所以在社会主义革命时期，还有可能列入人民的范围，参加人民民主专政的政权。当然，"民族资产阶级不能充当革命的领导者，也不应当在国家政权中占主要的地位"③。

最早提出"人民民主专政"是在1948年12月毛泽东同志的《将革命进行到底》一文中。毛泽东同志要求"在全国范围内建立无产阶级领导的以工农联盟为主体的人民民主专政的共和国"④。后来，在党的七届中央委员会第二次全体会议上的报告中，毛泽东同志明确指出，"人民民主专政"的内容包括团结民族资产阶级。他说："无产阶级领导的以工农联盟为基础的人民民主专政，要求我们党去认真地团结全体工人阶级、全体农民阶

---

① 《列宁全集》第32卷，人民出版社，1958，第332页。
② 《毛泽东选集》第5卷，人民出版社，1977，第365页。
③ 《毛泽东选集》第4卷，人民出版社，1960，第1484页。
④ 《毛泽东选集》第4卷，人民出版社，1960，第1380页。

级和广大的革命知识分子,这些是这个专政的领导力量和基础力量。没有这种团结,这个专政就不能巩固。同时也要求我们党去团结尽可能多的能够同我们合作的城市小资产阶级和民族资产阶级的代表人物,它们的知识分子和政治派别……"① 在全国解放的前夕,毛泽东同志发表了《论人民民主专政》一文,对"人民民主专政"作了进一步的阐述。他说:"中国人民在几十年中积累起来的一切经验,都叫我们实行人民民主专政。""总结我们的经验,集中到一点,就是工人阶级(经过共产党)领导的以工农联盟为基础的人民民主专政。"② 并明确肯定了"人民"包括民族资产阶级。他说:"人民是什么?在中国,在现阶段,是工人阶级,农民阶级,城市小资产阶级和民族资产阶级。这些阶级在工人阶级和共产党的领导之下,团结起来,组成自己的国家,选举自己的政府,向着帝国主义的走狗即地主阶级和官僚资产阶级以及代表这些阶级的国民党反动派及其帮凶们实行专政";"对于人民内部,则实行民主制度"。"这两方面,对人民内部的民主方面和对反动派的专政方面,互相结合起来,就是人民民主专政。"③ 毛泽东同志提出人民民主专政的理论,并不是偶然的。人民民主专政是长期革命斗争的科学总结,有逐步形成的过程。我们从1948年以前的毛泽东同志的一系列著作中,可以看出他在第一次明确地提出人民民主专政前,已经有了丰富的理论准备和思想积累。毛泽东同志早在1935年《论反对日本帝国主义的策略》一文中第一次明确提出了"人民共和国"的口号。当时由于日本帝国主义企图吞并中国,日本侵略影响了中国的阶级关系的变动,因而毛泽东同志科学地估计到不但小资产阶级,而且民族资产阶级,也有了参加抗日斗争的可能性,所以要把"工农民主共和国"的口号改变为"人民共和国"。他指出:"如果说,我们过去的政府是工人、农民和城市小资产阶级联盟的政府,那末,从现在起,应当改变为除了工人、农民和城市小资产阶级以外,还要加上一切其他阶级中愿意参加民族革命的分子。"④ 毛泽东同志指出,把"工农共和国"改变为"人民共和国"后,这个共和国的政府仍然"首先代表工人和农民的利益",但

---

① 《毛泽东选集》第4卷,人民出版社,1960,第1438页。
② 《毛泽东选集》第4卷,人民出版社,1960,第1480、1485页。
③ 《毛泽东选集》第4卷,人民出版社,1960,第1480页。
④ 《毛泽东选集》第1卷,人民出版社,1952,第151页。

是不仅代表工人农民的利益,也代表全民族的利益。"人民共和国是代表反帝国主义反封建势力的各阶层人民的利益的。人民共和国的政府以工农为主体,同时容纳其他反帝国主义反封建势力的阶级。""革命的动力,基本上依然是工人、农民和城市小资产阶级,现在则可能增加一个民族资产阶级。"当然,"人民共和国不代表敌对阶级的利益。相反,人民共和国同帝国主义的走狗豪绅买办阶级是处在正相反对的地位,它不把那些成分放在所谓人民之列"。① 所以它是最广泛的人民民主和对敌对阶级的专政的政权。毛泽东同志提出的"人民共和国"的口号和由此产生的各项政策,在后来的抗日根据地得到了实现,所以我们党能够在敌后战场领导人民,胜利地进行抗日战争。1940 年,毛泽东同志在《新民主主义论》中,进一步指出:"现在所要建立的中华民主共和国,只能是在无产阶级领导下的一切反帝反封建的人们联合专政的民主共和国,这就是新民主主义的共和国。""这是一定历史时期的形式,因而是过渡的形式,但是不可移易的必要的形式。"② 所以必须采取这种过渡的形式,乃是由半殖民地半封建的社会性质决定的。毛泽东同志并指出,人民共和国的政权构成的形式"现在可以采取全国人民代表大会、省人民代表大会、县人民代表大会、区人民代表大会直到乡人民代表大会的系统,并由各级代表大会选举政府"③。这是毛泽东同志对马列主义关于无产阶级专政的政权形式问题的理论的发展。人民代表大会制度是巴黎公社和苏维埃制度在中国的具体条件下的运用。抗日战争胜利的前夕,毛泽东同志在 1945 年题为《论联合政府》的七大政治报告中,更进一步宣称:"我们主张在彻底地打败日本侵略者之后,建立一个以全国绝对大多数人民为基础而在工人阶级领导之下的统一战线的民主联盟的国家制度。"并指出,"这是一个真正适合中国人口中最大多数的要求的国家制度",它不仅取得了和可能取得工人、农民的同意,也取得了和可能取得广大的城市小资产阶级、民族资产阶级、开明士绅及其他爱国分子的同意。④ 毛泽东同志 1948 年开始提出,后来在七届二中全会上的报告和《论人民民主专政》中作了进一步阐述的"人民民主专政"

---

① 《毛泽东选集》第 1 卷,人民出版社,1952,第 154、155、153 页。
② 《毛泽东选集》第 2 卷,人民出版社,1952,第 668 页。
③ 《毛泽东选集》第 2 卷,人民出版社,1952,第 670 页。
④ 《毛泽东选集》第 3 卷,人民出版社,1953,第 1056、1057 页。

的理论是在上述这些基础上形成的。中华人民共和国成立后,我们的国家政权就是根据"人民民主专政"的原则组成的。起着临时宪法作用的《中国人民政治协商会议共同纲领》,在序言中指出:"中国人民民主专政是中国工人阶级、农民阶级、小资产阶级、民族资产阶级及其他爱国民主分子的人民民主统一战线的政权,而以工农联盟为基础,以工人阶级为领导。" 1954年9月第一届全国人民代表大会第一次会议通过的我国第一部宪法,在《总纲》第1条明确规定:"中华人民共和国是工人阶级领导的、以工农联盟为基础的人民民主国家。"接着在第2条规定:"中华人民共和国的一切权力属于人民。人民行使权力的机关是全国人民代表大会和地方各级人民代表大会。"这样就在国家根本法上,确立了在我国实行实质上是无产阶级专政的人民民主专政制度,是不可动摇的原则。"文化大革命"期间,破坏了这个原则,对国家造成了严重的危害。党的十一届三中全会以来,拨乱反正,恢复并发展了人民民主专政制度。在1982年12月,由五届全国人民代表大会第五次会议通过,公布施行的新的《中华人民共和国宪法》总纲第1条规定:"中华人民共和国是工人阶级领导的、以工农联盟为基础的人民民主专政的社会主义国家。"并在序言中强调说明:"今后国家的根本任务是集中力量进行社会主义现代化建设。中国各族人民将继续在中国共产党领导下,在马克思列宁主义、毛泽东思想指引下,坚持人民民主专政,坚持社会主义道路。"这就是说,不仅在过去和现在,必须实行人民民主专政制度,而且在将来,也必须继续坚持人民民主专政制度。

(四)

人民民主专政的任务是什么呢?由于人民民主专政实质上就是无产阶级专政,所以它的任务同上述无产阶级专政的任务基本是一致的。总的说来,就是团结人民、领导人民镇压反动阶级,建设社会主义。只是人民的范围不同,镇压的对象不同。像毛泽东同志所指出的:"我们的国家是工人阶级领导的以工农联盟为基础的人民民主专政的国家。这个专政是干什么的呢?专政的第一个作用,就是压迫国家内部的反动阶级、反动派和反抗社会主义革命的剥削者,压迫那些对于社会主义建设的破坏者。""专政还有第二个作用，就是防御国家外部敌人的颠覆活动和可能的侵略。""专政的目的是为了保卫全体人民进行和平劳动，将我国建设成为一个具有现代工业、现代农业和现代科学文化的社会主义国家。""专政的制度不适用于人民内部。人民自己不能向自己专政，不能由一部分人民去压迫另一部分人民。""在人民内部是实行民主集中制。"① 当然，像斯大林所说的无产阶级专政有各个时期，各种特别形式和各种不同的工作方法那样，人民民主专政也由于发展阶段的不同，而在具体内容、具体形式和具体工作方法等方面，也会有所不同。主要有以下几方面。（1）我们的"人民民主专政"的特点，是在"人民"的概念中，包括"民族资产阶级"。但在1956年，生产资料私有制的社会主义改造基本完成后，民族资产阶级作为一个阶级已不再存在，只存在曾经作为民族资产阶级的成员的一些人，而他们中间的大多数已经被改造成自食其力的劳动者，过去，以民族资产阶级代表的身份参加人民民主政权的人，现在是以拥护社会主义的爱国者和拥护祖国统一的爱国者的身份参加政治活动了。这是一个变化。但这并不意味着把"民族资产阶级"排斥于"人民"之外，更不是把"民族资产阶级"当作专政的对象，因此，并不根本改变我们的人民民主专政所具有的特点。（2）新中国成立初期，我们也曾致力于经济、文化等方面的建设工作，并取得了很大的成绩。但人民民主专政的任务还不能不着重在"压迫国家内部的反动阶级、反动派和反抗社会主义革命的剥削者"；"防御国家外部敌人的颠覆活动和可能的侵略"。我们曾有效地进行了清匪反霸、肃反镇反、"三反"、"五反"等工作，接着完成了对生产资料私有制的社会主义改造工作。其后，人民民主专政的任务，像党的第八次全国代表大会所指出的，已经是在新的生产关系下面，保护和发展社会生产力，革命的暴风雨时期已经过去了，也就是"革命时期的大规模的急风暴雨式的群众阶级斗争基本结束"。不幸的是，1966年发生"文化大革命"，在具有"一个阶级推翻一个阶级"特定含义的所谓"无产阶级专政下继续革命"的口号下，大搞歪曲无产阶级专政、破坏人民民主专政的所谓"阶级斗争"。十一届三中全会以来，纠正了"文化大革命"的错误，进行了拨乱反正的工作，使人民民主专政恢复到正常的轨道上来。今后的任务当是实

---

① 《毛泽东选集》第5卷，人民出版社，1977，第366页。

现党的十二大所提出的"全面开创社会主义现代化建设的新局面"。当然，由于"剥削阶级作为阶级消灭以后，阶级斗争已经不是主要矛盾"，但是"由于国内的因素和国际的影响，阶级斗争还将在一定范围内长期存在，在某种条件下还有可能激化"。"对敌视社会主义的分子在政治上、经济上、思想文化上、社会生活上进行的各种破坏活动，必须保持高度警惕和进行有效的斗争。"① 国家的专政职能还不能取消，只是由于阶级斗争的内容不同了，斗争的方法也应当不同，主要应当是运用法律这个工具来进行斗争。（3）作为人民民主专政的具体政权组织形式是人民代表大会制，《中华人民共和国宪法》总纲第 2 条规定："人民行使国家权力的机关是全国人民代表大会和地方各级人民代表大会。"但同条又规定："人民依照法律规定，通过各种途径和形式，管理国家事务，管理经济和文化事业，管理社会事务。"这就是说我们的民主，"要扩展到政治生活、经济生活、文化生活和社会生活的各个方面，发展各个企业事业单位的民主管理，发展基层社会生活的群众自治"②。也就是说，在基层政权和基层社会生活中，将由间接民主逐步发展到直接民主。（4）人民代表大会的本身也有一个随着社会的发展而发展的过程。例如，县人民代表大会代表原是间接选举，从 1979 年起，改为直接选举了。这是由于人民的政治、文化水平都有所提高，交通条件等情况也大有改善。将来，随着社会情况的进一步发展，省级人民代表大会以至全国人民代表大会也不是没有可能逐渐实行直接选举。

总之，人民民主专政实质上就是无产阶级专政，这是马克思的无产阶级专政理论在中国的实践，是符合我国实际情况，适应我国革命和建设的需要的，是完成新民主主义革命、实现社会主义的必要步骤。事实证明，人民民主专政的理论，是马克思列宁主义普遍原理与中国革命和建设的具体实践相结合的典型，是对马克思列宁主义创造性的发展。有些人认为人民民主专政不是无产阶级专政，而是对无产阶级专政的修正，是属于资产阶级民主的类型，因而或者从"左"的观点出发来反对它，或者从右的观

---

① 《中国共产党中央委员会关于建国以来党的若干历史问题的决议》，人民出版社，1981，第 56 页。
② 胡耀邦：《全面开创社会主义现代化建设的新局面》，载《中国共产党第十二次全国代表大会文件汇编》，人民出版社，1982，第 44—45 页。

点出发来颂扬它，都是完全错误的。

（五）

最后，必须指出的是，无产阶级专政和实质上是无产阶级专政的人民民主专政，必须有无产阶级的先锋队——共产党的领导。这是因为像列宁所说的："无产阶级专政是无产阶级为反对旧社会的势力和传统而进行的顽强斗争，即流血的与不流血的，强力的与和平的，军事的与经济的，教育的与行政的斗争。千百万人的习惯势力是最可怕的势力。没有在斗争中百炼成钢的党，没有为本阶级全体忠实的人所信赖的党，没有善于考察群众情绪和影响群众情绪的党，要顺利地进行这种斗争是不可能的。"[①] 他还说："只有工人阶级的政党，即共产党，才能团结、教育和组织成无产阶级和全体劳动群众的先锋队，也只有这个先锋队才能抵制这些群众中不可避免的小资产阶级动摇性，抵制无产阶级中不可避免的种种行会狭隘性或行会偏见的传统和恶习，并领导全体无产阶级的一切联合行动，也就是说在政治上领导无产阶级，并且通过无产阶级领导全体劳动群众。不这样，便不能实现无产阶级专政。"[②] 斯大林也说："无产阶级所以需要党，就是为了争得和保持专政。党是无产阶级专政的工具。"[③] 又说："能够统一并指导无产阶级群众组织的工作的，只有无产阶级的先锋队，无产阶级的党。只有无产阶级的党，只有共产党，才能在无产阶级专政体系中起这种主要领导者的作用。"[④] 他还肯定地说："无产阶级专政并不是自流地实行的，它首先是依靠党的力量，在党的领导下实行的。在现今资本主义包围的情况下，要是没有党的领导，无产阶级专政就不可能实行。"[⑤] 在中国也是一样，实行人民民主专政没有中国共产党的领导是不行的。中国共产党是工人阶级的先锋队，是中国人民的领导核心。事实已充分证明，没有共

[①] 《列宁全集》第31卷，人民出版社，1958，第26页。
[②] 《列宁全集》第32卷，人民出版社，1958，第233页。
[③] 《斯大林全集》第6卷，人民出版社，1956，第158页。
[④] 《斯大林全集》第8卷，人民出版社，1954，第34页。
[⑤] 《斯大林全集》第7卷，人民出版社，1958，第284页。

产党的领导,不可能实行和巩固人民民主专政,也就不可能实现社会主义,正像人们公认的,"没有共产党就没有新中国,就不会有现代化的社会主义中国",如果只承认"无产阶级专政"、"人民民主专政",而不承认"党的领导",那就和只承认阶级斗争而不承认无产阶级专政一样,还不能算是一个马克思主义者。

论人民民主专政理论的形成和发展*

李用兵**

摘　要：人民民主专政理论在中国的形成，经历了从建党初期的"建立农民武装和农民革命政权"、新民主主义的工农民主专政，至抗日战争初期以"人民共和国"为形式的、无产阶级领导下各革命阶级的联合专政，至抗日战争结束时的人民民主专政的理论演进过程。新中国成立以后，人民民主专政理论又经历了社会主义过渡时期和社会主义建设时期两个阶段的发展。实践证明，人民民主专政理论适合我国国情。

关键词：宪法序言　人民民主专政　无产阶级专政　演进过程

新宪法序言肯定了人民民主专政实质上即无产阶级专政。总纲第 1 条明确规定："中华人民共和国是工人阶级领导的、以工农联盟为基础的人民民主专政的社会主义国家。"彭真同志在宪法修改草案报告中对我国的人民民主专政制度，作了深刻、全面的说明。为了学习、宣传和认真贯彻执行新宪法，更好地联系我国国情，坚定不移地坚持人民民主专政，探讨人民民主专政理论的形成和发展，是有现实意义的。

---

* 本文原载于《法学研究》1983 年第 2 期，收入本书时有改动。
** 李用兵，论文发表时为中共中央党校法学教研室副教授。

人民民主专政思想的萌芽

在中国共产党建立初期，在党的文件和当时的一些党的先驱者的文章中，在论述到未来无产阶级的国家制度时，是使用"无产阶级专政"这个概念的。当时，我们党还没有建立无产阶级政权的实际经验，在关于建立什么性质的国家政权的问题上，还只能援用马列主义的一般提法。后来，我们党在领导中国民主革命的斗争实践中，逐步认识了中国的国情，探索出中国革命的具体道路，尝试建立革命政权的具体形式，逐渐形成了人民民主专政的思想。

1927年1—2月，毛泽东同志亲赴湖南考察农民运动，写了《湖南农民运动考察报告》。在这个报告和他当时的其他论著中，开始有了人民民主专政思想的萌芽。农民问题是中国革命的基本问题。中国无产阶级及其先锋队中国共产党，能否坚决支持和积极领导农民起来革命，是能否夺取革命胜利的重大关键问题。随着中国民主革命的发展，农民运动蓬勃发展起来。农民运动兴旺起来的地方，它的锋芒首先指向封建地主政权。农民运动的性质就是"农民阶级推翻封建地主阶级的权力的革命"①。

农民运动中产生的农民协会，是党领导下的、以贫农为中心的、起农村革命政权作用的新型革命组织形式。当时的基层农民协会，甚至掌握了政治、军事、经济、文化、司法等大权，成了区、乡唯一的权力机关。农会采取了种种办法从经济上和政治上打击地主阶级特别是土豪劣绅的威风，"把地主权力打下去，把农民权力长上来"②。农民运动的胜利，打倒了都团，推翻了封建地主武装，建立农民武装，并把它放在农民政权的管理之下。

在急风暴雨的革命年代，农会起到对地主阶级特别是土豪劣绅实行专政的作用。当时，农会有无上的权力，把地主的威风扫光。这种群众性的革命专政是非常必要的，否则便不能推翻几千年根深蒂固的地主权力。不建立农民的绝对权力，便不能把绅权打倒。"每个农村都必须造成一个短

---

① 《毛泽东选集》第1卷，人民出版社，1952，第18页。
② 《毛泽东选集》第1卷，人民出版社，1952，第25页。

时期的恐怖现象，非如此决不能镇压农村反革命派的活动，决不能打倒绅权。"① 农会在当时也尽自己所能，处理迫切的社会问题，如打倒族权、夫权，禁赌，禁鸦片，清匪，废苛捐等。

毛泽东同志非常强调实行革命专政必须划清敌我界限。他严厉地批评了当时有些县革命当局派兵拘捕下级农会干部的做法，指出：这样做会助长反动派的气焰；一定要注意不可作出帮助土豪劣绅打击贫农阶级的错误行为；革命专政的锋芒只能指向地主豪绅，绝不能针对革命人民和人民的干部。

如上所述，我们有理由认为毛泽东同志提出的建立无产阶级政党领导下的农民武装和农村革命政权，依靠贫农、团结中农，对封建地主土豪劣绅实行革命专政的思想，是他后来提出的人民民主专政理论的萌芽。

工农民主专政思想在中国的运用

第一次国内革命战争失败后，革命形势和阶级力量对比发生了重大变化。民族资产阶级附和地主大资产阶级，背叛了革命。蒋介石国民党在帝国主义直接支持下，建立了以地主买办阶级为基础的反革命军事独裁政权。中国共产党击破了陈独秀机会主义路线，领导人民以武装革命反对武装反革命，并且在保持了革命武装的地区，建立了革命根据地和乡、区、县以至边界各级工农民主政权。

无产阶级专政理论是马克思和恩格斯根据先进的资本主义国家阶级斗争发展的必然趋势和无产阶级的历史使命提出来的。对比较落后的国家，无产阶级在革命胜利后应该建立什么样的国家政权，马克思和恩格斯并没有作进一步的论述。列宁面对落后的俄国，根据马克思和恩格斯的无产阶级专政理论，十分重视工农联盟问题，一再强调只有把无产阶级和农民都包括进来的革命，才能成为真正的人民革命。他明确地提出了这个革命胜利后建立起来的国家政权，"就是实现无产阶级和农民的革命民主专政"②。列宁的工农民主专政的思想，是对马克思主义无产阶级专政学说的丰富和

---

① 《毛泽东选集》第 1 卷，人民出版社，1952，第 19 页。
② 《列宁选集》第 1 卷，人民出版社，1960，第 547 页。

发展。

在半殖民地半封建的国家，在民主革命胜利后，无产阶级应该建立什么样的国家政权，在马列主义经典著作中是没有现成答案的。毛泽东同志运用马列主义的国家学说，结合中国社会的特点和中国民主革命的特点，总结1927年以来红色政权的具体经验，对红色政权作理论上的论述，进一步丰富和发展了列宁的工农民主专政理论。这是人民民主专政理论形成过程中的重要阶段。

毛泽东同志详细论证了中国革命要取得胜利，建立农村根据地和红色政权的必要性。他指出，中国是一个半殖民地半封建的国家，没有民主制度，无议会可利用，无组织工人举行罢工的合法权利，全国人民还没有普通的民权，工人农民以至民权派资产阶级，一概没有言论集会的权利。而中国革命的敌人掌握着强大的反革命武装，进行反革命军事统治。这就决定了中国革命的主要斗争形式是武装革命，武装夺取政权。但要把武装斗争长期坚持下去，必须在广大农村建立巩固的革命根据地，在根据地里有计划地建设红色政权。

对中国的红色政权为什么能够存在的问题，毛泽东同志作了科学的分析和论述。中国是几个帝国主义间接统治的半殖民地半封建的大国，经济和政治的发展极不平衡。它没有统一的资本主义经济，农村经济基本上是自给自足的，对城市保持相当大的独立性。这就为红色政权能够离开城市在农村长期存在和发展，提供了必要的经济条件。中国也没有统一的资产阶级政治统治。掌握中央政权的军阀和掌握各省政权的军阀之间的矛盾，各帝国主义之间在华利益上的矛盾，削弱了反革命势力，白色政权间的长期分裂和战争，使一小块或若干小块的红色区域和红色政权能够在白色政权的包围中发生和坚持下来。红色政权有良好的群众基础，拥有相当力量的正式红军，有中国共产党的领导，这些也都是它存在和发展的重要原因。

对当时的红色政权的性质问题，毛泽东同志也作了明确的回答。(1) 红色政权是工农民主专政性质的政权。1927年第一次国内革命战争失败后，资产阶级退出革命投靠帝国主义和封建势力，变为人民的敌人，革命的动力只剩下工人、农民和小资产阶级。所以，自1927年秋收起义创建红色政权起到1934年10月红军撤离南方革命根据地期间的红色政权，用毛泽东同志的话说，它"是工人、农民和城市小资产阶级联盟的政府"，也就是说，它是工农民主专政。当时的《中华苏维埃共和国宪法大纲》明文规定：中华苏维埃共和国是工人和农民的民主专政的国家。苏维埃政权是属于工人、农民、红色战士及一切劳苦民众的，只有军阀、官僚、地主、富农及一切反革命分子没有选举代表参加政权和政治上自由的权利。(2) 红色政权是新民主主义的政权，还不是社会主义的政权。正如毛泽东同志所说的，"工农民主共和国的口号，不是违背资产阶级民主革命任务的，而是坚决地执行资产阶级民主革命任务的。我们在实际斗争中没有一项政策不适合这种任务。我们的政策，包括没收地主土地和实行八小时工作制在内，并没有超出资本主义范畴内私有财产制的界限以外，并没有实行社会主义"①。这就是说，当时的红色政权是新民主主义的工农民主专政，它实际上是后来提出的人民民主专政在第二次国内革命战争时期的初步体现。

无产阶级领导下各革命阶级联合专政

随着革命形势的发展变化，关于革命政权的理论也发展了。1935年，日本帝国主义向我国发动了疯狂进攻。中国共产党为适应迅速发展的形势，于同年12月25日在陕北瓦窑堡召开了中央政治局会议，通过了《关于目前政治形势与党的任务的决议》，提出了建立抗日民族统一战线的方针，宣布将"工农民主共和国"的口号改为"人民共和国"。毛泽东同志在党的活动分子会议上，作了《论反对日本帝国主义的策略》的报告，深刻分析了"人民共和国"口号的基本思想。

"人民共和国"的口号是适应当时已经发生了重大变化的形势和阶级关系而提出的。日本加深侵略中国，使中华民族同日本帝国主义的矛盾上升为主要矛盾，国内阶级矛盾、中华民族和其他帝国主义的矛盾，降为次要的和服从的地位。毛泽东同志指出，民族资产阶级同地主阶级、买办阶级是有分别的。日本帝国主义的侵略使民族资产阶级有参加抗日斗争的可能。因此，党为了适应变化的形势，适时地提出了建立广泛的抗日民族统一战线的策略，把红军的活动和工人、农民、学生、小资产阶级、民族资

---

① 《毛泽东选集》第1卷，人民出版社，1952，第251页。

产阶级的一切活动汇合起来，成为一个统一的民族革命战线。为了更广泛地动员各阶层人民参加到抗日队伍中来，在政权问题上也要作相应的改变。放弃"工农民主共和国"的口号，改用"人民共和国"的口号，是完全适时和必要的。

当时党提出的"人民共和国"，实质上是无产阶级领导下的各革命阶级联合的民主专政的国家形式。从阶级构成上，"人民共和国"的政权，是一切赞成抗日又赞成民主的人们的政权，是几个革命阶级联合起来对汉奸和反动派的专政。它不仅联合城市小资产阶级，而且联合民族资产阶级。它仍然以工农为主体，同时容纳其他反对帝国主义、反对封建势力的阶级、阶层，以及一切同意民族民主革命的分子。这一点，"人民共和国"同土地革命时期的工农民主共和国有区别，也和欧美各国的民主革命胜利后建立的资产阶级专政的民主共和国不同。它是各革命阶级在无产阶级领导下的统一战线的专政。

新民主主义革命时期的人民共和国，不废除帝国主义的、非封建主义的私有财产，不没收民族资产阶级的工商业，而且鼓励这些工商业的发展。只要民族资本家不赞助帝国主义和中国"卖国贼"，都受到保护。

1936年，日本帝国主义更加深入地侵略中国，日本帝国主义同英美帝国主义发生严重冲突。这样，与英美帝国主义利益密切相连的蒋介石集团，有可能改变对日态度。1936年9月1日，中国共产党发出了《关于逼蒋抗日问题的指示》，把过去提出的"抗日反蒋"的口号改为"逼蒋抗日"；同时在政权问题上，也把"人民共和国"的口号进一步改为"民主共和国"。这是为了团结一切抗日力量来保障中国领土完整和预防中国人民遭受亡国灭种惨祸的最好方法，而且是从广大人民的民主要求产生出来的最适当的统一战线的口号。按照中国社会的经济和政治条件，"民主共和国"将仍是新民主主义性质的、由工农小资产阶级和资产阶级联盟的国家，是排除汉奸卖国贼在外的一切抗日阶级联盟的国家。也就是说，民主共和国的领导力量和基础力量没有变，而阶级联盟更广泛了。这一点表现在政权的组织形式上，各级参议会和政府的人员分配采取"三三制"，即共产党员占三分之一，左派进步分子占三分之一，中间分子和其他分子占三分之一。汉奸和反共分子没有资格参加这个政权。

在《新民主主义论》中，毛泽东同志把民主革命过程中和革命胜利后将要建立起来的国家政权同中国社会和中国革命的特点联系起来考察，使人民民主专政的理论建立在科学的基础之上。

中国革命所处的时代不同，决定了革命后建立起来的国家政权必然是无产阶级领导的各革命阶级的联合专政。第一次世界大战和俄国十月革命改变了世界历史的方向，这两个事件之后发生的中国民主革命，不再是属于旧的资产阶级民主革命，而是属于中国式的、特殊的、新式的资产阶级民主主义革命。毛泽东同志把它称为新民主主义革命。在革命的阵线上，它属于世界无产阶级社会主义革命的一部分。这个革命所要建立的国家政权，必然同资本主义革命所建立的国家政权根本不同。它不是旧的、资产阶级领导的资产阶级专政的国家，而是新的无产阶级领导的国家。在这个阶段上，它只能是各革命阶级的联合专政。

中国社会性质不同，也决定了革命后建立起来的国家政权的阶级性质。自从帝国主义侵略中国以来，中国社会逐渐变成了一个半殖民地半封建的社会。中国无产阶级在俄国十月革命的影响下，迅速地变成了一个觉悟的独立的政治力量，成立了自己的政党——中国共产党，并通过自己的党提出了"打倒帝国主义"的口号，制定和实施了在中国进行资产阶级民主革命的彻底的纲领。半殖民地半封建社会的经济和政治的状况决定了中国资产阶级分为官僚买办资产阶级和民族资产阶级两部分。民族资产阶级是受帝国主义压迫的，它在一定时期和一定程度上保持着反对帝国主义和反对官僚军阀政府的革命性；它可以同无产阶级、小资产阶级联合起来，反对共同的敌人。但是，民族资产阶级的阶级本性和它的两面性，决定了它不可能领导革命取得胜利，也不可能领导人民实施民主政治。这个历史的责任便落到无产阶级的肩上。所以，中国无产阶级、农民阶级、知识分子和其他小资产阶级，是决定国家命运的基本势力。他们必然要成为民主共和国的国家构成和政府构成的基本部分，而无产阶级则必然成为这个民主共和国的领导力量。

在革命政权的组织形式上也有自己的特点。在解放战争时期，各解放区的革命政权组织形式，采取人民代表会议。毛泽东同志认为，这种政权组织形式的出现，是"一项极可宝贵的经验"。没有适当形式的政权机关，就不能代表国家。马克思恩格斯曾提出，巴黎公社是社会主义共和国的一定形式。列宁根据俄国革命的经验提出苏维埃是适合俄国的政权形式。毛泽东同志和中国共产党人根据中国社会和中国革命的特点，认为人民代表大会制是即将建立的新中国的最好形式。

中国共产党和毛泽东同志提出的无产阶级领导下各革命阶级联合专政的"人民共和国"（后来提"民主共和国"）的口号，当时虽然没有在全国范围内实现，但在抗日战争时期的解放区部分地实现了。当时的解放区抗日民主政权，就是无产阶级领导下几个革命阶级联合起来对汉奸反动派实行专政的政权。一切抗日的阶级、阶层和社会集团都属于人民的范畴。对抗日的人民实行民主，人民享有广泛的民主自由权利。日本帝国主义者、汉奸、亲日派都是人民的敌人，必须剥夺他们的政治权利，对他们实行专政。

人民民主专政理论的确立和系统阐述

在抗日战争时期，毛泽东同志对人民民主专政理论的基本内容已作了论述，但还没有明确地提出这个概念，到解放战争后期，便比较完整系统地公开提出来了。

全国解放前夕，毛泽东同志在《将革命进行到底》一文中，第一次公开使用了"人民民主专政"这一概念。文中写道："如果要使革命进行到底，那就是用革命的方法，坚决彻底干净全部地消灭一切反动势力，不动摇地坚持打倒帝国主义，打倒封建主义，打倒官僚资本主义，在全国范围内推翻国民党的反动统治，在全国范围内建立无产阶级领导的以工农联盟为主体的人民民主专政的共和国。"①

在此以前，毛泽东同志论述到新民主主义革命所要建立的国家政权时，曾先后有以下几种不同的提法。

1937年，使用"工农小资产阶级和资产阶级联盟的国家"②。

1939年，使用"几个革命阶级联合起来对于帝国主义者和汉奸反动派的专政"③，"各革命阶级在无产阶级领导之下的统一战线的专政"④，"在

---

① 《毛泽东选集》第4卷，人民出版社，1960，第1380页。
② 《毛泽东选集》第1卷，人民出版社，1952，第254页。
③ 《毛泽东选集》第2卷，人民出版社，1952，第642页。
④ 《毛泽东选集》第2卷，人民出版社，1952，第642页。

无产阶级领导之下的几个革命阶级联合起来的专政"①。

1940年，使用"几个反对帝国主义的阶级联合起来共同专政的新民主主义的国家"②，"在无产阶级领导下的一切反帝反封建的人们联合专政的民主共和国"③。

1945年，使用"以全国绝对大多数人民为基础而在工人阶级领导之下的统一战线的民主联盟的国家制度"④，"几个民主阶级联盟的新民主主义国家"⑤。

1948年1月使用"工人阶级领导的人民大众的反帝反封建的政权"⑥。到12月正式提出"无产阶级领导的以工农联盟为主体的人民民主专政的共和国"⑦ 这样一个严谨的公式。

毛泽东同志不仅提出了"人民民主专政"这个科学概念，而且在党的七届二中全会的报告中，在《论人民民主专政》等著作中，对这个概念作了理论上的论述，并确定为我们党在国家政权建设中的指导思想。这个理论概括起来有以下几个基本点。

第一，工人阶级是人民民主专政的领导力量，农民阶级和广大革命知识分子是它的基础力量。工人阶级的政党要认真团结农民阶级，建立牢固的工农联盟。没有这个团结，没有牢固的工农联盟，人民民主专政就不能巩固。同时，要求我们党去团结尽可能多地能够同我们合作的城市小资产阶级和民族资产阶级的代表人物，它们的知识分子和政治派别，建立另一种联盟。有了这种联盟，便能在革命时期使反革命势力陷于孤立，彻底打倒国内的反革命势力和帝国主义势力。在国外，要联合世界上以平等待我的民族和各国人民，结成国际统一战线。

第二，在人民内部实行民主制度。首先要对"人民"作出科学定义。在新民主主义革命和社会主义改造完成以前的阶段，人民包括工人阶级、农民阶级、城市资产阶级和民族资产阶级。这些阶级在工人阶级及其政党

---

① 《毛泽东选集》第2卷，人民出版社，1952，第643页。
② 《毛泽东选集》第2卷，人民出版社，1952，第669页。
③ 《毛泽东选集》第2卷，人民出版社，1952，第668页。
④ 《毛泽东选集》第3卷，人民出版社，1953，第1056页。
⑤ 《毛泽东选集》第3卷，人民出版社，1953，第1062页。
⑥ 《毛泽东选集》第4卷，人民出版社，1960，第1272页。
⑦ 《毛泽东选集》第4卷，人民出版社，1960，第1380页。

共产党领导下,团结起来,组成自己的国家,选举自己的政府。对人民内部实行民主制度,人民有言论、集会、结社等项自由权,选举权只给人民。人民的国家是保护人民的。有了人民的国家,人民才有可能用民主的方法教育自己和改造自己,使自己脱离内外反动派的影响,改造自己从旧社会得来的旧习惯和坏思想。

第三,对人民的敌人实行专政。人民民主专政国家对帝国主义的走狗,即地主阶级和官僚资产阶级以及代表这些阶级的国民党反动派及其帮凶实行专政。对他们实行独裁,压迫这些人,剥夺他们的发言权。在帝国主义、国内反动派和国内阶级还存在的条件下,要强化人民的国家机器,即人民的军队、人民的警察、人民的法庭,借以巩固国防和保障人民的利益。革命的专政是非常重要的,没有这个专政,就不能维持政权,反动派就有可能复辟。对于反动阶级和反动派的人们,只要他们不破坏不捣乱,也给土地和工作,让他们活下去,并强迫他们在劳动中改造成新人。

第四,要正确对待民族资产阶级和农民阶级。在私营企业国有化以前的阶段,要对民族资产阶级中间的许多人进行许多适当的教育工作。到实行私营企业国有化时,再进一步对他们进行教育和改造工作。人民手中有强大的国家机器,不怕民族资产阶级造反。对待农民要进行长期的细心的工作,教育和引导他们。

第五,人民民主专政国家将来的任务,就是实现农业社会化和国家工业化。"没有农业社会化,就没有全部的巩固的社会主义。农业社会化的步骤,必须和以国有企业为主体的强大的工业的发展相适应。人民民主专政的国家,必须有步骤地解决国家工业化的问题。"①

这样,毛泽东同志对人民民主专政国家的性质,各阶级在国家中的地位、作用和相互关系,国家的职能、任务和前途等都作了科学的阐述,作为理论形态的人民民主专政得到确立。

人民民主专政理论的发展

中华人民共和国成立以后,经过30多年的实践,人民民主专政理论得

---

① 《毛泽东选集》第4卷,人民出版社,1960,第1482页。

到进一步丰富和发展。

在向社会主义过渡的时期,党即提出人民民主专政实质上是无产阶级专政的明确论断。刘少奇同志在党的八大所作的政治报告中明确论述了这一点。中华人民共和国成立以后,工人阶级在同几亿农民建立坚固同盟的条件下,取得全国范围的统治权力;工人阶级的政党中国共产党成为全国政权的执政党;人民民主专政开始担负完成由资本主义过渡到社会主义的任务,要把资产阶级和小生产者的生产资料私有制改变为社会主义公有制,彻底消灭人剥削人的制度;工人阶级经过自己的政党中国共产党,运用这个政权,把全体劳动人民和其他可以接受社会主义的力量最紧密地团结在自己的周围,共同执行无产阶级的政策路线。这样的政权实质上是无产阶级专政,或者说是无产阶级专政的一种形式。

1957年,毛泽东同志发表了《关于正确处理人民内部矛盾的问题》的重要讲话,对人民民主专政理论的主要内容作了进一步论述。(1)对什么是人民,什么是敌人,根据社会主义时期的具体情况,又作了科学规定。他指出:"在现阶段,在建设社会主义的时期,一切赞成、拥护和参加社会主义建设事业的阶级、阶层和社会集团,都属于人民的范围;一切反抗社会主义革命和敌视、破坏社会主义建设的社会势力和社会集团,都是人民的敌人。"① 如何对待社会主义革命和社会主义建设,成为划分人民和敌人的基本界限。(2)明确了专政的两个主要职能。一是压迫国家内部的反动阶级、反动派和反抗社会主义革命的剥削者,压迫那些对于社会主义建设的破坏者;二是防御国家外部敌人的颠覆活动和可能的侵略。(3)指出专政的目的是保卫全体人民进行和平劳动,将我国建设成一个具有现代工业、现代农业和现代科学文化的社会主义国家。(4)采用专政的方法和民主的方法来解决两类性质不同的社会矛盾,即敌我矛盾和人民内部矛盾。所谓专政的方法,就是在必要的时期内,不让反动阶级、反动派参与政治活动,强迫他们服从人民政府的法律,强迫他们从事劳动,并在劳动中改造成新人。所谓民主的方法,就是让人民参与政治活动,不是强迫他们做这做那,而是用民主的方法向他们进行教育和说服工作。毛泽东同志的这些论述,在政治上明确地划清了敌我界限,对更好地发挥人民民主专政国

---

① 《毛泽东选集》第5卷,人民出版社,1977,第364页。

家在民主和专政两方面的作用有重要的意义。

  人民民主专政不仅在民主革命时期和全国胜利后的过渡时期是必需的，而且在社会主义建设时期也是必需的。在作为阶级的地主阶级、富农阶级和资产阶级被消灭以后，人民民主专政虽然仍担负着对反对社会主义的敌对分子实行专政和改造的任务，担负着防御外部敌人侵犯和颠覆的任务，但是它的基本任务是正确处理人民内部矛盾，团结全国人民，保护社会生产力，组织和领导社会主义的现代化建设。

  人民民主专政是生长在中国社会和中国革命的条件下的一种国家制度。实践证明，它更适合于我国国情。坚持人民民主专政就要从我国的实际出发，发扬人民民主专政的优点和特点，使它在新的历史发展时期发挥更加伟大的作用。

民主与专政的辩证关系*

——纪念毛泽东同志诞辰九十周年

李步云**

摘　要：毛泽东同志对无产阶级专政的概念作了高度的理论概括，提出了两类矛盾学说，并把民主与专政的原理、原则，同正确区别与处理人民内部矛盾与敌我矛盾结合在一起。毛泽东同志十分强调民主与专政"不可分"，两者必须互相结合，并且全面地阐述了民主与专政之间既相对立又相统一的辩证关系。人民民主专政理论是毛泽东同志创造性地运用马列主义基本原理，从我国国情出发，科学总结我国革命和政权建设的实践经验而提出的，对我国不同历史时期的革命和建设起到了正确指导的作用。

关键词：毛泽东　人民民主专政　两类矛盾　辩证关系

毛泽东同志是伟大的马克思主义者，伟大的无产阶级革命家、战略家和理论家。他为我们党和军队的创立与发展，为中国人民解放事业的胜利，为中华人民共和国的缔造和我国社会主义事业的发展，建立了不可磨灭的功勋。他为世界被压迫民族的解放和人类进步事业作出了杰出的贡献。

毛泽东思想是马克思列宁主义在中国的运用和发展，是被实践证明了的关于中国革命的正确的理论原则，是以毛泽东同志为代表的中国共产党

---

* 本文原载于《法学研究》1983年第6期，收入本书时有改动。
** 李步云，中国社会科学院荣誉学部委员、法学研究所研究员。

人集体智慧的结晶。毛泽东思想永远是我们朝着共产主义目标胜利前进的指路明灯。

在整个毛泽东思想的科学体系中，人民民主专政理论占有十分重要的地位。《关于建国以来党的若干历史问题的决议》指出："毛泽东同志提出的对人民内部的民主方面和对反动派的专政方面互相结合起来就是人民民主专政的理论，丰富了马克思列宁主义关于无产阶级专政的学说。"[1] 人民民主专政理论的内容十分丰富，它对马列主义关于无产阶级专政学说的发展也是多方面的。毛泽东同志提出的民主与专政必须紧密结合、不可分离的原理，是整个人民民主专政理论极其重要的组成部分，是对无产阶级专政学说一个方面的重大发展。今天，认真学习与领会毛泽东同志关于民主与专政的辩证关系的思想，对于从理论与实践的结合上正确坚持人民民主专政，对于在法学领域反对精神污染，无疑具有重要的意义。

马克思、恩格斯在《共产党宣言》中指出："工人革命的第一步就是使无产阶级上升为统治阶级，争得民主。"[2] 这已经把建立无产阶级专政与争得民主同时提了出来。马克思、恩格斯在总结巴黎公社的经验时明确指出，巴黎公社就是实行无产阶级专政；同时，他们又从各个方面阐述了巴黎公社就是实行彻底的无产阶级的民主制。但是，自从1850年马克思在《法兰西阶级斗争》一书中首先使用"无产阶级专政"这一概念时起，后来并没有阐述和总结民主与专政这两个方面相互之间的关系。

在这个问题上，列宁大大前进了一步。他在同各种机会主义作斗争中，对民主与专政的相互关系作了新的理论概括。当时共产主义运动中的机会主义分子如考茨基之流，步资产阶级思想家的后尘，运用"一般民主"和"一般专政"的概念，并借拥护"一般民主"来吹捧资产阶级民主，借斥责"一般专政"来攻击无产阶级专政。他们将民主与专政完全割裂开来，和绝对对立起来，似乎有民主就不能有专政，有专政就不能有民主。针对这种谬论，列宁指出："……绝大多数人享受民主，对那些剥削和压迫人民的分子实行强力镇压，即不允许他们参加民主生活，——这就

---

[1] 《中国共产党中央委员会关于建国以来党的若干历史问题的决议》，人民出版社，1981，第42页。

[2] 《马克思恩格斯选集》第1卷，人民出版社，1972，第272页。

是从资本主义到共产主义的过渡时期的民主制。"① 苏维埃政权就是"无产阶级专政与劳动者的新民主相结合"②。列宁在驳斥考茨基关于"专政这个词意味着消灭民主"的谬论时指出:"专政不一定意味着消灭对其他阶级实行专政的那个阶级的民主,但一定意味着消灭(或极大地限制,这也是一种消灭方式)被专政的或者说作为专政对象的那个阶级的民主。"③

毛泽东同志根据马克思列宁主义的基本原理,总结了中国革命的实践经验,又大大地丰富和创造性地发展了关于民主与专政相互关系的原理。他在《论人民民主专政》一文中指出:"总结我们的经验,集中到一点,就是工人阶级(经过共产党)领导的以工农联盟为基础的人民民主专政。这个专政必须和国际革命力量团结一致。这就是我们的公式,这就是我们的主要经验,这就是我们的主要纲领。"④ "对人民内部的民主方面和对反动派的专政方面,互相结合起来,就是人民民主专政。"⑤ 以后毛泽东同志还提出了两类矛盾的学说,并从各个侧面和角度对民主与专政这两个方面的辩证关系作了全面的、深刻的阐述。具体说来,毛泽东同志关于民主与专政相互关系的原理对无产阶级专政学说的丰富和发展,主要表现在以下三个方面。

第一,毛泽东同志对无产阶级专政的概念作了高度的理论概括,指出人民民主与对敌专政相结合,就是人民民主专政;并用"人民民主专政"这一新的提法来代替"无产阶级专政"的提法。这一表述比以前更加集中,更加鲜明,内容更加丰富,更易于为人们所准确理解与掌握。从"人民民主专政"的提法来看,专政的主体即由什么人来掌握国家政权实行这个专政,"人民"这个概念不仅包括无产阶级(它是领导阶级),而且包括农民阶级和城市小资产阶级,在我国还包括民族资产阶级。它表明这个政权的阶级基础和群众基础十分广泛。同时,"人民民主专政"的提法又清楚地表明,这个政权的职能和内容,不仅包括专政制度、专政方法,而且包括民主制度、民主方法。这也就是说,"人民民主专政"的提法,更能

---

① 《列宁全集》第25卷,人民出版社,1958,第448页。
② 《列宁全集》第28卷,人民出版社,1956,第55页。
③ 《列宁选集》第3卷,人民出版社,1972,第622页。
④ 《毛泽东选集》第4卷,人民出版社,1960,第1485页。
⑤ 《毛泽东选集》第4卷,人民出版社,1960,第1480页。

确切地表明这一政权的阶级状况，明白地表示出这一政权的民主性质。这就可以避免和防止有人对"无产阶级专政"的概念在阶级内容与职能方面产生误解。人民民主专政实质上是无产阶级专政，是无产阶级专政学说在中国的具体运用，人民民主专政符合中国的国情。关于民主与专政相互结合的理论概括和人民民主专政这一新的提法，无疑极大地丰富和发展了马列主义关于无产阶级专政的学说。

第二，毛泽东同志提出了两类矛盾学说，并把民主与专政的原理、原则，同正确区别与处理人民内部矛盾与敌我矛盾结合在一起。他指出，敌我之间的矛盾和人民内部的矛盾，是性质完全不同的两类矛盾。"敌我之间的矛盾是对抗性的矛盾。人民内部的矛盾，在劳动人民之间说来，是非对抗性的；在被剥削阶级和剥削阶级之间说来，除了对抗性的一面以外，还有非对抗性的一面。"[①] 由于这两类矛盾的性质不同，处理方法也不同。人民内部矛盾必须用民主方法处理，敌我矛盾只能用专政方法解决。两类矛盾学说的提出，为民主与专政的必要性与必然性以及两者之间的辩证关系，进一步奠定了理论基础，为民主与专政的正确实施进一步指明了方向。

第三，毛泽东同志十分强调民主与专政"不可分"，两者必须"互相结合"，并且全面地阐述了民主与专政之间既相对立，又相统一的辩证关系。

民主与专政相互区别，主要表现在以下两点。其一，对象不同。在我国，在现阶段，民主的对象是全体人民，包括工人、农民、知识分子等全体社会主义劳动者，拥护社会主义的爱国者和拥护祖国统一的爱国者。他们占我国人口的绝大多数。专政的对象是各种敌对分子，如反革命分子、敌特分子、罪行极其严重的贪污盗窃分子以及严重危害社会秩序和社会安全的各种刑事犯罪分子。他们只占人口的极少数。其二，方法不同。"人民民主专政有两个方法。对敌人说来是用专政的方法，就是说在必要的时期内，不让他们参与政治活动，强迫他们服从人民政府的法律，强迫他们从事劳动，并在劳动中改造他们成为新人。对人民说来则与此相反，不是用强迫的方法，而是用民主的方法，就是说必须让他们参与政治活动，不

---

① 《毛泽东选集》第5卷，人民出版社，1977，第364页。

是强迫他们做这样做那样,而是用民主的方法向他们进行教育和说服的工作。这种教育工作是人民内部的自我教育工作,批评和自我批评的方法就是自我教育的基本方法。"① 在实际工作中,如果我们不严格区分民主与专政的原则界限,就要犯极大的错误。

民主与专政既相反,又相成。两者的相互联系,主要是指它们彼此之间相互依存、相互促进、相互转化。民主与专政之所以相互依存,是因为它们共处于国家政权这个统一体中,国家政权就是由民主与专政这两个方面组成的。这就是说,如果没有人民民主,人民不能掌握国家权力当家作主,就根本不可能对敌人实行专政,敌对阶级、敌对势力、敌对分子就会像过去那样统治人民、压迫人民。同样,不对敌人实行强有力的专政,人民的政权就会被推翻,人民民主就会化为乌有。正如毛泽东同志所指出的:"中国人民在几十年中积累起来的一切经验,都叫我们实行人民民主专政,或曰人民民主独裁,总之是一样,就是剥夺反动派的发言权,只让人民有发言权。""为什么理由要这样做?大家很清楚。不这样,革命就要失败,人民就要遭殃,国家就要灭亡。"②

民主与专政相互促进,一方面,是指在人民民主专政条件下,为了有效地对敌人实行专政,就必须发扬民主,充分依靠广大人民群众的智慧和力量。对此,毛泽东同志曾深刻指出:"没有广泛的人民民主,无产阶级专政不能巩固,政权会不稳。没有民主,没有把群众发动起来,没有群众的监督,就不可能对反动分子和坏分子实行有效的专政,也不可能对他们进行有效的改造,他们就会继续捣乱,还有复辟的可能。"③ 人民群众是实行无产阶级专政的力量源泉。对敌专政关系到维护广大人民的根本利益和切身利益。把人民群众对敌斗争的积极性充分调动起来和组织起来,并把这种力量同政法机关的专门工作结合起来,掌握与运用法律武器,就能形成对敌专政的"铜墙铁壁"。另一方面,为了保障和充分发扬人民民主,就必须有效地对敌人实行专政。没有对敌专政,人民的生命财产安全就要受到严重侵害,人民的民主权利、人身权利以及经济、文化和社会方面的权利就没有保障;没有对敌专政,就不能保持安定团结的政治局面,因而

---

① 《毛泽东选集》第5卷,人民出版社,1977,第371页。
② 《毛泽东选集》第4卷,人民出版社,1960,第1480页。
③ 毛泽东:《在扩大的中央工作会议上的讲话》,人民出版社,1978,第14页。

也不可能顺利地建设高度民主的社会主义政治制度；没有对敌专政，就不可能维护良好的社会秩序，群众没有安全感，就会大大影响群众的工作、生产和生活秩序；没有对敌专政，广大人民群众同敌对分子的犯罪活动作斗争的主动性、积极性就会受到压抑，司法工作的民主原则和群众路线就得不到很好的贯彻。只有充分揭露敌人的阴谋诡计，才能提高人民群众的政治警惕；只有彻底揭露敌对分子的犯罪活动给人民和国家带来的严重危害，才能提高人民群众对专政的重要意义的认识；只有狠狠打击各种敌对分子的嚣张气焰，广大人民群众才会敢于起来同他们作斗争。

民主与专政的相互转化，是指一些敌对分子经过改造，可以回到人民的队伍中来，由专政对象变为民主对象；人民内部的一些人也可能堕落为反革命分子和其他罪行极其严重的各种重大刑事犯罪分子，由民主对象变为专政对象。这就要求我们，一方面，要认真做好敌对分子的思想改造工作，促使他们由敌我矛盾转化成人民内部矛盾；另一方面，又要认真搞好政治思想工作，加强精神文明建设，防止人民内部矛盾转化成敌我矛盾。

总之，民主与专政两者是统一的，我们决不可把两者绝对对立起来，只要民主不要专政，或只要专政，不要民主。如果只肯定和重视一个方面，而否定和轻视另一个方面，我们就要犯极大的错误。在实际工作中，我们决不可把两者完全割裂开来，而必须把它们紧密地结合在一起，依靠发扬民主来加强对敌专政，通过加强对敌专政来保障民主和发扬民主。只有用对立统一的观点来对待民主与专政的相互关系，才算是真正理解和掌握了人民民主专政这一光辉理论的精髓。

以上三个方面，是毛泽东同志关于人民民主专政理论在民主与专政相互关系这一问题上对马列主义关于无产阶级专政学说的重大发展。当然，人民民主专政理论对无产阶级专政学说的发展是多方面的。在无产阶级专政的阶级内容（如民族资产阶级包括在人民的范围之内——这是十分突出的贡献）、政权的职能（包括民主与专政两个方面及其相互关系）、政权的形式（我国是实行人民代表大会制）、政权的历史任务（物质文明与精神文明建设及其他）、政权的发展阶段（我国经历民主革命与社会主义革命和建设两个大的历史时期）等一系列重要问题上，人民民主专政的理论都大大丰富了马克思主义的理论宝库。

人民民主专政的理论，包括民主与专政两个方面及其相互关系的原理，是毛泽东同志创造性地运用马列主义的基本原理，从我国的具体国情出发，全面科学地总结我国革命和政权建设正反两方面的实践经验（主要是成功的经验）而提出的。这一科学理论正确地指导了我国不同历史时期的革命斗争与政权建设，并取得了伟大的成功。

民主革命时期，革命根据地的政权建设，团结了包括民族资产阶级在内的一切可以团结的革命力量，执行统一战线政策，在人民内部实行广泛的民主，有效地对敌对势力、敌对分子实行专政，从而保证民主革命取得了伟大胜利。新中国成立初期，我们在人民民主专政理论的正确指引下成功地发动群众、依靠人民，取得了镇压反革命、肃清国内残余反动势力、抗美援朝等对敌斗争的重大胜利，保卫了人民民主，从而取得了社会主义革命和社会主义建设的辉煌成就。从1957年到1966年，我国的政权建设总的说来是健康发展的，成绩是主要的。但是由于在阶级斗争等问题上出现了"左"的错误，因而在人民民主专政的理论和实践上也产生了某些失误，主要是没有正确处理好民主与专政的辩证关系，只强调了专政的一面，而忽视了民主的一面，有时甚至把无产阶级专政仅仅理解为就是对敌专政，而没有看到无产阶级专政首先是民主，是人民掌握国家权力，实行当家作主，是民主与专政的辩证统一。这种理论认识上的偏差，影响了我国的社会主义民主与社会主义法制的建设，而民主与法制不健全，终于成了"文化大革命"发生和发展的一个重要条件。在"十年内乱"期间，林彪、江青反革命集团竭力鼓吹"政权就是镇压之权"的反动谬论，把政权归结为只是专政一个方面；他们鼓吹"全面专政"的反动谬论，公然把专政矛头指向广大老干部、知识分子、工人和农民。他们使用的手法就是歪曲民主与专政的辩证关系，把两者割裂开来，并运用这种"理论"作为思想武器，疯狂地对广大人民群众实行封建法西斯专政。党的十一届三中全会以后，党中央领导全国人民，排除一切干扰，果断地进行拨乱反正，彻底批判、清算了"全面专政"的反动谬论，强调和坚持了民主与专政的辩证统一，并在实际工作中同林彪、江青一伙的影响与流毒进行了坚持不懈的斗争，使人民民主专政的理论大放异彩，从而保证了我国的民主制度和专政制度的建设出现了新中国成立以来从未有过的大好局面。但是，近几年来，社会上又出现了一股资产阶级自由化思潮，公然反对四项基本原则。在人民民主专政问题上，他们打着"要民主、要自由、要人权"的旗号，歪曲民主与专政的辩证关系，肆意攻击无产阶级专政。这股思潮也使我们的一些党员和干部受到影响，并在实际工作中使对敌专政一度有所削弱。总之，几十年来，正反两个方面的实践经验充分证明，坚持人民民主专政理论，坚持民主与专政的辩证统一，我们的政权建设就取得成功，革命和建设事业的顺利发展就有保证。反之，违背这一理论，我们的政权建设就要出现失误和挫折，革命和建设事业就要遭受重大损失。

无论过去、现在和将来，坚持四项基本原则都是我们立国的根本，是社会主义事业取得胜利的基本保证。现在我们的国家已经进入一个新的历史时期。建设高度的物质文明，建设高度的社会主义精神文明，建设高度民主的社会主义政治制度，是新时期全国人民"三位一体"的总任务。坚持人民民主专政，加强人民民主专政的国家制度的建设，既是新时期总任务的一个重要内容，又是建设物质文明与精神文明的支持和保证。坚持人民民主专政，既要坚持发展人民民主即社会主义民主，又要坚持对敌人的专政。当前，在思想理论战线上，我们面临的一个重要任务就是要在民主与专政的相互关系问题上，清除精神污染，通过摆事实、讲道理，批评一些同志的错误观点；同时要做好深入细致的宣传解释工作，以澄清一些同志的模糊认识。只有这样，我们才能在理论上和实践上正确地坚持人民民主专政。

有的同志认为，"既然敌对阶级消灭了，还需要保持专政的职能吗？""还要专政，对什么人专政？弄得不好就会像过去一样，或者坏人专好人的政，或者人民专人民的政。"这种看法是错误的。因为，敌对阶级的消灭，并不意味着阶级斗争的消灭、敌对势力与敌对分子的消灭。党的十一届三中全会以来，我们反对把阶级斗争扩大化，不认为党内有一个资产阶级，也不认为在社会主义制度下，在确已消灭了剥削阶级和剥削条件之后还会产生一个资产阶级或其他剥削阶级。但是我们必须看到，在社会主义社会，还存在各种敌对分子。例如，仍然有以推翻人民民主专政的国家政权和社会主义制度为目的的反革命分子和敌特分子；仍然有以敌视和破坏社会主义经济制度为主要特征的罪行严重的贪污、盗窃和投机倒把的新剥削分子；仍然有以破坏社会主义的社会秩序、危害社会安全为主要特征的各种严重刑事犯罪分子。而且，这些敌对分子在长时期内不可能完全消灭。现阶段我国的阶级斗争，主要表现为广大人民同这些敌对势力和敌对分子的斗争。我们同他们的斗争不同于过去历史上的阶级对阶级的斗争（他们不可能形成一个公开的完整的阶级），但仍然是一种特殊形式的阶级斗争，或者说是历史上的阶级斗争在社会主义条件下的特殊形式的遗留。如果我们不对这些敌对分子实行强有力的专政，就不可能有社会主义民主，就不可能建设社会主义。林彪、"四人帮"鼓吹什么"全面专政"，实际上是对人民实行封建法西斯专政。我们已经彻底粉碎了这个专政。我们一直在采取各种政治的、法律的、经济的、文化的措施，努力扩大社会主义民主与健全社会主义法制。产生"文化大革命"的特定历史条件已经不再存在，"十年内乱"时期那种"坏人专好人的政，或者人民专人民的政"的局面是一去不复返了。只要我们在对敌专政中，认真贯彻党的政策，严格区分两类矛盾，切实执行法律所规定的办案程序和定罪量刑的标准，我们就一定能够做到准确、及时、合法地对各种敌对分子实行有效的专政，而不会误伤好人。

有的同志提出，"把民主与专政看作平行的、同等重要的、失去一方另一方就不存在的两个方面，是不够科学的。实际上，民主与专政的关系是整体与部分、过程与环节的关系"。这种观点是不够妥当的。民主制度与专政制度、民主方法与专政方法，两者之间有着原则的区别，这完全是人们的常识所能理解的。例如，我们要剥夺敌对分子的政治权利，这是专政，对人民则完全不能允许这样做，他们必须充分享受各项政治权利，这是民主。怎么能够说专政是民主的一部分呢？把民主与专政的关系看作整体与部分的关系，就完全把民主与专政混为一谈了，就完全抹杀了它们之间的原则界限。民主与专政相互依存，失去一方另一方就不存在，这是由国家的阶级本质和阶级斗争的客观规律决定的。国家是阶级专政的工具。没有统治阶级的民主，他们不牢牢掌握国家权力，当然不会有对被统治阶级的专政；没有对被统治阶级强有力的专政，被统治阶级就会推翻国家政权，统治阶级的民主就会丧失。这从马克思主义的国家理论与阶级斗争学说来看，是完全合乎逻辑的。认为"民主是贯穿人类社会始终的一个长过程""专政产生之前和消灭之后，民主都存在着"，把原始社会、共产主义社会的"民主"同有阶级社会的民主混为一谈，从阶级社会的民主既有阶级性，又有超阶级性的观点出发，去论证民主与专政是"过程"与"环节"的关系，也是不正确的。列宁说过，"发展的辩证法（过程）是这样的：

从专制制度到资产阶级民主；从资产阶级民主到无产阶级民主；从无产阶级民主到没有任何民主"①。他在批判考茨基的时候又指出，"'纯粹民主'不仅是既不了解阶级斗争也不了解国家实质的蠢话，而且是十足的空谈，因为在共产主义社会中，民主将变成习惯，消亡下去，但永远也不会是'纯粹的'民主"②。以这样或那样的论点和方法，论证与宣传抽象的超阶级的"民主"，这无论在理论上或在实践上，都是有害的。

有的同志担心，"现在强调对敌专政，势必妨碍发扬人民民主"。这种看法实际上是把民主与专政割裂开来和绝对对立起来了。前面已经说过，民主与专政是相互依存、相互促进的。对敌视和破坏社会主义制度和社会秩序的极少数敌对分子实行专政，正是为了保障绝大多数人充分享受民主权利。近几年来，由于各种因素，特别是由于对敌斗争不力，没有充分发挥人民民主专政的威力，敌对分子气焰嚣张，各种犯罪活动十分猖獗。这不仅给社会主义建设事业带来了严重危害，而且给广大人民群众的生命财产造成了重大损失，严重侵害了广大人民的民主权利。例如，我们主张打击敌人、惩罚犯罪，必须依靠广大人民的力量和智慧，实行专门机关与广大群众相结合，这是社会主义民主原则在司法领域的体现。但是，在一个时期，一些地方却出现了那种不是坏人怕好人，而是好人怕坏人，群众没有安全感的不正常局面。由于害怕犯罪分子行凶和报复，有的人甚至在公共场所也不敢站出来同各种流氓、抢劫、盗窃等犯罪行为作斗争；有的人不敢检举揭发犯罪分子和犯罪活动；有的人不敢在法庭审判罪犯时出庭作证。这也说明，在一个时期里，我们在对敌专政方面是不得力的。在这种形势下，党和国家动员和组织力量加强同各种敌对分子作斗争，并提出对各种严重危害社会主义制度和社会安全的刑事犯罪分子实行依法从重从快惩处的方针，是完全正确的和十分必要的。

有的同志说，"现在是只讲专政，不讲民主了"。这是一种误解，也是不符合事实的。十一届三中全会以后，我们的党和国家鉴于过去"左"倾错误的经验教训，提出拨乱反正，解放思想，着重强调要加强和发扬社会主义民主，并在实际工作中采取了一系列具体措施；强调进行阶级斗争决

---

① 列宁：《马克思主义论国家》，宋书声、籍维立译，人民出版社，1964，第24页。
② 《列宁全集》第28卷，人民出版社，1956，第224页。

不能再采取"文化大革命"中林彪、江青反革命集团搞的那种所谓"群众专政"的方法，而必须遵循社会主义法制的原则，在国家法律的范围内，按照法律的程序，正确地运用法律武器进行这种斗争。从来没说可以放弃或削弱对敌专政，而是多次讲过，决不允许各种反革命分子、反社会主义分子和各种严重的刑事犯罪分子胡作非为。近几年，党和国家鉴于各种犯罪活动相当严重，而我们自己对这种犯罪活动又打击不力的现实情况，着重强调要加强对敌专政，加强对各种犯罪活动作斗争。这并不意味着党和国家不再发扬民主了。事实完全不是这样。1982年6月党的第十二次全国代表大会已经把建设高度民主的社会主义政治制度作为新时期全国人民的总任务的重要组成部分，庄严地记载在新的党章中。同年12月五届人大五次会议通过的新宪法在加强社会主义民主方面增加了许多新内容，使我国民主制度的建设又向前大大迈进了一步。这些事实充分说明，党和国家始终没有也不可能放弃加强社会主义民主与健全社会主义法制的方针；始终没有也不可能放慢建设高度民主的社会主义政治制度的前进步伐。

十一届三中全会以来，党中央系统地、正确地总结了新中国成立以来的历史经验，在人民民主专政的理论上，继承和发展了毛泽东思想。这种继承和发展，集中体现在《邓小平文选》中。邓小平同志始终坚持毛主席关于民主与专政两个方面必须相互结合、不可分离的原理，反复强调："人民的民主同对敌人的专政分不开"[①]，"一定要把对人民的民主和对敌人的专政结合起来"[②]。他指出："继续努力发扬民主，是我们全党今后一个长时期的坚定不移的目标。"[③] "但是发展社会主义民主，决不是可以不要对敌视社会主义的势力实行无产阶级专政。"[④] "马克思主义理论和实际生活反复教育我们，只有绝大多数人民享有高度的民主，才能够对极少数敌人实行有效的专政；只有对极少数敌人实行专政，才能够充分保障绝大多数人民的民主权利。"[⑤] 邓小平同志还指出："在阶级斗争存在的条件下，在帝国主义、霸权主义存在的条件下，不可能设想国家的专政职能的消

---

① 《邓小平文选》，人民出版社，1983，第161页。
② 《邓小平文选》，人民出版社，1983，第162页。
③ 《邓小平文选》，人民出版社，1983，第162页。
④ 《邓小平文选》，人民出版社，1983，第154—155页。
⑤ 《邓小平文选》，人民出版社，1983，第333页。

亡,不可能设想常备军、公安机关、法庭、监狱等等的消亡。它们的存在同社会主义国家的民主化并不矛盾,它们的正确有效的工作不是妨碍而是保证社会主义国家的民主化。"① 党的十一届三中全会以来,正是在邓小平同志这些思想的指导下,我们的党和国家领导全国人民正确地开展了两条战线的思想斗争,既反对了轻视和蔑视人民民主的"左"的各种影响与流毒,又反对了忽视专政的右的错误倾向,并在实际工作中为发扬社会主义民主,加强对敌专政,进行了顽强的斗争,取得了前所未有的成就。我们坚信,今后,毛泽东思想关于人民民主专政的光辉理论,必将继续指引我们从一个胜利走向另一个胜利。

---

① 《邓小平文选》,人民出版社,1983,第155页。

论以法定制*

——学习《邓小平文选》的体会

宋　峻**

摘　要：《邓小平文选》中关于制度化、法律化的论述，对我们当前和今后的改革有重大指导意义。制度是决定因素，具有根本性、全局性、稳定性、长期性。制度改革的目的，是保证党和国家政治生活的民主化，经济管理的民主化，整个社会生活的民主化，促进现代化建设的顺利发展。要发挥制度的作用，就必须依法定制，重要的制度必须由法律加以规定，加强立法工作。

关键词：《邓小平文选》　制度改革　法律化　加强立法

《邓小平文选》有丰富的法制思想，其中关于制度化、法律化的论述，对我们当前和今后的改革具有重大指导意义。

一　改革和完善制度

邓小平同志明确提出了坚持四项基本原则，充分肯定了社会主义制度的优越性。历史经验也证明，只有社会主义能够救中国；离开社会主义，就必然退回到半封建半殖民地的老路上去。我们已经取得了巨大的成就，但在前进的道路上也遇到过各种困难。我们能用社会主义制度自身的力量，战胜任何艰难险阻，而资本主义制度则免不了必然灭亡的历史命运。

---

* 本文原载于《法学研究》1984年第5期，收入本书时有改动。

** 宋峻，原文发表时单位为福建省人大常委会。

社会主义制度，是社会主义经济、政治、文化制度的综合总体。这个总体的本质特征是：消灭剥削制度；生产资料公有；实行按劳分配；国民经济有计划按比例发展；工人阶级和劳动人民的政权；作为社会主义发展的必然要求和最终结果的、高度发达的生产力和比资本主义更高的劳动生产率；以共产主义思想为核心的社会主义精神文明。这是社会主义制度的共性。但是，各个社会主义国家，在经济、政治、文化和社会生活的具体制度方面，却不尽相同。由于生产力发展水平的差异，阶级力量对比状况的不同，人民觉悟程度的高低，历史传统影响的强弱，领导者政策的正误，国内外环境的制约，加上社会主义建设的历史不长，可资借鉴的经验不多，总体来讲，都处在不断探索中；制度上成败得失，都需要在实践中总结经验。邓小平同志在讲到我国的时候曾说："我们确实还缺乏经验，也许现在我们才认真地探索一条比较好的道路。"①

早在 20 多年以前，毛泽东同志就讲过，我们的社会主义生产关系已经建立起来，它是和生产力的发展相适应的；但是，它又很不完善，这些不完善的方面和生产力的发展又是相矛盾的。上层建筑和经济基础也有这种既相适应又相矛盾的情况。毛泽东同志具体指出："资产阶级意识形态的存在，国家机构中某些官僚主义作风的存在，国家制度中某些环节上缺陷的存在，又是和社会主义的经济基础相矛盾的。"② 这就是说，我们在一些根本制度上还不完善，在一些具体制度上还有缺陷，我们的各项制度还需要一个继续建立和巩固的过程，还需要一个继续改革和完善的过程。不幸，发生了"十年内乱"，这个正常发展过程给打断了。由于林彪、江青"反革命集团"的严重破坏，由于我们指导思想上"左"的错误，由于历史上形成的体制上的一些缺陷，我们在经济、政治、文化制度上，都出现了许多与当前社会主义现代化建设要求不相适应的情况。

邓小平同志在总结"文化大革命"的教训时说："最重要的是一个制度问题"③，"制度是决定因素"④，"我们正在考虑从制度上解决问题"⑤。

---

① 《邓小平文选》，人民出版社，1983，第 215 页。
② 中共江西省委讲师团编《毛泽东同志论政治经济学诸问题》，江西人民出版社，1960，第 80 页。
③ 《邓小平文选》，人民出版社，1983，第 261 页。
④ 《邓小平文选》，人民出版社，1983，第 273 页。
⑤ 《邓小平文选》，人民出版社，1983，第 308 页。

邓小平同志多次讲了制度改革的重要性，并在《党和国家领导制度的改革》这篇重要文献中，集中地提出了制度改革的纲领。

制度改革的目的，是充分发扬社会主义制度的优越性，从制度上保证党和国家政治生活的民主化、经济管理的民主化、整个社会生活的民主化，促进现代化建设的顺利发展。制度改革的标准，"是要在经济上赶上发达的资本主义国家，在政治上创造比资本主义国家的民主更高更切实的民主，并且造就比这些国家更多更优秀的人才"。"党和国家的各种制度究竟好不好，完善不完善，必须用是否有利于实现这三条来检验。"① 并且指出，党和国家现行的一些具体制度中，还存在不少弊端，主要是官僚主义现象、权力过分集中现象、家长制现象、干部领导职务终身制现象和形形色色的特权现象。这些现象的存在，有思想作风问题，有制度问题。必须改变这些制度。"制度问题不解决，思想作风问题也解决不了。"② 从制度上说，解决官僚主义问题，必须制定行政法规和个人负责制，对每个机关乃至每个人的职责权限都要有严格的明确的规定，做到有章可循。解决权力过分集中和家长制问题，必须建立民主集中制、集体领导和个人分工负责制。解决干部领导职务终身制问题，必须健全干部的选举、招考、任免、考核、弹劾、轮换制度，对各级各类领导干部（包括选举产生、委任和聘用的）职务的任期，以及离休、退休，要按照不同情况，作出适当的、明确的规定，任何领导干部的任职都不能是无限期的。解决特权问题，一是在职权范围和政治、生活待遇方面要有具体规定；二是要有制裁特权者的措施，如检举、控告、弹劾、撤换、罢免、经济退赔、法律和纪律处分。其他方面的具体制度，也要按这个精神加以改革和完善。改革并完善党和国家的领导制度，是制度改革的关键。现在，在经济制度方面，我们正大力进行经济和管理体制方面的改革，在城乡建立各种形式的责任制，量才授职，责权到人，按劳分配，赏罚分明，并取得了显著成效。在政治制度方面，我们正在根据民主集中制的原则，加强各级国家机关的建设，把各级人民代表大会及其常设机构建成有权威的人民权力机关，基层政权实行人民的直接民主，特别着重发展城乡企业中劳动群众对企业事务

---

① 《邓小平文选》，人民出版社，1983，第282—283页。
② 《邓小平文选》，人民出版社，1983，第288页。

的民主管理。邓小平同志预言:"我们的制度将一天天完善起来,它将吸收我们可以从世界各国吸收的进步因素,成为世界上最好的制度。"①

二 制度是决定因素

制度的内容很广,可以特指一定历史条件下形成的经济、政治、文化的体系、秩序、原则,如社会主义制度、资本主义制度;也可以泛指共同遵守的办事规程,如工作制度等。毛泽东同志说:"制度不单是所有制,而且有上层建筑,主要是政权机关、意识形态。"② 所有制是经济基础的主要内容;所有制的法律表现是所有权。所有制和所有权都是制度,前者是经济制度,属经济基础;后者是法律制度,属上层建筑。

制度是决定因素,在于制度自身的性质和制度对社会生活的关系。邓小平同志说:"领导制度、组织制度问题更带有根本性、全局性、稳定性和长期性。这种制度问题,关系到党和国家是否改变颜色,必须引起全党的高度重视。"③ 这里的"是否改变颜色",讲的是制度对党和国家的关系;这里的"根本性、全局性、稳定性和长期性",讲的是制度自身的性质;二者是紧密联系的。

首先是制度的根本性。四项基本原则是我们的立国之本。第一项基本原则就是坚持社会主义道路。我们总结长期历史经验得出的基本结论,是把马克思主义的普遍真理同我国的具体实际相结合起来,走自己的道路,建设有中国特色的社会主义。沿着这条道路前进,我们就能建成高度物质文明、高度精神文明和高度民主的、强大的社会主义国家,保证向共产主义的过渡。因此,我国宪法第1条明确规定:"中华人民共和国是工人阶级领导的、以工农联盟为基础的人民民主专政的社会主义国家。社会主义制度是中华人民共和国的根本制度。禁止任何组织或者个人破坏社会主义制度。"在其他条文中,进一步规定了社会主义经济、政治、文化和社会生活等方面的具体制度,以保证社会主义建设总任务、总目标的实现。可

---

① 《邓小平文选》,人民出版社,1983,第297页。
② 中共中央党校编《马列著作毛泽东著作选读(党的学说部分)》,人民出版社,1978,第450页。
③ 《邓小平文选》,人民出版社,1983,第293页。

以说，社会主义制度是我们的命根子。

制度的根本性，不仅在于它决定国家的前途和命运，而且，它对每个人的思想和行为都有重大影响。"制度好可以使坏人无法任意横行，制度不好可以使好人无法充分做好事，甚至会走向反面。即使像毛泽东同志这样伟大的人物，也受到一些不好的制度的严重影响，以至对党对国家对他个人都造成了很大的不幸。"[1]

这里有两个方面。一是制度好或不好，可以从相反的两个方向起决定作用。制度好，起促进作用；制度不好，起促退作用。二是同一个制度，可以既约束人，又保护人；好的制度，约束坏人，保护好人；不好的制度，保护坏人，约束好人。

其次是制度的全局性。制度的根本性是讲制度的实质，制度的全局性是讲制度的范围。制度的全局性是从制度的根本性来的。社会主义制度贯穿在各个方面：政治制度、经济制度、文化制度、社会生活制度等。而各种制度在各自的范围中，同样带有全局性。根本制度和具体制度，从范围上讲，有大局和小局之分；小全局又是大全局的一部分。比如干部退休制度，涉及一定年龄要退休的干部这个小全局，实行的结果会取消实际上存在的干部领导职务终身制，从而有助于实现干部的革命化、年轻化、知识化、专业化，以适应四化建设的需要，巩固和发展我国的社会主义制度这个大局。

制度的全局性还表现在适用方面。邓小平同志说："公民在法律和制度面前人人平等，党员在党章和党纪面前人人平等。人人有依法规定的平等权利和义务，谁也不能占便宜，谁也不能犯法。不管谁犯了法，都要由公安机关依法侦查，司法机关依法办理，任何人都不许干扰法律的实施，任何犯了法的人都不能逍遥法外。"[2] 这里，制度和法律有共同之处，从它们的本性上讲，都是用同一把尺度去衡量不同的人，即从同一个制度和法律的角度，对待所有的人，决不厚此薄彼，这也是全局性。当然，由于制度内容不同，如资产阶级专政制度和无产阶级专政制度，在谁对谁专政问题上是截然相反的，这和制度的全局性不是一个问题，这是容易明

---

[1] 《邓小平文选》，人民出版社，1983，第293页。
[2] 《邓小平文选》，人民出版社，1983，第292页。

白的。

再次是制度的稳定性。制度不是权宜措施，它是一定的社会经济、政治和文化的体系、秩序或原则，一经形成，就具有相对稳定性。但先进的革命的制度和落后的反动的制度的稳定性是不同的。我国社会主义制度的根本性和全局性，从实质和范围方面决定了我们这个制度的稳定性和生命力。林彪、"四人帮"搞了"十年内乱"，千方百计要搞垮我们党、我们国家、我们军队。我们的国家经受了严峻的考验，我们的党没有变，我们的人民解放军没有变，我们的社会主义制度没有变。事实证明，我们的社会主义制度有强大的生命力。它已经深深扎根在中国的土地上，已经有了30多年的历史，已经是能经得起狂风暴雨袭击的参天大树。正因为我们这个制度的稳定性，我们才终于用我们这个制度自身的力量，割除了林彪、"四人帮"这些恶性肿瘤。

制度是逐步成熟起来的，它也有自己的量变到质变的过程，也会在部分质变的基础上呈现制度发展的阶段性。但是，根本制度和具体制度都必须保持相对稳定性。正如邓小平同志所说："为了保障人民民主，必须加强法制。必须使民主制度化、法律化，使这种制度和法律不因领导人的改变而改变，不因领导人的看法和注意力的改变而改变。"[①] 在解决现行制度的改革和新制度的建立问题时，必须扎扎实实，稳步前进。建设时期新制度的建立和革命时期对旧制度的破坏，是原则上不同的两回事，"不能认为只要破字当头，立就在其中了"[②]。建立新制度，要经过试点，取得经验，成熟一个，解决一个，要通过相应的法定程序，制定周密的、切实可行的、能够在较长时期发挥作用的制度和条例，有步骤地实施。新制度实行以前，仍应照现行制度办事，这都是制度本身的稳定性所决定的。

最后是制度的长期性。这是从前三个性质来的，是制度的过程：根本制度要与社会主义相始终，具体制度要与具体过程相始终；不论是根本制度还是具体制度，都有个完善过程；人们对新制度也有个适应和习惯过程。这些都是制度的长期性。

制度的根本性、全局性、稳定性和长期性，说明制度重要，说明制度

---

① 《邓小平文选》，人民出版社，1983，第136页。
② 《邓小平文选》，人民出版社，1983，第296页。

是决定因素，说明制度确实"关系到党和国家是否改变颜色，必须引起全党的高度重视"。

三 制度和法律的关系

恩格斯说："在社会发展某个很早的阶段，产生了这样的一种需要：把每天重复着的生产、分配和交换产品的行为用一个共同规则概括起来，设法使个人服从生产和交换的一般条件。这个规则首先表现为习惯，后来便成了法律。随着法律的产生，就必然产生出以维护法律为职责的机关——公共权力，即国家。在社会进一步发展的进程中，法律便发展成或多或少广泛的立法。这种立法愈复杂，它的表现方式也就愈益不同于社会日常经济生活条件所借以表现的方式。立法就显得好象是一种独立的因素，这个因素并不是从经济关系中，而是从自己的内在基础中，例如从'意志概念'中，获得存在的理由和继续发展的根据。人们往往忘记他们的法权起源于他们的经济生活条件，正如他们忘记了他们自己起源于动物界一样。"① 恩格斯这段话，很好地从起源上说明了经济、制度、法律和国家的关系。第一，经济关系是制度、法律和国家的基础，经济基础决定上层建筑。第二，制度最先从生产、分配和交换行为中产生的"规则"和"一般条件"。第三，制度最初表现为习惯，后来成了法律。第四，为了保护经济关系，为了制度和法律的实施，就必然产生国家。

毛泽东同志在讲宪法的时候，也涉及制度和法律的关系。他说："一个团体要有一个章程，一个国家也要有一个章程，宪法就是一个总章程，是根本大法。用宪法这样一个根本大法的形式，把人民民主和社会主义原则固定下来，使全国人民有一条清楚的轨道，使全国人民感到有一条清楚的明确的和正确的道路可走，就可以提高全国人民的积极性。"② 这里讲的"原则"、"轨道"和"道路"，就是制度；这里讲的"总章程"和"根本大法"，就是法或广义上的法律。比如，我国的国体是人民民主专政，我国的政体是人民代表大会制；这是我国的政治制度。又如全民所有制，劳

---

① 《马克思恩格斯选集》第2卷，人民出版社，1972，第538—539页。
② 《毛泽东选集》第5卷，人民出版社，1977，第129页。

动群众集体所有制及其民主管理,这是我国的经济制度。这种政治制度和经济制度,是我国革命和建设的胜利成果,是现实生活中已经存在的,法律把这些肯定下来,使之明确、清楚,并加以保护。

邓小平同志关于制度改革的许多论述,都与制定法律紧密地联系在一起,强调以法律规定制度,用法律手段解决矛盾,不允许"以言代法"。他说:"现在的问题是法律很不完备,很多法律还没有制定出来。往往把领导人说的话当做'法',不赞成领导人说的话就叫做'违法',领导人的话改变了,'法'也就跟着改变。所以,应该集中力量制定刑法、民法、诉讼法和其他各种必要的法律,例如工厂法、人民公社法、森林法、草原法、环境保护法、劳动法、外国人投资法等等,经过一定的民主程序讨论通过,并且加强检察机关和司法机关,做到有法可依,有法必依,执法必严,违法必究。国家和企业、企业和企业、企业和个人等等之间的关系,也要用法律的形式来确定;它们之间的矛盾,也有不少要通过法律来解决。"①

由上可见,经济制度、政治制度、文化制度和社会生活制度,都是法律的内容;反过来,凡属重要的制度,又都是由法律加以规定的。我国社会主义的根本制度,是由根本大法——宪法规定的。宪法是所有其他法律的依据和指导原则。宪法是依照严格的法律程序,由国家最高权力机关——全国人民代表大会通过的,具有最高的法律效力。我国社会主义的一些基本制度,由国家基本法律规定,即由拥有立法权的机关——全国人民代表大会制定颁布,它是制定法律和行政法规、地方性法规的依据。属于国家行政管理制度,由国家最高行政机关——国务院以行政法规加以规定。根据地方建设的需要,贯彻执行宪法、法律和行政法规,省、自治区、直辖市人民代表大会及其常务委员会可以制定地方性法规。但是,行政法规和地方性法规均不得与宪法和法律相抵触。

在新的历史时期,强调以法定制,有特别重要的意义。在革命战争时期,主要靠党的政策。新中国成立以后,我们有了全国性政权,就要逐步过渡到不仅依靠党的政策,还要建立和健全法制,做到有法可依,有法必依,保证国家的长治久安。

---

① 《邓小平文选》,人民出版社,1983,第 136—137 页。

重要的制度，要由法律加以规定；一般的规章制度，则不必采取法律形式。这一方面决定于制度本身重要性上的差别，另一方面决定于法律的本质。法律是统治阶级意志的表现，它是由国家机关制定和认可的一种社会规范，规定了人们的权利和义务，并由国家强制力保证其实施，因而具有普遍的约束力。列宁曾经指出："一般用什么来保证法律的实行呢？第一，对法律的实行加以监督。第二，对不执行法律的加以惩办。"[①] 这样，法律就建立和维护了有利于统治阶级的社会关系和社会秩序。此外，现代法律一般是成文法，是公开颁布的，具有相对的稳定性和连续性。这样，人们就知道国家允许什么行为，禁止什么行为；有了行为标准，就可以促使人们遵守法制，并使制度明确起来，巩固起来，完善起来。当然，我们不应夸大法律对制度的作用。法律形式是由法律内容决定的。

四　如何以法定制

重要制度用法律加以规定，主要就是加强立法工作。

邓小平同志说："现在立法的工作量很大，人力很不够，因此法律条文开始可以粗一点，逐步完善。有的法规地方可以先试搞，然后经过总结提高，制定全国通行的法律。修改补充法律，成熟一条就修改补充一条，不要等待'成套设备'。总之，有比没有好，快搞比慢搞好。"[②] 邓小平同志这段话是很重要的立法指导思想，把立法工作中的粗和细，地方法规和全国立法，制定和修改，单行法规和"成套设备"，有和无，快和慢等方面的对立统一关系，都讲清楚了。

第一，要正视现实。立法工作量大，很多法规要制定，但人力很不够，这是个很大的矛盾。怎么解决，要拿出办法来。办法就是正确处理各种复杂的关系，解决矛盾。

第二，法律条文开始可以粗一点。粗和细是对立统一的。没有粗就没有细。想一下就拿出一个十分细密而完备的法规，是不可能的。中华人民共和国刑法，先后易过30多次稿，1979年全国人大审议通过、颁布实施。

---

① 《列宁全集》第2卷，人民出版社，1959，第253页。
② 《邓小平文选》，人民出版社，1983，第137页。

四年来又作了三次补充和修改。第一次是处理逃跑或者重新犯罪的劳改犯和劳教人员；第二次是打击经济领域犯罪的决定；第三次是打击严重刑事犯罪活动的决定。根据斗争形势的需要，今后还要对某些条款作补充修改，以臻完备。刑法尚且如此，更不必说其他法律了。开始粗一些不要紧，先施行起来，经过实践检验，及时总结成败得失，加以修改补充，用不了几年，一个法规就逐步完善起来了。看不起粗的，细的便也拿不出。"一口吃个胖子"，那是空想。

第三，通常是依据全国通行的法律制定地方性法规或实施细则。但是，由于我们国家大，情况复杂，各省、自治区、直辖市经济、政治发展不平衡，有些法规地方急需，而全国通行法律又一时定不出来，消极等待就要贻误工作。特别是那些对外开放，实行特殊政策、灵活措施的省区，更要根据自己的情况，适时地制定有特色的地方性法规，解决特殊矛盾。可以在全国通行法律的指导下制定地方性法规，也可以先制定地方性法规试行，用地方上的经验丰富全国通行的法律。制定法规工作上也要发挥中央和地方的两个积极性。

第四，立法有个逐步完善的过程。修改补充法律是完善立法的正常途径。有人强调法律的"稳定性"，认为修改补充法律是"政策多变"的翻版。这是不对的。其他国家也经常有法律修正案，有的修正案一次只有一条，有的则多次，多条。问题不在于是否可以修改和补充，关键在于"成熟一条就修改补充一条"。如果是不成熟的东西，变来变去，那就不好，就会影响法律的稳定性。补充那些经过实践检验是行之有效的成熟了的条文，则会加强法律的稳定性。因为它是成熟的东西。另外，也不要以一条为少，认为不值得修改和补充。"多"是由"一"组成的，没有"一"就没有"多"。宪法取消"四大"，开始也是作为一条修改意见提出来的，但它在维护全国安定团结方面，起了重要作用。

第五，有法律的"成套设备"固然好，没有"成套设备"，也不必等待，可以先搞单行法规，可以先搞若干规定。抓住突出的矛盾，先解决，这样虽不能面面俱到，却可以有重点、有特色。有了单行法规、若干规定，也就会有"成套设备"。

第六，以上各点，贯穿一个总的精神："有比没有好，快搞比慢搞好"。有了粗的、单一的、地方的，就会有细的、成套的、全国的。后者一般是在前者的基础上发展起来的。有比没有好，有了才可以施行，并在施行中得到检验，从而逐步完善；没有，就一切都谈不到。快搞比慢搞好。慢工能出细活，快搞能应急要。"现在的问题是法律很不完备，很多法律还没有制定出来。"① 再慢怎么得了！"有比没有好，快搞比慢搞好"，其中包含两种对立的立法态度：前者是积极的，后者是消极的。后者不可取。

全国各条战线都在搞改革。我们要把那些卓有成效的、重要的制度，用法律形式规定下来，并吸收各国的进步因素，为在中国建立世界上最美好的制度而奋斗。

---

① 《邓小平文选》，人民出版社，1983，第136页。

论毛泽东同志的制宪思想[*]

张庆福　陈云生[**]

摘　要：毛泽东同志指出，宪法是国家的总章程，是根本大法；我国制宪是为了建设一个伟大的社会主义国家；正确地、恰当地结合原则性和灵活性，正确地、恰当地总结经验，是制定宪法必须遵循的重要原则；领导机关的意见和广大群众的意见相结合，是制宪必须遵循的一个重要方法。毛泽东同志的制宪思想是丰富的，是马克思主义法学理论宝库中重要的组成部分。

关键词：毛泽东　制宪思想　原则与方法　马克思主义法学

毛泽东同志根据马克思主义的宪法学说，结合我们党和国家长期进行政权建设的经验，在制宪理论方面提出了许多光辉的思想，并作了深刻的论述，丰富和发展了马克思列宁主义的宪法理论。认真学习和研究这些思想，对于提高我们的宪法理论水平，进行我们的制宪和行宪实践，都有重要的意义。

（一）宪法是国家的总章程，是根本大法

毛泽东同志在谈到什么是宪法时指出："一个团体要有一个章程，一个国家也要有一个章程，宪法就是一个总章程，是根本大法。"[①] 毛泽东同

---

[*] 本文原载于《法学研究》1985年第1期，收入本书时有改动。
[**] 张庆福，中国社会科学院法学研究所研究员；陈云生，中国社会科学院法学研究所研究员。
[①] 《毛泽东选集》第5卷，人民出版社，1977，第129页。

志的这段论述不仅给宪法下了一个简要的定义，而且揭示了宪法的性质、作用以及宪法对于一个国家的重要性。

世界上任何一个真正的团体都要有自己的章程，用来规定它的性质、任务、组织机构、活动原则以及它的成员的权利和义务等问题，以保证实现它的目标。一个国家要想得到良好的管理，使国家和社会各方面的生活井然有序，更应该有一个总章程来规定有利于统治阶级的根本制度、国家的组织与活动原则、公民的基本权利和义务等重大问题，以巩固和发展统治阶级斗争胜利的成果，维护统治阶级的统治地位，实现统治阶级的根本任务。如果一个团体、一个国家没有一定的章程，就不称其为团体，就不称其为国家，成立团体、组织国家的目的就不能达到。

宪法是民主制度的法律化。在奴隶制和封建制国家中，由于基本上实行君主专制制度，因而没有也不需要我们现在所说的宪法。但是这绝不是说，奴隶制国家和封建制国家没有一定的章程，没有关于国家组织和制度的规定。事实上，奴隶制和封建国家的法典，都起着治国章程的作用。但尽管如此，这却不是我们现在所说的宪法。我们所说的宪法是资产阶级革命的产物。

毛泽东同志说："讲到宪法，资产阶级是先行的。英国也好，法国也好，美国也好，资产阶级都有过革命时期，宪法就是他们在那个时候开始搞起的。"[①] 就是说，作为国家根本法的宪法，是在资产阶级取得革命胜利并掌握了国家政权之后产生的。在封建社会后期，随着资本主义经济的发展，新的生产力和旧的封建生产关系之间的矛盾日益尖锐，腐朽的封建专制制度已成为资本主义发展的桎梏。新兴的资产阶级为了发展资本主义，改变自己的无权地位，就通过革命推翻了封建专制制度，确立了资本主义制度，建立了资产阶级专政的国家。为了巩固自己的统治地位，防止封建势力复辟，资产阶级就制定了宪法，把取得的胜利用根本大法的形式固定下来，并靠国家强制力保证实行。同样，无产阶级在推翻资产阶级的统治、建立自己的国家政权以后，也必须制定自己的宪法，来巩固革命取得的胜利成果，维护自己的统治。正如列宁所指出的："工人阶级夺取政权之后，像任何阶级一样，要通过改变所有制和实行新宪法来掌握和保持政

---

① 《毛泽东选集》第 5 卷，人民出版社，1977，第 127 页。

权，巩固政权。"①

宪法不仅要巩固革命斗争胜利的成果，而且要给人民指出继续前进的方向和道路，来发展和推进这种成果。毛泽东同志说："用宪法这样一个根本大法的形式，把人民民主和社会主义原则固定下来，使全国人民有一条清楚的轨道，使全国人民感到有一条清楚的明确的和正确的道路可走，就可以提高全国人民的积极性。"② 我国 1954 年宪法不仅巩固了新民主主义革命斗争的胜利成果和新中国成立后近五年取得的新成就，而且明确规定了建设社会主义的目标和过渡时期的总任务，以及实现这个目标和总任务的政策、措施、步骤和方法。这就给全国人民指出了继续前进的道路，极大地鼓舞了他们的积极性和创造性，使我们在 1956 年底就基本上实现了生产资料私有制的社会主义改造。同样，现行宪法既肯定了我们过去特别是新中国成立 30 多年的伟大成就，又明确规定了我们在新的历史时期的根本任务，既考虑到当前的现实，又考虑到发展的前景。这就使全国各族人民有了明确的奋斗目标。我们坚信，在党的正确领导下，通过全国人民的努力，我们的目标一定能够达到。

（二）我国制宪是为了建设一个伟大的社会主义国家

我国宪法除了作为一般意义上的国家总章程、国家根本法外，还必须服务于国家的总目标和根本任务。毛泽东同志在谈到 1954 年宪法时指出："我们的总目标，是为建设一个伟大的社会主义国家而奋斗。""我们的这个宪法，是社会主义类型的宪法，但还不是完全社会主义的宪法，它是一个过渡时期的宪法。我们现在要团结全国人民，要团结一切可以团结和应当团结的力量，为建设一个伟大的社会主义国家而奋斗。这个宪法就是为这个目的而写的。"③ 毛泽东同志的这一制宪思想是对马克思主义的法以社会为基础的思想的继承和发展，为我国的制宪活动规定了根本目标。

我国 100 多年的近现代史反复证明，在一个半殖民地半封建过会，如果不由先进的工人阶级领导（通过共产党）进行新民主主义革命，在革命胜利后走社会主义道路，中国是没有出路的，就永远摆脱不了外国帝国主

---

① 《列宁全集》第 30 卷，人民出版社，1957，第 433 页。
② 《毛泽东选集》第 5 卷，人民出版社，1977，第 129 页。
③ 《毛泽东选集》第 5 卷，人民出版社，1977，第 130—131 页。

义和国内反动派的统治和压迫。新中国成立后的历史经验再次证明，只有坚持社会主义，国家才能统一和团结，各方面的事业才能蒸蒸日上，国家才能逐步繁荣、富强。我们党通过认真总结历史上，特别是新中国成立以来正反两方面的经验，集中了全国各族人民的根本意志，在具有伟大历史意义的十一届三中全会上，作出了工作重点转移的大决策，明确提出今后要把全党全国工作着重点转移到社会主义现代化建设上来。在党的第十二次代表大会上，再次明确地把建设社会主义现代化国家作为党在新的历史时期的总任务。遵照毛泽东同志的这一制宪思想，在制定1982年宪法时，就把党的这条总路线以国家根本法的形式正式确定下来，作为全国的根本任务。宪法在《序言》中明确指出："今后国家的根本任务是集中力量进行社会主义现代化建设。中国各族人民将继续在中国共产党领导下，在马克思列宁主义、毛泽东思想指引下，坚持人民民主专政，坚持社会主义道路，不断完善社会主义的各项制度，发展社会主义民主，健全社会主义法制，自力更生，艰苦奋斗，逐步实现工业、农业、国防和科学技术的现代化，把我国建设成为高度文明、高度民主的社会主义国家。"总纲、公民的基本权利和义务、国家机构的许多条文，也都围绕着这个根本任务从各方面作出了必要的规定。

当然，我们的现代化不仅不同于资本主义的现代化，而且不同于一般社会主义国家的现代化，而是具有我们中国特色的社会主义现代化。正如邓小平同志在党的十二大开幕词中所指出的："我们的现代化建设，必须从中国的实际出发。无论是革命还是建设，都要注意学习和借鉴外国经验。但是，照抄照搬别国经验、别国模式，从来不能得到成功。这方面我们有过不少教训。把马克思主义的普遍真理同我国的具体实际结合起来，走自己的道路，建设有中国特色的社会主义，这就是我们总结长期历史经验得出的基本结论。"由于我们认真地贯彻了毛泽东同志的制宪思想和邓小平同志这一指示精神，1982年宪法是一部很好的为建设社会主义现代化国家服务的宪法。

（三）正确地恰当地结合原则性和灵活性，是我们制定宪法必须遵循的另一个重要原则

毛泽东同志指出，1954年宪法草案之所以得到大家拥护，大家之所以说它好，另一个重要原因是"正确地恰当地结合了原则性和灵活性"①。原则性与灵活性相结合，是马克思列宁主义的一个基本原理，也是马克思列宁主义宪法理论的重要内容。

宪法是统治阶级治国的总章程，是统治阶级实现其阶级统治的强大武器。因此，在制定宪法时，他们必然要把关系他们的根本利益的原则用法律的形式固定下来，从而上升为国家意志，获得全社会一体遵行的法律效力。无论何种类型的宪法，都明确规定或者在条文中体现统治阶级所信奉的基本原则。资产阶级宪法体现资产阶级专政和维护资本主义剥削制度的原则。社会主义宪法规定和体现无产阶级专政和社会主义的原则。根据毛泽东同志的论述，我国宪法的基本原则有两个：人民民主原则和社会主义原则。人民民主原则就是我们的宪法总纲中规定的无产阶级领导的、以工农联盟为基础的人民民主专政。这种民主同少数剥削者享有的资产阶级民主根本不同，它是广大人民群众享有的真正民主，是绝大多数人对少数人的专政。"人民民主的原则贯串在我们整个宪法中。"② 我国宪法明确规定，国家的一切权力属于人民，人民行使权力的机关是人民自己选举的全国和地方各级人民代表大会；人民对各级人民代表大会代表实行监督，原选举单位和选民可以依法撤换自己选出的代表；各级人民代表大会是国家权力机关，其他国家机关都由它产生，受它监督；国家机关实行民主集中制；一切国家机关必须依靠人民群众，国家机关工作人员必须全心全意为人民服务。我国宪法还规定，人民依照法律规定，通过各种途径和形式，管理国家事务，管理经济和文化事业，管理社会事务；国营企业职工和集体经济组织的成员享有不同程度的民主管理权；广大人民享有政治、经济、社会、教育、科学、文化等广泛的民主权利和基层群众性自治权利。我国宪法在保障广大人民享有广泛民主的同时，还明确规定了对少数敌人实行专政。现行宪法第28条规定："国家维护社会秩序，镇压叛国和其他反革命的活动，制裁危害社会治安、破坏社会主义经济和其他犯罪的活动，惩办和改造犯罪分子。"所有这些都充分体现了我国宪法的人民民主原则。

社会主义原则是我国宪法的又一个基本原则，同样贯穿于整个宪法

---

① 《毛泽东选集》第5卷，人民出版社，1977，第129页。
② 《毛泽东选集》第5卷，人民出版社，1977，第127页。

中。1954年宪法序言庄严宣布：中华人民共和国的人民民主制度，保证我国通过和平道路消灭剥削和贫困，逐步实现国家的社会主义工业化，逐步完成对农业、手工业和资本主义工商业的社会主义改造，建成繁荣幸福的社会主义社会。总纲和其他各章也都为实现这一伟大目标作了相应的规定。社会主义原则在现行宪法中体现得更加充分。序言中明确宣布了国家集中力量进行社会主义现代化建设的根本任务；总纲第1条特别增写了"社会主义制度是中华人民共和国的根本制度。禁止任何组织或者个人破坏社会主义制度"；第6条还规定，我国社会主义经济制度的基础是生产资料的社会主义公有制；等等。可以说，现行宪法自始至终都贯穿着社会主义原则。

我国宪法不仅坚持了社会主义宪法的基本原则，而且结合了实现这些基本原则的灵活性。对此，毛泽东同志在关于1954年宪法草案的报告中作了详细的论证。他指出，制定宪法要从实际出发，实事求是，要注意因时因地制宜，"现在能实行的我们就写，不能实行的就不写"，"一时办不到的事，必须允许逐步去办"。比如，我们要坚持和实现社会主义原则，就要通过国家资本主义的各种不同的形式实现，而且实现的时间不是一天，是"逐步"。又如，公民权利的物质保障，限于我们目前的生产水平，只能写"逐步扩大"。再如，在少数民族问题上，"它有共同性，也有特殊性。共同的就适用共同的条文，特殊的就适用特殊的条文"。因此，宪法规定，民族自治地方的人民代表大会有权依照当地民族的政治、经济和文化特点，制定自治条例和单行条例。同样，在我国立法体制问题上，宪法规定，立法权集中在中央。但是，考虑到我国幅员辽阔，人口众多，各地政治、经济、文化状况也不尽相同，为了充分发挥地方的积极性，在不违背国家宪法和法律的前提下，地方可以搞章程、条例和办法。现行宪法也规定，省、自治区、直辖市的人民代表大会和它们的常务委员会在不违背宪法、法律、行政法规的前提下，可以制定地方性法规。此外，我国宪法在其他问题上也都体现了原则性和灵活性相结合的原则。只有坚决贯彻这个原则，才能保证宪法原则的实现。毛泽东同志还尖锐地批评了那种不要灵活性、企图在一天早上就能实现社会主义的"左派幼稚病"。他说："宪法中规定，一定要完成社会主义改造，实现国家的社会主义工业化。这是原则性。要实行社会主义原则，是不是在全国范围内一天早晨一切都实行社会主义呢?这样形式上很革命,但是缺乏灵活性,就行不通,就会遭到反对,就会失败。"① 我们在制定宪法和法律时,一定要遵循毛泽东同志提出的这个原则,把原则性和灵活性有机地结合起来。

(四)正确地恰当地总结经验,是制定宪法必须遵循的一个重要原则

正确地恰当地总结经验是马克思主义宪法理论的一个重要内容,列宁在谈到世界上第一部社会主义类型宪法时指出,这个宪法"不是某个委员会臆造出来的,不是法律家杜撰出来的,也不是从别的宪法去抄来的。世界上没有过我们这样的宪法。这个宪法记载了无产阶级群众反对国内和全世界剥削者的斗争经验和组织经验"②。斯大林也指出,"宪法是把已经取得、已有保障的成果登记下来,用立法手续固定下来"③。毛泽东同志结合我国的经验对这个理论作了更为清楚明确的概括和深刻的论述。毛泽东同志在谈到我国1954年宪法草案时说:"这个宪法草案所以得到大家拥护,大家所以说它好",重要的一条是"正确地恰当地总结了经验","它总结了无产阶级领导的反对帝国主义、反对封建主义、反对官僚资本主义的人民革命的经验,总结了最近几年来社会改革、经济建设、文化建设和政府工作的经验。这个宪法草案也总结了从清朝末年以来关于宪法问题的经验"。④

从1840年鸦片战争以后,中国开始沦为半殖民地半封建社会。帝国主义、封建主义和官僚资本主义的压迫和剥削日益深重,广大人民群众过着牛马不如的生活。然而,英勇的中国人民并没有被征服。为了祖国的富强和自由,进行了长期艰苦卓绝的斗争。但是,由于没有工人阶级的领导,这些斗争都失败了。1921年中国共产党的成立,使这个斗争进入了一个新阶段。从此,中国革命成为工人阶级领导的人民民主革命,即新民主主义革命,成为世界社会主义革命的一部分。中国人民在中国共产党的领导下,不断取得斗争的胜利,终于在1949年推翻了帝国主义、封建主义和官

---

① 《毛泽东选集》第5卷,人民出版社,1977,第127—128页。
② 《列宁全集》第28卷,人民出版社,1956,第129页。
③ 斯大林:《列宁主义问题》,人民出版社,1964,第618页。
④ 《毛泽东选集》第5卷,人民出版社,1977,第129、126页。

僚资本主义在中国的反动统治，建立了中华人民共和国，从而永远摆脱了压迫和剥削，走上了社会主义的康庄大道。

在中国近代史上，出现过三种不同势力所要求的三种不同的宪法。第一种是从清朝、北洋军阀一直到蒋介石国民党所制造的伪宪。这是封建买办阶级为了苟延他们的反动统治而制造的骗人的"宪法"，当然为人民所不容。随着人民革命的前进，这些所谓"宪法"都成了一堆废纸。第二种是中国民族资产阶级所盼望的资产阶级民主共和国宪法。由于中国的半殖民地半封建的社会性质和中国民族资产阶级的软弱性，资产阶级共和国的方案在中国行不通。因此，这种资产阶级宪法，除辛亥革命所产生而随即被封建买办阶级的代表袁世凯撕毁了那个《临时约法》以外，从来没有产生过。第三种是工人阶级领导的、以工农联盟为基础的人民共和国宪法。这是全中国人民所需要的真正的宪法。毛泽东同志指出，在工人阶级领导的人民革命胜利以后，不会建立资产阶级专政的共和国，而一定要建立工人阶级领导的、以工农联盟为基础的人民民主专政的共和国。1954年宪法就是中国人民100多年来英勇斗争的历史经验总结，也是中国近代关于宪法问题经验的总结。

总结经验要着重总结现实经验，以总结现实经验为主。毛泽东同志说，我们的宪法草案，"总结了历史经验，特别是最近五年的革命和建设的经验"①。从中华人民共和国成立到1954年9月第一届全国人民代表大会的召开，我国发生了巨大变化：我们结束了半殖民地的历史，成了一个真正独立的国家；从1950年起，我们在短短三年里就基本完成了土地改革运动，消灭了封建剥削制度，结束了长期的封建主义统治；我们结束了长期混乱的局面，实现了国内和平，形成了我国大陆空前统一的局面；我们结束了人民的无权状况，发扬了高度民主，人民真正成了国家的主人；我们恢复了被帝国主义和国民党反动派所破坏的国民经济，从1953年起，我们已经按照建设社会主义的目标，实行了发展国民经济的第一个五年计划，开始了社会主义改造和社会主义建设事业，并且取得了成就。在我国近代史上，人们曾经长期争论的一个根本问题，即中国是走向资本主义还是走向社会主义，新中国成立后五年来的巨大变化已作出了明确的回答：

---

① 《毛泽东选集》第5卷，人民出版社，1977，第126页。

社会主义是我国唯一正确的道路。1954年宪法充分肯定了五年来的巨大成就，明确规定了"一化三改"的总任务和建设繁荣幸福的社会主义社会的目标。

现行宪法着重总结了新中国成立以来特别是党的十一届三中全会以来的经验，也充分体现了毛泽东同志的思想。新中国成立30多年来，我们党和国家领导人民进行了社会主义革命和社会主义建设事业，并取得了巨大成就。当然，也有过失误，甚至犯过严重错误。无论是成功，还是挫折，都使我们获得了有益的经验。归纳起来主要是：在社会主义改造基本完成之后，国内的主要矛盾已不是阶级对抗，而是人民日益增长的物质文化需要同落后的社会生产力之间的矛盾；党和国家工作的重点必须转移到以经济建设为中心的社会主义现代化建设上来；社会主义经济建设必须从实际出发，量力而行，要努力按照客观规律办事，既反对急于求成，也反对消极情绪；社会主义生产关系的变革和完善必须适应生产力的状况，有利于生产的发展；必须建设高度的社会主义民主，加强和健全社会主义法制；必须建设高度的社会主义精神文明，努力把社会成员培养成为有理想、有道德、有文化、守纪律的一代新人；改善和发展社会主义的民族关系；加强现代化的国防建设；加强和改善党的领导；等等。这些基本经验在现行宪法中都正确而恰当地作了总结。

总结经验主要是总结本国的经验，同时要吸收外国的经验。毛泽东同志说："我们这个宪法草案，主要是总结了我国的革命经验和建设经验，同时它也是本国经验和国际经验的结合。"① 总结本国经验，使宪法具有本国特色、民族特色，这是保证宪法得以实施、在国家中能够发生作用的前提条件。如果宪法脱离本国实际，脱离本国经验，完全照抄照搬别国的东西，那就是一纸空文，毫无作用。我国宪法主要总结了我国的经验，保持了我国的特色。我国宪法中规定的人民民主专政制度、人民代表大会制度、民族区域自治制度、在保证国营经济主导地位的前提下发展多种经济形式的社会主义经济制度、建设高度的社会主义民主和高度的社会主义精神文明等，都是中国特色。同时，我们的宪法不仅是我国人民革命运动的产物，也是国际社会主义运动的产物，"是民族现象，也是国际现象的一

---

① 《毛泽东选集》第5卷，人民出版社，1977，第127页。

种"。我们在制定和修改宪法的过程中，都认真参阅了世界各国特别是兄弟国家的制宪和行宪经验。

（五）领导机关的意见和广大群众的意见相结合，是我们制宪必须遵循的一个重要方法

毛泽东同志在谈到1954年宪法时说："这个宪法草案所以得人心，是什么理由呢？我看理由之一，就是起草宪法采取了领导机关的意见和广大群众的意见相结合的方法。"①

实行领导机关与广大群众相结合的制宪方法，是由我们国家的本质决定的。我国是工人阶级领导的以工农联盟为基础的人民民主专政的社会主义国家。按照我国基本的政治制度的规定，广大人民群众通过直接、间接的方式选举产生地方各级人民代表大会和全国人民代表大会，作为人民行使国家权力的机关。全国人大是最高国家权力机关，它集中体现了全国各族人民的根本意志，代表人民行使最高的国家权力。它有权在民主集中制的基础上，就全国和全社会一切重大问题作出决定。宪法是国家的根本法，最集中、最全面地体现了人民的意志，是保护人民利益和民主权利的最重要的工具。因此，制宪是关系到国家和人民根本利益的大事，必须由国家最高权力机关进行。我国历次宪法都规定由全国人大修改宪法，这是完全正确的。同时，从科学的意义上说，制宪也是一件需要高度立法技术的工作，没有最高国家权力机关卓有成效的组织和领导工作，要制定出在内容上符合国情、在形式上比较完备的宪法，是不可能的。

还应强调指出，这里所说的领导机关也包括我们党的中央领导机关。这是由我们党在整个国家中的领导地位决定的。我国的工人阶级领导，是通过它的先锋队——中国共产党的领导实现的。党以马克思列宁主义、毛泽东思想为指导思想，洞察我国革命和建设的实际，制定了一系列正确的路线、方针和政策，指导中国的革命和建设从一个胜利走向另一个胜利。长期的实践证明，没有中国共产党的领导，就没有中国革命和各项社会主义事业的胜利。作为国家政治法律生活中具有重大意义的制宪活动，同样离不开党的领导。这已为我国的制宪的经验充分证明。1954年宪法的草案

---

① 《毛泽东选集》第5卷，人民出版社，1977，第126页。

初稿就是中共中央提出来的。1982年宪法最早也是由中共中央建议全国人大对1978年宪法进行修改，并建议全国人大成立宪法修改委员会，主持宪法的修改工作。党中央政治局中的绝大多数同志加入了宪法修改委员会。在宪法的起草过程中，党中央政治局和书记处也专门开会研究过。在宪法草案的全民讨论过程中，各级党组织也发挥了重要的领导和组织作用。我国1954年宪法和1982年宪法之所以比较科学、完备，是和党的领导作用分不开的。还需要说明，党的领导和最高国家权力机关的领导是一致的，并不矛盾。这是由我们党和国家的根本性质决定的，不能因为党是我们国家的核心力量，就忽视最高国家权力机关的领导，也不能因为制宪是最高权力机关职权范围内的事，就不尊重党的领导。

另外，制宪必须充分吸收和尊重广大人民群众的意见，人民是国家的主人，享有直接的民主权利，有权通过各种途径和形式管理国家和社会事务。毛泽东同志特别着重分析了起草宪法广泛征求人民群众意见的必要性，指出这有两个好处：第一，可以验证领导机关提出的草案初稿是否正确；第二，通过广泛讨论，可以搜集到各方面的各种意见，可以将这些意见进行比较，吸收正确意见，使宪法草案更完备、更周密。

新中国成立以来，我国的制宪实践表明，只要我们充分贯彻实行毛泽东同志提出的这个方法，就能够制定出一部好的宪法。1954年宪法的制定，就认真实行了领导和群众相结合的方法。1953年1月13日成立了以毛泽东同志为首的宪法起草委员会。委员会在1954年3月接受了党中央提出的宪法草案初稿，随即组织了广泛的讨论，其中比较大的有三次。第一次是组织各民主党派、各人民团体和社会各方面的代表人物共8000多人，用两个多月的时间进行了认真的讨论。第二次是对宪法草案的全民讨论，共有1.5亿多人参加，历时两个多月。第三次是全国人大第一次会议的全体代表的讨论。最后由第一届全国人大审议通过，颁布实施。实践表明，我国所以能制定出第一部比较完备的宪法，是和我们认真贯彻领导机关和广大人民群众相结合的制宪方法分不开的。

同样，1982年宪法也是严格按照毛泽东同志提出的这个方法制定的。1980年9月，第五届全国人大第三次会议接受了中共中央的建议，决定成立宪法修改委员会，主持对1978年宪法的修改工作。宪法修改委员会和它的秘书处成立后，在广泛征求各地方、各部门、各方面的意见的基础上，于1982年2月提出了"中华人民共和国宪法修改草案"讨论稿。根据各方面提出的意见，同年4月，宪法修改委员会第三次会议经过认真讨论，通过了修改草案。第五届全国人大常委会第二十三次会议决定将草案公布，交付全国各族人民讨论。1982年5—8月，共进行了四个月。这次全民讨论规模之大、参加人数之多、影响之广，在世界制宪史上也是少见的。全民讨论，发扬了民主，使宪法更好地集中了群众的智慧。事实充分证明，遵循这样的方法制定出来的宪法，不仅很好地贯彻了党的路线、方针和政策，而且很好地体现了人民的共同意志和共同愿望，实现了党的主张和人民意见的完美结合与和谐的统一。

毛泽东同志提出的领导和群众相结合的方法，不仅适用于宪法的制定，而且适用于其他法律的制定，是我国立法必须遵循的普遍方法。毛泽东同志说："过去我们采用了这个方法，今后也要如此。一切重要的立法都要采用这个方法。"① 我们一定要遵循毛泽东同志的这个教导，认真贯彻领导与群众相结合，搞好我们的立法工作。

总之，毛泽东同志的制宪思想是丰富的，是马克思主义法学理论宝库中重要的组成部分，我们应该认真学习和贯彻这些思想，进一步加强和健全我国的社会主义法制建设。

---

① 《毛泽东选集》第5卷，人民出版社，1977，第126页。

周恩来关于和平共处五项原则的思想[*]

——纪念周恩来诞辰一百周年

赵建文[**]

摘 要：周恩来第一次完整地提出并一贯地弘扬和平共处五项原则。他关于国家主权应当与人类总体利益相统一、中国永远不称霸的思想，关于中国掌握核武器完全是为了防御的思想，关于各国的事情应当而且只能由各国人民自己解决的思想，关于建立平等互利的国际关系的思想，关于各国应当而且可以和平共处、要和平共处就要坚持求同存异的方针以及在国际上建立和平共处互相监督的制度的思想，都很丰富而深刻，对于这些原则的解释和适用都具有重要价值。

关键词：周恩来 和平共处五项原则 国际新秩序

1953年12月31日，周恩来总理在接见印度政府代表团时，第一次完整地提出了和平共处五项原则。从此，周总理"坚持不懈地用心血浇灌着这五项原则，使之在国际社会的沃土中生根发芽，开花结果。到1976年他去世的时候，已经有90多个国家在同我国共同发表的文件中确认了和平共处五项原则，在五项原则基础上同我国建交的国家增加到100多个。……现在已经有许多国家主张把它作为建立国际政治、经济新秩序的基础"[①]。本文将按照和平共处五项原则的顺序，对周恩来有关这五项原则的思想略

---

[*] 本文原载于《法学研究》1998年第3期，收入本书时有改动。
[**] 赵建文，原文发表时为郑州大学法学院教授，现为中国社会科学院国际法研究所研究员。
[①] 力平：《开国总理周恩来》，中共中央党校出版社，1994，第297页。

加阐述，以丰富这方面的研究，同时以这种形式表达对敬爱的周总理的缅怀之情。

一 互相尊重主权和领土完整

（一）国家主权包括领土主权、政治、经济和文化主权

周总理首次提出和平共处五项原则时，第一项是"互相尊重领土主权"，后来改为"互相尊重主权和领土完整"。这一改，把"领土主权"概括为"主权"，表明"领土主权"只是"主权"的一个方面，国家主权还有其他内容。除领土主权外，周恩来的有关论述还涉及政治、经济和文化主权。由于"主权"和"独立"两个概念可以连用或换用，周总理讲政治、经济和文化独立，与讲政治、经济和文化主权并无实质区别。

1. 领土主权

领土主权是指国家依照国际法在自己的领土上履行国家职能所必需的一切权利，包括国家对其领土的拥有权、使用权和处置权，也包括国家对其领土范围内的人、物和所发生事件的排他的管辖权。周恩来重视我国的领土主权，也支持别国维护领土主权的斗争。例如，在中苏友好同盟互助条约的谈判过程中，斯大林提出要中国承担义务，除苏联人外，不许第三国公民进入和居留于中国东北地区，周恩来巧妙地拒绝了这种在中国建立势力范围、侵犯我国领土主权的无理要求。[①] 1973年5月，周恩来对来访的巴拿马客人说："你们收回巴拿马运河区主权是正义的事业，凡正义的事业是应该支持的。"[②]

2. 政治主权

政治主权主要是指各国"按照他们自己的意志选择他们自己的政治制度和生活方式"和作为国际社会的成员自主进行国际政治或外交往来的权利。在旧中国，帝国主义国家的特权严重危害我国的政治主权。周恩来说："清朝的西太后，北洋军阀的袁世凯，国民党的蒋介石，哪一个不是

---

① 力平：《开国总理周恩来》，中共中央党校出版社，1994，第311页。
② 中华人民共和国外交部外交史研究室编《周恩来外交活动大事记（1949—1975）》，世界知识出版社，1993，第672页。

跪倒在地上办外交呢？中国一百年来的外交史是一部屈辱的外交史。我们不学他们。"① "我们对外交问题有一个基本的立场，即中华民族独立的立场，独立自主、自力更生的立场。"② 新中国没有承认国民党政府统治时期的外交关系，废除了不平等条约，然后在平等、互利和互相尊重主权的基础上同各国重新建立外交关系。周恩来认为，"这一'另起炉灶'的方针，使我国改变了半殖民地的地位，在政治上建立了独立自主的外交关系"③。1954年12月，当中国判处13个美国间谍、美国操纵联合国通过谴责中国的决议的时候，周恩来致电联合国秘书长指出，"美国的任何叫嚣都不能动摇中国行使自己的主权，判处美国间谍的严正立场"④。

3. 经济主权

经济主权是指每个国家有依照其人民的意志选择经济制度的不可剥夺的主权权利和对其全部财富、自然资源和经济活动享有充分的永久主权。1949年7月，周恩来说，"中国的半殖民地经济结构，是服从于帝国主义的意志的"，要"把殖民地半殖民地的中国经济变为自力更生的独立的中国经济"。⑤ 1964年4月，周恩来指出："中国人民解放后，要管理自己的国家，就需要从经济上、技术上也获得独立。从这个意义上来说，中国离真正的独立还有距离。"⑥ 关于新中国的对外经济交往，1949年4月，周恩来就说："我们要自力更生，然后才能争取外援。外援如有利于中国，当然要，但不能依赖。即使对于苏联及各人民民主国家，我们也不能有依赖之心。"⑦ 60年代，有人把中国强调"自力更生"方针看成一种要倒退到自给自足和"单干"道路上去的迹象，周总理指出："我国一贯执行的自力更生建设方针的含义是：依靠本国人民的劳动和智慧，充分利用本国的

---

① 中华人民共和国外交部、中共中央文献研究室编《周恩来外交文选》，中央文献出版社，1990，第4页以下。
② 《周恩来选集》上卷，人民出版社，1980，第321页。
③ 中华人民共和国外交部、中共中央文献研究室编《周恩来外交文选》，中央文献出版社，1990，第49页。
④ 中华人民共和国外交部外交史研究室编《周恩来外交活动大事记（1949—1975）》，世界知识出版社，1993，第95页。
⑤ 《周恩来选集》上卷，人民出版社，1980，第359—360页。
⑥ 中华人民共和国外交部外交史研究室编《周恩来外交活动大事记（1949—1975）》，世界知识出版社，1993，第403页。
⑦ 《周恩来选集》上卷，人民出版社，1980，第322页。

资源，来发展本国的经济；同时，在平等互利的基础上同世界各国发展贸易，互通有无。"① 1973年2月，周总理在致智利总统阿连德的信中说："如果经济不能立足国内，过分依靠外援，特别是依靠大国的贷款，这是很危险的。"② 第二次世界大战以来，许多国家的经济动荡都与经济上过分依赖外国有关。

4. 文化主权

文化主权是指各国在文化领域里独立自主地保存和发展民族文化和进行国际文化交流的权利。周总理指出："旧中国不但在经济方面，而且在文化教育方面也是依赖帝国主义的；不但经济上受剥削，思想上也受毒化，这是很危险的。"③ "帝国主义的军事力量被赶走了，但帝国主义在我国百余年来的经济势力还很大，特别是文化影响还很深。这种情形会使我们的独立受到影响。"④ 一个民族失去文化特征，就有可能失去民族凝聚力。

国家的领土主权和政治主权在传统国际法上就已得到确立，明确承认国家的经济和文化主权是现代国际法对传统国际法的发展。这方面的国际法文件有很多，例如，1974年《各国经济权利和义务宪章》确认了国家的经济主权，1982年《墨西哥城文化政策宣言》明确了国家的文化主权。

（二）尊重主权和尊重领土完整同等重要

领土完整是指国家领土不能被他国侵占、分割或肢解，国家的领土边界不可侵犯，国家领土的附属部分不可侵犯。传统国际法确认的国家领土的范围包括国家的领陆、领水、领空和底土，现代国际法还确认了国家对邻接其领土的专属经济区和大陆架的自然资源的主权权利和某些海洋活动的专属管辖权，这是对国家领土完整的补充和保障。周总理一开始就支持拉美国家争取200海里海洋权的斗争。他说："拉美十多个国家发表声明，宣布200海里内的捕鱼权，不许美国渔船入侵，进来就抓，这就是维护民

---

① 中共中央文献研究室编《周恩来年谱（1949—1976）》中卷，中央文献出版社，1997，第599页。
② 中华人民共和国外交部外交史研究室编《周恩来外交活动大事记（1949—1975）》，世界知识出版社，1993，第498页。
③ 《周恩来选集》下卷，人民出版社，1984，第10页。
④ 《周恩来选集》下卷，人民出版社，1984，第87页。

族独立和国家主权的革命行动。"①

主权和领土都是国家的构成要素,把"尊重主权"和"尊重领土完整"结合起来,作为五项原则的首要原则,表明了它们是同等重要的。在旧中国,不仅我们的主权受侵犯,而且大片的领土被割让,被侵占,整个中国险些被瓜分。港澳问题的解决标志着新中国在实现领土完整方面的重大进展。

这里还需要指出的是,有些国际法教科书在阐述"互相尊重主权和领土完整"原则时,一直沿用"领土完整构成国家主权的重要组成部分"的说法。这是值得商榷的。互相尊重主权和领土完整中的"和"表示并列关系,"主权"和"领土完整"是互不包括的。如果领土完整是主权的组成部分,只说互相尊重主权就足够了,没有必要再加上"领土完整"。领土完整是主权的组成部分的说法,大概是把"领土完整"与"领土主权"混淆了,说领土主权构成国家主权的重要组成部分是成立的。但是,这并不是说主权和领土完整没有联系。领土是国家行使主权的范围,如果领土不完整,国家行使主权的空间范围就不完整。在中国"恢复"对香港、澳门行使主权之前,中国行使主权的领土范围就不完整,但不是中国的主权缺少组成部分。

(三) 国家主权与国际主义、与人类的总体利益应当是统一的

在这方面,周恩来坚持国家主权和国际主义的统一。1952年4月,周恩来谈到我国的外交方针和任务时指出,我们要"坚持国际主义,反对狭隘民族主义","我们的国际主义是要各国都独立平等"。"社会主义的爱国主义不是狭隘的民族主义,而是在国际主义指导下的加强民族自信心的爱国主义。"② 1957年3月,周总理指出:"社会主义各国是由共同的共产主义的理想和目标联系起来的,因此,他们之间的关系是以无产阶级的国际主义原则为基础的。社会主义各国又是独立的主权国家,因此,他们之间的关系又是以马克思列宁主义关于民族平等的原则为基础的。……在社会

---

① 中华人民共和国外交部、中共中央文献研究室编《周恩来外交文选》,中央文献出版社,1990,第467页。
② 《周恩来选集》下卷,人民出版社,1984,第90—91页。

主义国家的相互关系中所表现的大国主义倾向或者狭隘民族主义倾向，都曾经造成社会主义国家之间的某些隔阂和误解。"①

马克思主义以全人类的解放和幸福为目标。强调国家主权而否定人类总体利益，就是狭隘的民族主义或狭隘的爱国主义。但在当今世界，以人类总体利益否定国家主权也是行不通的，因此，现代国际法要兼顾国家主权原则和人类总体利益原则。例如，1982年联合国《海洋法公约》既"在妥为顾及国家主权的情形下，为海洋建立一种法律秩序"，又宣布国际海底区域及其资源是"全人类的共同继承财产，其勘探和开发应为全人类的利益而进行"。联合国《气候变化框架公约》、《生物多样性公约》等国际环境保护条约，也都是既承认各国开发利用本国自然资源的主权权利，又承认全人类当代和后代的环境利益。

（四）要互相尊重主权，就必须反对霸权主义强权政治

霸权主义和强权政治是国家主权的对立物。实行霸权主义强权政治的国家，往往采用军事的或其他的强制手段，实行"强权即公理"的原则，侵犯别国的主权。周总理说："中国人民在国际事务中是坚持和平政策并能辨别是非的。中国人民绝不容忍侵略，也不害怕进行抵抗。不论问题的是非曲直而实际上以牺牲中国的领土和主权为目的的主张，绝不能欺骗中国人民，相反的，只能增加中国人民的愤慨。"②

新中国成立后，美国从政治上孤立我们，从经济上封锁我们，还发动朝鲜战争，侵占我国领土台湾，出兵越南对我国实施军事包围，在联合国一再阻挠我国合法席位的恢复。毛泽东、周恩来领导中国人民，以大无畏的精神，以抗美援朝和大力支持越南抗美战争等实际行动，挫败了美国企图扼杀新中国的霸权主义政策。在外交战线上，中美两国大使从1955年开始在华沙进行谈判。1964年6月，周总理说："华沙谈判由于美国不接受中国建议的两个原则协定（指：在和平共处五项原则的基础上达成一项和平共处协议；美国从台湾和台湾海峡撤退的协议）而未果，但总有一天美

---

① 中华人民共和国外交部、中共中央文献研究室编《周恩来外交文选》，中央文献出版社，1990，第194页以下。
② 中华人民共和国外交部外交史研究室编《周恩来外交活动大事记（1949—1975）》，世界知识出版社，1993，第99页。

国要从台湾和台湾海峡撤走。"① 1972年中美两国达成的上海公报，包含周总理一直主张的上述两个原则协定的内容，还明确地写入了反对任何国家谋求霸权。这是新中国取得的反对美国的霸权主义和强权政治的重大胜利。

苏联在二战后，逐渐走上了霸权主义道路。赫鲁晓夫在任期间，曾多次提出实行中苏军事和外交联合，但这种企图控制中国的主张次次碰壁。在苏联背信弃义，撕合同，撤专家，挑起武装冲突，在中苏和中蒙边境陈兵百万相威胁的情况下，中国也从未屈从。

霸权主义强权政治行为，是不符合国际法的。1974年《各国经济权利和义务宪章》把"不谋求霸权和势力范围"列为指导国际关系的15项基本原则之一。1979年12月联合国大会通过的《国际关系中不容推行霸权主义》的决议明确宣布：任何国家或国家集团不得在任何情况下或以任何理由在国际关系中推行霸权主义或在全球或世界任何地区寻求统治地位。

（五）中国尊重所有国家的主权，永远不称霸

周总理说："国家不分大小强弱，在国际关系中都应该享有平等的权利，它们的主权和领土完整都应该得到尊重，而不应受到侵犯。"② 实践证明，中国在对外交往中，一向是尊重所有国家的主权的，是不称霸的。1954年，缅甸总理吴奴访问我国时说："中国好比大象，缅甸好比羔羊，大象会不会发怒，无疑会使羔羊常常提心吊胆。"③ 这些话引起了周总理的重视。同年，周总理访问缅甸，同吴奴总理发表联合声明，倡导和平共处五项原则，表达了中国人民愿与缅甸人民和睦相处的真诚愿望，深深地打动了缅甸人民。吴奴总理又说："我们对于大国是恐惧的。但在周恩来总理访问了缅甸以后，大大地消除了缅甸人的这种恐惧。"④ "因为……他的

---

① 中华人民共和国外交部外交史研究室编《周恩来外交活动大事记（1949—1975）》，世界知识出版社，1993，第409页。
② 中华人民共和国外交部、中共中央文献研究室编《周恩来外交文选》，中央文献出版社，1990，第116页。
③ 中华人民共和国外交部外交史研究室编《研究周恩来——外交思想与实践》，世界知识出版社，1989，第108页。
④ 中华人民共和国外交部、中共中央文献研究室编《毛泽东外交文选》，中央文献出版社、世界知识出版社，1994，第178页。

行为举止看不出像一位大国的总理，而像是一位兄弟国家的总理。"① 对于缅甸所担心的历史遗留下来的两国边界问题，周恩来提出了平等协商、互谅互让、公平合理地加以解决的方针，并自始至终领导和参与谈判，使两国对有争议的三段边界达成了双方都满意的一揽子解决的协议。再如，1975 年 6 月，周总理在医院会见泰国领导人时，请他转告新加坡总理李光耀："我们充分尊重新加坡作为一个独立的国家存在。世界上有很多同血统、同民族的国家。我们为什么要跑到新加坡去捣乱呢？这首先违反和平共处五项原则第 1 条嘛！我们希望新加坡的华侨都加入新加坡国籍。"②

在周恩来看来，仅仅当代中国政府和人民不搞霸权主义是不够的，还要教育子孙后代永远不称霸。1956 年 10 月，周恩来说："我们不仅要保证这一代不发生侵略，还要影响下一代，使得以后世世代代都遵守我们现在主张的原则。……如果我们的后代在这方面犯了错误，外国朋友可以指责他们做了他们的前人所不愿做的事。"③ 1963 年 4 月，周总理对外宾说："毛主席经常教导我们，要拿其他国家的沙文主义作镜子，也要拿中国过去封建帝国时代侵犯人家的历史作镜子。我们在教科书的政治部分里也加进了这样的内容。"④ 1975 年 6 月，周总理会见外宾时强调指出："我们决定了一条原则，不称霸，不管中国将来如何发达、强大。"⑤

二 互不侵犯

周恩来说："亚非会议宣言的十项原则是和平共处五项原则的引申和发展。"⑥ 亚非会议十项原则中的"不以侵略行为或侵略威胁，或使用武力

---

① 〔加拿大〕柯让：《周恩来的外交》，汪永红译，东方出版社，1992，第 93 页。
② 中华人民共和国外交部、中共中央文献研究室编《周恩来外交文选》，中央文献出版社，1990，第 504 页。
③ 中华人民共和国外交部、中共中央文献研究室编《周恩来外交文选》，中央文献出版社，1990，第 179—180 页。
④ 中华人民共和国外交部外交史研究室编《周恩来外交活动大事记（1949—1975）》，世界知识出版社，1993，第 357 页。
⑤ 中华人民共和国外交部、中共中央文献研究室编《周恩来外交文选》，中央文献出版社，1990，第 503 页以下。
⑥ 世界知识出版社编《中华人民共和国对外关系文件集》第 3 集，世界知识出版社，1958，第 269 页。

来侵犯任何国家的领土完整或政治独立"、"尊重每一国家按照联合国宪章单独地或集体地进行自卫的权利"、"不使用集体防御的安排来为任何一个大国的特殊利益服务;任何国家不对其他国家施加压力"的三项原则,主要是五项原则中互不侵犯原则的"引申和发展"。周恩来在亚非会议宣言起草过程中起了十分重要的作用,完全可以说上述原则反映了周恩来的思想。

(一) 不得使用武力或武力威胁侵犯任何国家

亚非会议十项原则中的"不以侵略行为或侵略威胁,或使用武力来侵犯任何国家的领土完整或政治独立","不对其他国家施加压力",是互不侵犯原则的最突出的含义。"侵略行为"是最严重的"侵犯"。在国际法上,只有使用武力达到一定的严重程度,才构成侵略行为。1950年6月,周总理发表声明谴责美国侵占我国台湾,"是对于中国领土的武装侵略,对于联合国宪章的彻底破坏"[①],指的就是侵略行为。1957年1月,周恩来访问苏联,严肃地对赫鲁晓夫说:"你们用武力威胁兄弟国家是不对的。你们调动军队,兵临华沙,对波兰施加军事压力,这是行不通的。"[②] 他这段话指的就是"武力威胁"或以武力"施加压力"。

(二) 国家遭受武力攻击时有进行单独或集体自卫的权利

互不侵犯原则禁止"侵犯",但不禁止合法使用武力。周总理说:"按照联合国宪章,任何一个国家在遭受到武力攻击的侵略时起而进行单独的或集体的自卫的权利是不容剥夺的。"[③] 联合国宪章承认各国"单独或集体自卫之自然权利"。国家为了维护生存和独立,不能没有自卫权,就如同自然人为了维护生命和安全,而不能没有正当防卫的权利一样。即使是日本这样的对中国人民犯下侵略罪行的国家,周总理依然认为:"作为独

[①] 中华人民共和国外交部外交史研究室编《周恩来外交活动大事记(1949—1975)》,世界知识出版社,1993,第19页。
[②] 王捷、蔡华同编著《周恩来谈辩艺术》,天津人民出版社,1993,第58页。
[③] 世界知识出版社编《中华人民共和国对外关系文件集》第3集,世界知识出版社,1958,第267页。

立国家，总得需要自卫力量，……日本民族怎能不要自卫力量？"① 中国人民同样享有进行单独或集体自卫的权利。周总理说："中国人民热爱和平，但是为了保卫和平，从不也永不害怕反抗侵略战争。中国人民决不能容忍外国的侵略，也不能听任帝国主义者对自己的邻人肆行侵略而置之不理。"②

（三）各国应当按照联合国宪章规定的条件行使自卫权

1955年5月，周恩来在关于亚非会议的报告中指出："联合国宪章第五十一条规定得很清楚，自卫权利，无论是单独的自卫权利或集体的自卫权利，都要在受到武力攻击时才能行使。联合国宪章第八章对于区域性的安排还有更具体的规定。"③ 1974年联合国大会通过的《侵略定义》的第2条规定："一个国家违反宪章的规定而首先使用武力，就构成侵略行为的显见证据。""受武力攻击时"的含义，与他国"首先使用武力"的意思相近。把"受武力攻击"作为行使自卫权的一个条件，在一定程度上可以防止有些国家借"自卫"之名，行侵略之实。

周总理说，中国"决不开第一枪。人家可以先对我不好，我们决不会先对人家不好"。中国不仅"不开第一枪"，而且在别国首先使用武力时，按照周恩来的要求，还要"'退避三舍'。这就是说，你来，我先退，给你警告。再来，再退，再给警告，但事不过三。退为的是给对方以考虑的时间。这时候，将发生两种可能：一种是有远见的人会考虑，这不是软弱可欺，应该谨慎；另一种是有人可能视我可欺，逼我到了墙角，我只好还击"。"你对我不好，欺侮我，逼得我不得不有所准备，要进行回击。否则，就会把我们看成懦弱可欺。"周总理说，在美国侵略朝鲜时，"我们发表政府声明，警告美国不要越过三八线，进逼鸭绿江，否则，中国决不能置之不理。美国不听。这时，我们再次警告。除这两次公开警告，我们还正式通过印度向美国提出过。当时，印度相信我们的警告，劝美国要谨

---

① 中华人民共和国外交部外交史研究室编《周恩来外交活动大事记（1949—1975）》，世界知识出版社，1993，第708页。
② 《周恩来选集》下卷，人民出版社，1984，第37页。
③ 世界知识出版社编《中华人民共和国对外关系文件集》第3集，世界知识出版社，1958，第268页。

慎。美国不听,一直进逼鸭绿江,逼我们到墙角,我们才进行抗美援朝"①。中国遭到武力攻击时,无论哪一次都是到了忍无可忍、让无可让的情况下才行使自卫权的。

亚非会议十项原则的第六项是"不使用集体防御的安排来为任何一个大国的特殊利益服务"。周总理解释说,这是表明"绝不容许利用集体自卫的名义组织侵略性集团并以此作为大国控制小国的工具"。"这种侵略性的军事集团是根本违反联合国宪章的。"② 亚非会议的这项原则后来成为不结盟运动的重要原则。1975年3月,外国领导人问周总理:"不结盟国家的原则主要是在万隆会议上提出的,周总理在那次会议上起了重要作用,为什么中国现在没有作为一个不结盟国家出现呢?"周总理回答说:"万隆会议是一次亚非会议,……我们提出的和平共处五项原则后来发展为十项原则,被会议接受了。后来,又发展成为不结盟运动,因为中国在名义上还和苏联订有一个《中苏友好同盟互助条约》,所以不结盟会议就没有参加,实际上中国是真正的不结盟。"③

(四) 犯过侵略罪行的国家必须承担责任并避免重蹈覆辙

1972年日本首相田中访问中国,周总理在欢迎宴会上说:"自从一八九四年以来的半个世纪中,由于日本军国主义者侵略中国,使得中国人民遭受重大灾难,日本人民也深受其害。前事不忘,后事之师,这样的经验教训,我们应该牢牢记住。"④ 但是,田中讲话时却轻描淡写地说是"给中国国民添了很大的麻烦"。第二天,周恩来见了田中,对他进行了严厉的批评,说:"在昨天的晚宴上,田中首相讲添了麻烦。这句话好像是弄湿了过路女人的裙子,向人家道歉似的。"由于中方坚持,在中日联合公报中最后写上了:"日本方面痛感日本国过去由于战争给中国人民造成的重

---

① 中华人民共和国外交部、中共中央文献研究室编《周恩来外交文选》,中央文献出版社,1990,第327页以下。
② 世界知识出版社编《中华人民共和国对外关系文件集》第3集,世界知识出版社,1958,第267页以下。
③ 中华人民共和国外交部外交史研究室编《周恩来外交活动大事记(1949—1975)》,世界知识出版社,1993,第708页以下。
④ 《周恩来选集》下卷,人民出版社,1984,第477页。

大损害的责任,表示深刻的反省。"①

1974年4月,周总理在会见日本客人时说:"日本面临着自卫问题。到底是自卫还是扩张,这在日本思想界里还是一个问题。有一点自卫力量是应该的,但有的人借搞自卫武装恢复军国主义那一套。武士道、天皇制、靖国神社法案也搬出来了。这种人虽然不多,但能量很大。""在日本,政治家也好,知识分子也好,军人也好,如果不研究东条侵略失败的历史,而且还要美化它,将来要重蹈覆辙。"②

(五) 中国掌握核武器,完全是为了防御

周恩来总理指出:"中国掌握核武器,完全是为了防御……中国政府郑重宣布,在任何时候、任何情况下,中国都不会首先使用核武器。"③

周总理主张,有核国家应首先达成不首先使用核武器的协议。1964年10月17日,周总理建议"召开世界各国首脑会议,讨论全面禁止和彻底销毁核武器问题。作为第一步,各国首脑会议应当达成协议,即拥有核武器的国家和很快可能拥有核武器的国家承担义务,保证不使用核武器,不对无核武器国家使用核武器,不对无核武器区使用核武器,彼此也不使用核武器"④。周总理提出的这个"作为第一步"的建议,中国政府早就单方面承诺了,但其他有核武器的国家都还没有这样的承诺。

三 互不干涉内政

(一) 革命是不能输出的

新中国诞生后,许多与中国社会制度不同的国家担心中国输出革命。周总理反复强调革命不能输出。恩格斯、列宁、斯大林都从革命本身的性质说明过革命不能输出,而周恩来的独到之处,在于他还从国际关系和国

---

① 〔日〕永野信利:《日中建交谈判记实》,顾汝钰译,时事出版社,1989,第42页。
② 中华人民共和国外交部外交史研究室编《周恩来外交活动大事记(1949—1975)》,世界知识出版社,1993,第701、655页。
③ 中华人民共和国外交部、中共中央文献研究室编《周恩来外交文选》,中央文献出版社,1990,第422页。
④ 《周恩来选集》下卷,人民出版社,1984,第431页以下。

际法的角度说明了革命不能输出，因为输出革命就是干涉别国内政。

1954年8月，周总理指出："我们不干涉别的国家的内政，革命不能输出，各国的社会制度是由本国人民自己选择的。"① 60年代，周总理说："革命不能输出，要靠各国人民自己选择自己的国家制度。""现在世界上有一种新的反动的趋势，就是从外面来的颠覆。用颠覆手段搞起来的政变，不管是革命的或不革命的我们都不赞成，因为它是外来的。革命问题应由人民自己来解决。革命输出与反革命输出都是不对的。"②

一个国家是否需要革命以及革命是否成功，取决于这个国家的内部条件。1955年4月，周总理在万隆会议上说："中国革命是依靠中国人民的努力取得胜利的，决不是从外输入的，这一点连不喜欢中国革命胜利的人也不能否认。"③ 1963年8月，周总理同外宾谈话时说："我们说主要依靠自己人民，这是说明一个真理，要不然革命就可以输出了。……法国大革命、美国独立战争不也是主要依靠自己的力量而取胜的吗？而苏联非说别国胜利是主要依靠他们的帮助，那么十月革命是依靠谁的力量呢？当然主要依靠他们本国的人民。"1972年11月，周总理又指出："思想没有国界之分，但革命行动不能输出，不能代替人家进行革命。"④

（二）各国的事情应当而且只能由各国人民自己解决

不得干涉内政是与互相尊重主权的要求紧密相连的。周恩来一贯主张，各国人民自己的事情，应该也只能由各国人民自己解决。1950年3月，针对美国国务卿艾奇逊干涉中国内政的演说，周恩来说："亚洲人民自己的事情，应当由亚洲人民自己来处理，而无论在什么时候，也不应当由太平洋彼岸的帝国主义者，例如艾奇逊之流，来加以干涉！"1963年10月，周恩来在同法国前总理谈话时说，戴高乐将军"在维护国家独立和主

---

① 中华人民共和国外交部、中共中央文献研究室编《周恩来外交大选》，中央文献出版社，1990，第82页。
② 中共中央文献研究室编《周恩来年谱（1949—1976）》中卷，世界知识出版社，1997，第366、532页。
③ 《周恩来选集》下卷，人民出版社，1984，第156页。
④ 中华人民共和国外交部外交史研究室编《周恩来外交活动大事记（1949—1975）》，世界知识出版社，1993，第656页。

权方面采取了勇敢的步骤。有些大国可能不高兴。我们觉得，一个国家应该如此，不受任何外来的干涉，因为一个国家的事务只能由这个国家自己解决"①。1973年1月，周总理在与扎伊尔总统蒙博托会谈时称赞关于"非洲是非洲人的非洲"的提法，并说"扎伊尔是扎伊尔人的扎伊尔，这意味着一个国家的事务只能由本国人民自己解决，而不容许外国干涉"②。

主张各国自己的事情由各国人民自己解决，是以相信各国人民自己的能力为前提的。1996年，在纪念和平共处五项原则发表40周年时，印度总理拉奥说：要相信所有国家有能力解决自己的问题，别国不应以任何借口干涉，五项原则正是基于此而提出来的。③ 这与周恩来的思想是完全一致的。

（三）中国反对任何外来干涉，但不是不接受好的意见

周恩来说："任何外国干涉中国内政的行为，都是注定要失败的。"④ 50年代，周恩来一再强调："中国解放台湾是中国的内政问题，我们和蒋介石的关系也是个内政问题。是美国政府违背了自己的声明，要来霸占台湾，干涉中国内政。"⑤ 随着形势的发展，我国及时提出了和平统一方针，但这并不改变台湾问题是中国内政的性质。有的国家要求中国政府承诺在台湾问题上不使用武力，是对中国内政的粗暴干涉。再如，1959年，印度说西藏和印度都信佛教，而且佛教是从印度去的，因此印度对西藏要干涉。周恩来反驳说："这个论据如果能成立，东南亚许多国家，印度都可以干涉了。那么，天下岂不要大乱了吗？如果说佛教发展不发展，别人都要干涉的话，那么中国也可以过问印度的事情，因为中国信佛教的人比印度信佛教的人多。印度信印度教的人多，但印度教并不是佛教。如果这

---

① 中华人民共和国外交部、中共中央文献研究室编《周恩来外交文选》，中央文献出版社，1990，第360页。
② 中华人民共和国外交部外交史研究室编《周恩来外交活动大事记（1949—1975）》，世界知识出版社，1993，第661页。
③ 《人民日报》1994年6月28日。
④ 中华人民共和国外交部、中共中央文献研究室编《周恩来外交文选》，中央文献出版社，1990，第285页。
⑤ 中华人民共和国外交部、中共中央文献研究室编《周恩来外交文选》，中央文献出版社，1990，第256页。

样，亚洲又要大乱。当然，我们对此毫无兴趣，决不过问。"①

周恩来不仅反对外国的干涉，也反对国际组织干涉中国内政。1955年2月，新西兰驻联合国代表要求安理会召开会议讨论"在中国大陆沿海附近的某些岛屿的地区发生武装敌对行动"的问题。对此，周恩来发表谈话指出："这样的活动包含一个阴谋，那就是把属于中国内政的事情，把任何外国或联合国都无权干涉的中国内政的事情，放在国际舞台上。"② 再如，1961年9月，周总理会见外宾时说，联合国"恢复中国代表权问题是个程序问题。谁能代表中国六亿五千万人民？只有如你所说的北京的政府，而不是台湾的蒋介石。如果接受了美国和新西兰的主张，把恢复中国代表权问题当作'重要问题'来讨论，那就是讨论中国的存在与否，就是干涉中国的内政，这是违反联合国宪章的。联大讨论的'重要问题'只能是国际问题，而不能是一国的内政。内政问题怎么能在联大讨论呢？"③

周恩来反对外来干涉，但并不是不接受外国的好的意见。外国的好的批评意见不构成干涉。1954年8月，周恩来谈到如何接待英国工党代表团时说："关于内政问题，有什么说什么，根据实际情况讲。……对我们的缺点、错误、毛病不必讳言，……这样我们才能取得主动。我们应该抱着知错必改的态度，人家提出好的意见要接受，有缺点知道了就要改，'知过必改'是中国很好的一句古话。"④ 1956年5月，周恩来在接见新西兰文化界人士时说："希望你们提出友好的意见和批评，这对我们有好处。一个国家没有别的国家的批评，就不会进步。"同年10月，周恩来会见巴基斯坦领导人时又说："在国与国之间，当然总是要寻求友好，但是也要寻求善意的帮助和批评。我们不但高兴听到邻国和友好国家的称赞，同时更需要他们的了解和批评。这样国家才能前进。"⑤

---

① 中华人民共和国外交部、中共中央文献研究室编《周恩来外交文选》，中央文献出版社，1990，第270页。
② 中华人民共和国外交部、中共中央文献研究室编《周恩来外交文选》，中央文献出版社，1990，第106页以下。
③ 中华人民共和国外交部、中共中央文献研究室编《周恩来外交文选》，中央文献出版社，1990，第313页。
④ 中华人民共和国外交部、中共中央文献研究室编《周恩来外交文选》，中央文献出版社，1990，第82—83页。
⑤ 中华人民共和国外交部外交史研究室编《周恩来外交活动大事记（1949—1975）》，世界知识出版社，1993，第145、166页。

（四）中国不干涉任何国家的内政

1955 年，周总理在万隆会议上说："中国古话说：'己所不欲，勿施于人。'我们反对外来干涉，为什么我们会去干涉别人的内政呢？"①

周恩来坚持反对借提供援助干涉受援国的内政。1957 年 2 月，周总理说："为了取得特权、为了建立军事基地和为了使受援助的国家加入军事集团而提供的援助是不会受到人民的欢迎的。"② 1964 年 1 月，周恩来说："一切援助都是相互支持的，都应该完全符合平等互利和互不干涉内政的原则，决不允许利用援助进行控制、掠夺、干涉甚至颠覆。"③ 中国严格按照周总理的这些要求对外提供援助，受到许多国家好评。1981 年 5 月，苏丹总统尼迈里在接见中国记者时说：我们完全相信中国，因为中国只是根据别国的需要提供援助，从不干涉别国的内政；而苏联一心只为实现自己的野心、霸权和世界战略。最早认识到这个事实的是中国。你们提醒了许多国家，使他们有了准备。实践已经证明，你们的观点是正确的。④

50 年代，有人说，中国在国外有 1000 多万华侨，可能利用他们的双重国籍来进行颠覆活动。对此，周总理在万隆会议上指出，"华侨的双重国籍是旧社会遗留下来的"，新中国政府"准备与有关各国政府解决华侨的双重国籍问题"。⑤ 就在万隆会议期间，中国与印尼签订了《中华人民共和国和印度尼西亚共和国关于双重国籍问题的条约》。周总理向印尼人民发表广播演说指出："我们两国间一个由长期的历史原因所造成的困难问题，已经根据平等互利和互不干涉内政的原则，在友好合作的基础上合理地解决了。"⑥ 1974 年 5 月，周总理在会见马来西亚副总理时说："我们一

---

① 中华人民共和国外交部、中共中央文献研究室编《周恩来外交文选》，中央文献出版社，1990，第 123 页。
② 中华人民共和国外交部外交史研究室编《周恩来外交活动大事记（1949—1975）》，世界知识出版社，1993，第 192 页。
③ 中华人民共和国外交部、中共中央文献研究室编《周恩来外交文选》，中央文献出版社，1990，第 394 页。
④ 《人民日报》1981 年 5 月 13 日。
⑤ 中华人民共和国外交部、中共中央文献研究室编《周恩来外交文选》，中央文献出版社，1990，第 124 页。
⑥ 中华人民共和国外交部外交史研究室编《周恩来外交活动大事记（1949—1975）》，世界知识出版社，1993，第 109 页。

贯主张中国血统的人凡已经取得或将取得当地国籍者,即成为当地公民,我不赞成双重国籍。对未参加马国籍的20万华人,如有愿意参加马国籍的,我表示鼓励。"①

与有些帝国主义、殖民主义国家利用本国侨民干涉别国内政不同,周恩来要求华侨遵守所在国的法律。1956年,周恩来在缅甸对华侨讲话时说:"我们侨胞既然是长期在国外,就应该和所在国政府和人民搞好关系。从政治上说,侨胞应该遵守所在国家的法律。从社会关系上说,应该尊重所在国的风俗习惯,尊重他们的宗教信仰。从个人来说,应该建立良好友谊。"周总理要求华侨们"不参加所在国的政治活动,比如不参加他们的政党、选举等。同时,我们也不在华侨中发展共产党和其他民主党派组织。这样,人家才会尊重你们。希望住在这个地方的侨胞,不论做工的、经商的、经营企业的,或是搞文化事业的,不管做哪一行,都要按照所在国的法律办事,都应该做一个守法的侨民,模范的侨民"②。

四 平等互利

(一) 国家不分大小都应该享有平等权利

1955年4月,周恩来在亚非会议发言指出:"国家不分大小强弱,在国际关系中都应该享有平等的权利。"③ 传统国际法在国际会议和国际组织的座次排列等形式事项上确立了平等原则,但在实质事项上根本没有保障弱小国家享有平等权利的制度。因此,周恩来特别强调国家平等的发展权利和平等参与决定国际事务的权利等实质事项上的国家平等权利。周总理说,世界各国不论大小"都应在不受外来侵略的情况下,享受独立和生活

---

① 中华人民共和国外交部外交史研究室编《周恩来外交活动大事记(1949—1975)》,世界知识出版社,1993,第703页。
② 中共中央统一战线工作部、中共中央文献研究室编《周恩来统一战线文选》,人民出版社,1984,第330—331页。
③ 中华人民共和国外交部、中共中央文献研究室编《周恩来外交文选》,中央文献出版社,1990,第116页。

繁荣的权利"①。"我们从来主张大小国家一律平等,在国际事务中都有同等的发言权"②,"关系到全人类命运的问题应该由大家来共同讨论,而不应该由少数国家垄断这种讨论,甚至把有利于少数垄断者的决定强加给没有参加讨论的国家"③。"我们坚持反对大国压迫小国,反对少数大国操纵国际事务,反对任何形式的大国主义。"④ "我们反对联合国作为大国强权政治的工具。"⑤ 世界各国作为国际社会的成员,在决定国际政治经济等问题的过程中,都应有充分和有效的参与机会,都应有平等的发言权和表决权。为此,各种各类的国际组织和国际会议都应建立起相应的平等制度。周恩来相信,"世界上小国有一百三、四十个,是多数;大国有几个?大国要垄断一切是不可能的"⑥。

国家的地位或权利平等,有利于各国互相学习、交流和合作,从而有利于每个国家的自身发展和为国际社会的共同发展作出贡献。1957 年 1 月,周总理访问尼泊尔时指出:"中国人民一向认为每个国家,不论大小都是互相平等的,并且有它值得其他国家学习的优点。"⑦ 1972 年 12 月,周总理会见挪威新任驻华大使时说:"我们明年参加斯德哥尔摩博览会。原来不准备到贵国去展出,以后你们提了意见,你们的意见提得对,我们接受了。……凡是合理的事情,不管哪一个国家提出来的,我们都接受。这才叫国家不分大小,一律平等,不然什么叫平等啊!""国与国之间应该平等相处,这样才可以互相商量,交换意见。……只有互相交换意见,才能产生一些新的思想,才能在国际上创造出一些好的气氛,否则,只是一

---

① 《周恩来研究学术讨论会论文集》编辑组编《周恩来研究学术讨论会论文集》,中央文献出版社,1988,第 553 页。
② 《周恩来研究学术讨论会论文集》编辑组编《周恩来研究学术讨论会论文集》,中央文献出版社,1988,第 553 页。
③ 中华人民共和国外交部、中共中央文献研究室编《周恩来外交文选》,中央文献出版社,1990,第 382 页。
④ 中华人民共和国外交部外交史研究室编《周恩来外交活动大事记(1949—1975)》,世界知识出版社,1993,第 372 页。
⑤ 中共中央文献研究室编《周恩来年谱(1949—1976)》下卷,中央文献出版社,1997,第 281 页。
⑥ 中华人民共和国外交部外交史研究室编《周恩来外交活动大事记(1949—1975)》,世界知识出版社,1993,第 367 页。
⑦ 中共中央文献研究室编《周恩来年谱(1949—1976)》中卷,中央文献出版社,1997,第 366 页。

国把自己的主张强加于人,这是要不得的。"①

(二) 所有种族应当一律平等

在国际社会,种族平等与国家平等是联系在一起的。亚非会议十项原则就是把这两者结合在一起作为第三项原则的,即"承认一切种族的平等,承认一切大小国家的平等"。周恩来认为:"世界上有黑种人、黄种人、白种人和棕种人。不管是哪种人,相互间都应该是平等的。但现在还有差别,还存在着种族歧视。"②"绝不能说这个民族是优越的,那个民族是劣等的,这种想法是完全错误的种族主义的想法。德国法西斯认为日尔曼民族是最优秀的民族,说德国日尔曼血统是最好的血统,这是极端反动的思想。"③ 不同种族在发展程度上的差异,常常被种族歧视论者作为种族有优有劣的论据。周恩来说:"我们认为,所有的民族都是优秀的、勤劳的、有智慧的,只要给他们发展的机会;所有的民族都是勇敢的、有力量的,只要给他们锻炼的机会。世界上所以有些民族比较落后,这是环境造成的,是因为没有给他们发展和锻炼的机会。"④ 周恩来对曾经处在不平等地位的国家和种族的未来的发展和强盛充满信心。他认为亚非拉"这些未开发和半开发的地区,民族独立了,外国不能干涉了,自己管理自己了,是统统要开发的,所以说是后来居上。到那一天,我们的态度仍然是平等待人,有无相通。地不分南北,人不分肤色,四海之内皆兄弟"⑤。

(三) 反对不平等的国际关系,警惕中国自身产生大国主义

虽然帝国主义列强曾经不平等待我,但中国相对于许多中小国家来说又是一个大国,容易自觉不自觉地滋长大国主义倾向。1955年4月,周总理在万隆会议上说:"我们是一个大国,容易对小国不尊重。我们在人民中间就经常提出警惕大国主义思想的问题。由于历史的传统,大国容易对小国忽视和不尊重,因此我们经常检讨自己。到会的二十九国代表中如果

---

① 中华人民共和国外交部外交史研究室编《周恩来外交活动大事记(1949—1975)》,世界知识出版社,1993,第616页。
② 《周恩来选集》下卷,人民出版社,1984,第316页。
③ 《周恩来选集》下卷,人民出版社,1984,第263页。
④ 《周恩来选集》下卷,人民出版社,1984,第263页。
⑤ 《周恩来选集》下卷,人民出版社,1984,第317页。

有任何人觉得中国代表团对任何一国的代表不尊重,请指出来,我们愿意接受意见,并加以改正。"① 1963 年 4 月,周总理对外宾说:"大国有其有利的地方,但也有坏处,那就是容易把自己的意见强加于人,不重视其他国家人民的意见和利益。这一点不论是哪一种社会制度的大国,都容易犯。我们对这一点很警惕。"② 1973 年 9 月,周总理在会见法国总统蓬皮杜时说:"如果中国强大了,要特别警惕大国沙文主义,强加于人,目空一切,骄傲自满。不仅现在要警惕,将来也要警惕。要以此教育后代。"③

周恩来坚持平等对待所有国家,特别注意平等对待小国,防止有伤害小国自尊心的行为。1962 年,外交部上报的北京外国语学院的课程设置计划,把英、法、俄、西班牙和阿拉伯语以外的语种统统称为"小国语"。周恩来在审批时把"小国语"的提法改成了"非通用语",不仅在表达上更为贴切,而且充分体现了对小国的尊重。1963 年 8 月,来访的索马里总理对中国给予的援助表示感谢,周总理说:"不要感谢了,这是我们的义务。……世界上有人说,我们只同贫穷的小国作朋友。这正是中国的特点。……我们最高兴与贫穷小国交朋友。"④

与苏联以"社会主义大家庭"的家长、美国以"自由世界"的领袖自居不同,周恩来主张中国在世界上不应以任何特殊地位自居。1956 年 5 月,周恩来在同巴基斯坦和印尼的两个伊斯兰教代表团谈话时说:"你们说中国是'长兄',这是不妥当的。亚洲国家不论大小,大家都是平等的。中国虽是大国,也不能居'长',好居'长'是不好的。美国就是好居'长',要领导世界,结果搞得大家都不高兴它。"⑤ 1956 年 10 月,来访的日本客人说"亚洲各国正以中国为中心团结起来",周总理说:"中国、日本、印度、印度尼西亚、缅甸等都团结起来,不是以哪一国为中心,而是

---

① 中华人民共和国外交部、中共中央文献研究室编《周恩来外交文选》,中央文献出版社,1990,第 132 页。
② 中华人民共和国外交部外交史研究室编《周恩来外交活动大事记(1949—1975)》,世界知识出版社,1993,第 357 页。
③ 中华人民共和国外交部外交史研究室编《周恩来外交活动大事记(1949—1975)》,世界知识出版社,1993,第 685—686 页。
④ 中华人民共和国外交部外交史研究室编《周恩来外交活动大事记(1949—1975)》,世界知识出版社,1993,第 366—367 页。
⑤ 中共中央统一战线工作部、中共中央文献研究室编《周恩来统一战线文选》,人民出版社,1984,第 311 页。

以团结起来的国家为中心。万隆会议就表明了这一点。中国不应成为什么中心,也不会成为什么中心。"① 1971年8月,周总理会见墨西哥《至上报》社长时表示,"不赞成中国是'世界革命中心'的说法,别人把中国叫成世界革命的中心,我们不能负责。中国的极'左'分子这样说,我们不赞成,并进行了批判"②。1972年7月,日本客人说中国恢复了在联合国的席位,今后亚洲形势要以中国为中心,周总理指出:"不对,以中国为中心,我不同意。……如果说中日两国加强友好来推动远东的和平那还可以。"③ 1975年6月,来访的菲律宾总统马科斯称中国是第三世界的当然领袖,周总理说:"第三世界应该是一个民主的大家庭。毛主席说过,我们不当这个头头。"④

(四) 建立平等互利的国际关系

国际关系的各个方面都应当是平等互利的。"基辛格认为,在关于上海公报的谈判过程中,……周恩来是很了解这一点的。因此我们虽不能做到目标一致,却能作出类似的分析,那就是在当前这个历史时刻我们应该做些什么来利用国际上的均势使之对我们双方都有利。"⑤

在第二次世界大战后,赤裸裸的殖民掠夺演变成了在援助或合作的幌子下对第三世界国家的控制或剥削。1957年3月,周总理指出,美国的对外经济援助常常是为了使受援国"陷入过分庞大的工程,从而长期需要美国的支持"⑥。1961年4月,周总理接见瑞典驻华大使布克,当布克谈到现在有很多国家经济上还受别国控制时,周总理说:"这就是殖民主义的祸害。世界上经常有两种国家,先进的国家和落后的国家。在帝国主义时

---

① 中华人民共和国外交部外交史研究室编《周恩来外交活动大事记(1949—1975)》,世界知识出版社,1993,第162页。
② 中华人民共和国外交部外交史研究室编《周恩来外交活动大事记(1949—1975)》,世界知识出版社,1993,第603页。
③ 中华人民共和国外交部外交史研究室编《周恩来外交活动大事记(1949—1975)》,世界知识出版社,1993,第638页。
④ 中华人民共和国外交部外交史研究室编《周恩来外交活动大事记(1949—1975)》,世界知识出版社,1993,第711页。
⑤ 〔加拿大〕柯让:《周恩来的外交》,汪永红译,东方出版社,1992,第12—13页。
⑥ 中华人民共和国外交部、中共中央文献研究室编《周恩来外交文选》,中央文献出版社,1990,第218页。

代，一些先进国家不是去帮助落后国家，相反，去控制它们，使落后国家不能独立，受压迫。"当布克大使说到他们愿意帮助落后国家，但并不要求政治控制时，周总理说："这就是殖民主义与否的分界线。第一要看是要求特权和控制；第二要看是真正帮别人建立独立的经济，还是使别人永远依赖下去，只限于为他们供给原料和进行一些加工；第三要看是帮助别人建设很快，使投资后很快投入生产，还是很长时间建设不起来，很大部分的投资、贷款花在他们的技术人员身上。"①

与借援助之名行控制、干涉和掠夺别的国家之实不同，周总理为新中国制定了一整套崭新的对外经济技术援助制度。1957年3月，周总理指出："我们同任何国家的经济合作或者对任何国家的经济援助都是在五项原则的基础上进行的。"② 1964年1月，周总理访问非洲时，提出了中国政府对外提供经济技术援助的八项原则："（1）中国政府一贯根据平等互利的原则对外提供援助，从来不把这种援助看作是单方面的赐予，而认为援助是相互的。（2）中国政府在对外提供援助的时候，严格尊重受援国的主权，绝不附带任何条件，绝不要求任何特权。（3）中国政府以无息或低息贷款的方式提供经济援助，在需要的时候延长还款期限，以尽量减少受援国的负担。（4）中国政府对外提供援助的目的，不是造成受援国对中国的依赖，而是帮助受援国逐步走上自力更生、经济上独立发展的道路。（5）中国政府帮助受援国建设的项目，力求投资少，收效快，使受援国政府能够增加收入，积累资金。（6）中国政府提供自己所能生产的、质量最好的设备和物资，并且根据国际市场的价格议价。如果中国政府所提供的设备和物资不合乎商定的规格和质量，中国政府保证退换。（7）中国政府对外提供任何一种技术援助的时候，保证做到使受援国的人员充分掌握这种技术。（8）中国政府派到受援国帮助进行建设的专家，同受援国自己的专家享受同样的物质待遇，不容许有任何特殊要求和享受。"③

外国学者认为，这"八项对外援助原则是中国自己援助方案的明确声

---

① 中华人民共和国外交部外交史研究室编《周恩来外交活动大事记（1949—1975）》，世界知识出版社，1993，第306—307页。

② 中华人民共和国外交部、中共中央文献研究室编《周恩来外交文选》，中央文献出版社，1990，第214页。

③ 中华人民共和国外交部、中共中央文献研究室编《周恩来外交文选》，中央文献出版社，1990，第388—389页。

明，但它们显然也是对苏联和美国援助方案的一种批评"①，的确如此。美国为缅甸兴建的棉纺厂，却不能使用缅甸产的短纤维棉花，每年需要花费大量外汇进口美国棉花，而且机器一出故障，只能等美方派人来维修。在周恩来直接领导下，中国为缅甸建的棉纺厂，纺织机是专门根据缅甸棉花的特点设计的，而且为缅甸培养了一批技术人员，教会他们如何维修纺织机械。

五 和平共处

（一）世界各国应当而且可以和平共处

1961年4月，周总理在欢迎日本乒乓球队的宴会上说："中日两国人民都遭受过侵略战争的祸害，所以要求和平的愿望是共同的，两国人民都了解不同社会制度的国家的和平共处有着头等重要的意义。"② 周恩来认为各国应当和平共处，但绝不是主张无原则的和平共处。他说："我们反对战争，但是不会被吓倒，我们热望和平，但是不会拿我们的主权和利益去乞求和平。"中美两国"在华沙谈了八年，为何没有结果？我们只提出希望达成两个原则协议。第一，根据五项原则达成中美两国和平共处的原则协议。美国说我不要和平共处，我们说和平共处是要有原则的。不能要我跪在地上，他的刀子架在我头上的和平共处。我们要求中美两国根据和平共处五项原则签字，我们不断提，他们不断拒绝。第二，美国政府保证从中国台湾省和台湾海峡撤退武装力量，然后进行具体协商。他也不干。到底是谁要和平谁不要？谁要侵占人家领土，谁不要？美国就是要我承认他侵占台湾合法化，把台湾搞成一个独立单位，如果我同意，他马上可以承认我并恢复我在联合国合法地位。这是绝对不行的，是不正义的"③。1951年10月，冷战处在高潮时期，第三次世界大战似乎一触即发。但周总理却

---

① 〔加拿大〕柯让：《周恩来的外交》，汪永红译，东方出版社，1992，第176页。
② 中华人民共和国外交部外交史研究室编《周恩来外交活动大事记（1949—1975）》，世界知识出版社，1993，第309页。
③ 中华人民共和国外交部外交史研究室编《周恩来外交活动大事记（1949—1975）》，世界知识出版社，1993，第93、412页。

精辟地分析了战争与和平问题，认为"全世界的各种不同社会制度的国家是可以和平共处的"①。此后，周总理反复地阐述过世界各国可以和平共处的论断。周恩来认为，"缓和局势的发展，持久和平是可能的。世界大战不是命定不可避免的"②。周总理提到的论据主要有三点。第一，世界各国人民都渴望和平共处。周总理说："世界人民经过两次世界大战逐步觉醒了，……全世界人民都不愿意再受帝国主义的剥削和侵略，不愿意再遭受战争的痛苦，要求持久和平。"③ 第二，各国的经济发展需要和平共处的国际环境。在第二次世界大战刚结束时，周恩来就说，在战后，"老的殖民地政策也不能解决问题了，要使世界经济危机得到解决，只有通商发达，扩大市场，大家共同发展；要是还采用压迫别的国家，垄断，是行不通的，所以世界只有朝着和平、民主、建设的目标而奋斗"④。第三，核对抗使有关国家不得不和平共处。1970年11月，周总理指出："这二十五年来，新的世界大战没有发生，原因之一的确是因为有了核武器，一场核大战不容易打。核武器越多的国家越怕打。"⑤

周恩来说世界各国可以和平共处，并不是说这是唾手可得的事情。他指出："向帝国主义乞求和平，是永远得不到和平的。"⑥ "和平共处不能高枕无忧。"⑦ "和平必须通过斗争去争取。……朝鲜停战，印度支那停战，不是敌人不想打下去，而是敌人不敢或不能打下去。所以说，力量是重要因素，只有我们的力量强大，不怕威胁，敌人才会知难而退，和平运动才能不断高涨。"⑧ 例如，1965年春，越南战争逐步升级，美国约翰逊

---

① 中共中央文献研究室、中国人民解放军军事科学院编《周恩来军事文选》第4卷，人民出版社，1997，第238页。
② 中华人民共和国外交部外交史研究室编《周恩来外交活动大事记（1949—1975）》，世界知识出版社，1993，第153页。
③ 中共中央统一战线工作部、中共中央文献研究室编《周恩来统一战线文选》，人民出版社，1984，第218页。
④ 《周恩来同志在重庆大学学生爱国运动会上的演讲》，《新华日报》1946年2月8日。
⑤ 中华人民共和国外交部、中共中央文献研究室编《周恩来外交文选》，中央文献出版社，1990，第465页。
⑥ 中华人民共和国外交部外交史研究室编《周恩来外交活动大事记（1949—1975）》，世界知识出版社，1993，第283—284页。
⑦ 中共中央统一战线工作部、中共中央文献研究室编《周恩来统一战线文选》，人民出版社，1984，第242页。
⑧ 《周恩来选集》下卷，人民出版社，1984，第274—275页。

政府公然宣布中国是美国的主要敌人,声称"存在同中国发生战争的危险",阴谋发动更大规模的战争。周总理在与外宾会谈时针锋相对地指出:"一、中国不主动挑起反美战争。我们同美国就台湾问题谈判了10年可以证明。二、中国说话算数,朝鲜战争可作证明。三、中国做了准备,目前全国都在动员。四、只要美国轰炸中国,就是向中国发动战争。战争是没有界限的。这有两种解释:第一,不能只许你空战,不许我陆战;第二,不能只准你打进来,不准我打出去。"① 中国没有在美国的战争威胁面前吓倒,结果美国未敢再次把战火烧到中国。

周恩来认为,要争取世界各国的和平共处,首先必须敢于同超级大国的霸权主义作斗争。1974年3月,他指出:"超级大国争夺霸权是当前世界大动乱的根源。这个根源不消除,世界就要继续乱下去,就不可能有所谓的持久和平。"② 20世纪两次世界大战的爆发,都是企图争夺世界霸权的国家挑起的。怎样加强反对霸权主义、维护世界和平的力量呢?周总理主张一切爱好和平的国家和人民,不管社会制度和意识形态如何,都团结起来,"结成最广泛的统一战线",反对帝国主义、殖民主义和霸权主义。③ 1954年10月,英国客人问及避免第三次世界大战的方法时,周恩来回答说:"避免的方法,主要是依靠人民,人民不要战争。各国人民通过联合的或分别的活动,反对战争,阻止战争,仗就打不起来,即使打起来了,也是要失败的。还有另一个方法,就是说服好战的人,告诉他们:战争对他们没有什么利益,害多利少。你们经过两次世界大战,两次都是发动战争的方面失败了,垮台了。"④

(二) 要和平共处就要坚持求同存异的方针

为了在我们这个多种社会制度、价值观念和生活方式并存而又利益攸关的国际社会里实现和平共处,周恩来创造性地提出了求同存异的方针。

---

① 中华人民共和国外交部外交史研究室编《周恩来外交活动大事记(1949—1975)》,世界知识出版社,1993,第456—457页。
② 中华人民共和国外交部外交史研究室编《周恩来外交活动大事记(1949—1975)》,世界知识出版社,1993,第698页。
③ 《中国共产党第十次全国代表大会文件汇编》,人民出版社,1973,第21页。
④ 中华人民共和国外交部外交史研究室编《周恩来外交活动大事记(1949—1975)》,世界知识出版社,1993,第89—90页。

他多次强调，在国际交往中应当求同存异，大同中有小异，大异中有小同。连一点小异也不让人家存，那就不可能有对话有外交了。① 这里不能不提到1955年的万隆会议。会议开幕时充满了火药味，有些国家在全体会议上大肆攻击社会主义国家和采取中立政策与社会主义国家和平共处的亚非国家，会议时刻都有分裂的危险。当轮到中国总理周恩来发言时，许多人原以为他会毫不留情地反驳那些攻击中国的国家，会议气氛会更加紧张，但接下来的情况正相反。周恩来说："中国代表团是来求团结而不是来吵架的"，"是来求同而不是来立异的。……我们的会议应该求同而存异"。② 周恩来的发言使会议出现了转折，走向了成功。在纪念万隆会议30周年时，当年在会上发表长篇反共演说的菲律宾代表罗慕洛接受记者采访时特别指出，周恩来提出和运用求同存异方针为万隆会议成功作出了重大贡献。③

周总理的求同存异思想，首先是肯定各国有同可求或有求同的基础。1954年8月，周总理在讲到中英两国应求同存异时指出："我们和英国……同在哪里呢？第一，双方要和平；第二，双方要做买卖；第三，它要取得政治资本，在国内多搞选票，就得推进中英关系。……在这三点上，我们是可以和它求同的。"④ 在万隆会议上，周总理说："在我们中间有无求同的基础呢？有的。那就是亚非绝大多数国家和人民自近代以来都曾经受过、并且现在仍在受着殖民主义所造成的灾难和痛苦。这是我们大家都承认的。从解除殖民主义痛苦和灾难中找共同基础，我们就很容易互相了解和尊重、互相同情和支持，而不是互相疑虑和恐惧、互相排斥和对立。"⑤ 周总理这里说的"求同"，就是寻求各方的共同利益、共同愿望和要求，寻求各方能够合作与交往的领域。世界各国相互间都或多或少地有同可求，周总理讲的"求同的基础"，可以说是各方所面临的共同的国际环境

---

① 力平：《开国总理周恩来》，中共中央党校出版社，1994，第303页。
② 中华人民共和国外交部、中共中央文献研究室编《周恩来外交文选》，中央文献出版社，1990，第121页以下。
③ 《人民日报》1985年4月19日。
④ 中华人民共和国外交部、中共中央文献研究室编《周恩来外交文选》，中央文献出版社，1990，第81—82页。
⑤ 《周恩来选集》下卷，人民出版社，1984，第153—154页。

和国内情况。

周总理的求同存异思想,又承认国家之间的差异和存异的可能性。1954年8月,周总理指出:"我们和英国是有同有不同的,我们的态度是求同而不求异。当然,不同的地方,双方都不能去掉,不能要求双方改变立场和放弃立场,那是违背和平共处五项原则的。"[1] 在万隆会议上,周总理指出:"我们并不要求各人放弃自己的见解,因为这是实际存在的反映。但是不应该使它妨碍我们在主要问题上达成共同的协议。我们还应在共同的基础上来互相了解和重视彼此的不同见解。"[2] 在中美上海公报发表15周年时,美国前驻华大使洛德谈到周恩来的求同存异思想在公报起草过程中的作用时说,1971年10月22日,美方向中方提交了尼克松访华时要签署的公报草案。草案采用了外交官们惯用的方式,回避了中美双方的分歧,罗列了双方共同的出发点和达成一致的事项。周总理对这种陈腐的写法不以为然,指出,我们两个国家打过仗,20多年来处于敌对和隔绝的状态,对于如何管理自己的国家、如何与外界打交道,有着截然不同的观点。我们写一份与众不同的公报吧!每一方清楚地阐明自己的立场,然后双方概述可以取得一致的原则和可以合作的领域。洛德接着说:"我们当时看到,总理的观点是可取的。如果采用我们那种写法,只会使美中两国的公众坠入云里雾里,使两国各自的盟国感到气馁。采用中国人的做法才会使各方面的人确信我们表述的观点是发自内心的。正因为我们坦率承认存在的分歧,我们一致的观点才显得真实可信。"洛德最后说,15年以来的历史表明,公报突破常规的写法是成功的,一直对中美关系起着指导作用。[3]

(三) 要和平共处就要和平解决国际争端

1956年10月,周总理在欢迎缅甸领导人的宴会上说:"国与国之间,尽管社会制度不同,但只要信守五项原则,是完全可以和平共处得很好

---

[1] 中华人民共和国外交部、中共中央文献研究室编《周恩来外交文选》,中央文献出版社,1990,第81页。
[2] 中华人民共和国外交部、中共中央文献研究室编《周恩来外交文选》,中央文献出版社,1990,第122页。
[3] 《人民日报》1987年2月28日。

的，彼此之间也没有任何问题不可以通过友好协商的途径顺利解决。"①1960 年，周恩来在工人体育场首都十万人庆祝签订中缅边界条约的大会上讲话时说："中缅边界条约是亚洲各国人民友好相处的榜样，是亚洲国家解决边界问题和其他争端的范例。"②

在和平解决国际争端的方法方面，1953 年 8 月，周总理在关于朝鲜问题的政治会议的谈话和声明中，首倡协商方法。他说："我们的目的是使政治会议在国际事务中给和平协商解决争端建立一个典范"，"政治会议应采取圆桌会议形式，即朝鲜停战双方在其他国家参加之下共同协商的形式，而不采取朝鲜停战双方单独谈判的形式。但会议的任何决议，必须得到朝鲜停战双方的一致同意，才能成立"。③

（四）要在国际上建立和平共处互相监督的制度

周总理指出："我们不但有了国内的制度，而且主张在国际上建立一种制度，那就是各国和平共处，互相监督，国际间一切争端通过和平协商解决而不用武力。我们在国际上主张和平友好的政策，各国以和平共处五项原则或者万隆会议的十项原则来互相约束。这就是一种国际保证，使得国家不分大小都可以和平共处，互相帮助发展而不附带任何条件。"④

各国怎样互相约束呢？周总理认为，"国际上有两种约束，一种是法律上的约束，除了联合国宪章以外，国与国之间还可以签订互不侵犯条约，或者扩大为集体和平公约，例如亚洲太平洋地区的国家可以签订一个集体和平公约。这种公约的目的不是要建立军事集团，而是为了集体和平；不排斥别人，也不反对任何国家。各国以五项原则或十项原则为基础，互相保证和平共处，用条约这种形式把这种保证固定下来。另外，还有道义上的约束，各国通过彼此来往，可以发表声明，签订协议，发表演

---

① 中华人民共和国外交部外交史研究室编《周恩来外交活动大事记（1949—1975）》，世界知识出版社，1993，第 167 页。
② 中华人民共和国外交部外交史研究室编《周恩来外交活动大事记（1949—1975）》，世界知识出版社，1993，第 290 页。
③ 中华人民共和国外交部外交史研究室编《周恩来外交活动大事记（1949—1975）》，世界知识出版社，1993，第 47—48 页。
④ 中华人民共和国外交部、中共中央文献研究室编《周恩来外交文选》，中央文献出版社，1990，第 178—179 页。

说，强调反对侵略和反对殖民主义。这样做不仅可以形成国际的道义上的约束，而且可以作为对国内人民进行教育的内容"[1]。

（五）真正的和平共处包括政治、经济、文化各方面的国际合作

1956年9月，在中国共产党第八次全国代表大会上，周恩来同志指出："我们主张扩大国际间经济、技术和文化的合作和联系，不仅是为了加速完成我们的社会主义建设，而且还因为这将为各国之间的和平共处奠定可靠的基础。因此，这是完全符合于全世界人民的利益，完全符合于和平事业的利益的。"[2] 1957年12月，周恩来会见缅甸领导人时说："我们都发展起来了，实际上这样对西方国家来讲是没有值得可怕的，我们发展了，需要的东西也就更多，可互通有无，这样也就不会因为经济危机而去制造政治危机，对双方都有好处。"[3] 周总理的这一思想，对于我们当前认识和平与发展这两大国际问题的关系，是十分有益的。那种用造成发展中国家的贫困的手段来达到自己的发达或繁荣的行为，不利于各国的和平共处。

六 和平共处五项原则具有强大的生命力

（一）和平共处五项原则是适用于各种国际关系的普遍原则

和平共处五项原则的每一项原则，都不是只适用于某种国际关系的具体原则，而是普遍适用于各种各类国际关系的基本原则。1954年6月，周总理在访问印度期间指出，和平共处五项原则"不仅对我们两国适用，而且对于亚洲的其他国家以及对世界一切国家都能适用"[4]。周总理讲的"一切国家"，包括社会制度不同的国家，也包括社会制度相同的国家，比如

---

[1] 中华人民共和国外交部、中共中央文献研究室编《周恩来外交文选》，中央文献出版社，1990，第179页。
[2] 《中国共产党第八次全国代表大会文件》，人民出版社，1956，第233页。
[3] 中华人民共和国外交部外交史研究室编《周恩来外交活动大事记（1949—1975）》，世界知识出版社，1993，第225页。
[4] 中共中央文献研究室编《周恩来年谱（1949—1976）》上卷，中央文献出版社，1997，第392页。

社会主义国家。但当时苏联政府认为，和平共处原则不适用于社会主义国家之间的关系，因为列宁当年是把它作为处理社会主义国家与资本主义国家之间关系的政策原则提出来的。在50年代，社会主义国家之间的有关文件只提互相尊重主权和领土完整、互不干涉内政和平等互利三项原则。1956年10月，苏联武装干涉波兰内政，社会主义国家间出现了不能和平共处的现象。同年11月1日，中国政府发表声明，指出社会主义国家之间的关系更应该建立在和平共处五项原则的基础上，旨在强调互不侵犯、和平共处两项原则。1968年，苏联武装占领捷克斯洛伐克，1969年，苏联挑起珍宝岛武装冲突。1970年6月，周总理再一次强调：在国与国之间的关系中，无论是社会制度相同或是不相同，都必须严格遵循和平共处五项原则。[①]

（二）和平共处五项原则是建立国际新秩序的基础

五项原则体现了广大亚非拉发展中国家建立国际新秩序的要求。在1955年的万隆会议上，尼泊尔代表就指出："尼赫鲁总理和周恩来总理所宣布的五项原则是建立新的国际秩序的正当办法，可以作为扩大亚非国家之间的合作的真正基础。"[②] 周总理有关五项原则的许多论述，实际上都涉及改变国际旧秩序，建立国际新秩序的问题，特别是建立国际经济新秩序的问题。例如，1953年9月，周恩来在接见锡兰贸易代表团时说："我国政府自成立以来的政策，不仅是各国和平共处，且求与他国在平等互利基础上互通有无，建立平衡的贸易关系，共谋发展。"[③] 1953年9月，周恩来在接见日本客人时说："中日两国之间的贸易关系必须建立在平等互利的基础上。有些日本人认为，'中国工业化了，中日贸易就没有前途。'必须指出，这是完全不对的。只有中国工业化，才能彻底改变过去那种所谓'工业日本，原料中国'的殖民地经济关系，而建立起真正平等互利、有无相通的贸易关系。"[④] 1964年1月，周总理在访问非洲期间提出了对外

[①] 《新华月报》1971年第6期，第17页。
[②] 《新华月报》1955年第5期，第24页。
[③] 中华人民共和国外交部外交史研究室编《周恩来外交活动大事记（1949—1975）》，世界知识出版社，1993，第49页。
[④] 中华人民共和国外交部外交史研究室编《周恩来外交活动大事记（1949—1975）》，世界知识出版社，1993，第51页。

经济技术援助的八项原则。外国学者认为,这是他"这次亚非之行产生的最不朽的成果"。①

对周恩来在建立国际经济新秩序方面的贡献,钱其琛同志曾概括地指出:"在国际合作中,他强调平等互利,不能只利于己,不利于人;互通有无,有来有往;'目的就是求得人类繁荣','大家可以共同发展'。他一针见血地指出,有些发达国家的对外经济政策缺乏远见,不仅损害别人,对自己也是不利的。他在1964年亲自提出了我国对外援助的八项原则。以上可以说是倡导建立国际经济新秩序的先声。"②

(三) 国际实践证明了和平共处五项原则的强大生命力

1956年12月,周总理在访问缅甸期间发表讲话表示,"中缅两国同世界上一切爱好和平的国家和人民一起,更高地举起五项原则的旗帜,用实际行动来证明,不同社会制度的国家是可以和平共处的,五项原则是有极大的生命力的"③。1957年12月,周总理在欢迎缅甸领导人的宴会上指出:"中缅两国和印度共同倡导了和平共处五项原则。近年来,我们两国政府遵循着这些原则,使许多问题得到双方满意的解决,从而显示了五项原则的充沛的生命力。"④ 和平共处五项原则代表了世界各国人民的共同利益,符合和平与发展的时代需要,经受住了40多年的国际实践考验。80年代,邓小平同志指出:"周恩来总理和尼赫鲁总理共同倡导的和平共处五项原则为世界所公认。""总结国际关系的实践,最具有强大生命力的就是和平共处五项原则。"⑤

---

① 〔加拿大〕柯让:《周恩来的外交》,汪永红译,东方出版社,1992,第176页。
② 钱其琛:《认真研究周恩来的外交思想与实践》,载中华人民共和国外交部外交史研究室编《周恩来外交活动大事记(1949—1975)》,世界知识出版社,1993,第6—7页。
③ 中华人民共和国外交部外交史研究室编《周恩来外交活动大事记(1949—1975)》,世界知识出版社,1993,第176页。
④ 中华人民共和国外交部外交史研究室编《周恩来外交活动大事记(1949—1975)》,世界知识出版社,1993,第225—226页。
⑤ 《邓小平文选》第3卷,人民出版社,1993,第19页、第96页。

苏联法学对中国法学消极影响的深层原因[*]
——从马克思东方社会理论出发所作的分析

唐永春[**]

摘　要：苏联法学对中国法学产生过深刻的消极影响，其原因除了社会制度、意识形态、国际环境等直接因素外，还存在着更深层次的历史传统的因素，这就是两国传统政治文化的同质性——基于古代东方亚细亚生产方式而形成的东方专制主义传统——的遗存及其影响。马克思东方社会理论是理解这一同质性的钥匙。认识这种深层原因，对我国今后法学研究及法治建设的发展具有重要意义。

关键词：苏联法学　中国法学　亚细亚生产方式　东方专制主义

一　问题的提出

新中国的法学曾经受到苏联法学的深刻影响。我国学者普遍认为，这种影响既有积极的一面，也有消极的一面。消极一面的影响主要表现在以下几个方面。

1. 片面强调阶级意志论的法本质观

传统苏联法学把法的阶级性摆在压倒一切的地位上，以至于物质生活

---

[*]　本文原载于《法学研究》2002年第2期，收入本书时有改动。
[**]　唐永春，原文发表时为黑龙江大学法学院副教授，现为黑龙江大学法学院教授。

条件——本来是法的根基和本源——下降到次要地位,仅仅被用来论证这种意志的合理性。我国学界自新中国成立以来到"文化大革命"结束的30年间,基本上承袭了苏联的这一观点,形成了法与阶级的关系高于或凌驾于法与经济关系之上的理论格局。重视法的阶级性,对法作阶级的分析,这本身是无可非议的,但把法的阶级性提到压倒一切的高度,以至于否定法的社会性、继承性、共同性,这却是对马克思主义和列宁主义的误解。

2. *纯粹工具论的法功能观*

传统苏联法学把法单纯视为统治阶级进行专政的工具。中国法学接受苏联的观点并加以强化,形成了关于法功能的"唯工具论"。法律功能上的纯粹工具主义是法律本质观上的片面阶级意志论的必然引申,二者存在不可分割的联系,都是对马克思主义、列宁主义的阶级斗争理论、暴力革命理论及法律理论的教条化的理解。

3. *法学中的国家主义倾向*

传统苏联法学明显地存在国家主义的倾向,即以国家为中心构建法学理论,抬高国家在法的生成、实施、功能等方面的地位和作用,突出法对国家的依附性,忽视乃至抹杀法对国家权力的制约作用,强调权利的国赋性。苏联法学中的国家主义倾向,是片面、教条地理解和运用马克思、恩格斯、列宁的国家理论的结果。对此,中国法学在学习和引进苏联法学时,也未加辨别地全盘吸纳过来。

那么,苏联法学何以能够对中国法学产生如此深刻的影响——尤其是消极的影响呢?一般说来,下列的几个原因是显而易见的。(1) 制度的同质性。总体而言,我国和苏联都实行社会主义公有制的经济制度、无产阶级专政的国体以及人民代表大会制的政体。(2) 意识形态的同质性。我国和苏联都信仰马克思主义,在革命和建设的道路选择及发展策略上都是以俄国的马克思主义——列宁主义为指导的。(3) 国际环境因素。新中国在成立之初,受到西方资本主义国家的仇视和孤立,面对它们的封锁和包围,为求得政权的巩固和发展,我们采取了"一边倒"的政策,全面学习苏联,包括法学理论和法制实践。很显然,制度及意识形态上的同质性及由此产生的两大社会主义政权的天然亲合性,再加上当时国际环境压力的催化,使迫切希望发展和强大的新中国全面学习已经取得辉煌成就的社会主义革命和建设的先行者、成功者苏联,甚至在某些方面如计划经济体制等照搬苏联的模式。由此，在学习和引进苏联法学理论上好坏兼收也就是可以理解的事情了。①

然而，这几个原因对于解释和说明苏联法学对中国法学的消极影响来说，还不够那么充分。（1）它们只能说明苏联法学对中国法学形成消极影响的一定的潜在可能性，而无法说明为什么中国法学在学习、引进苏联法学时几乎是无可避免地受到了它的消极影响。是什么使我们失去了应有的洞察力、分辨力和判断力，以致在学习苏联法学时将其片面的、教条的、极"左"的成分也吸收过来？是前述的那个原因吗？不完全是，并且主要的不是它们。（2）这几个原因无法令人信服地说明为什么那个时期的自上至下的整个中国社会都极其容易地接受了苏联片面的、极"左"的那一部分法律观念和理论。毕竟，对于一个刚刚脱胎于旧社会的农业大国的绝大多数人口——农民——而言，制度、意识形态、国际环境等，都是十分陌生的东西。即使对于比较了解这些问题的中国共产党人和知识分子来说，制度、意识形态的同质性和国际环境等因素也未必足以使之必然接纳苏联法学中的消极成分。

这意味着什么？这意味着，苏联法学所以能够对中国法学造成深刻的消极影响，除了制度、意识形态的同质性及当时的国际环境压力等原因外，一定还隐藏着更深层次的原因。正是由于这个深层原因的存在，苏联法学对中国法学的消极影响的潜在可能性才转化为现实性，才转化为我们为之浩叹却又无法改变的既成历史事实；也正是由于这个深层原因的存在，苏联法学中的消极、错误的成分才会轻易为中国全社会所普遍接受。这个深层原因，就是中苏两国传统政治文化的同质性——古代东方亚细亚生产方式基础上形成的专制主义传统——的遗存和影响。② 认识和理解这一问题的线索及要领，蕴含于马克思的东方社会理论之中。

---

① 关于以上所述苏联法学对我国的影响情况及一般原因，我国学者均有相当的认识，较集中的表述请参见《苏联俄罗斯法学与中国法学学术研讨会纪要》，《法学研究》2001 年第 5 期；蔡定剑《关于前苏联法学对中国法制建设的影响》，《法学》1999 年第 3 期；王勇飞、张贵成主编《中国法理学研究综述与评价》，中国政法大学出版社，1992。

② 本文所说的"中苏两国传统政治文化的同质性"主要是在"东方专制主义传统"的意义上使用。

二 解决问题的钥匙：马克思东方社会理论

马克思东方社会理论是马克思主义理论体系的极为重要的组成部分，它贯穿于马克思的毕生理论探索过程中。早在马克思主义创立之初，东方社会问题就引起了马克思的关注；19世纪50年代初期，马克思从其"世界历史"的思想出发，认为古老的东方社会形态必将被卷入资本主义秩序的洪流并经此走向共产主义；19世纪50年代末，马克思又明确提出了"亚细亚生产方式"的概念，欲借此寻找出人类社会的"原生形态"——公有制；19世纪70年代始，马克思的东方社会理论发生了一次重大的历史性飞跃，开始思考并初步提出了东方社会——主要是当时的俄国——跨越资本主义"卡夫丁峡谷"的伟大设想。① 服务于本文的主题，这里仅对马克思的东方社会理论作一简要说明。

总体而言，马克思的东方社会理论由亚细亚生产方式理论、东方专制主义理论和俄国跨越资本主义"卡夫丁峡谷"预想三大部分构成。这三大部分分别对应、论述并说明了古代东方社会的经济（及社会）、政治和未来发展趋向。在这三大组成部分当中，亚细亚生产方式理论处于核心地位，东方专制主义理论和跨越资本主义"卡夫丁峡谷"预想都是在它的基础上构建起来的。②

（一）亚细亚生产方式理论

事实上，马克思终其一生也未给"亚细亚生产方式"下过定义，也未明确指出它在社会发展序列中占据何种位置，以至于在马克思和恩格斯逝世后，"亚细亚生产方式"问题成了20世纪世界上最大的学术难题之一。不过，问题的答案都已蕴含在马克思的论述之中。在马克思看来，古代东方社会在社会经济形态上普遍属于亚细亚生产方式。亚细亚生产方式的基本特征有以下几点。（1）在所有制方面，不存在土地私有制，实行的是土

---

① 参见张奎良《时代呼唤的哲学回响》，黑龙江人民出版社，2000，第387页以下；刘启良《马克思东方社会理论》，学林出版社，1994，第49页以下。
② 参见张奎良《时代呼唤的哲学回响》，黑龙江人民出版社，2000，第387页以下；刘启良《马克思东方社会理论》，学林出版社，1994，第49页以下。

地公有制——确切地说，是土地国有或王有。"在亚细亚的（至少是占优势的）形式中，不存在个人所有，只有个人占有。"① 这是亚细亚生产方式最根本、最突出的特点，是理解东方社会的关键所在，马克思称这是"了解整个东方的一把钥匙"，恩格斯也称它是"东方全部政治史和宗教史的基础"。② 古代东方社会之所以采取土地公有制形式，在很大程度上与地理环境有关，"部分地取决于部落的天然性质，部分地取决于部落在怎样的经济条件下实际上以所有者的资格对待土地，就是说，用劳动来获取土地的果实；而这一点本身又取决于气候，土壤的物理性质，受物理条件决定的土壤开发方式，同敌对部落或四邻部落的关系，以及引起迁移、引起历史事件等等的变动"③。（2）在经济形式上，实行一种简单的自然经济——村社经济。这种经济形式表现为两个层次：第一个层次是，单个的人同自己的家庭紧密地结合在一起，独立地在分配给他的份地上劳动，男耕女织，最基本的生活资料可以从自己的劳动产品中获得；第二个层次是，在一个村社内部，实行一定程度的分工，从而使整个村社的生活资料可以从村社内解决。（3）在社会组织形式上，采用一种自然组成的共同体——村社。村社是一种"天然的共同体"，或者说是"部落共同体"，是社会基本单位。对于生活在亚细亚公有制条件下的古代居民来说，村社就是他们的生存保障，也是他们赖以同他人交往的媒介。在这个封闭的王国里，人们按血缘关系居住在一起，同外界很少交往。（4）由上述三方面因素决定，亚细亚生产方式在政治上采取的是国君至上的专制主义政体——"东方专制制度"。④ 上述四个方面构成马克思亚细亚生产方式理论的主干，为马克思终生所坚持。⑤

（二）东方专制主义理论

东方专制主义理论在西方具有极其深远的历史渊源。早在古希腊时

---

① 《马克思恩格斯全集》第46卷（上册），人民出版社，1979，第481页。
② 《马克思恩格斯全集》第28卷，人民出版社，1973，第260页。
③ 《马克思恩格斯全集》第46卷（上册），人民出版社，1979，第484页。
④ 这里，"东方专制制度"是作为亚细亚生产方式的概念的要素存在的。关于东方专制主义理论，详见下文。
⑤ 参见刘启良《马克思东方社会理论》，学林出版社，1994，第231页以下；荣剑《社会批判的理论与方法》，中国社会科学出版社，1998，第25页以下。

代，希罗多德（《历史》）和亚里士多德（《政治学》）就有了东方专制主义理论的初步论述。近代法国启蒙思想家孟德斯鸠（《论法的精神》）继承了亚里士多德的思想，从政治学和社会学的角度论述东方专制主义。尔后的黑格尔（《历史哲学》）用了更多篇幅从哲学和文化学的角度论述东方专制主义。古典经济学家理查德·琼斯和亚当·斯密等人则率先试图从政治经济学方面对东方专制主义现象进行解释。马克思的东方专制主义理论就是在批判地继承这些先行思想家的理论、思想的基础上创立的。一方面，马克思吸收了前人的合理思想，如认为东方社会普遍存在一种专制主义政治制度，东方社会是一种缺乏历史创造精神和发展缓慢的社会，东方社会存在"普遍的奴隶制"，东方社会由中央集权政府负责治水事业，等等。另一方面，马克思的理论又超越了以往的这些思想家，不仅科学、严谨得多，而且立场也不同。

首先，马克思一反以往思想家的单纯地理决定论或唯心论的解释，从唯物史观出发对东方专制主义进行系统的分析；其次，马克思一反以往思想家"欧洲中心论"或"西方中心论"的偏见，满怀对东方各族人民未来前途的关切，立足于世界历史和人类历史的宏观视野审视东方社会。马克思认为，亚细亚所有制形式下的国家大多在公社之上耸立着一个"总合的统一体"，即君主。他是"最高的所有者"，也是"唯一的所有者"；他以父家长的身份统领全国。所有的国民甚至包括王公大臣都是他的子民，都处在奴隶的地位上，即所谓"率土之滨，莫非王臣"。君与臣的关系，也就是父与子的关系。[①] 而且，在中国这样的亚细亚形态社会，"就象皇帝通常被尊为全国的君父一样，皇帝的每一个官吏也都在他所管辖的地区内被看做是这种父权的代表"[②]。

那么，为什么亚细亚社会会形成政治上的"东方专制制度"呢？首先，根本的原因是它的所有制的特点。东方社会的土地公有制决定了它的政治形式只能是以王权为中心的专制制度，因为在亚细亚的所有制形式下，公有制并非真正的公有，而是王有。"如果不是私有土地的所有者，

---

① 马克思认为，形成这种关系的一个很重要的原因就是，在东方社会结构里，血缘关系以及由其形成的宗法制度是君权维系统治的社会基础。参见刘启良《马克思东方社会理论》，学林出版社，1994，第263页。这个分析对古代中国来说是再贴切不过的了。

② 《马克思恩格斯选集》第2卷，人民出版社，1972，第2页。

而象在亚洲那样，国家既作为土地所有者，同时又作为主权者而同直接生产者相对立，那末，……国家就是最高的地主。在这里，主权就是在全国范围内集中的土地所有权。"① 其次，东方专制制度具有得以存在的社会条件和基础——村社制度。一方面，村社经济是一种自给自足的自然经济，"各个小公社彼此独立地勉强度日，而在公社内部，单个的人则同自己的家庭一起，独立地在分配给他的份地上从事劳动"②。在这样的简单的生产方式下，村社农民关心的是自己的小块土地和家庭的生活所依，而对国家政权形式漠不关心。另一方面，由村社自然经济导致的村社的孤立性、封闭性，不仅造成了生产力的落后和人民生活的贫困，更造成了人民的愚昧和不开化，各村社之间既没有经济上的联合，更不可能进行政治上的联合去反对专制王权的统治。因此，马克思强调："我们不应该忘记：这些田园风味的农村公社不管初看起来怎样无害于人，都始终是东方专制制度的牢固基础；它们使人的头脑局限在极小的范围内，成为迷信的驯服工具，成为传统规则的奴隶，表现不出任何伟大和任何历史首创精神。"③ 再次，东方专制制度在很大程度上也跟亚细亚的地理环境有关。在东方，广袤的耕地和沙漠形成了灌溉农业，使利用渠道和水利工程的人工灌溉设施成了农业的基础，但亚细亚所有制下的一家一户小农业经营和画地为牢的村社组织无法形成自愿联合，无力完成治水事业，这就迫切需要中央集权政府的干预。就是说，在亚细亚所有制形式下，亚洲特定的地理环境及由之所产生的治水事业，使人们需要专制政府，需要王权。④

（三）跨越资本主义"卡夫丁峡谷"预想

在马克思晚年时期，世界形势的发展变化使他开始思考东方社会超越资本主义社会发展的可能性问题。1871年巴黎公社失败后，西方资本主义社会进入了长期稳定的发展阶段，革命周期性爆发的迹象消失了；相反，东方社会在资本主义不断侵蚀下，各种社会矛盾急剧激化，革命危机随时

---

① 《马克思恩格斯全集》第25卷，人民出版社，1974，第891页。
② 《马克思恩格斯全集》第46卷（上册），人民出版社，1979，第473—474页。
③ 《马克思恩格斯选集》第2卷，人民出版社，1972，第67页。
④ 马克思曾在《不列颠在印度的统治》和《经济学手稿（1857－1858）》中两次强调治水事业与东方专制主义的内在关系。但必须看到，马克思并没有把地理环境因素及由此而产生的治水事业看作东方专制主义产生和长期续的主要原因，更没有看作唯一的原因。

都会发生，因此，马克思把关注革命的焦点移向了东方。此外，马克思跨越资本主义"卡夫丁峡谷"的预想也带有一定的道德考虑，即不希望已承受了太多的苦难和奴役的东方人民再遭受"资本主义的灾难"。① 在批判地继承俄国民粹派"村社会主义"思想的基础上②，马克思提出了俄国跨越资本主义"卡夫丁峡谷"的设想。他认为，由于一些因素，像俄国这样的国家可以不通过资本主义的"卡夫丁峡谷"而直接进入社会主义。但是，这种跨越是有条件的，一方面，必须有俄国革命，"……如果革命在适当的时刻发生，如果它能把自己的一切力量集中起来以保证农村公社的自由发展，那末，农村公社就会很快地变为俄国社会复兴的因素，变为使俄国比其他还处在资本主义制度压迫下的国家优越的因素"③。另一方面，必须有一定的历史环境，"假如俄国革命将成为西方无产阶级革命的信号而双方互相补充的话，那末现今的俄国公共所有制便能成为共产主义发展的起点"④。这些都是"严格的限定条件"，不具备这些条件，"跨越"的设想就无法变为现实。

  显然，在俄国跨越资本主义"卡夫丁峡谷"的问题上，马克思既考虑到了生产关系问题，也考虑到了生产力、技术形态、经济形态、文化形态等问题。无疑，马克思所说的"跨越"，是对资本主义的整体性的超越，包括以下几点。(1) 直接跨越资本主义私有制的生产关系及资本主义发展所带来的深重的苦难，这需要在俄国农村公社公有制的基础上，通过俄国革命予以实现。(2) 资本主义所创造的先进的、肯定性的成就——发达的生产力、科学技术——以及与这些成就的创造过程相伴随的商品经济形态却是无法像生产关系那样跨越的，但是，这些成就可以直接从西方拿过来。所谓俄国革命与西方无产阶级革命"互相补充"，核心即强调西方无产阶级革命胜利乃是俄国得到西方资本主义肯定性成就的必要前提。

---

① 参见刘启良《马克思东方社会理论》，学林出版社，1994，第23页以下；张奎良《时代呼唤的哲学回响》，黑龙江人民出版社，2000，第387页以下。

② 参见刘启良《马克思东方社会理论》，学林出版社，1994，第6章；荣剑《社会批判的理论与方法》，中国社会科学出版社，1998，第3页以下；尹树广《晚年马克思历史观的变革》，黑龙江人民出版社，2000，第39页以下。

③ 《马克思恩格斯全集》第19卷，人民出版社，1963，第441页。

④ 《马克思恩格斯全集》第22卷，人民出版社，1965，第503页。

（3）亚细亚生产方式下积淀的消极文化精神和传统不可能在短期内被轻松甩掉，俄国所以必须有革命，其意义之一也在于切断专制主义传统，实现旧的集体主义精神向共产主义精神的创造性转化。因此，如果仅仅以为建立了社会主义公有制，跨越了资本主义生产关系，就实现了对资本主义的超越，那无疑是对马克思"跨越"理论的严重误读。还需要指出，尽管马克思的"跨越"设想仅是在当时的历史条件下针对俄国提出的，但由于俄国与其他落后国家的生产方式及相应文化的基本同质性，所以该预想对亚细亚社会具有一定的普遍意义。恩格斯在谈到"跨越"问题时曾指出，一切落后国家都可能跨越资本主义"卡夫丁峡谷"，他所说的跳跃问题"不仅适用于俄国，而且适用于处在资本主义以前的发展阶段的一切国家"，只不过，"但比较起来，这在俄国将最容易做到"。①

三 马克思东方社会理论的观照：中苏传统文化同质性与法学同构

（一）古代中国和俄罗斯的文化同质：专制主义传统

马克思所概括的土地公有、村社组织、专制主义三位一体的现象，正是亚细亚生产方式的最本质的特点。以此观照古代的中国和俄罗斯，二者在总体上都属于亚细亚生产方式的社会经济形态——在某些方面符合或近似于亚细亚社会典型特征，同时又各具一定的独特性。确言之，依照马克思的概括，中国属于典型的亚细亚生产方式，俄罗斯则属于"半亚细亚"的生产方式。②

就中国而言，它与亚细亚生产方式总模式的差异在于经济和法律方面。在经济方面，中国在夏商周时期，确实存在过完整的土地国有即王有制，但自春秋战国以后，逐渐形成了国有、地主所有及农民个体所有的三位一体的土地所有制，具有了一定程度的私有因素。就法律而言，与多数

---

① 《马克思恩格斯全集》第22卷，人民出版社，1965，第502—503页。
② 马克思在论述亚细亚社会问题时，曾多次提到或援用中国、俄罗斯的例子，并对二者作过相应的分析。对此，梅洛蒂曾作过详尽的统计。参见〔意〕翁贝托·梅洛蒂《马克思与第三世界》，高铦、徐壮飞、涂光楠译，商务印书馆，1981，第88页及注208、216。

亚细亚国家不同，中国很早就形成了系统、完备的成文法体系。而其所以被视为亚细亚生产方式的典型，主要在于它具有大多数亚细亚社会所共有的一个典型特征——大规模的治水工程及以此为基础形成的专制主义传统。此外，还有它突出的封闭性、稳定性等。

就俄罗斯而言，它与亚细亚生产方式总模式的差异，主要在于"它缺乏水利的特点"①，但是，它具有比较完整的土地公有制和村社组织，并且具有专制主义传统。马克思之所以称之为"半亚细亚"，主要是因为它的专制主义的形成，并非基于地理和气候条件——大多数亚细亚社会专制主义赖以形成的典型的——原因，而是出于保护定居居民、抵御邻近游牧部落入侵的缘故。②

从上面简要的概括中我们可以看到，在亚细亚的中国与半亚细亚的俄罗斯之间，存在一个重要的共同之处，那就是专制主义传统——马克思所指陈的东方专制主义。古代中国和俄罗斯的专制主义各有其自身产生的原因和发展历史，但是它们的精神及表现总体是一致的——权力构架上的高度中央集权，权力行使上的君主独裁擅断。③ 在中国，大一统、高度中央集权、奴隶制的家长式统治、全面的文化专制等构成专制主义皇权的显著特点；而在俄国，沙皇则"独揽了政治、经济、军事和宗教大权"，"没有任何集团或机构能够对专制权力进行限制"④。并且，为了维护君主专制权力的存在和巩固，无论是古代的中国还是俄罗斯，都建立了庞大的官僚机构去执行君主的意志；官僚阶层是"普遍奴隶制"下君主奴仆的一部分，又是这个社会的剥削阶级。⑤ 此外，就古代中国和俄罗斯的专制主义存在

---

① 〔意〕翁贝托·梅洛蒂：《马克思与第三世界》，高铦、徐壮飞、涂光楠译，商务印书馆，1981，第88页。
② 请参见〔意〕翁贝托·梅洛蒂《马克思与第三世界》，高铦、徐壮飞、涂光楠译，商务印书馆，1981，第十四章"半亚细亚式的俄国"。
③ 专制是集权与独裁的复合体。无论是专制国家，还是民主国家，都存在不同程度上的集权。所以，不能在集权与专制之间画等号。有集权未必就是专制，但专制必须以集权为前提。
④ 〔意〕翁贝托·梅洛蒂：《马克思与第三世界》，高铦、徐壮飞、涂光楠译，商务印书馆，1981，第95页以下。
⑤ 参见〔意〕翁贝托·梅洛蒂《马克思与第三世界》，高铦、徐壮飞、涂光楠译，商务印书馆，1981，第69页以下；〔美〕卡尔·魏特夫《东方专制主义》，徐式谷等译，中国社会科学出版社，1989，第314页以下；张今田《亦主亦奴——中国古代官僚的社会人格》，浙江人民出版社，2000。

基础而言，也具有总体上的一致性：它们都存在于自给自足的自然经济基础之上；存在于封闭、孤立的村社组织社会基础之上；存在于压抑个性自由、个人主义精神的整体主义社会思想基础之上。①

在这里，"普遍奴隶制"的君主集权专制、与大众相对立的官僚阶层、压抑个性的整体主义三者是一种共生现象，有机地、天然地关联在一起——官僚体制和整体主义有力地支撑君主集权专制，君主集权专制反过来又不断强化官僚体制和整体主义。因此，可以说，从更广阔的意义上看，东方专制主义作为一种文化传统，乃是君主专制、官僚主义、整体主义的复合体。

公允地说，无论是在亚细亚的中国，还是在半亚细亚的俄罗斯，专制主义作为特定历史的产物，曾经是一种社会进步，也曾经发挥某些积极的作用。然而，这种进步和积极作用是有根本的局限性的，它不仅具有严格的、强烈的历史性、时代性，而且具有惨烈的代价性——以牺牲社会的开放性和独立性，牺牲个人的积极性和创造性，牺牲自由、民主、法治为代价。人类历史的车轮旋转至近代，专制主义已彻底成为人类社会进步的障碍，彻底清除专制主义几乎成为全人类的共同愿望和呼声。然而只要专制主义赖以存在的经济、社会土壤还没有被彻底清除，专制主义的幽灵也就不会彻底消失。

（二）文化困扰：专制主义传统在特殊"跨越"后的苏联和中国的遗留

马克思晚年提出的俄国跨越资本主义"卡夫丁峡谷"的设想，为俄国乃至其他落后国家的未来发展指明了一条光明大道。但当历史行进至20世纪，由于经过了斯托雷平的改革，俄国的村社已遭受了彻底性的破坏。② 由此，马克思典型意义上的跳跃——"严格限定条件"的跳跃——的最重

---

① 参见〔意〕翁贝托·梅洛蒂《马克思与第三世界》，高铦、徐壮飞、涂光楠译，商务印书馆，1981，第十章、第十四章、第十七章；安启念《东方国家的社会跳跃与文化滞后——俄罗斯文化与列宁主义问题》，中国人民大学出版社，1994，第138页以下，第314页以下。

② 参见金雁、卞悟《农村公社、改革与革命——村社传统与俄国现代化之路》，中央编译出版社，1996，第六章；林举岱、陈崇武、艾周昌主编《世界近代史》，上海人民出版社，1982，第590页以下。

要的条件和根据已不复存在。然而，以列宁为代表的布尔什维克党人发展并创造性地运用马克思跨越理论的精髓①，通过"十月革命"，对资本主义"卡夫丁峡谷"实现了一场"特殊的跨越"：先由工人农民夺取政权，然后自觉地运用政权发展生产，创造建立社会主义制度所需要的各种条件。这是列宁主义的精髓及其真正价值所在，它为一切落后国家指出了一条以特殊形式跨越资本主义"卡夫丁峡谷"走向社会主义的道路。正是在列宁主义的指导下，以毛泽东为代表的中国共产党人也带领中国人民实现了对资本主义的特殊跨越。

但我们必须清楚，这个特殊跨越模式是列宁在逝世前总结革命经验教训时才梳理出来的，此前列宁对此也没有清晰的认识。关于"跨越"问题，普列汉诺夫与列宁存在不同的认识。1883 年以前，普列汉诺夫曾是跨越理论热情的支持者和倡导者，但 1883 年后，他的观点发生了逆转，成为跨越理论的坚决反对者。他认为，俄国所要走的道路，是在资产阶级民主革命之后，经过一段长期的资本主义发展过程，直到条件成熟时再进行社会主义革命，否则，非但不能达到社会主义革命的目的，而且会使已经打倒的专制主义传统重新复活。如果说普列汉诺夫给跨越理论以明确的、否定的回答，那么列宁的态度则复杂很多。从早期对民粹派空想式的跨越论的批判，到 1915 年提出社会主义的"一国胜利"理论，再到 1917 年起形成的国际无产阶级革命思想，列宁的思想经历了一个漫长曲折的变化过程。但总体说来，在 1922 年以前，列宁一直在俄国革命与欧美无产阶级革命的关系中思考跨越问题，认为落后国家可以避免走资本主义道路的命运，但要做到这一点，最重要的是先进资本主义国家的工人阶级必须成功地完成社会主义革命，从而给落后国家以积极帮助使之获得资本主义创造的"肯定性成就"，而先进资本主义国家的社会主义革命，又要由落后国

---

① 这里所讲的"精髓"主要指以下两个方面：一是跨越理论所反映的马克思的灵魂深处的热切企望——落后国家的人民不必遭受资本主义的深重苦难而走上社会主义道路；二是跨越理论所表达的主动创造精神，即"俄国等东方国家既不应消极等待资本主义来为共产主义奠定物质基础，也不应坐等革命自然发生，而应利用资本主义时代提供的各种条件和机会，主动地推进革命，自己为自己创造物质前提"。参见张奎良《时代呼唤的哲学回响》，黑龙江人民出版社，2000，第 465 页。作为一个真正的马克思主义者，列宁是深谙马克思的跨越理论及马克思的心境和苦衷的。

家的革命来引发。这既是马克思的思想，也是列宁的一贯主张。正如列宁自己多次指出的，整个十月革命，思想基础就是建立在俄国革命必然引发西欧国家的社会主义革命，并从那里得到帮助从而使自己免受资本主义苦难这一点之上的。然而，到1922年，列宁病情日益加重，康复无望，这时俄国无产阶级夺取政权已有5年，而列宁以及全体布尔什维克所热切企盼的西欧无产阶级革命高潮却始终没有出现，且似乎是遥遥无期的事了。俄国革命和社会主义的出路在哪里？这问题深深地刺痛并折磨着列宁，他开始对前进道路作最后的探索。显然，苏维埃的出路只有一条，那就是：靠自己的努力去创造社会主义建设所需要的条件，走出一条在俄国这样的落后国家中建成社会主义的新路来。这样一来，人们就面临着两个至关重要的问题：第一，单独与资本主义世界对抗，苏维埃俄国能否坚持到社会主义革命在全世界兴起的那一天？第二，依靠自己，俄国能否获得建设社会主义所必需的物质文化基础？对这两个问题，列宁都给予了明确、肯定的回答。对于第一个问题，列宁寄希望于印度、中国等东方国家的革命群众运动；而对第二个问题的回答，就形成了他的特殊跨越理论。①

　　显然，无论是马克思的"典型跨越"理论，还是列宁的"特殊跨越"理论，都清楚地告诉我们，这场特殊跨越并非对资本主义的整体超越。它仅仅是直接越过了资本主义生产关系。资本主义创造的肯定性成就——生产力、科学技术无法跨越，商品经济形态无法逾越，建立于这些肯定性成就和经济形态之上的文化形态也不可能简单跳过。至少，从逻辑上说，社会主义文化是对资本主义文化的"扬弃"，资本主义文化则是对古代文化的"扬弃"。因此，从亚细亚社会文化——压抑个性自由的专制主义、整体主义到社会主义文化——个人与集体、社会有机协调、统一的民主政治和集体主义，必然是一个长期的、艰巨的创造性转化过程。在从来没有经

---

① 参见安启念《东方国家的社会跳跃与文化滞后——俄罗斯文化与列宁主义问题》，中国人民大学出版社，1994，第五章；刘启良《马克思东方社会理论》，学林出版社，1994，第171页以下。客观地说，对于普列汉诺夫与列宁的不同甚至对立的观点，很难也不应该以对或错来予以判别。应当说，普列汉诺夫的观点与马克思的典型跨越理论是一致的；而列宁的观点则是对马克思理论的发展。后来苏联社会主义建设中出现的失误、错误，尤其是苏联的解体，证明了普列汉诺夫的担心绝非多余；而中国社会主义制度的确立及后来改革开放的成功，也证明了列宁的特殊跨越理论的科学性、现实性。结合二人的观点得出的结论应是：特殊的跨越是可行的，但跨越后的任务——发展生产力、商品经济、文化建设——是极端艰巨的，道路也不可能是一帆风顺的。

历过资本主义发展的中国以及没有经历过资本主义充分发展的俄国，这个转化只能靠社会主义政权自身的艰苦努力去完成。因此，无论是俄国还是中国，在跨越了资本主义生产关系之后，都遇到了严重的文化滞后问题——长期积淀的深厚的专制主义传统没有被彻底斩断，在新社会形成很深的遗毒。这种遗毒突出地表现为以下几点。（1）对领袖的盲目的个人崇拜，以至于领袖的个人理论观点"成为各个不同的政治主体、劳动阶级的政治意识，成为各个不同的利益阶层的惟一价值取向"[①]。这在中国的"文化大革命"爆发前后，苏联斯大林掌权时代达到了顶峰。（2）不自觉地运用一些专制主义文化的内容和方式开展社会主义建设，如中国的"文化大革命"，苏联的"消灭富农"、"大清洗"运动。（3）过分集中的领导体制和管理体制，没有建立适应商品经济、社会主义民主政治建设所要求的政治文化的、以法治为基础的适度分权模式。（4）片面强调集体主义，忽视乃至抹杀个人权利和利益的合理性。中国的农村合作化及苏联的全盘集体化，生产资料所有制上的片面求纯等，都鲜明地体现了这一倾向。（5）严重的官僚主义，一些党员干部脱离群众，逐渐演化为一个特权阶层。[②]

不可否认，专制主义的遗留有着深刻的历史及现实原因。（1）既然资本主义所创造的生产力、科学技术以及必经的商品经济都无法在短期内跨越，所以，即使俄国和中国跨越了资本主义生产关系，专制主义得以存在的经济土壤，即落后的小生产和自然经济仍不能在短期内完全消除[③]，专

[①] 张志明：《从民主新路到依法治国》，江西高校出版社，2000，第261页以下。
[②] 关于这方面的问题，西方一些学者将其概括为"官僚主义集体制"，并视其为亚细亚专制文化传统在跨越后的俄国和中国的主要表现。参见〔意〕翁贝托·梅洛蒂《马克思与第三世界》，高铦、徐壮飞、涂光楠译，商务印书馆，1981，第157页以下。更有甚者，魏特夫出于攻击社会主义的用心，直接将此视为"亚细亚复辟"、"东方专制主义复辟"。参见〔美〕卡尔·魏特夫《东方专制主义》，徐式谷等译，中国社会科学出版社，1989，第464页以下。这些观点当然是充满了偏见甚至是反动的，但是，也说明了专制主义遗留的严重性。
[③] 关于这一点，也许列宁对十月革命后的俄国的描述最能说明问题了。1921年，他在《论粮食税》中写道："看一下苏俄的地图吧。在沃洛果达以北、顿河岸罗斯托夫及萨拉托夫东南、奥连堡和鄂木斯克以南、托姆斯克以北这些漫无涯际的空旷地带，可以容下几十个文明大国。然而在这些空旷地带上笼罩的却是宗法制度、半野蛮性和十足的野蛮性。那末在俄国所有其余那些穷乡僻壤又是怎样的呢？到处都是几十里几十里的羊肠小道，确切些说是几里几里的无路地区，这样就把乡村和铁道隔离了开来，即和那些联结文明、联结资本主义、联结大工业、联结大城市的物质脉络隔离了开来。这些地方，难道不也是到处都为宗法制度、奥勃洛摩夫精神和半野蛮性所统治吗？"参见《列宁全集》第32卷，人民出版社，1958，第341页。

制主义传统也就会不可避免地在一定程度上及一定时期内得以遗存。更何况，无论是苏联还是中国，在社会主义建设过程中都出现过严重的认识上的失误，"没有充分地认识到社会技术形态和经济形态的不可逾越性，把资本主义所处的商品经济形态和它的所有制形态完全混淆在一起，错误地以为在落后的小生产和自然经济基础上就可以建设社会主义"①，从而不自觉地为专制主义的遗存留下了更大的余地。（2）刚刚脱胎于旧社会的苏联和新中国都还属于农业大国，农民占人口中的绝大多数，而这绝大多数人口正是传统专制主义"普遍奴隶制"的受害者。历史中长期积淀的对专制主义的"依赖"感还强烈地留存于他们的观念之中，不可能马上消除，这就使专制主义传统的遗留有了一定的社会基础。盲目的个人崇拜、错误政策和决策的顺利推行、高度集权体制的确立等，均与此有着直接或间接的内在关联。（3）革命胜利后面临的发展现实——一方面必须依靠自己迅速发展生产经济，摆脱落后挨打局面；另一方面文化严重滞后，社会自身缺乏相应的动力和创造性——迫使中苏两国都采取了集权化的政治、经济体制，以提高管理效率，推动经济迅速发展。应当说，在当时的历史条件下，一定时期内及一定程度上的集权是必要的、合理的，但这种集权制在早日迈入共产主义的"急躁症"的催化及滞后的社会文化的支撑下，不仅得以长期保留，而且被不断强化。（4）作为观念、文化形态层面的专制主义，有着自身的"相对独立性"，尽管专制主义制度及其赖以生长的社会、经济、政治基础被推翻，专制主义观念仍以其强大的惯性强行滑入新社会，并在一定时期内发生影响。

由此我们看到，无论是对于苏联，还是对于新中国，专制主义传统的遗留都具有一定的历史必然性，而人为的失误又不自觉地助长了这种遗留。

（三）法学同构：文化同质与苏联对中国法学的消极影响的深层内在关联

专制主义传统的遗留及其影响，与苏联法学对中国法学的消极影响之间存在深刻的内在关联，构成这一影响的深层原因。

---

① 荣剑：《社会批判的理论与方法》，中国社会科学出版社，1998，第20页。

首先，从整体上看，专制主义传统创造并提供了一种法律文化的土壤和温床——"人治"主义。我们都清楚地知道，"人治"总是与政治上的专制主义相伴而生，而由于古代中国和俄罗斯都有着较为深厚和强大的专制主义传统，因此，它们也形成了深厚的人治传统，并对后世产生重大影响。斯大林时代的苏联、改革开放前的中国都具有显著的人治主义的倾向，这已是人们公认的事实。这种人治主义倾向同民主和法治相悖，而与"权力本位"、国家主义、政治独断等相一致，从而为苏联法学中消极因素的生成及其对中国法学的影响提供了基础性的法律文化的前提。当我们不自觉地在某种程度上从人治的思维出发去学习、引进苏联法学时，我们就不可避免地丧失或在一定程度上丧失了应有的判断力和鉴别力。

其次，具体地看，每一方面的消极影响的发生都与专制主义文化传统有着密不可分的联系，甚至有时是其直接促成的。

第一，苏联法学关于法本质的唯意志论、片面阶级意志论的教条主义错误的产生及其对中国法学的深刻影响的形成，更深刻的原因即在于传统文化。其一，既然东方传统文化中天然地缺乏个体权利观点及利益多元化观念，因此，东方国家，尤其是专制主义、整体主义传统深厚的中国和俄国，更惯于从两极对立的角度去看待国家、社会的分化和矛盾。从这一意义上讲，对马克思主义、列宁主义相关理论的教条化理解，其实是传统的专制主义尤其是整体主义的变种。其二，"唯意志论"作为一种教条化的理论得以产生、传播和强化，其根本失误之处即是对领袖、导师的某些个别论断或颇具时代性的论断作无限普适性的推演。而这种做法的深层原因，正是专制主义传统下形成的"个人崇拜"或"权力崇拜"。

第二，苏联法学关于法功能的纯粹工具主义的形成及其对中国法学的深刻影响，也有着与片面阶级意志论相同的现实背景和原因。但是，它所以对中国造成深刻的影响，深层原因也同样在于专制主义传统及其顽固的遗存。"传统文化的因素、适宜的土壤是接受苏联法影响的基础。中国和苏联有些相似，在古代社会有强大的专制帝王，没有什么民主传统和权利观念。人们对法律的全部理解大都停留在衙门的严威和刑罚的残酷上面。而苏联法学家极力主张的统治阶级意志和专政工具的法学观点，有意无意地抹杀了法律含有的保护公民权利和维护社会公平、正义的本质。'法'就是'刑'，刑就是惩罚的中国传统法律文化，与苏联法学理论中法就是统治阶级意志,是国家强制力和专政工具的观点,在法律文化传统较深层次上达成了默契。"① 尤其需要指出的是,与片面阶级意志论相比,纯粹工具主义论与专制主义的联系更直接,确切说,它本就是专制主义的题中应有之义——既然在专制主义那里"朕即国家"、"法自君出",那么法律也就成为君主手中的工具,唯君意、君命是从,为君主的专制效忠。因此,在专制主义传统文化严重遗留的苏联和中国,法律工具主义本来就是深存于社会意识深处的观念,也因此,作为君主专制工具论的延伸的阶级专政工具论,能够被中国顺利接受并更加严重地扩大,自在情理之中。

第三,苏联法学的国家主义倾向及其对中国法学的深刻影响的形成,也主要源于专制主义文化传统。一方面,法学中的国家主义倾向就是专制主义传统、国家主义传统的遗留在法学中的表现,是这些旧传统遗留后的必然结果;另一方面,这一倾向所以能站得住脚,并得到推广,为全社会所接受,无非因为在当时的历史条件下,传统专制主义、国家主义所造就的权力崇拜、国家崇拜的观念还深深遗留在社会大众的内心深处,从而提供了相应的社会思想基础。中国由于在革命历程上、国情上、国家的对外关系和作用上与苏联极其相似,更由于有着深厚的专制主义、国家主义的传统及其严重遗留,特别是自身法律传统中的国家主义倾向,所以很自然地接受了苏联法学中的国家主义倾向。

至此,对于苏联法学为什么能够对中国法学造成深刻的消极影响的问题,基本上可以得出一个比较清晰、完整的解释和说明。第一,新中国成立后迫切需要发展和强大,却受到西方国家的严密封锁。对于缺乏建设经验的新中国而言,向当时社会主义事业的先行者和成功的典范苏联展开全面学习——包括学习苏联法学,几乎是必然的选择。这是中国全面接受苏联法学影响的现实环境条件。第二,中苏两国在社会制度、经济制度、政治制度及意识形态上具有同质性和亲合性,这是中国全面接受苏联法学影响的政治前提。第三,中苏两国都是在存在尖锐的阶级对立的落后国家里通过暴力革命和武装斗争取得政权的,在新政权建立后,也都经历过为捍卫新生政权而进行的激烈的敌我斗争,都依靠国家和集权制在短期内推动了经济的迅速发展,这就使人们自觉或不自觉地主要甚至完全从阶级、国

---

① 蔡定剑:《关于前苏联法学对中国法制建设的影响》,《法学》1999年第3期。

家的角度出发去认识、理解和看待法律,因此,在对法的本质、功能等一系列问题的看法上,两国不谋而合。这是中国法学接受苏联法学全面影响的认识原因。第四,中苏两国历史上由亚细亚生产方式形成的深厚的专制主义传统及其在新社会的严重遗留,为中苏法学中的消极、片面的"左"的思想因素提供了天然的文化资源和强大的社会思想和心理基础。这是中国法学全面接受苏联法学影响的深层原因,是苏联法学对中国发生消极影响的根源。

由此,可以说,如果中苏两国间不存在这种传统政治文化上的同质性及其严重的遗留和影响,那么,或者是苏联法学不会产生那些消极的因素,或者是其消极因素不会为中国所接受。而由于中国自身存在深厚的专制主义传统及其严重的遗留和影响,所以,"可以肯定,如果没有苏联这样一套法学理论供我们选用,那么中国法学家也会创造出一套与此类似的法学理论"[①]。

四 几点启示

苏联法学的消极影响,曾使我国的法学研究和法治建设走了很长的一段弯路,付出了惨痛的代价,因此,我们必须从对这种消极影响的深层原因的分析中获得应有的启示。

第一,受苏联法学消极影响的根本原因在于中国自身的专制主义传统及其遗留和影响,所以,对于这个经验教训的总结,就必须着眼于反思中国自身的政治文化传统,一味地指责、埋怨苏联,既不公正,也无济于事。我们不应忽略和忘记,中国自身也具有独立的、深厚的、自成一格的法律文化传统;这一法律文化传统包含大量的消极因素,这些消极因素的生成与专制主义存在内在关联。当今中国社会依然普遍存在的消极法律观念如人治、法律工具主义、官本位、权力本位等,都是传统法律文化消极因素的遗留,并与专制主义遗毒存在千丝万缕的联系。为此,我们必须充分认识到以下两点。(1)当前的中国,仍然处于社会转型时期,生产力、

[①] 蔡定剑:《关于前苏联法学对中国法制建设的影响》,《法学》1999年第3期。

科学技术仍欠发达，市场经济仍处于较低水平，所以，专制主义传统得以遗存的经济土壤仍未彻底清除，由此，专制主义传统的影响仍会在一定范围、一定历史时期内存在。这曾经是现在是并且在将来的一定时期内仍然是我国现代化建设——包括法治现代化建设——的一大障碍。因此，我们必须对专制主义遗毒保持高度的警惕性并通过清除其赖以存在的经济土壤而彻底铲除它。（2）今天的中国仍然主要是一个农业大国，农民人口仍占全国人口的绝大多数。总体而言，这仍然是专制主义遗毒得以生存的主要社会基础。为此，必须努力加强和改善农村的文化教育，提高农民文化素质，大力推进农村工业化、城市化的进程，从根本上解决农村发展问题。这是中国现代化的关键，也是中国法治化的关键。

第二，中国法学所出现的片面化、教条化的左的失误和错误无论是来自苏联，还是出自我们自身，责任都在于我们自己——我们的法学工作者对苏联法学中消极、错误的因素缺乏应有的鉴别力和批判认识能力，自身也存在严重的教条主义的错误。为此，我们应该注意：其一，法学研究必须从中国社会主义初级阶段的现实国情出发，真正做到把马克思主义、列宁主义的法律理论同中国实际相结合，自觉抵制教条主义错误；其二，创造一个宽松的政治、学术环境和氛围，在争鸣中鉴别和把握科学的法律理论；其三，对外来法学必须保持一种清醒的辩证性、批判性的思维，不能照搬照抄。

第三，跨越资本主义"卡夫丁峡谷"后的苏联和中国都在不断地进行着反思。反思的结果是：苏联解体了，俄罗斯再一次开始了它的西方化历程；中国共产党人则以其大智大勇的气概拉开了改革开放的序幕，继续在特殊"跨越"的道路上勇敢前行。从文化的意义上看，由于俄罗斯文化的西方、东方的二重性，俄罗斯一直摇摆于西方化与东方化之间；而有着自成体系的东方文化传统的中国，选择改革开放道路，继续实践和发展马克思尤其是列宁的跨越理论，无疑是正确的。尽管今天的中国与俄罗斯的道路不同，但文化上的同质性仍然存在。① 所以，相比较而言，中国的法学

---

① 此处的同质性既包括传统的，也包括社会主义的（长期以来形成的苏联社会主义文化在当今的俄罗斯仍有很大影响）；既包括积极方面的，也包括消极方面的。

与俄罗斯的法学仍旧具有较密切的亲合关系。① 因此，加强对俄罗斯问题——包括法学研究和法律实践问题——的研究，增强与俄罗斯文化和法学的交流与合作，对我国今后法学、法治乃至整个社会的发展和现代化，都具有极其重要的现实意义。

---

① 当前俄罗斯权威的法理学教材中既有传统的俄罗斯思想观点，又有当代西方法学流派的观点，还有70年来形成的社会主义观点。参见〔俄〕B. B. 拉扎列夫主编《法与国家的一般理论》，王哲等译，法律出版社，1999。

苏联法影响中国法制发展进程之回顾[*]

孙光妍　于逸生[**]

摘　要：在20世纪中国历史上，苏联的革命法制理论和若干重要制度曾深刻地影响了中国的法制发展进程。孙中山曾主张"以俄为师"并进行过法制改革；中国共产党所领导下的人民民主政权的法制建设也是以苏联为标尺；新中国成立初期在创立社会主义法制的过程中，更是将苏联法全方位地移植到了中国。苏联法制为中国革命政党所接受与其自身的性质和中国革命的需要紧密相关。

关键词：苏联法制　法律移植　孙中山　法制史

20世纪初期，中国法制的发展离开了传统的轨道，开始了向西方学习、走向现代化的历程。在此进程中，苏联法对中国法制的影响时间最长，程度最深。从孙中山领导的民族民主革命时期，到中国共产党创建农村革命根据地时期，再至新中国成立后50年代都曾经大量移植了苏联法制。苏联法制已经深入当代中国法律之中，成为新中国法律传统的一个组成部分而无法抹去。本文试从阐述中国法制发展进程受苏联法影响的史实入手，分析总结其经验教训，以期对当代中国法制的改革提供借鉴。

---

[*]　本文原载于《法学研究》2003年第1期，收入本书时有改动。
[**]　孙光妍，原文发表时为黑龙江大学法学院副教授，现为黑龙江大学法学院教授；于逸生，黑龙江大学法学院教授。

一 孙中山领导的民族民主革命时期：以俄为师

20世纪的历史是从孙中山领导民族民主革命、为建立共和国而斗争开始的。孙中山先生经过二次革命、护国运动、护法运动等一次又一次的失败，最终认识到"吾等欲革命成功要学俄国的方法组织及训练，方有成功的希望"。他决心向俄国的各种制度学习。

1. 新三民主义思想的产生及"以党治国"法制原则的确立

三民主义是孙中山法制思想的集中体现，它经历了从旧到新的转换。

俄国十月革命胜利后建立的苏维埃国家政治制度，使孙中山看到了一种崭新的政权模式。受俄国的影响，孙中山赋予了民权主义以新的内容，强调主权在民，主张"直接民权"。[①] 为了保障人民权力的实现，孙中山提出了著名的"五权宪法"。主权在民体现在五权宪法中就是设立国民大会作为最高权力机关。这种使国家权力统一于国民意志或其代表机构的政权体系，与俄国苏维埃制度下人民代表机关是最高权力机关的政体是一致的。

1924年以后，孙中山因受苏俄土地政策的影响，明确地主张"耕者有其田"。"耕者有其田"与农民的土地要求直接联系，有利于解决"平均地权"后农民仍"替地主来耕田"的不公正现象，因而使民生主义获得了新的内容。

在苏俄共产党和列宁的帮助下，孙中山开始改组国民党，决心把它变成一个"和俄国的革命党一样"的有力量的革命政党。召开国民党一大则是他学习苏俄经验的一个极重要的步骤。1924年1月在广州召开的中国国民党第一次全国代表大会，通过宣言，实行联俄、联共、扶助农工的三大政策，改组国民党成为工人、农民、小资产阶级和民族资产阶级革命联盟。这次大会的形式和规程都是仿照俄共（布）方式，会议通过的《中国

[①] 孙中山在1924年1月召开的国民党一大《宣言》中指出："近世各国所谓民权制度，往往为资产阶级所专有，适成为压迫平民之工具。若国民党之民权主义，则为一般平民所共有，非少数者所得而私也。"主张于"间接民权"之外，复行直接民权，即人民不但有选举权，且兼有创制、复决、罢官诸权。

国民党总章》中关于会议制度、上下级关系、组织设置、各级职权范围及纪律制裁等项规定，也全面仿照俄共（布）党章的内容。① 尤为突出的是大会通过的宣言对孙中山的三民主义作了与共产国际几乎一致的解释，称为新三民主义。

改组后的国民党明显地带有苏俄式的烙印。首先，党内采取"民主集中制"的组织原则。每一个党员既有应享之权利，亦有当尽之义务。党员的权利包括：参与党内的一切问题的决议及党外政策的确定，选举各级执行党务的机关。其次，采用了代表大会制及委员会制的领导制度，使党的权力集中于各级党组织而不是集中于个人。最后，以党治国的原则。在国民党一大上孙中山明确提出："现尚有一事可为我们模范，即俄国完全以党治国，比英、美、法之政党，握权更进一步。"他认为苏俄革命之所以成功，"因其将党放在国上"。国民党"应重新组织，把党放在国上"。②以党治国是孙中山进行政体新设计的过程中师法苏俄的结果。

孙中山领导下的革命政权的组织体制就是仿照当时苏联的制度建立的。按照"以党治国"的原则，《中华民国国民政府组织法》第1条规定："国民政府受中国国民党指导和监督，掌握全国政务。"在实际活动中则表现为国民党全国代表大会及其中央执行委员会实际上代行了国家最高权力机关的职权，国民政府则是从属于国民党的国家政务的最高执行机关。《中华民国国民政府组织法》第2条和第5条规定以"委员会议"的形式对国务实行集体领导。③ 这是仿效苏联政权体制下所采用的一种新的领导制度。同时，在国民政府的机关里还实行以党治国与议行合一相结合的民主主义集权制原则。国家的行政、立法、司法等权力，由国民党中央执行委员会和国民政府委员会实行统一集中领导，下设行政各部在它们统一的号令下分别行使有关职权。这种既非三权分立，也非五权分立的体制，也是仿照苏联的政权组织体制建立的。

2. 广州、武汉国民政府的法制改革

从1924年到1927年，广州、武汉国民政府在苏联及中共的影响下进

---

① 参见《苏联共产党代表大会、代表会议和中央全会决议选辑（一）》，中国人民大学出版社，1956，第594页以下。
② 参见《孙中山全集》第9卷，中华书局，1986，第103页。
③ 荣孟源主编《中国国民党历次代表大会及中央全会资料》上册，光明日报出版社，1985，第520页。

行了法制改革，主要内容包括以下几个方面。

劳动及土地立法。孙中山"联俄、联共、扶助农工"的政策确立后，国民党及其革命政府曾为改善工农的地位而作出了努力。中国国民党一大宣言《国民党之政纲》、《对内政策》中规定："严定田赋地税之法定额，禁止一切额外征收。"① 1926年1月，中国国民党第二次全国代表大会《关于农民运动决议案》中又规定："严禁对于农民之高利贷"；"规定最高租额及最低的谷价"。② 同年10月，国民党中央及各省区联席会议《关于本党最近政纲决议案》中进一步规定："减轻佃农田租百分之二十五"；"禁止重利盘剥，最高利率，年利不得超过百分之二十"。③ 这是在中国历史上第一次明确规定减租减息的基本原则，具有重大的历史意义。国民党一大宣言《民党之政纲》中还规定："制定劳工法，改良劳动者之生活状况，保障劳工团体，并扶助其发展。"1924年11月，孙中山领导的大元帅府颁布了《工会条例》21条，这是我国革命劳工立法的开端。这个条例承认了工会的合法地位，并赋予工会一定的自主权利。在《关于本党最近政纲决议案》中也提出要制定劳工法和劳动保险法等。④

刑事立法。为了巩固革命政权，武汉国民政府在反革命特别猖狂的1927年3月颁布了《反革命罪条例》，明确规定："凡意图颠覆国民政府，或推翻国民革命之权力，而为各种敌对行为者，以及利用外力或勾结军阀，或使用金钱而破坏民国革命之政策者，均为反革命行为。"⑤ 根据情节轻重区分三种情况，即首魁、执重要职务者、帮助实施者，处以不同的刑罚。该条例体现的基本精神与苏联内战时期镇压反革命的刑事立法是一致的。

婚姻立法。受苏联婚姻家庭法的影响，在国民党一大宣言中，确定了男女平等的原则。国民党二大通过的关于"妇女运动决议案"，进一步规

---

① 荣孟源编《中国国民党历次代表大会及中央全会资料》上册，光明日报出版社，1985，第21页。
② 荣孟源编《中国国民党历次代表大会及中央全会资料》上册，光明日报出版社，1985，第134页。
③ 荣孟源编《中国国民党历次代表大会及中央全会资料》上册，光明日报出版社，1985，第286页。
④ 荣孟源编《中国国民党历次代表大会及中央全会资料》上册，光明日报出版社，1985，第22页。
⑤ 肖永清主编《中国法制史简编》下册，山西人民出版社，1981，第214页。

定了女子有财产继承权及结婚离婚绝对自由的原则等。而全俄中央执行委员会和人民委员会于1917年12月通过的《关于公民婚姻、关于儿童与户籍的办理》及《关于离婚》的法令，已规定了婚姻家庭关系中男女平等的原则，以及婚姻关系存续的自愿原则。

苏联法对广州、武汉国民政府法制改革的影响更突出地表现在司法方面，核心是司法权的党化。1927年初，时任武汉国民政府司法部部长的徐谦在改革司法制度说明书中明确提出："旧时司法观念，曰'司法独立'，曰'司法官不党'，而司法反对革命，势必相抵触，故司法非受政治统一不可，观苏联之政治组织、立法、行政，故属合一，即司法机关'亦非独立'，此即打破司法独立之新制也。""顾现行司法制度"，"非根本改造不可"。① 其改革要点有以下几个。

第一，确立审检合一制度。即废止检察厅，在法院内设置检察官。原来审判、检察两方，各自分设机构。武汉国民政府司法部将各级检察厅予以废除，在各级法院内设置检察官，使检察和审判都成为法院的一个组成部分。审检合一，明显受到苏联司法制度的影响。1923年11月，苏联中央执行委员会主席团曾批准《苏联最高法院条例》，规定设立司法检察署，隶属于苏联最高法院。②

第二，确立司法行政委员会制度。由于受到中国传统司法制度的影响，1912年的司法机关中实行的是长官制。这种制度容易造成权力的集中化和司法腐败，所以国民政府司法改革委员会借鉴苏联经验废除了法院内部的长官制，成立了由庭长、检察官、书记官组成的司法行政委员会，使国民政府的民主集中制原则在司法上得到充分实现。

第三，确立参审制与陪审制。1927年初，武汉国民政府制定了专门的《参审陪审制度》，参审员和陪审员都要由国民党党部、农民协会、工会、商会、国民党妇女部等团体选举产生，并且规定了被选资格及其参审、陪审的具体操作事项。而在1922年11月全俄中央执行委员会通过的《苏维埃俄国法院组织条例》中已明确规定了审判员和人民陪审员的资格和任期等。参审员与陪审员参与法律事实的审判工作体现了主权在民的思想，有

---

① 上海《民国日报》，中华民国十五年九月二十日（1926年9月20日）。
② 1933年苏联的检察机关均纳入最高法院。

助于保障审判的公正性。

中国革命先行者孙中山"适乎世界之潮流，合乎人群之需要"，以俄为师，重新解释三民主义，赋予新三民主义指导下的五权宪法以新的内涵，从而使他的法律思想产生了认识上的飞跃。为贯彻孙中山新三民主义精神，实现孙中山先生遗愿，广州、武汉国民政府，曾师法苏俄制定和颁布了许多有利于工农运动发展的法律，在一定程度上推动了革命的向前发展。

二 中国共产党领导的革命根据地时期：建设苏维埃渐与中国国情相结合

革命根据地时期法制受苏联法的影响程度最深的是第一次国内革命战争时期的工农民主政权阶段的法制。它摧毁旧法创建新法，奠定了新民主主义法律的基本精神和主要制度。但由于在创建过程中主要模仿苏联法制，某些方面存在严重不适合国情的问题。抗日根据地的法制建设，继承并发扬了老苏区的成就，纠正了"左"倾错误，对苏联法兼有吸收和改造，把苏联法制建设经验创造性地同中国革命实践相结合。解放战争时期，随着人民民主制度日趋完善，法制建设也更加成熟。根据地时期的法制也是新中国法制的直接来源。

1. 坚持党对国家法制的领导

土地革命时期的工农民主政权在建制上有明显仿照苏联国家政权的痕迹，其名称"苏维埃"一词就是直接从俄文"COBET"译音照搬来的。在政权组织方面接受苏联的影响主要有以下几点。

党的领导原则。无产阶级政党作为俄国苏维埃政权的缔造者，对苏维埃政权的所有工作负有绝对的领导责任。列宁曾说过，"党的代表大会所通过的决议，对于整个共和国都是必须遵守的"，这一原则在中苏两党的决议和文件中得到明确体现。[①] 1919 年，俄共（布）第八次代表大会就曾提出应"把最坚强、最忠实的共产党员提拔到苏维埃中去工作，以此在苏

---

① 《列宁全集》第 32 卷，人民出版社，1958，第 207 页。

维埃中夺取绝对的政治统治，确立对苏维埃活动的真正监督"①。中共也提出，"党随时随地都应作苏维埃思想上的领导者，而不应限制自己的影响"②。这与孙中山"以党治国"的主张同出一源。

集体领导和个人分工负责的领导原则。受列宁思想的影响③，土地革命时期，中央工农民主政府明确提出"在苏维埃的机关内必须实行集体的讨论，明确的分工，并建立个人负责制"④。抗日战争时期，各根据地在坚持集体领导的同时，更加注意建立个人负责制，从而在新的历史条件下，充实和发展了集体领导与个人分工负责这一重要的领导原则。

议行合一原则。广州、武汉国民政府也曾试行这一原则，即由国家权力机关统一行使立法权和行政权，使二者不相分离。它是民主集中制原则在国家机关间工作关系上的体现。根据这一原则，各级政权机关既是议事机关，又是工作机关。它将议会制的长处和直接民主制的优点结合起来，以保证由工农大众选出的各级代表大会，能够具有充分的权威，这就形成了苏维埃新式民主制度。

工农兵代表大会制。1917年，苏俄建立最高权力机关——全俄苏维埃代表大会，并规定在其闭会期间由苏维埃中央执行委员会代行其职责。《中华苏维埃共和国中央苏维埃组织法》也规定："全国苏维埃代表大会是中华苏维埃共和国的最高政权机关。""中央执行委员会是全国苏维埃代表大会闭幕期间的最高政权机关。"⑤ 苏维埃工农兵代表大会制度是中华苏维埃共和国的基本政治制度，它保证了千百万工农大众参加国家管理，便于工人阶级及其政党的领导。这是吸取苏俄的历史经验和总结红色政权建设经验所创制的一种崭新的政治制度，并被新中国宪法所沿用。其他中央政

---

① 〔苏〕A. A. 别祖格洛夫主编《苏维埃建设学》，刘家辉、马国泉等译，中国人民大学出版社，1983，第246页。
② 中国人民解放军政治学院党史教研室编《中共党史参考资料》第5册，第316页。
③ 列宁在谈及俄国苏维埃国家机关领导原则时，曾强调把集体领导和个人分工负责有机地结合起来。列宁说："我们既需要委员会来讨论一些基本问题，也需要个人负责制和个人领导制来避免拖拉现象和推卸责任的现象。"参见《列宁全集》第30卷，人民出版社，1957，第213页。"任何时候，在任何情况下，实行集体领导都要最明确地规定每个人对一定事情所负的责任。"参见《列宁全集》第29卷，人民出版社，1956，第398页。
④ 《苏维埃中国》第2集，1935，第318页。
⑤ 韩延龙、常兆儒编《中国新民主主义革命时期根据地法制文献选编》第2卷，中国社会科学出版社，1984，第86页。

权的机构设置、政治职能乃至机构的名称，也与苏联中央政权极为相似，如设立人民委员会、工农监察委员会、革命军事委员会、国家政治保卫局等。

2. 各项具体法制建设

中国共产党在创建农村革命根据地时期建立的人民民主政权各阶段的法制建设中，工农民主政权以模仿苏联法为主，而抗日民主政权和解放区民主政权则兼有吸收和改造。

（1）制定宪法

根据马列主义关于国家和法的学说，仿照1918年和1924年苏联宪法，1931年12月，中华全国苏维埃代表大会制定和公布了《中华苏维埃共和国宪法大纲》。这是中国历史上的人民立宪的最初尝试，也为后来的民主宪法提供了经验。这部宪法受苏联影响最为深刻，表现在一般原则和具体规定上。它规定的政权本质是"工人和农民的民主专政国家"，政权"属于工人、农民、红色战士及一切劳苦民众"。其组织形式为苏维埃制，即最高政权为"全国工农兵代表大会"和"全国苏维埃临时中央执行委员会"。中央执行委员会的行政机关为人民委员会，负责指挥全国政务。中央执行委员会之下设立最高法院。地方政权机关也分别为各级苏维埃代表会议。这样的政权组织完全仿效了1918年苏俄宪法的规定。

这部宪法存在严重脱离中国国情的毛病。关于政权的性质和任务问题即是其一。由于受1918年苏俄宪法以及共产国际和国内"左"倾错误路线的影响，《中华苏维埃共和国宪法大纲》混淆了民主革命和社会主义革命的界限，在条件不具备的情况下，提出反资产阶级与反帝反封建并列，把工农民主专政转变到社会主义革命专政。如："这个专政的目的，是在消灭一切封建残余，赶走帝国主义列强在华的势力，统一中国，有系统地限制资本主义在中国的发展，进行苏维埃的经济建设，提高无产阶级的团结力与觉悟程度，团结广大贫农群众在它的周围，同中农巩固的联合，以转变到无产阶级的专政。"这完全是套用俄国革命经验的做法。在后来的抗日战争时期，毛泽东等中国共产党人才纠正了这种错误的认识和政策。

由于受苏联宪法的影响及缺乏经验，这部宪法大纲也规定了一些脱离实际的条文。如关于民族问题，《中华苏维埃共和国宪法大纲》规定："中华苏维埃政权承认中国境内少数民族的民族自决权,一直承认到各弱小民族,有同中国脱离,自己成立独立的国家权利。蒙、回、藏、苗、黎、高丽人等,凡是居住在中国的地域内,他们有完全自决权。加入或脱离中国苏维埃联邦,或建立自己的自治区域。"而1924年《苏联宪法》规定:"每一加盟共和国均保有自由退出联盟的权利。"但毕竟中苏两国的历史和现状不同,完全照搬社会主义联邦制形式下的苏联宪法的同类条文是脱离国情的。关于民族问题的这一规定,直至解放区民主政权时期才得到纠正,代之以民族区域自治的政策。

关于选举法的问题。受苏联法的影响,中华苏维埃政权认为选举权及被选举权属于劳动群众,对于剥削阶级则不加区分,一概剥夺选举权。《中华苏维埃共和国宪法大纲》规定:"军阀、官僚、地主豪绅、资本家、富农、僧侣及一切剥削人的人和反革命分子,是没有选举代表参加政权和政治上自由的权利的。"这个规定与苏俄宪法中所规定的剥削分子和革命的敌人没有选举权和被选举权的条文相同。随着形势的发展和阶级力量对比的变化,抗日民主政权的选举制度规定:工人、农民、小资产阶级和一切赞成抗日和民主的地主、富农、资本家以及国民党人士,均享有同等的选举权利,他们可以不受任何限制地参加各级权力机关的选举,而且都有被选为人民代表和公职人员的权利,这对中华苏维埃选举制度中关于剥削阶级一概不享有选举权的规定是一个重要的修正。

(2)土地立法

列宁关于农民土地问题的思想和苏俄土地立法经验深刻影响了创建革命根据地时期的土地立法,其中尤以土地所有权国有和消灭富农问题最为典型。[①]

1917年11月8日,全俄工农兵代表苏维埃第二次代表大会第二次会议通过了由列宁起草的《土地法令》。该法令规定,没收地主、皇家、寺院和教会的土地,废除土地私有制,将国内的一切土地转归国家所有,成

---

① 列宁早在1907年就对俄国的土地问题作了全面的阐述。他指出:"土地问题,即如何安排绝大多数居民(农民)的生活的问题,是我们的根本问题。"《列宁全集》第33卷,人民出版社,1957,第353页。苏维埃政权的土地立法就是把"农民所绝对必需的,能够保证工农联盟的一切主要东西,都规定下来了。从那个时候起,不管我们在连年战争的这五年中是多么艰苦,我们从来没有忘记使农民在土地上得到最大的满足"。《列宁全集》第33卷,人民出版社,1957,第353页。

为全民的财产。① 1926年11月，共产国际执行委员会第七次扩大会议在莫斯科召开，斯大林作了《论中国革命前途》的报告，指出："我以为，归根结底应该引导到土地国有化。无论如何我们不能誓死拒绝土地国有化这样的口号。"② 随后召开的共产国际执委会第八次扩大会议上通过的《关于中国问题的决议》指出，土地革命应包括没收土地和土地国有。会议期间，共产国际给中国共产党发出重要指示，要"坚决主张从下面实际夺取土地"。③

根据上述思想，中国共产党在1927年"八七会议"上确定了开展土地革命的方针，并提出土地国有口号。"八七会议"《告全党党员书》指出："土地革命，其中包括没收土地和土地国有——这是中国革命新阶段的主要的社会经济之内容。"同年11月的《中国共产党土地问题纲领草案》规定："一切地主的土地无代价地没收，一切私有土地完全归苏维埃国家的劳动平民所公有。"1930年以前革命根据地的土地法规都规定，没收的土地归苏维埃政权所有，农民分得的土地，只有使用权，没有所有权。

此后根据地的土地法虽有所改变，但也是按照苏联指示精神。1930年7月23日，共产国际执委会政治秘书处通过了《关于中国问题的决议案》，该决议由周恩来于8月下旬回国时带到中共中央。9月24日，周恩来在中共六届三中全会扩大会议上传达了共产国际的决议，指出土地现在实行国有还为之过早，是"左"倾错误。1931年2月，共产国际远东局与中共中央为中华苏维埃共和国第一次全国代表大会联合起草《土地法草案》，其中规定："现在仍不禁止土地的出租与土地的买卖。"④ 按照共产国际和中共中央的指示，1931年12月中华苏维埃中央政府公布的《中华苏维埃共和国土地法》纠正了以前关于土地国有的错误，在土地权力归属及使用上，采取了灵活变通的规定，指出：土地国有化是消灭封建关系的必由途径，但在目前阶段，分配给农民的土地应允许农民出租、买卖。这个土地

---

① 对于土地所有制问题，列宁进而指出："就是必须实现土地国有化，废除土地私有制，将全部土地转归国家所有。"《列宁选集》第1卷，人民出版社，1972，第771页。
② 《斯大林全集》第8卷，人民出版社，1954，第330页。
③ 《斯大林全集》第10卷，人民出版社，1954，第31页。
④ 蒲坚主编《中国法制史参考资料》，中央广播电视大学出版社，1989，第312页。

法为各地方苏维埃政权新的土地政策的制定起到了重要的指导作用。

对富农的政策也由于苏俄及共产国际的影响而表现出错综复杂的情形。1928年12月，毛泽东主持制定《井冈山土地法》，仍然继承了"没收一切土地"的政策。1928年7月，党在苏联召开第六次全国代表大会，会议通过《土地问题决议案》、《农民问题决议案》等文件，对富农的政策作出了原则性的规定和调整，指出"故意加紧对富农的斗争是不对的"，"党的目前阶段中的任务，乃在使这种富农中立，以减少敌人的力量"。1929年4月，毛泽东在《兴国土地法》中即根据"六大"精神改变《井冈山土地法》中"没收一切土地"的政策，规定为"没收一切公共土地和地主阶级的土地"。①

1929年秋，中国共产党对富农的政策急转直下，这个变化是由共产国际执委会同年6月7日给中共中央的一封《关于农民问题》的信引起的。这封信是共产国际根据苏联在农业合作化运动中消灭富农的政策而写成的。它忽视了苏联社会主义革命与中国新民主主义革命之间的本质区别，夸大了中国富农剥削的残酷性和反革命性，把富农看得比地主还要坏。接到共产国际的信后，中共中央立即于同年9月通过了《接受国际对于农民问题之指示的决议》，承认过去在富农问题上的"错误"，认为富农"在土地革命的过程中，就是动摇、妥协以至反革命。所以党的策略决不应企图联合富农在反封建势力的战线之内，而应坚决的反对富农"②。

紧接着，1930年6月，红四军前委和闽西特委举行联席会议，即"南阳会议"，通过了《富农问题》的决议，决议认为富农是反革命的，是贫雇农的敌人，应当把富农当作地主一样看待。决议重新提出"没收一切土地"的政策。1931年12月，第一次中华全国苏维埃代表大会通过的《中华苏维埃共和国土地法》中明确规定："中国富农性质是兼地主或高利贷者，对于他们的土地也应该没收。富农在没收土地后，如果不参加反革命活动而且用自己的劳动耕种这些土地时，可以分得较坏的劳动份地。"在富农问题上奉行过"左"的土地政策，扩大了土地革命的打击面。

1935年，遵义会议确立了毛泽东在中央的领导地位，摆脱了共产国际

---

① 参见中国社会科学院经济研究所中国现代经济史组编《第一、二次国内革命战争时期土地斗争史料选编》，人民出版社，1981，第277页。
② 《共产国际执委会给中共中央关于农民问题的信》，《布尔什维克》1929年第10期。

脱离中国国情的指挥和束缚。同年 12 月，毛泽东发布《关于改变对富农策略的决定》，认为对于富农应只没收其出租剥削部分的土地，其他财产是不应没收的，如果当地实行平分土地，富农也应和其他农民一样分得同等的土地。苏维埃政府有责任保护富农扩大再生产。由是，我党对富农的政策趋于合理。

革命根据地时期土地立法中的地权和富农政策的演变，与共产国际把苏俄经验神圣化，以及我党在土地立法中教条式地搬抄苏俄模式，有着直接的关系。

（3）劳动法

1931 年 12 月，中央工农民主政权仿照 1918 年苏俄劳动法典颁布了《中华苏维埃共和国劳动法》。该法废除了对工人的一切封建剥削和一切不合理的旧制度。如严禁私人开设失业介绍所，失业工人由国家劳动部门介绍工作。而早在 1918 年 1 月 27 日，全俄人民委员会通过的《关于职业介绍所》法令中，就规定只有经过地方职工联合会所建立的职业介绍所的介绍，才能接受此人参加工作，取缔了一切私人和中间人的雇佣劳动事务所及类似机构，有利于保护失业工人的权益。

在工时和休假方面，《中华苏维埃共和国劳动法》与 1918 年苏俄劳动法典完全相同，也规定 8 小时工作制，夜班 7 小时，凡在危害身体健康部门中工作的，可以减至 6 小时以下。还规定工人每周须有 42 小时的连续休息。工人继续工作到 6 个月以上者，至少需要有两星期的假期等。

在保护女工、青工、童工方面，《中华苏维埃共和国劳动法》规定特别繁重危险的工作部门禁止雇佣女工、青工、童工。女工与青工如与成年男人做同样的工作，须得到同样的工资，即所谓"同工同酬"。允许女工有哺乳时间，享受产前产后 8 周带薪假期。1918 年苏俄劳动法典从保护妇女和未成年人角度出发，也规定了相类似的条文。

在工人的民主权利方面，《中华苏维埃共和国劳动法》规定工人可以成立职工会，其任务是代表工人保护一切雇佣劳动者的利益。而 1922 年苏俄劳动法典同样规定，职工会不仅可以作为集体契约的一方，而且在劳动纠纷和日常生活的一切问题上均代表职工。

实行《中华苏维埃共和国劳动法》后，工人得到了保护，工人的革命积极性大大发扬起来，从而在革命战争及革命政权建设与经济建设中发挥了重要作用。但是，由于硬性照搬苏（俄）法模式，主观划一地规定过高的物质福利待遇，脱离了中国国情和根据地实际。当时在苏区内，多是一些规模不大的手工业和中小商业，在这样的经济条件下，机械地推行苏联在大城市实行的8小时工作制，显然是行不通的。再如，坚持同工同酬制度本无可厚非，但未成年工人与成年工人也同工同酬，就不在情理之中了。至于劳动保护与劳动保险方面，规定工厂无代价供给工人住宅；禁止工人赔偿损失，不论是普通病还是因工作致病，一律由资方和社会保险全额免费医疗等都脱离实际。在当时的条件下，资本家为补偿其执行劳动法所受的损失，便抬高工业品价格，从农民身上找补差，加重了农民的负担。许多私人工商业也因难以承受过高的经济要求，不能维持生产和经营而纷纷倒闭，加重了社会矛盾。

（4）刑事立法

当时刑事立法的主要内容是镇压反革命。中华苏维埃共和国成立前后，借鉴苏俄肃反经验制定的刑事法规的内容主要有以下两点。

反革命罪概念。1917—1918年的苏俄刑法规定反革命行为的构成要件即准备、组织反革命叛乱和暴动并参与其中。参与旨在推翻苏维埃政府的阴谋和组织，不论是否已经实行，均视为反革命行为。1934年4月中华苏维埃共和国中央执行委员会公布的《中华苏维埃共和国惩治反革命条例》以苏俄刑法为蓝本规定了反革命罪的概念为：凡一切图谋推翻或破坏苏维埃政府及工农民主革命所得到的权利，意图保持或恢复豪绅地主资产阶级的统治者，不论用何种方式都是反革命行为。条例并具体规定了反革命罪的种类和刑罚原则。

镇压反革命的司法机关——肃反委员会。中华苏维埃肃反委员会与苏俄国内战争时期的肃反委员会在任务上基本一致。在红军占领的地方所建立的临时革命政权——革命委员会中，均设置肃反委员会的专门机构，其任务是团结与领导工农群众，消灭当地一切反革命武装力量，镇压被推翻的剥削阶级的反抗，打击反革命组织和反革命分子的阴谋破坏活动和其他形式的犯罪活动，以确保革命政权的巩固和发展。

中国共产党创建农村革命根据地时期革命政权的政治法律制度由于是在打碎旧的传统的基础上创建的崭新的制度，因此在某些方面不可避免地受到苏（俄）法制正反两方面的影响，表现得还不够成熟、不够完善。

三　新中国成立后50年代前期：全面学习苏联

新中国成立后，由于多种因素，中苏关系全面热化，为引进苏联法制提供了条件。这种学习与移植是全方位的，从法学教育、法学研究直至立法、司法实践。

在法律教育方面，国家明确提出了全面学习苏联的方针。[①] 陈守一教授指出："法律教育工作是和学习苏联分不开的。新中国成立后不久，有些高等学校的法律系，主要是或者完全是学习苏联的。不只是教学计划、教学组织和教学法是苏联的，即各种法律专业课的讲授内容，也几乎完全是苏联的。苏联的法学专家们，为我们教育学生，同时也为我们培养教员。"[②] 方流芳教授指出，中央人民政府创设中国人民大学就是作为引进苏联模式和传播苏联学说思想的大本营。中国人民大学的教授由苏联专家培训，"人大"的毕业生分配到全国各地高等院校任教，中国人民大学出版的各种教材在全国广为流行。[③]

苏联法学基础理论也称为"国家与法的理论"，主要是讲述苏联社会主义革命胜利并建立和巩固无产阶级专政的理论总结，强调阶级斗争与法律之间的关系。这种理论在培养、训练新中国的法学家及政治人才方面起到奠基的作用。由中国人民大学编写的《国家与法的理论》一书中，中国法学家将以维辛斯基为代表的苏联法学家关于法律是统治阶级的意志，由国家强制力保证其实施的观点，奉为经典的马克思主义法学理论。至80年代的法理学教科书中，此理论仍延续不衰。

在刑事诉讼法学方面，1956年制定的《中华人民共和国刑事诉讼教学

[①] 1953年教育部推出统一法学课程，规定法学院（系）开设的课程是：苏联国家与法权史、苏联国家法、苏联刑法、中国与苏联民事诉讼法、土地与集体农庄法、中国与苏联法院组织法、人民民主国家法、中国与苏联劳动法、中国与苏联行政法、中国与苏联财政法。参见汤能松等编著《探索的轨迹——中国法律教育发展史略》，法律出版社，1995，第485页。

[②] 陈守一：《法学研究与法学教育论》，北京大学出版社，1996，第4页。

[③] 参见方流芳《中国教育观察》，《比较法研究》1996年第2期。另见在1954年召开的全国政法工作会议上，教育部明文规定："中国人民大学应将所编译的苏联法学教材进行校阅，推荐各校使用。"参见《中国教育年鉴》编辑部编《中国教育年鉴（1949—1981）》，中国大百科全书出版社，1984，第267页。

大纲》，是在中国尚未颁布刑事诉讼法典的情况下制定出来的，其体系结构很明显受到了苏联刑事诉讼法的影响。大纲中各章内容排列的顺序、中国刑事诉讼基本原则以及对刑事证据理论体系的设定都与苏联法相似，基本上采纳了苏联学者通行的观点。50—60年代的中国刑事诉讼学强调"中华人民共和国刑事诉讼学的党性"，强调"中华人民共和国刑事诉讼与资产阶级国家刑事诉讼有本质的区别"。对"资产阶级国家刑事诉讼"和"国民党反动政府的刑事诉讼"持否定和批判的态度，而对"苏维埃刑事诉讼"和"人民民主国家的刑事诉讼"持肯定的态度。在50年代后期的反右运动中，诉讼法学界将阶级分析方法运用到极致，把"审判独立"、"自由心证"等诉讼原则或制度，均当作"资产阶级旧法理论"而加以批判；坚持这些理论的学者有的还被定性为"右派"，受到政治上的歧视甚至人身迫害。①

在婚姻家庭法学方面，《苏维埃亲属要义》、《苏维埃婚姻与家庭的立法原则》、《苏维埃婚姻—家庭法》相继翻译出版。苏联婚姻家庭法学理论认为，婚姻家庭法是社会主义国家独立的法律部门之一，不是民法的组成部分。在此影响下，50年代的中国婚姻家庭法学强调婚姻家庭的阶级性，认为将婚姻家庭法划归民法部门是资产阶级意志和利益的体现，是婚姻家庭关系商品化、契约化的产物。而民法只是调整商品经济关系的法律，社会主义婚姻家庭关系是商品关系，所以不能属于民法范畴。婚姻家庭法之独立于民法被标榜为社会主义婚姻家庭法先进性、革命性的表现。这些理论观点对中国的婚姻家庭法学说产生了长久的影响。②

受苏联法律影响痕迹最为明显的是我国宪法的制定。在制宪的指导思想上，我们明确了要学习苏联。在起草讨论宪法时，毛泽东给宪法起草委员会委员开具的参考书目包括苏联的历部宪法及斯大林《关于宪法草案》的报告。③ 刘少奇在1954年宪法草案的报告中也明确指出：我们所走的道路就是苏联走过的道路。④ 我国"五四宪法"仿照了苏联1936年的宪法结

---

① 参见李贵连主编《二十世纪中国法学》，北京大学出版社，1998，第114页以下。
② 参见李贵连主编《二十世纪中国法学》，北京大学出版社，1998，第201页以下。
③ 参见《毛泽东文集》第6卷，人民出版社，第320—321页。
④ 参见《刘少奇选集》下卷，人民出版社，1985，第155页。

构、总纲、国家机构和公民的基本权利和义务三章中不少内容明显地参考了苏联宪法的有关规定,甚至有的条文的行文措辞也与苏联宪法相差无几。宪法中关于人民代表大会制度的规定就是参照苏联宪法并结合革命根据地政权建设的经验制定的。当然,我们也没有完全照搬苏联的内容,如没有规定两院制和联邦制等。

在部门立法方面,大量的苏联法律制度被引进。土地法、婚姻法、刑事法等实体法受到重视,经济法的概念被接受。部门法在内容上深受苏联影响。苏联法把婚姻家庭排除在民法之外,而我国的1950年《婚姻法》即仿效1918年颁布的《俄罗斯联邦婚姻家庭和监护法典》采独立法典式的立法模式。而在婚姻家庭制度方面,如结婚条件的界定采列举式、结婚程序的界定采登记制和离婚条件及程序的界定采双轨制也仿自苏联。在民法的主要制度方面,苏联也影响了我们。如在物权方面,坚持国有企业财产神圣不可侵犯;在债权方面,合同应保证国家计划的执行,应以实际履行为原则等,影响一直到80年代。

在司法制度方面,关于法院的设置和上下级法院的关系、人民陪审员制度、审判的组织、刑事审判原则、审判程序也都仿照苏联程序法。而设立独立的检察机关并赋以法律监督职权,则完全是移植苏联的检察制度。

苏联法制被运用到中国法制建设的理论及实践的各个方面。同时,苏联法中重实体、轻程序的倾向也被中国法学界接受。可以说新中国法制是在完全引进苏联法律和法学理论的基础上建立起来的,从那时起,就开始了苏联法学对中国法学几十年的"统治",直至80年代中期。

四 结语:如何认识和评价苏联法对中国法制建设的影响

根据以上的简略回顾,我们可以看到苏联法对我国影响的大致情况。从时间上看,这种影响从20世纪的20年代开始,至80年代中期后逐渐消失,大约60年的时间,其中规模最大、影响最深入和最全面的时期是50年代前期。从影响的对象来说,国共两党皆曾是苏联法的"忠实信徒"。有一个有趣的现象尤其值得注意,那就是国共两党最迫切地接受苏联法时,都是在其刚刚建立自己的政权之时:国民党深受苏联法影响时是在其刚刚建立广州革命政权时,共产党深受苏联法影响时是在其刚刚建立农村根据地和刚刚取得全国政权时期。这难道是一种偶然的巧合吗?苏联法到底是一种什么性质的法?它为什么能适合国共两种不同性质的政党的需求?它适合不适合中国的国情?若说它不适合,国共两党为何皆趋之若鹜?若说它适合,国共两党为什么在取得政权,尤其是取得全国性政权后不出若干年就开始改革其法另寻出路?这都值得我们深入思考。

考虑以上问题的答案时,我们不要忘记这样的历史事实。

20世纪初期的中国处于半殖民地半封建社会,中华民族先进分子的任务是领导人民推翻帝国主义和封建势力的双重压迫,并在胜利后建设工业化的强大国家。这个历史的要求决定了作为中国资产阶级和无产阶级的政治代表——国共两党的共同使命:民族民主革命和工业化建设。在当时资本主义列强控制的地球上,有哪一个世界大国同情与支持中国革命?英、美、法还是德、意、日?都不是。只有伟大的列宁及他领导的苏联。因此,孙中山、陈独秀、李大钊等都不约而同地成了列宁的学生,"走俄国人的路"是当时先进中国人的共同结论。国共两党都能接受苏联法的外在原因就在于此。

苏联法是什么性质的法?一言以蔽之,是革命的法。如前所述,苏联法强调党的领导,强调法的阶级性质,在具体制度上实行民主集中制、议行合一的苏维埃制、土地国有制、严惩反革命罪、重视保障工农的利益等,都与这种革命的法制有关。只有这样的法制才能确保工农的权益,集中一切力量去完成革命的任务。国共两党为完成革命的任务也就必然要选择这种革命的法制。这是广州、武汉革命政府及红色根据地政权采用苏联法的内在原因。

新中国成立初期为什么也要全面学习苏联呢?这时候革命的任务已经完成,而巩固政权和进行经济建设也需要这种革命的法制吗?除了革命历史的惯性以外,新中国全面学习苏联与当时所处的国际环境和工业化的特点有关。新中国成立之初,西方国家在外交、经济等各方面实行孤立中国的政策,尤其是美国,甚至把战火烧到鸭绿江边。我们无法获得必要的国际援助和经济建设的经验,而苏联及其他社会主义国家不仅承认我们,而且取得了举世公认的巨大成就。倾向于苏联自是势所必然。发展工业的重要性和当时的战后恢复重建的条件也决定了我们需要采用计划经济的办法。苏联法制的强调集中性、强调阶级意志而不重视个人权利；强调用行政法制手段管理经济生活、不重视民法的作用等诸多特性，恰恰符合中国人当时发展计划经济的需要。这是新中国成立初期全面学习苏联法制的根本原因。

苏联法制这种革命的性质和从属于高度集中的经济、政治体制的特点运用于中国的60年中，有它的优点，起了好的作用；也有它的不足，起了坏的作用。就其性质而分析，可以说革命的法制有利于夺取政权，但并不适用于执掌政权，因为执政要求的是稳定与秩序，那就必须顾及大多数人乃至全体人民的利益，而不能只是照顾工人、贫下中农的利益。执政之基在于发展经济。长期而稳定地发展经济，就要按平时的经济规律办事，就要发展市场经济，而不能像战争时期或战后恢复时期那样只靠自上而下的计划去组织生产，当然更不能靠"打土豪、分田地"的办法去抢得财物。根据这样的分析，可以说，在50年代后期，中国共产党的执政地位稳固了，工业化经济体系也初步奠定下来，苏联法制在中国适用的基础也就开始动摇，其历史进步作用也就开始减退和削弱了。法制改革的时代即将来临。

如何看待苏联法在中国法制建设中的"功与过"？学界已有过许多的评价，本文不想说太多了。标准还是那一条，即列宁说过的："在分析任何一个社会问题时，马克思主义理论的绝对要求，就是要把问题提到一定的历史范围之内。"[①] 我们应该实事求是地评价历史，尊重我们的前辈在当时的历史条件下的选择。只有这样，才能使我们吸取更多的经验教训，学会在新的条件下选择正确的行动。

---

① 《列宁选集》第2卷，人民出版社，1995，第375页。

下编　新时代马克思主义
　　　法学的深化与发展

习近平全面依法治国思想的
理论逻辑与创新发展[*]

李 林[**]

摘 要：习近平同志站在治国理政的战略高度，立足"四个全面"战略布局，着眼"两个百年"战略目标，围绕全面依法治国提出了一系列新理念新思想新战略，为在历史新起点上推进法治中国建设提供了重要的思想指导、理论依据和实践遵循。习近平全面依法治国思想内容丰富，观点鲜明，是马克思主义法律观、法治观中国化的最新理论成果，其理论逻辑与创新发展可总结概括为治国方略论、人民主体论、宪法权威论、良法善治论、依法治权论、保障人权论、公平正义论、法治系统论、党法关系论等"九论"。

关键词：治国理政 依法治国 宪法权威 良法善治 法治系统 党法关系

习近平全面依法治国思想是中国特色社会主义法学理论的重要组成部分，是中国共产党人治国理政集体智慧的最新结晶，是党成立以来领导人民依法治国的最新经验总结，是马克思主义法律观、法治观中国化的最新理论成果。习近平全面依法治国思想的理论逻辑与创新发展，可提炼为治国方略论、人民主体论、宪法权威论、良法善治论、依法治权论、保障人

---

[*] 本文原载于《法学研究》2016年第2期，收入本书时有改动。
[**] 李林，中国社会科学院法学研究所研究员。

权论、公平正义论、法治系统论、党法关系论等"九论"。其具体包括以下基本内涵。

第一，在历史新起点上，面对新形势新挑战新任务，中国共产党如何领导全国人民治好国、理好政，通过依法治国实现党和国家长治久安，实现"两个百年"奋斗目标，这是习近平全面依法治国思想的基本出发点。从这个理论逻辑基点出发，执政党审时度势、运筹帷幄，由十八届四中全会专门作出全面推进依法治国的决定，把依法治国提到了全面建成小康社会、全面深化改革、全面依法治国、全面从严治党战略布局的新高度，从战略决策上，确立了以依法治国为基本方略、以法治为基本方式的治国理政方略。

第二，坚持党的领导、人民当家作主和依法治国有机统一，是中国特色社会主义民主政治的本质特征，也是党治国理政的内在要求。根据人民主权的法理精神和宪制原则①，党治国理政必须代表最广大人民群众的根本利益和整体意志，恪守一切权力来自人民、属于人民且为了人民的原则，切实坚持并保证人民至上的主体地位。

第三，宪法是党领导人民制定的治国安邦的总章程，是人民自由的"圣经"和治国理政的根本法据。依法治国首先是依宪治国，依法执政关键是依宪执政，因此，全面推进依法治国，必须保证宪法实施，切实维护宪法至上的最高法治权威。

第四，全面推进科学立法、严格执法、公正司法和全民守法，实质是推进国家治理现代化，核心是运用法治思维和法治方式提升国家治理能力和治理水平，目标结果是实现国家与社会的良法善治。

第五，全面推进依法治国，重点是依法治权、依法治官，用法律和制度管住关键少数；使命是尊重保障人权，维护人民利益，实现人民福祉；目的是通过法治构建法律秩序，维护社会公平，实现法律正义。

第六，全面推进依法治国，涉及法治政治经济社会的方方面面，是一场深刻的社会变革，是一项宏大的系统工程，必须处理好党法关系，在党

---

① 这里的"人民主权"是指："在社会主义制度下，人民是国家和社会的主人，国家的一切权力来自人民并且属于人民。国家权力必须服从人民的意志，服务人民的利益；国家权力的行使和运用，必须符合宪法。"参见马克思主义理论研究和建设工程重点教材宪法学编写组编《宪法学》，高等教育出版社、人民出版社，2011，第96页。

的领导下加快建设中国特色社会主义法治体系，努力建设社会主义法治国家。

一　治国方略论

治国方略是执政党运用公权力和其他政治资源治理国家所遵循的战略性指导原则和整体性策略方针。治国方略的优劣好坏，能否符合国情并解决国家治理的基本问题，往往决定着国家和执政党生存与发展的前途和命运。从某种意义上讲，人类政治文明的历史就是一部治国理政的道路模式、制度体制、方略方式的创造史、选择史和实践史。

中国共产党如何从国情出发选择和实施自己的治国方略，闯出一条中国特色治国理政的新路？新民主主义革命时期，党作为以夺取国家政权为使命的革命党，主要靠政策、命令、决定、决议等来组织和领导革命。革命党的角色地位，决定了这个时期党的中心任务是武装斗争、夺取全国政权，"治国理政"主要是在党领导的革命根据地和解放区的实践探索。党领导人民进行革命夺取全国政权的过程，就是不承认国民党政权的一切宪法法律，废除旧法统的过程，因为"如果要讲法，就不能革命，就是维护三大敌人的统治秩序。……对反动统治阶级就是要'无法无天'，在人民内部主要讲政策"①。党"依靠政策，把三座大山推翻了"②，那时候，革命法律只是党领导群众运动和开展武装斗争的辅助方式。

1949年，党领导人民建立了全国性的政权，开始了全国范围的治国理政。这时的中国共产党，"已经从领导人民为夺取全国政权而奋斗的党，成为领导人民掌握全国政权并长期执政的党"③。党治国理政开始从依靠政策办事，逐步过渡到不仅依靠政策，还要建立健全法制，依法办事。"建国后我们党作为执政党，领导方式与战争年代不同，不仅要靠党的政策，而且要依靠法制。凡是关系国家和人民的大事，党要作出决定，还要形成

---

① 《彭真文选》，人民出版社，1991，第491页。
② 《彭真传》编写组编《彭真传》第4卷，中央文献出版社，2012，第1570页。
③ 江泽民：《全面建设小康社会　开创中国特色社会主义事业新局面——在中国共产党第十六次全国代表大会上的报告》，2002年11月8日。

国家的法律，党的领导与依法办事是一致的。"① 然而，1957年下半年"反右"斗争开始以后，国家政治生活出现不正常情况。治国理政"究竟搞人治还是搞法治？党的主要领导人的看法起了变化，认为'法律这个东西没有也不行，但我们有我们这一套'，……'到底是法治还是人治？看来实际靠人，法律只能作为办事的参考'"②。在当时，以毛泽东为代表的中央集体实际上选择了人治作为治国理政的基本方式。到"文化大革命"时期，以阶级斗争为纲，"大民主"的群众运动成为治国理政的主要方式，新中国建立的民主法制设施几乎被全面摧毁。正如习近平所总结的："新中国成立初期，我们党在废除旧法统的同时，积极运用新民主主义革命时期根据地法制建设的成功经验，抓紧建设社会主义法治，初步奠定了社会主义法治的基础。后来，党在指导思想上发生'左'的错误，逐渐对法制不那么重视了，特别是'文化大革命'十年内乱使法制遭到严重破坏，付出了沉重代价，教训十分惨痛！"③ 十一届三中全会以后，党总结法治建设的深刻教训，提出"为了保障人民民主，必须加强法制。必须使民主制度化、法律化，使这种制度和法律不因领导人的改变而改变，不因领导人的看法和注意力的改变而改变"④。改革开放30多年来，党高度重视加强和推进法治建设，总体上实现了从人治到法制，再从法制到法治的历史性转变和进步。

在新的历史起点上，中国共产党选择走法治之路，全面推进依法治国、建设法治中国，既有历史给予的惨痛教训，又基于理性思考和实践需要。

坚定不移走法治之路。实践证明，在中国共产党领导的社会主义国家，如果以人治方式治国理政，必然会造成双重损害：既损害党的集体领导、削弱党的政治权威和执政能力，又践踏人民民主、破坏社会主义法治，给党、国家、人民和社会带来深重灾难。"法治兴则国家兴，法治衰则国家乱。什么时候重视法治、法治昌明，什么时候就国泰民安；什么时

---

① 中共中央文献研究室编《江泽民论有中国特色社会主义（专题摘编）》，中央文献出版社，2002，第307—308页。
② 《彭真传》编写组编《彭真传》第4卷，中央文献出版社，2012，第1572页。
③ 中共中央文献研究室编《习近平关于全面依法治国论述摘编》，中央文献出版社，2015，第8页。
④ 《邓小平文选》第2卷，人民出版社，1994，第146页。

候忽视法治、法治松弛，什么时候就国乱民怨。"① 这是中国共产党用惨痛教训换来的经验之谈，是当代中国治国理政的至理名言。放眼世界，法治是人类文明的重要成果之一，法治的精髓和要旨对于各国国家治理和社会治理具有普遍意义。"综观世界近现代史，凡是顺利实现现代化的国家，没有一个不是较好解决了法治和人治问题的。相反，一些国家虽然也一度实现快速发展，但并没有顺利迈进现代化的门槛，而是陷入这样或那样的'陷阱'，出现经济社会发展停滞甚至倒退的局面。后一种情况很大程度上与法治不彰有关。"② 作为与法治相对的概念，人治就是一种依靠领导人或者统治者的意志和能力来管理国家和社会、处理社会公共事务的治国方式。③ 无论是从我国实行人治的教训还是从世界法治文明的经验来看，要实现国家治理现代化和"两个百年"奋斗目标，都必须坚持和实行依法治国，坚定不移走中国特色法治之路。

坚持"两个基本"治国理政。面对国内外两个大局的新形势，在中国特色政党体制下，中国共产党如何治国理政、实现长治久安和"两个百年"奋斗目标，这是党领导人民管理国家、治理社会、发展经济、保障民生必须面对和解决的重大课题，也是深入理解习近平全面依法治国思想理论逻辑的一个基本出发点。党的十八大和十八届四中全会均明确提出，依法治国是党领导人民治国理政的基本方略，法治是党治国理政的基本方式。习近平也强调指出："我们必须坚持把依法治国作为党领导人民治理国家的基本方略、把法治作为治国理政的基本方式，不断把法治中国建设推向前进。"④ 坚持"两个基本"治国理政，是党领导人民在社会主义革命、建设和改革实践探索中得出的重要结论，表明党对依法治国重大意义认识的充分肯定和不断深化；是党"深刻总结我国社会主义法治建设成功经验和深刻教训作出的重大抉择"，表明全面依法治国在党治国理政战略布局中具有至关重要的战略地位和不可或缺的战略作用；是马克思主义国家与法学说同我国全面依法治国实践相结合的最新理论成果，表明中国特

---

① 习近平：《在中共十八届四中全会第二次全体会议上的讲话》，2014年10月23日。
② 习近平：《在中共十八届四中全会第二次全体会议上的讲话》，2014年10月23日。
③ 马克思主义理论研究和建设工程重点教材法理学编写组编《法理学》，人民出版社、高等教育出版社，2010，第357页。
④ 习近平：《在庆祝全国人民代表大会成立六十周年大会上的讲话》，2014年9月5日。

色法治建设理论的与时俱进和创新发展。

依法治国事关重大。依法治国是坚持和发展中国特色社会主义的本质要求和重要保障，是实现国家治理体系和治理能力现代化的必然要求，事关我们党执政兴国，事关人民幸福安康，事关党和国家长治久安。全面建成小康社会、实现中华民族伟大复兴的中国梦，全面深化改革、完善和发展中国特色社会主义制度，全面从严治党、提高党的执政能力和执政水平，都必须与全面推进依法治国相辅相成。尤其是，"党的十八大以来，党中央从坚持和发展中国特色社会主义全局出发，提出并形成了全面建成小康社会、全面深化改革、全面依法治国、全面从严治党的战略布局。这个战略布局，既有战略目标，也有战略举措，每一个'全面'都具有重大战略意义"。如果"没有全面依法治国，我们就治不好国、理不好政，我们的战略布局就会落空"。因此，必须把全面依法治国放在"四个全面"的战略布局中来把握，深刻认识全面依法治国同其他三个"全面"的关系，努力做到"四个全面"相辅相成、相互促进、相得益彰。①

依法治国着眼于解决重大现实问题。全面推进依法治国，是解决党和国家事业发展面临的一系列重大问题，解放和增强社会活力、促进社会公平正义、维护社会和谐稳定、确保党和国家长治久安的根本要求。党和国家长治久安靠什么？邓小平明确回答说："还是要靠法制，搞法制靠得住些。"② 我国是一个有十三亿多人口的大国，地域辽阔，民族众多，国情复杂。中国共产党在这样一个大国执政，要保国家统一、法制统一、政令统一、市场统一，要深化改革、促进发展、保持稳定，全面建成小康社会，都需要用好法治这个治国理政的基本方式。尤其是，"现在，全面建成小康社会进入决定性阶段，改革进入攻坚期和深水区，国际形势复杂多变，我们面对的改革发展稳定任务之重前所未有、面对的矛盾风险挑战之多前所未有，人民群众对法治的要求也越来越高，依法治国在党和国家工作全局中的地位更加突出、作用更加重大"③。要推动我国经济社会持续健康发展，不断开拓中国特色社会主义事业更加广阔的发展前景，就必须全面推

---

① 习近平：《在省部级主要领导干部学习贯彻党的十八届四中全会精神全面推进依法治国专题研讨班上的讲话》，2015年2月2日。
② 《邓小平文选》第3卷，人民出版社，1993，第379页。
③ 习近平：《在中共十八届四中全会第二次全体会议上的讲话》，2014年10月23日。

进社会主义法治国家建设,从法治上为解决这些问题提供制度化方案。为此,必须把依法治国摆在更加突出的位置,把党和国家工作纳入法治化轨道,坚持在法治轨道上统筹社会力量,确保我国社会在深刻变革中既生机勃勃又井然有序。

依法治国着眼长远发展考虑。党和国家事业未来发展的宏伟目标,是沿着中国特色社会主义道路,通过艰苦奋斗、改革发展,努力实现"两个百年"的奋斗目标,实现国家富强、人民幸福、中华民族伟大复兴的中国梦。习近平指出:"从现在的情况看,只要国际国内不发生大的波折,经过努力,全面建成小康社会目标应该可以如期实现。但是,人无远虑,必有近忧。全面建成小康社会之后路该怎么走?如何跳出"历史周期律"、实现长期执政?如何实现党和国家长治久安?这些都是需要我们深入思考的重大问题。"① 为了实现中国梦,我们将全面深化改革开放、全面推进依法治国,不断推进现代化建设,不断提高人民生活水平。全面推进依法治国,就是着眼于中华民族伟大复兴中国梦、实现党和国家长治久安的长远考虑。对全面推进依法治国作出部署,既是立足于解决我国改革发展稳定中的矛盾和问题的现实考量,也是着眼于长远的战略谋划。这个战略谋划,就是要用法治思维和法治方式,为党和国家事业发展提供根本性、全局性、长期性的制度保障。我们提出全面推进依法治国,坚定不移厉行法治,一个重要意图就是为子孙万代计、为长远发展谋。

二 人民主体论

人民民主是中国共产党治国理政的重要前提和基础。"民主是大多数人的统治"②,是人民的统治,而"工人革命的第一步就是使无产阶级上升为统治阶级,争得民主"③,掌握国家政权。中国共产党执掌国家政权,治国理政,全面依法治国,必须依靠人民,确保人民当家作主。无论是在政治逻辑还是在宪法党章的规定上,人民都是国家的主人和社会的主体,是

---

① 习近平:《在中共十八届四中全会第二次全体会议上的讲话》,2014年10月23日。
② 《列宁全集》第18卷,人民出版社,1959,第273页。
③ 《马克思恩格斯选集》第1卷,人民出版社,1995,第293页。

党全心全意为之服务的主体，是治国理政、全面依法治国的主体，是党和国家一切权力的根本来源和一切事业的根本出发点和落脚点。我国宪法确认人民是国家的主人，规定"中华人民共和国的一切权力属于人民"。中国共产党党章规定："党除了工人阶级和最广大人民群众的利益，没有自己特殊的利益。党在任何时候都把群众利益放在第一位，同群众同甘共苦，保持最密切的联系，坚持权为民所用、情为民所系、利为民所谋，不允许任何党员脱离群众，凌驾于群众之上。"

"人民性是我国法治的基本属性，……国家的主体是人民，……政权的主体是人民，……依法治国的主体当然也是人民。"[①] 人民是国家主人的政治定性和宪法定位，决定了人民必然是依法治国的主体而不是客体，必然是党治国理政的力量源泉而不是被规制处置的对象；决定了一切国家权力和国家机构的人民性，国家法治必须以保障人民幸福安康为己任，切实保障和充分实现人权。人民对美好生活的向往，是党治国理政的奋斗目标，也是依法治国要达成的目标，两者殊途同归。十八届四中全会把"坚持人民主体地位"明确规定为全面推进依法治国必须坚持的一项基本原则，集中反映了我国法治的人民性，充分体现了人民在依法治国中的地位和作用；十八届五中全会从"五大发展理念"出发，再次确认了"坚持人民主体地位"的基本原则，强调"人民是推动发展的根本力量，实现好、维护好、发展好最广大人民根本利益是发展的根本目的。必须坚持以人民为中心的发展思想，把增进人民福祉、促进人的全面发展作为发展的出发点和落脚点，发展人民民主，维护社会公平正义，保障人民平等参与、平等发展权利，充分调动人民积极性、主动性、创造性"。坚持人民的主体地位，必须坚持人民至上原则，保证人民在国家政治生活、经济生活和社会生活中的主体地位，实现全体人民的幸福生活。这是中国共产党的宗旨和社会主义国家性质的集中体现，是社会主义制度和全面依法治国的必然要求。"我国社会主义制度保证了人民当家作主的主体地位，也保证了人民在全面推进依法治国中的主体地位。这是我们的制度优势，也是中国特色社会主义法治区别于资本主义法治的根本所在。"[②]

---

① 徐显明：《中国特色社会主义法治道路》，载徐显明、李林主编《法治中国建设的理论与实践》，中国社会科学出版社，2015，第6页。

② 习近平：《加快建设社会主义法治国家》，《求是》2015年第1期。

在我国，中国共产党作为各项事业的领导核心，人民作为国家和社会的主体，党应当如何把"核心"与"主体"统一起来，带领人民管理国家、治理社会、管理经济和文化事业，这是如何建设好中国特色社会主义法治国家的关键问题。用宪制和法治思维来看，人民的主体地位和主体权利不仅是抽象的政治概念，更是具体的法定权利和实在利益，全面依法治国必须坚持并保障人民主体地位的充分实现。

坚持人民主体地位，保证人民成为全面依法治国名副其实的主体，必须坚持宪法权威和人民代表大会制度，使宪法真正成为具有最高权威和最高法律效力的根本法，使人民代表大会制度真正成为我国的根本政治制度。就是说，"我们必须坚持国家一切权力属于人民，坚持人民主体地位，支持和保证人民通过人民代表大会行使国家权力。要扩大人民民主，健全民主制度，丰富民主形式，拓宽民主渠道，从各层次各领域扩大公民有序政治参与，发展更加广泛、更加充分、更加健全的人民民主"[1]。在我国宪制体制的顶层设计下，一方面，人民通过行使选举权和被选举权，直接和间接选举产生各级人民代表大会，由各级人大代表代表选民在立法机关表达意志、提出诉求、作出决策和决定、进行监督等，充分享有国家主权权力和治理国象的主体权利；另一方面，人民通过代表民意的立法机关制定法律法规，把人民的普遍意志愿望和各种利益主张，具体充分及时地转化为法律条文，成为表现为国家意志的共同意志，成为表现为法律条文的法律权利和法定利益，进而把抽象的人民概念具体化为公民个体，把抽象的人民利益具体化为公民的法定权利和法定利益，再由行政机关、审判机关和检察机关等保证其得到具体实在的落实。

坚持人民主体地位，必须坚持法治建设为了人民、依靠人民、造福人民、保护人民，以保障人民根本权益为出发点和落脚点。坚持人民主体地位，必须保证人民在党的领导下，依照法律规定，通过各种途径和形式管理国家事务，管理经济和文化事业，管理社会事务。要把体现人民利益、反映人民愿望、维护人民权益、增进人民福祉落实到依法治国全过程，使法律及其实施充分体现人民意志。

---

[1] 习近平：《在庆祝全国人民代表大会成立六十周年大会上的讲话》，2014年9月5日。

坚持人民主体地位，必须贯彻落实到立法、执法、司法、守法的各个方面。在立法方面，要坚持民主立法，推进人大主导立法，充分发挥人民群众和人大代表在立法中的主体作用，克服立法工作中的部门化倾向和立法的地方保护主义。"各有关方面都要从党和国家工作大局出发看待立法工作，不要囿于自己那些所谓利益，更不要因此对立法工作形成干扰。要想明白，国家和人民整体利益再小也是大，部门、行业等局部利益再大也是小。……如果有关方面都在相关立法中掣肘，都抱着自己那些所谓利益不放，或者都想避重就轻、拈易怕难，不仅实践需要的法律不能及时制定和修改，就是弄出来了，也可能不那么科学适用，还可能造成相互推诿扯皮甚至'依法打架'。这个问题要引起我们高度重视。"① 立法是落实人民主体地位、保障人民民主的首要法治门户。"立法时脑子里要有农民、工人，要有十亿人民，要面向他们，为了他们。"② 立法如果忽略甚至背离了人民的利益诉求，淡忘甚至违背了人民的意志主张，就会从根本上削弱人民的主体地位，动摇全面依法治国正当性、合法性的民意基础。因此，必须高度重视和全面推进民主立法，必须恪守以民为本、立法为民理念，贯彻社会主义核心价值观，抓住提高立法质量这个关键，深入推进科学立法民主立法，使每一项立法都符合宪法精神、反映人民意志、得到人民拥护。

在执法方面，要推进依法行政，加快建设法治政府。"政府是执法主体，对执法领域存在的有法不依、执法不严、违法不究甚至以权压法、权钱交易、徇私枉法等突出问题，老百姓深恶痛绝，必须下大气力解决。"③ 法律的价值在于执行，否则就可能成为一纸空文。法律的执行是人民主体地位和主权意志的具体实现，而"人民群众依法治国首要的就是约束公权力，一个极为重要的约束对象当然就是体系最庞大、权力最广泛、官员最集中的各级政府。因此，依法行政就成为依法治国的重中之重"④。在我

---

① 习近平：《在十八届中央政治局第四次集体学习时的讲话》，2013年2月23日。
② 彭真：《论新中国的政法工作》，中央文献出版社，1992，第268页。
③ 习近平：《关于〈中共中央关于全面推进依法治国若干重大问题的决定〉的说明》，2014年10月20日。
④ 最高人民法院中国特色社会主义法治理论研究中心编《法治中国——学习习近平总书记关于法治的重要论述》，人民法院出版社，2014，第47页。

国，法律法规的 80% 以上是由国家行政机关执行实施的，而我国公务员中 80% 以上是国家行政机关的公务员。这"两个 80%"的法治国情，决定了依法行政是全面依法治国的关键，也是依法保证人民主体地位的关键。"执法是行政机关履行政府职能、管理经济社会事务的主要方式，各级政府必须依法全面履行职能，坚持法定职责必须为、法无授权不可为，健全依法决策机制，完善执法程序，严格执法责任，做到严格规范公正文明执法。"①

在司法方面，要坚持司法为民，"依法公正对待人民群众的诉求，努力让人民群众在每一个司法案件中都能感受到公平正义，决不能让不公正的审判伤害人民群众感情、损害人民群众权益"②。司法本质上是人民意志的裁断，是保障人民主体地位的重要法治防线。"坚持司法为民原则，是社会主义法治的本质要求，是法律适用的社会主义性质的重要特征。"③ 为此，必须深化司法体制改革，从根本上解决司法体制不完善、司法职权配置和权力运行机制不科学、人权司法保障制度不健全等深层次问题，努力实现公正司法。

在守法方面，要推进全民守法，深化法治宣传教育。毛泽东在 1957 年曾经指出："一定要守法，不要破坏革命的法制。法律是上层建筑。我们的法律，是劳动人民自己制定的。"④ 要使人民认识到法律既是保障自身权利的有力武器，也是必须遵守的行为规范，使法律为人民所掌握、所遵守、所运用，使全体人民都成为社会主义法治的忠实崇尚者、自觉遵守者、坚定捍卫者，使尊法、信法、守法、用法、护法成为全体人民的共同追求，在全社会形成宪法至上、守法光荣的良好氛围。⑤ 执政党明确要求各级领导干部尤其是"关键少数"，要做尊法学法守法用法护法的表率，做维护法治权威、恪守法治原则、严格依法办事的表率，做运用法治思维和法治方式推动发展、维护稳定、深化改革、保障人权的表率。

---

① 习近平：《在中共十八届四中全会第二次全体会议上的讲话》，2014 年 10 月 23 日。
② 习近平：《在首都各界纪念现行宪法公布施行 30 周年大会上的讲话》，2012 年 12 月 4 日。
③ 马克思主义理论研究和建设工程重点教材法理学编写组编《法理学》，人民出版社、高等教育出版社，2010，第 341 页。
④ 《毛泽东文集》第 7 卷，人民出版社，1999，第 197 页。
⑤ 习近平：《在十八届中央政治局第四次集体学习时的讲话》，2013 年 2 月 23 日。

三 宪法权威论

根据人民主权原则，政府的权力是来自人民且属于人民。在西方自然法学的契约论看来，天赋人权，契约自由，人民通过与政府签订宪法这个根本契约，把自己的权力（权利）让渡给政府和其他权力主体；如果政府滥用权力达到一定程度，人民就可以通过法定程序收回其让渡出去的部分或全部权力。我们不承认西方自然法学的契约论，但认同党和国家的权力特别是政府的权力是人民赋予的。2013年7月，习近平在四川考察工作时说："大家都要牢记，权力是人民赋予的，要为人民用好权，让权力在阳光下运行。"宪法是人民自由的"圣经"[1]，是人民掌握国家政权后，通过民主制宪程序把属于人民的主权权力授予（或者赋予）执政党、人大、政府、法院、检察院等权力主体的根本法律形式，法律法规就是人民授予（或者赋予）的具体法律形式。人民依宪依法授权的目的，是希望和要求这些权力主体能够用人民赋予的权力治国理政，全心全意为人民服务，有效保障人权和基本自由，依法治理权力和官员。这就是人民主权原则的宪制逻辑，是国家权力具有合宪性合法性的法治基础。

坚持人民主权原则和人民主体地位，必然要求体现人民意志、保障人民权利的宪法具有处于一切法律权威之上的最高权威，具有居于一切法定权力之上的最高地位，成为中国特色治国理政的总章程总规矩，成为一切社会活动的总规范总依据。宪法权威就是宪法得到全社会普遍认同、自觉遵守、有效维护的一种理念、文化与力量，表现为宪法至上，所有公权力、政党活动都要受宪法约束。[2] 新中国成立以来，宪法权威消长的历史经验值得总结。[3] 宪法是否具有至高无上的权威，关乎国家政权的根基，

---

[1] "法典就是人民自由的圣经。"《马克思恩格斯全集》第1卷，人民出版社，1995，第176页。
[2] 参见韩大元《维护宪法法律权威》，《北京日报》2014年10月27日。
[3] 1978年2月15日梁漱溟在全国政协五届一次会议上发言说："宪法在中国，常常是一纸空文，治理国家主要靠人治，而不是法治。……新中国成立三十年，有了自己的宪法，但宪法是否成了最高的权威，人人都得遵守呢？……中国由人治渐入了法治，现在是个转折点，今后要逐渐依靠宪法和法律的权威，以法治国，这是历史发展的趋势，中国前途的所在，是任何人所阻挡不了的。"参见汪东林《梁漱溟问答录》，湖北人民出版社，2004，第297页以下。

关乎党依宪执政的基础和能力，关乎国家核心价值观和社会信仰体系，关乎"四个全面"战略布局的根本。我国宪法以国家根本法的形式，确立了中国特色社会主义制度的发展成果，反映了我国各族人民的共同意志和根本利益，成为历史新时期党和国家的中心工作、基本原则、重大方针、重要政策在国家法制上的最高体现。宪法不仅明确规定了人民与国家、中央与地方、人大与"一府两院"等最重要的政治关系，而且明确规定了四项基本原则作为立国之本，规定了依法治国作为治国理政的基本方略，规定了民主集中制作为国家生活的基本原则，规定了国家的根本政治制度和基本政治制度，规定了公民的基本权利与基本义务，等等。"我国宪法以根本法的形式反映了党带领人民进行革命、建设、改革取得的成果，确立了在历史和人民选择中形成的中国共产党的领导地位。对这一点，要理直气壮讲、大张旗鼓讲。要向干部群众讲清楚我国社会主义法治的本质特征，做到正本清源、以正视听。"① 实践证明，宪法权威与国家前途、人民命运息息相关。党领导人民治国理政，必须维护宪法权威，保障宪法实施。宪法有无权威，实质上是人民、国家和执政党有无权威的根本问题；宪法权威能否至上，实质上是人民意志、国家权威和党的事业能否至上的根本问题。"宪法集中反映了党的路线和方针政策，体现了全国各族人民的利益和意志"②，因此，"维护宪法权威，就是维护党和人民共同意志的权威。捍卫宪法尊严，就是捍卫党和人民共同意志的尊严。保证宪法实施，就是保证人民根本利益的实现。只要我们切实尊重和有效实施宪法，人民当家作主就有保证，党和国家事业就能顺利发展。反之，如果宪法受到漠视、削弱甚至破坏，人民权利和自由就无法保证，党和国家事业就会遭受挫折"③。

宪法的生命在于实施，宪法的权威也在于实施。"好的宪法，贵在实施。否则，宪法如果得不到充分实施，那么，法典写得再美妙，亦属徒然。"④ 依法治国首先要依宪治国，依法执政关键是依宪执政。宪法是国家

---

① 习近平：《关于〈中共中央关于全面推进依法治国若干重大问题的决定〉的说明》，2014年10月20日。
② 马克思主义理论研究和建设工程重点教材宪法学编写组编《宪法学》，高等教育出版社、人民出版社，2011，第318页。
③ 习近平：《在首都各界纪念现行宪法公布施行30周年大会上的讲话》，2012年12月4日。
④ 许崇德：《中华人民共和国宪法史》，福建人民出版社，2005，第884页。

的根本法。法治权威能不能树立起来，首先要看宪法有没有权威，必须把宣传和树立宪法权威作为全面推进依法治国的重大事项抓紧抓好，切实在宪法实施和监督上下功夫。维护宪法权威，保证宪法实施，一要不断提高宪法意识，牢固树立宪法法律至上的理念，从内心深处信仰宪法，从思想上充分认同宪法是国家的根本法，是治国安邦的总章程，具有最高的法律地位、法律权威、法律效力，具有根本性、全局性、稳定性、长期性。二要坚持党的领导、人民当家作主、依法治国有机统一，坚持中国特色社会主义制度，贯彻中国特色社会主义法治理论，坚持党在宪法和法律范围内活动，推进依宪执政和依法执政。三要把权力关进宪法的笼子里，切实做到一切国家机关和武装力量、各政党和各社会团体、各企业事业组织，都必须以宪法为根本的活动准则，并且负有维护宪法尊严、保证宪法实施的职责。任何组织或者个人，都不得有超越宪法和法律的特权；一切违反宪法和法律的行为，都必须予以追究。四要完善全国人大及其常委会宪法监督制度，健全宪法解释程序机制；加强备案审查制度和能力建设，把所有规范性文件纳入备案审查范围，依法撤销和纠正违宪违法的规范性文件，禁止地方制发带有立法性质的文件。五要做到"重大改革于法有据，把发展改革决策同立法决策更好结合起来"。处理好改革与法治的关系，切实做到依宪依法改革，是维护宪法法律权威的关键。在我国法律体系已经形成、无法可依问题基本解决的历史条件下，必须严格按照宪法法律的规定进行改革，切实做到在整个改革过程中，都要高度重视运用法治思维和法治方式，发挥法治的引领和推动作用，加强对相关立法工作的协调，确保在法治轨道上推进改革。

四　良法善治论

良法善治是治国理政的重要追求，是全面依法治国的最佳境界。十八届三中全会提出全面深化改革的总目标，是完善和发展中国特色社会主义制度，推进国家治理体系和治理能力现代化；四中全会提出全面推进依法治国的总目标，是建设中国特色社会主义法治体系，建设社会主义法治国家，促进国家治理体系和治理能力现代化。国家治理现代化与全面推进依法治国之间有何关联性？笔者认为，前者主要是政治学的表达方式，后者主要是法学的基本概念，在治国理政的意义上，两者是殊途同归的，因为法律是治国之重器，法治是国家治理体系和治理能力的重要依托。站在中国特色治国理政的战略高度，把国家治理现代化与全面依法治国融合起来理解，把厉行法治与深化治理结合起来把握，两者融合统一的最佳治理形态就是"良法善治"。亚里士多德说："我们应该注意到邦国虽有良法，要是人民不能全都遵循，仍然不能实现法治。法治应该包含两重意义：已成立的法律获得普遍的服从，而大家所服从的法律又应该是本身制订得良好的法律。"① 用法政治学话语来表达，"良法"就是党领导人民管理国家、治理社会的一整套系统完备、科学规范、运行有效、成熟定型的制度体系，其中主要是宪法制度和法治体系；"善治"就是运用国家法律和制度体系管理国家、治理社会各方面事务的能力、过程和成效，其中主要是依宪依法治国理政。

全面推进依法治国和国家治理现代化，必须实现良法善治。良法是善治的前提。国家若善治，须先有良法；治国理政若要达成，须先有良法体系。在中国特色法律体系如期形成、我国已基本解决无法可依的法治条件下，"人民群众对立法的期盼，已经不是有没有，而是好不好、管用不管用、能不能解决实际问题；不是什么法都能治国，不是什么法都能治好国"②，而是要求以系统完备、科学规范、运行有效的"良法"治理国家和社会。创制良法就是国家制定和形成一整套系统完备科学有效的制度体系，尤其是完备的法律法规体系。全面依法治国所倡导的法治基本价值，是评价法"良"与否的重要尺度，是创制良法体系的价值追求和实现良法善治的伦理导向。我国"良法"对立法的要求和评判，主要包括以下内容：一是立法应当具有良善的符合人性人道的正当价值取向，符合公平、正义、自由、平等、民主、人权、秩序、安全等基本价值标准；二是立法应当是民意的汇集和表达，立法能否充分保障人民参与并表达自己的意见，能否体现人民的整体意志和维护人民的根本利益，是评价立法"良"与"恶"的一个重要标准；三是立法程序应当科学民主有序，有利于实现多数人的意志，有利于良法的生产；四是立法应当适应国情，符合经济社

---

① 〔古希腊〕亚里士多德：《政治学》，吴寿彭译，商务印书馆，1981，第199页。
② 习近平：《在十八届中央政治局第四次集体学习时的讲话》，2013年2月23日。

会关系发展的实际，具有针对性、可实施性和可操作性；五是立法应当具有整体协调性和内在统一性，不能自相矛盾。立法机关制定"良法"时，还应当坚持问题导向，提高立法的针对性、及时性、系统性、可操作性，发挥立法引领和推动作用，努力使每一项立法都符合宪法精神、反映人民意志、得到人民拥护。

善治是良法的有效贯彻实施，是国家治理能力现代化的集中体现。在我国，由于人民是国家的主人、社会的主体，因此善治首先是人民的统治，而绝不是极少数人的独裁专制。善治主要是制度之治、规则之治、宪法法律之治，而绝不是人治。实现政治学意义上的"善治"，应当符合合法性、法治、透明性、责任性、回应、有效、参与、稳定、廉洁、公正等十个要素的要求。实现法学意义上的"善治"，就是要把制定良好的宪法法律付诸实施，把表现为法律规范的各种制度执行运行好，公正合理高效及时地用于治国理政，通过法治卓有成效的运行，满足"良法"的价值追求。"法律的生命力在于实施，法律的权威也在于实施。'天下之事，不难于立法，而难于法之必行。'如果有了法律而不实施、束之高阁，或者实施不力、做表面文章，那制定再多法律也无济于事。全面推进依法治国的重点应该是保证法律严格实施，做到'法立，有犯而必施；令出，唯行而不返'。"①

实现中国特色的良法善治，必须超越以三权分立、多党制等为特征的西方民主政治模式，坚持党的领导、人民民主和依法治国的统一，坚持民主与效率、民主与法治的统一，走中国特色社会主义民主政治发展道路；超越"言必称西方"的西方法治中心主义，学习人类法治的精髓和要旨，走中国特色社会主义法治道路，建设中国特色社会主义法治体系和法治国家；超越主导法学话语体系的"西医法学"理论，汲取中华法律文化精华，借鉴世界法治文明成果，走"中西医法学"相结合并以中（中国法治国情）为本的法学发展之路，坚持和发展中国特色社会主义法治理论，构建中国特色社会主义法学理论体系、话语体系和教材体系；超越法治形式主义和法治工具主义，坚持形式法治与实质法治相统一，坚持法治价值与

---

① 习近平：《关于〈中共中央关于全面推进依法治国若干重大问题的决定〉的说明》，2014年10月20日。

法治实践相结合；超越法治万能主义，坚持依法治国与以德治国相结合，坚持依规治党与依法治国相结合，坚持法律规范与其他社会规范相结合；超越法治虚无主义，坚持"两个基本"治国理政，坚持宪法法律至上，坚持法治思维和法治方式，充分发挥法治在构建和实现国家治理现代化中的重要作用。

五 依法治权论

法治是安邦固本的基石。在中国特色治国理政的意义上，法治有两个核心功能：一是尊重保障人权，实现人民的主体地位和主体权利；二是授权控权，依法治权、依法治官。由于人民是国家的主人和依法治国的主体，法治是代表人民、为了人民、依靠人民、保护人民的根本方式，因此党领导人民实施的依法治国，绝不是要依法治民，而是要依法治权、依法治官，把权力关进制度的笼子里。"纵观人类政治文明史，权力是一把双刃剑，在法治轨道上行使可以造福人民，在法律之外行使则必然祸害国家和人民。"[1] 腐败现象千变万化，腐败行为林林总总，但归根结底是权力的腐败，因为权力不论大小，只要不受制约和监督，都可能被滥用。只要权力不受制约，必然产生腐败，绝对的权力产生绝对的腐败。权力的腐败是对法治的最大破坏，是对人权的最大侵害，是对执政党权威的最大损害，所以，依法治国必然要通过宪法法律和各种制度在依法授权的同时还要对权力进行制约，必然要依宪分权、依法治权。权力腐败的表现形式五花八门，权力腐败的原因不尽相同，但归根结底是权力滥用、权力寻租和权力异化，是掌握和行使公权力的各类主体的行为腐败，而这些主体基本上是政府官员和各种公职人员，所以，依法治国不仅要依法治权，而且要依法治官、从严治吏。"在一个法治的民主国家里，即便是那些担任公职的人也得受法律和司法的约束。"[2] 权力腐败是法治的天敌，权力失控是法治的无能，权力滥用是法治的失职。依法治国必须依法治权，依法治权必领依

---

[1] 习近平：《在省部级主要领导干部学习贯彻党的十八届四中全会精神全面推进依法治国专题研讨班上的讲话》，2015年2月2日。

[2] 〔德〕约瑟夫·夏辛、容敏德编《法治》，阿登纳基金会译，法律出版社，2005，第51页。

法治官,从法律和制度的根本上解决权力腐败、权力失控和权力滥用问题。

反腐必须治权,治权必靠法治。依法治国的"治",主要是指"管理"、"治理"、"规制"以及必要的"奖励"和"惩罚"、"整治",决不能把"治"直接等同于惩罚和整治。法治就是法律之治,是制度之治、程序之治、规则之治,其核心要义就是要依法设定权力、规范权力、制约权力、监督权力。邓小平曾经一针见血地指出:"我们过去发生的各种错误,固然与某些领导人的思想、作风有关,但是组织制度、工作制度方面的问题更重要。这些方面的制度好可以使坏人无法任意横行,制度不好可以使好人无法充分做好事,甚至会走向反面。……制度问题更带有根本性、全局性、稳定性和长期性。"① 所以还是要搞法治,搞法治靠得住些。习近平也强调,"要坚持用制度管权管事管人,抓紧形成不想腐、不能腐、不敢腐的有效机制,让人民监督权力,让权力在阳光下运行"②。

依法治国就是强调以制度规范权力,以民主监督权力,建立并完善以法律控制权力、以权力和权利制约权力的制度机制,最大限度地减少权力腐败的机会,最大限度地增加权力腐败的成本。"法治需要名目繁多的程序和控制方式,目的是明确政府行为的范围和方式。"③ 依法治国就是要通过依法治权、依法治官,破解绝对权力的神话,破解一把手监督难题,用法律和制度防止权力的滥用和腐败。"如果法治的堤坝被冲破了,权力的滥用就会像洪水一样成灾。各级党政组织、各级领导干部手中的权力是党和人民赋予的,是上下左右有界受控的,不是可以为所欲为、随心所欲的。"④ 任何时候都要把厉行法治作为规范制约权力的治本之策,把权力运行的规矩立起来、讲起来、守起来,真正做到谁把法律当儿戏,谁就必然要受到法律的惩罚。法治思维强调,应当通过制度和法律加强对权力运行的制约和监督,"最大限度减少权力出轨、权力寻租的机会",努力形成不敢腐的惩戒机制、不能腐的防范机制、不易腐的保障机制。而所有权力主

---

① 《邓小平文选》第 2 卷,人民出版社,1994,第 333 页。
② 习近平:《在庆祝全国人民代表大会成立 60 周年大会上的讲话》,2014 年 9 月 5 日。
③ 〔德〕约瑟夫·夏辛、容敏德编《法治》,阿登纳基金会译,法律出版社,2005,第 55 页。
④ 习近平:《在省部级主要领导干部学习贯彻党的十八届四中全会精神全面推进依法治国专题研讨班上的讲话》,2015 年 2 月 2 日。

体,尤其是各级领导干部必须牢记:"任何人都没有法律之外的绝对权力,任何人行使权力都必须为人民服务、对人民负责并自觉接受人民监督。"①

六 保障人权论

人权是"人依其自然属性和社会本质所享有和应当享有的权利"②。人权是人类的共同追求,充分享有人权是人类社会的共同奋斗目标,法治则是实现人权的根本保障。古罗马政治法律思想家西塞罗认为:"法律的制定是为了保障公民的福祉、国家的繁昌和人们的安宁而幸福的生活。"③ 在我国,人权不仅仅是一个政治话语和意识形态概念,更是一个宪法法律概念。我国宪法明确规定,国家尊重和保障人权。人权是人民主体地位和根本利益的宪法化、法律化表现形式,是人民幸福、人民利益、人民尊严的具体化、条文化和法治化。执政党和国家的一切事业,全面依法治国的事业,是为了人民、依靠人民、造福人民和保护人民的事业,必须以保障人民根本权益为出发点和落脚点。

把党全心全意为人民服务的政治承诺表达为法治话语,把党治国理政为了实现人民幸福和福祉的目标转化为法治话语,把人民主体地位和主体权利的诉求表述为法治话语,就是充分保障和实现人权。马克思指出:"人们奋斗所争取的一切,都同他们的利益有关。"④ 在现代法治社会,人权的宪法法律化程度越高,法治对人权实现保障得越彻底,司法对人权救济和保障得越充分,这个社会就越容易实现稳定和谐、公平正义、诚信有序。所以,尊重、保障和充分实现人权,必然是党领导人民治国理政、全面依法治国的重要内容。习近平在祝贺"2015·北京人权论坛"开幕的致信中强调指出:"中国共产党和中国政府始终尊重和保障人权。长期以来,中国坚持把人权的普遍性原则同中国实际相结合,不断推动经济社会发

---

① 习近平:《在十八届中央纪委二次全会上的讲话》,2013年1月22日。
② 王家福、刘海年主编《中国人权百科全书》,中国大百科全书出版社,1998,第481页。
③ 〔古罗马〕西塞罗:《论共和国·论法律》,王焕生译,中国政法大学出版社,1997,第219页。
④ 《马克思恩格斯全集》第1卷,人民出版社,1956,第82页。

展,增进人民福祉,促进社会公平正义,加强人权法治保障,努力促进经济、社会、文化权利和公民、政治权利全面协调发展,显著提高了人民生存权、发展权的保障水平,走出了一条适合中国国情的人权发展道路。"①尊重保障人权与实现中国梦是密切相关、紧密相连的。中国梦归根结底是人民的梦,中国人民实现中华民族伟大复兴中国梦的过程,本质上就是实现社会公平正义和不断推动人权事业发展的进程。实现中国梦,最根本的就是要实现国家富强、人民幸福和中华民族伟大复兴。

对于人民中的每一个成员来说,人民幸福最根本的体现,就是每一个人民群众的每一项权利和基本自由都得到切实尊重和有效保障。只有保证公民在法律面前一律平等,尊重和保障人权,保证人民依法享有广泛的权利和自由,宪法法律才能深入人心,走入人民群众,宪法法律实施才能真正成为全体人民的自觉行动。正因为保障和实现人权已经成为中华人民共和国的立国之本、中国共产党的执政之基、全国人民的主体之魂,因此要依法保障全体公民享有广泛的权利,保障公民的人身权、财产权、基本政治权利等各项权利不受侵犯,保证公民的经济、文化、社会等各方面权利得到落实,努力维护最广大人民根本利益,保障人民群众对美好生活的向往和追求。正因为保障和实现人权与执政党的宗旨和国家职能直接相关,与全面建成小康社会、全面深化改革和全面依法治国的战略部署内在相溶,因此党的十八大把"人权得到切实尊重和保障"明确规定为全面建成小康社会的目标之一,三中全会提出要"完善人权司法保障制度",四中全会提出要"加强人权司法保障",五中全会强调要使"人权得到切实保障,产权得到有效保护",公权得到有效规范。这些关于保障人权的重要理念、政策和改革举措,使人民民主的一般政治原则得以具体化和法治化,使执政党关于"权为民所用、利为民所谋、情为民所系"的政治理念得以法律化和权利化,使人民关于平安幸福、自由平等的抽象概念得以具体操作和贯彻落实,从而具体落实了人民主体地位,夯实了党治国理政的民意基础,强化了党领导执政的权威性,体现了全面依法治国的人民性。

---

① 习近平:《实现中国梦是实现公平正义和推动人权发展》,《人民日报》2015年9月25日。

七 公平正义论

公平正义是人民的期盼，是法治的灵魂。应当以维护公平正义、增进人民福祉作为依法治国的根本出发点和落脚点。"公正是法治的生命线。公平正义是我们党追求的一个非常崇高的价值，全心全意为人民服务的宗旨决定了我们必须追求公平正义，保护人民权益、伸张正义。全面依法治国，必须紧紧围绕保障和促进社会公平正义来进行。"[①] 公平正义是社会主义的本质要求，是社会主义核心价值观的重要内容，是执政党、国家和人民的共同追求。新中国成立以来，党领导人民治国理政，经过努力先后解决了使中国人民"站起来"和"富起来"的问题，当下迫切需要解决的根本问题是如何"分配好蛋糕"，努力使中国社会更加"公平正义起来"。用马克思主义经典作家的观点来解读，社会主义社会要实现前人的全面彻底解放，包括政治解放、经济解放和社会解放。1949年人民夺取全国政权，翻身做主人"站起来了"，解决了"人的政治解放"问题；1978年人民通过改革开放"富起来了"，解决了"人的经济解放"问题；现在和未来要实现"使社会公平正义起来"，解决"人的社会解放"问题。只有完成这"三大解放"，才能真正实现人的彻底解放，实现人的自由而全面发展。由此可见，实现公平正义是我国从社会主义初级阶段迈向高级阶段的必然要求，是党治国理政的根本使命，是中国特色法治的基本职责。

公平正义有时也简称为正义，它是人类社会恒久存在的价值哲学问题之一，也是人类社会生活中最有争议和歧见的问题之一。正如奥地利著名规范分析法学家凯尔逊所言："自古以来，什么是正义这一问题是永远存在的。为了正义的问题，不知有多少人流下了宝贵的鲜血与痛苦的眼泪，不知有多少杰出的思想家，从柏拉图到康德，绞尽了脑汁；可是现在和过去一样，问题依然未获解决。"[②] 美国法学家博登海默说："正义有着一张

[①] 习近平：《在省部级主要领导干部学习贯彻党的十八届四中全会精神全面推进依法治国专题研讨班上的讲话》，2015年2月2日。

[②] 〔奥地利〕凯尔逊：《什么是正义》，转引自张文显《二十世纪西方法哲学思潮研究》，法律出版社，1996，第575页。

普洛透斯似的脸,变幻无常、随时可呈不同形状并具有极不相同的面貌。当我们仔细查看这张脸并试图解开隐藏其表面背后的秘密时,我们往往会深感迷惑。"① 公平正义是一个见仁见智的道德概念,在现实生活中往往缺乏统一的内涵共识和可操作实施的具体标准。鉴于价值哲学上的公平正义主要是一种道德判断和伦理追求,具有极大的主观性、随意性和不确定性;鉴于当下中国多元社会中人们对社会公平正义的理解和诉求的多样性、复杂性和易变性;鉴于当代中国市场经济刺激并鼓励人们合法追求经济利益和其他利益的最大化,由此带来价值多元和利益多样的种种冲突;鉴于深化改革和社会转型必然引发各种社会矛盾和社会冲突多发、高发和频发,而矛盾和冲突的各方都高擎"社会公平正义"的旗帜试图占领道德的制高点,以证明和支持自己"维权"行为的正当性;鉴于政府、社会和公民对于社会公平正义的理解,由于他们各自角色和角度的不同,往往相去甚远,甚至大相径庭;鉴于中国社会缺乏对"公平正义"的基本共识和评判标准的现状,应更加重视通过法律和法治来实现公平正义。②

在中国古人看来,法律者,"尺寸也,绳墨也,规矩也,衡石也,斗斛也,角量也"③,而"用法律的准绳去衡量、规范、引导社会生活,这就是法治"④。在当代中国,"要实现经济发展、政治清明、文化昌盛、社会公正、生态良好,都需要秉持法律这个准绳、用好法治这个方式"⑤。因此,中国特色的治国理政,应当更加注重通过法治思维和法治方式界定和实现社会公平正义。一要充分发挥法治的评判规范功能,重构我国社会公平正义的基本评判体系。法律体现为国家意志的普遍行为规范,是社会利益和社会资源的分配器,应当更加重视发挥法治的社会价值评判向导和社会行为圭臬的基本功能,把公众对于公平正义的利益诉求纳入法治轨道,应当"坚持在法治轨道上统筹社会力量、平衡社会利益、调节社会关系、

---

① 〔美〕E.博登海默:《法理学:法律哲学与法律方法》,邓正来译,中国政法大学出版社,1999,第252页。
② 参见李林《通过法治实现公平正义》,《北京联合大学学报》2014年第3期。
③ (唐)房玄龄注、(明)刘绩补注《管子》,刘晓艺校点,上海古籍出版社,2015,第29页。
④ 习近平:《在中共十八届四中全会第二次全体会议上的讲话》,2014年10月23日。
⑤ 习近平:《在中共十八届四中全会第一次全体会议上关于中央政治局工作的报告》,2014年10月20日。

规范社会行为，依靠法治解决各种社会矛盾和问题"①。二要通过民主科学立法，将事关人民群众公平正义的利益需求，尽可能纳入法律调整范围，转化为法律意义上的公平正义，使其具有明确性、规范性、统一性和可操作性。三要通过公平公正的实体法，合理规定公民的权利与义务、合理分配各种资源和利益、科学配置各类权力与责任，实现实体内容上的分配正义；通过民主科学有效的程序法，制定能够充分反映民意并为大多数人接受的程序规则，从程序法上来配置资源、平衡利益、协调矛盾、缓解冲突，实现程序规则上的公平正义。四要通过严格执法和公正司法，保障公众的合法权益。公正司法是维护法律正义的最后一道防线。所谓公正司法，就是受到侵害的权利一定会得到保护和救济，违法犯罪活动一定要受到制裁和惩罚。五是政法机关要把维护社会稳定作为基本任务，把促进社会公平正义作为核心价值追求，把保障人民安居乐业作为根本目标，坚持严格执法公正司法。"促进社会公平正义是政法工作的核心价值追求。从一定意义上说，公平正义是政法工作的生命线，司法机关是维护社会公平正义的最后一道防线。政法战线要肩扛公正天平、手持正义之剑，以实际行动维护社会公平正义，让人民群众切实感受到公平正义就在身边。"② 政法机关要重点解决好损害群众权益的突出问题，决不允许对群众的报警求助置之不理，决不允许让普通群众打不起官司，决不允许滥用权力侵犯群众合法权益，决不允许执法犯法造成冤假错案。六要营造良好法治环境，"努力推动形成办事依法、遇事找法、解决问题用法、化解矛盾靠法的良好法治环境"，"形成人们不愿违法、不能违法、不敢违法的法治环境"。③ 公众在发生矛盾纠纷等利益冲突问题时，应通过法治方式理性维权，依法维护和实现自己表现为法定权利或权益的公平正义。

八 法治系统论

改革开放前30年，我国法治建设的重点是立法，目标是形成中国特色

---

① 习近平：《在中共十八届四中全会第二次全体会议上的讲话》，2014年10月23日。
② 习近平：《在中央政法工作会议上的讲话》，2014年1月7日。
③ 习近平：《在十八届中央政治局第四次集体学习时的讲话》，2013年2月23日。

社会主义法律体系。进入 21 世纪，尤其是党的十八大以来，我国法治建设开始从形成法律体系向建设法治体系转变，法治工作重点从加强立法向注重宪法法律实施转变，法治发展战略从法治各环节领域相对分别运行到全面系统推进依法治国转变。

与以往的认知和做法相比，当下法治建设路径依赖和基本定性的一大特点，是执政党明确提出"全面推进依法治国是一个系统工程，是国家治理领域一场广泛而深刻的革命"[①]。依法治国要"全面"推进，就是要在指导思想上把依法治国作为一个庞大的社会系统工程，统筹考虑法治建设的各个环节、各种要素、各个领域、各个层级和各个方面，使依法治国基本方略能够得到全面有效协调推进；要在方式方法上把系统科学和系统工程的思想、原理、方法和技术运用于依法治国和法治建设的顶层设计，进一步明确依法治国目标，选择最佳法治路线，优化法治体系结构，完善法律体系内容，整合依法治国资源，协调依法治国力量，化解法治发展障碍，提升法制改革效能；要在依法治国的实践进程中，把法治精神、法治价值、法治意识、法治理念、法治文化统和起来，把依宪治国、依法治国、依法执政、依法行政、依法治军、依法办事统一起来，把有法可依、有法必依、执法必严、违法必究统一起来，把科学立法、严格执法、公正司法、全民守法和有效护法统一起来，把法学研究、法学教育、法治宣传与法治实践紧密结合起来，科学系统整合法治的各个要素，全面畅通法治的各个环节，综合发挥法治的各种功能，形成法治建设的合理格局，切实使依法治国基本方略得以全面展开、协调推进和具体落实。

在习近平关于全面依法治国的理论架构中，建设和实施中国特色社会主义法治系统工程，包括以下主要理念和要求。

其一，不断完善中国特色社会主义法律体系。2010 年，我国法律体系如期形成后，立法工作必须坚持以宪法为最高法律规范，继续完善中国特色社会主义法律体系，把国家各项事业和各项工作纳入法治轨道，实现国家和社会生活的制度化、法治化。党的十八届五中全会对进一步完善我国法律体系提出了新要求：加快重点领域立法，坚持立、改、废、释和授权并举，深入推进科学立法、民主立法，加快形成完备的法律规范体系。当

---

① 习近平：《在中共十八届四中全会第二次全体会议上的讲话》，2014 年 10 月 23 日。

前，在一些旧法律法规亟待修改完善，而诸多新法律法规没有出台的"法律过渡期"、"规范空白期"，全面深化改革又必须坚持"重大改革要于法有据"，立法机关应当进一步解放思想，创新立法方式，加快立法速度，尽快扫清各项改革措施在地方、部门、行业和基层贯彻落实中遇到的法律和政策障碍。

其二，加快建设中国特色社会主义法治体系。"法治体系是国家治理体系的骨干工程。落实全会部署，必须加快形成完备的法律规范体系、高效的法治实施体系、严密的法治监督体系、有力的法治保障体系，形成完善的党内法规体系。"① 把党内法规体系纳入中国特色社会主义法治体系，成为治国理政法治体系的重要组成部分，是中国共产党的首创，也是坚持党对法治建设领导的理论与制度创新。"全面推进依法治国涉及很多方面，在实际工作中必须有一个总揽全局、牵引各方的总抓手，这个总抓手就是建设中国特色社会主义法治体系。依法治国各项工作都要围绕这个总抓手来谋划、来推进。"② 建设法治体系，有利于在法治轨道上推进国家治理体系和治理能力现代化，有利于在全面深化改革总体框架内全面推进依法治国各项工作，有利于在法治轨道上不断深化改革。

其三，准确把握全面推进依法治国工作布局，坚持"三个共同推进"，坚持"三个一体建设"，不断开创依法治国新局面。习近平在关于十八届四中全会决定的说明中指出："建设法治中国，必须坚持依法治国、依法执政、依法行政共同推进，坚持法治国家、法治政府、法治社会一体建设。全面贯彻落实这些部署和要求，关系加快建设社会主义法治国家，关系落实全面深化改革顶层设计，关系中国特色社会主义事业长远发展。"由此可见，"三个共同推进"和"三个一体建设"，是全面依法治国不断深化、日益拓展的必然要求，又是"全面推进依法治国是一个系统工程"思想的重要体现和贯彻落实。坚持"三个共同推进"和"三个一体建设"，要求高度重视加强依法治国和法制改革的顶层设计、系统设计、战略设计和统筹安排，而不能"头痛医头、脚痛医脚"；要求依法治国和法制改革

---

① 习近平：《加快建设社会主义法治国家》，《求是》2015 年第 1 期。
② 习近平：《在中共十八届四中全会第二次全体会议上的讲话》，2014 年 10 月 23 日。

必须集中统一领导进行，而不能各自为政、各行其是；要求依法治国必须处理好过程与目标的对应关系。

其四，准确把握全面推进依法治国的工作格局和工作重点，着力推进科学立法、严格执法、公正司法、全民守法。其中，科学立法是全面推进依法治国的前提条件，严格执法是全面推进依法治国的关键环节，公正司法是全面推进依法治国的重要任务，全民守法是全面推进依法治国的基础工程，四者前后衔接、环环相扣、相互依存、彼此支撑，共同推进依法治国基本方略的全面落实。

其五，坚持依宪执政和依法执政，切实做到党领导立法、保证执法、支持司法、带头守法。应当在宪法框架下，统筹党领导立法与人大民主科举立法，统筹党保证执法与政府严格执法，统筹党支持司法与法院检察院独立公正司法，统筹党带头守法与人民群众自觉守法，充分发挥执政党在法治建设中的领导和带头作用。

其六，实施全面推进依法治国的法治系统工程，还应当高度重视并着力处理好法治与德治。法治与改革、法治中国建设与平安中国建设、依法治国与依规治党、国内法治与国际法治、制定法律与实施法律、维稳与维权等重要关系，统筹自由平等、民主人权、公平正义、安全秩序、尊严幸福等基本价值，统筹中央与地方、地方与地方、政府与社会、国家与个人、稳定与发展、公平与效率、民主与集中等重要关系，积极稳妥、循序渐进、全面协调地推进依法治国。

九　党法关系论

全面依法治国，必须正确认识和深刻把握党与法的关系。"党和法治的关系是法治建设的核心问题"，"处理得好，则法治兴、党兴、国家兴；处理得不好，则法治衰、党衰、国家衰"。① 在党法关系上，习近平提出了如下一些重要理念和新观点。

---

① 中共中央文献研究室编《习近平关于全面依法治国论述摘编》，中央文献出版社，2015，第33页。

第一,坚持三者有机统一最根本的是坚持党的领导。这是当代中国法治建设的最大特色和根本要求。邓小平十分深刻地指出:"在中国这样的大国,要把几亿人口的思想和力量统一起来建设社会主义,没有一个由具有高度觉悟性、纪律性和自我牺牲精神的党员组成的能够真正代表和团结人民群众的党,没有这样一个党的统一领导,是不可能设想的,那就只会四分五裂,一事无成。"① 坚持党的领导,就是要支持人民当家作主,实施好依法治国基本方略。② 党的领导与社会主义法治是一致的,只有坚持党的领导,人民当家作主才能充分实现,国家和社会生活制度化、法治化才能有序推进。任何情况下都不能把坚持党的领导同人民当家作主、依法治国对立起来,更不能用人民当家作主、依法治国来动摇和否定党的领导。那样做在思想上是错误的,在政治上是十分危险的。

第二,坚持党的领导,是社会主义法治的根本要求,是党和国家的根本所在、命脉所在,是全国各族人民的利益所系、幸福所系,是全面推进依法治国的题中应有之义。党的领导是中国特色社会主义最本质的特征,是社会主义法治最根本的保证。坚持中国特色社会主义法治道路,最根本的是坚持中国共产党的领导。"党的领导是中国特色社会主义法治之魂,是我们的法治同西方资本主义国家的法治最大的区别。离开了中国共产党的领导,中国特色社会主义法治体系、社会主义法治国家就建不起来。我们全面推进依法治国,绝不是要虚化、弱化甚至动摇、否定党的领导,而是为了进一步巩固党的执政地位、改善党的执政方式、提高党的执政能力,保证党和国家长治久安。"③

第三,党和法的关系是政治和法治关系的集中反映。法治当中有政治,没有脱离政治的法治。列宁曾说:"法律是一种政治措施,是一种政策。"④ 习近平指出,"每一种法治形态背后都有一套政治理论,每一种法治模式当中都有一种政治逻辑,每一条法治道路底下都有一种政治立

---

① 《邓小平文选》第2卷,人民出版社,1994,第341页以下。
② 习近平:《在中央政法工作会议上的讲话》,2014年1月7日。
③ 习近平:《在省部级主要领导干部学习贯彻党的十八届四中全会精神全面推进依法治国专题研讨班上的讲话》,2015年2月2日。
④ 《列宁全集》第28卷,人民出版社,1990,第140页。

场"。① 具体到审判工作，就如谢觉哉所说："'审'是把案件的事实审查清楚，'判'是在搞清事实的基础上，做出裁判。'审'是客观事实，是什么就是什么，不是凭审判员的脑子想怎样就怎样。'判'是根据党的方针、政策，在一定的法律范围内考虑量刑幅度……客观事实是判的对象，搞清事实是第一步工作；在搞清事实的基础上，依靠党的政策和法律来判是第二步。"②

第四，党的领导和社会主义法治是一致的，是高度统一的，而"党大还是法大"是一个政治陷阱，是一个伪命题。"因为不论我们怎么回答'党大还是法大'的问题，都会陷入两难困境。我们回答说'党大'，人家就会攻击说你们主张'把党凌驾于法之上、以党代法、以党治国'；我们如果回答说'法大'，人家又会说既然如此，那还要党的领导干什么？"20世纪80年代，彭真在谈到党法关系时就说过，"在法律面前不承认任何人有任何特权。服从法律，就是服从党中央的领导和国家最高权力机关的决定，也就是服从全国人民"③，"党的领导与依法办事是一致的、统一的。党领导人民制定宪法和法律，党也领导人民遵守、执行宪法和法律。党章明确规定，党的组织和党员要在宪法和法律的范围内活动。这句话是经过痛苦的十年内乱，才写出来的"④。从理论逻辑上说，"党大还是法大"的确是一个伪命题，但从人民群众观察和感受到的还存在种种弊端和不足的法治状况角度看，从人民群众热切期待实现良法善治的角度看，"党大还是法大"以及"党与法"关系的问题，又不仅仅是一个理论认识问题，更是一个实践问题。换言之，如果我们不能在法治建设实践中切实解决一些地方和部门、某些领导干部中依然存在的权大于法、以权压法、以言废法、有法不依、执法不严、违法不究、司法不公、贪赃枉法等问题，不能有效解决关乎人民群众切身利益的执法司法问题，那么，这些地方、部门和个人违反法治的言行就会被归责于国家政治体制、党的领导和社会主义

---

① 习近平：《在省部级主要领导干部学习贯彻党的十八届四中全会精神全面推进依法治国专题研讨班上的讲话》，2015年2月2日。
② 谢觉哉：《论审判》，载王定国等编《谢觉哉论民主与法制》，法律出版社，1996，第222—223页。
③ 彭真：《论新中国的政法工作》，中央文献出版社，1992，第178页。
④ 彭真：《论新时期的社会主义民主与法制建设》，中央文献出版社，1989，第220页、第221页。

法治,"党大还是法大"的问题就很难从现实生活中淡出。因此,在从理论上回答了"党大还是法大"问题的前提下,还要在制度和实践中下大气力解决好依法治权、依法治官、切实把权力关进法律和制度笼子里等重大法治问题。

第五,坚持党与法的统一性,绝不是要实行"党法不分"、"以党代法"、"以党代政"。邓小平早在1941年就指出,必须"保证党对政权的领导",但是,"党的领导责任是放在政治原则上,而不是包办,不是遇事干涉,不是党权高于一切"。有些同志"误解了党的领导,把党的领导解释为'党权高于一切',遇事干涉政府工作,随便改变上级政府法令;不经过行政手续,随便调动在政权中工作的干部;有些地方没有党的通知,政府法令行不通,……甚有把'党权高于一切'发展成为'党员高于一切'者,党员可以为非作歹,党员犯法可以宽恕","结果群众认为政府是不中用的,一切要决定于共产党。……政府一切错误都是共产党的错误,政府没有威信,党也脱离了群众。这实在是最大的蠢笨"。① "以党代法"、"以党代政",实质上是形而上学地对待党的领导,实际上既不利于强化国家法治和人民民主,也不利于强化党的领导,是对坚持党法统一性原则的完全背离。

第六,党的政策和国家法律在本质上是一致的,应当坚持党的事业、人民利益、宪法法律至上。② 在我国,党的政策是国家法律的先导和指引,是立法的依据和执法司法的重要指导。党的政策成为国家法律后,实施法律就是贯彻党的意志,依法办事就是执行党的政策。

第七,加强和改进党对法治工作的领导,把党的领导贯彻到全面推进依法治国全过程,把坚持党的领导落实在党领导立法、保证执法、支持司法、带头守法上。党既要坚持依法治国、依法执政,自觉在宪法法律范围内活动,又要发挥好党组织和党员干部在依法治国中的政治核心作用和先锋模范作用。

总之,"依法治国是我们党提出来的,把依法治国上升为党领导人民

---

① 《邓小平文选》第1卷,人民出版社,1994,第21、12、11页。
② "我们党的政策和国家法律都是人民根本意志的反映,在本质上是一致的。党既领导人民制定宪法法律,也领导人民执行宪法法律。"习近平:《在中央政法工作会议上的讲话》,2014年1月7日。

治理国家的基本方略也是我们党提出来的,而且党一直带领人民在实践中推进依法治国。全面推进依法治国,要有利于加强和改善党的领导,有利于巩固党的执政地位、完成党的执政使命,决不是要削弱党的领导"①。在理论上和实践上处理好党与法的辩证关系,并且在加强党的领导与全面依法治国的历史进程中予以充分实现,是党长期执政与国家长治久安的根本保证。

---

① 习近平:《加快建设社会主义法治国家》,《求是》2015年第1期。

当代中国政法体制的形成及意义[*]

侯 猛[**]

摘 要：政法体制是党领导依法治国的制度和工作机制的重要组成部分，也是建设中国特色社会主义法治国家，实现国家治理体系和治理能力现代化的重要基石。当代中国的政法体制是在历史的演进中逐渐形成的，它主要包括两个方面：在条块关系中，以块块管理为主的同级党委领导体制；在央地关系中，党内分级归口管理和中央集中统一领导体制。研究中国的政法体制，仅用具有普适意义的现代西方概念来理解还不够，还需要运用本土概念深描中国的法律经验事实。这样才有可能反思和建构"关于中国"的社会主义法治理论。

关键词：政法体制 社会主义法治 条块关系 央地关系 民主集中制

一 问题与进路

2014年10月23日，中共十八届四中全会通过了《中共中央关于全面推进依法治国若干重大问题的决定》（以下简称《法治决定》）。《法治决定》深刻阐明了党的领导和依法治国的关系等法治建设的重大理论和实践问题，对社会主义法治国家建设作出了顶层设计。习近平指出："党和法

---

[*] 本文原载于《法学研究》2016年第6期，收入本书时有改动。
[**] 侯猛，原文发表时为北京大学法学院副教授，现为中国人民大学法学院教授。

治的关系是法治建设的核心问题"①,"坚持党的领导,是社会主义法治的根本要求,是全面推进依法治国题中应有之义。要把党的领导贯彻到依法治国全过程和各方面,坚持党的领导、人民当家作主、依法治国有机统一"②。

具体来说,党领导依法治国的制度和工作机制,就是"通过国家政权机关实施党对国家和社会的领导,支持国家权力机关、行政机关、审判机关、检察机关依照宪法和法律独立负责、协调一致地开展工作"③。其中非常重要的组成部分,就是政法体制。习近平特别强调:"在坚持党对政法工作的领导这样的大是大非面前,一定要保持政治清醒和政治自觉,任何时候任何情况下都不能有丝毫动摇。我们既要坚持党对政法工作的领导不动摇,又要加强和改善党对政法工作的领导,不断提高党领导政法工作能力和水平。"④

那么,什么是政法?中国法学界对这一概念,特别是概念所指向的经验事实比较陌生。多年来,我们比较重视现代西方国家法治理论的引介和研究,但对于中国社会主义法治实践的经验研究,并没有很好地开展。而且,在现代西方的学术话语体系中,也常常找不到对应概念能够准确表达中国社会主义法治实践。在这样的背景下,可以尝试挖掘使用本土概念来表达中国社会主义法治实践,进而提炼中国社会主义法治理论。

"政法",就是这样一个本土概念。它在英文中常被翻译成 Law and Politics,但这没能准确反映出"政法"一词所要表达的准确内涵。按照马克思列宁主义的观点,"政法"强调的是体现国家意志的法律要为政治服务,法律是阶级斗争的工具。⑤ 我国的正式表述为:"政法部门是国家机器的重要组成部分,是人民民主专政的重要工具。军队是党和人民手中的

---

① 习近平:《关于〈中共中央关于全面推进依法治国若干重大问题的决定〉的说明》,载《中国共产党第十八届中央委员会第四次全体会议文件汇编》,人民出版社,2014,第78页以下。
② 习近平:《加快建设社会主义法治国家》,《求是》2015年第1期。
③ 习近平:《在首都各界纪念现行宪法公布施行三十周年大会上的讲话》,载中共中央文献研究室编《十八大以来重要文献选编》上册,中央文献出版社,2014,第91—92页。
④ 习近平:《在中央政法工作会议上的讲话》,载中共中央文献研究室编《习近平关于全面依法治国论述摘编》,中央文献出版社,2015,第20页。
⑤ 这些观点主要体现在马克思的《共产党宣言》《法兰西内战》,恩格斯的《家庭、私有制和国家的起源》,列宁的《国家与革命》等经典文献中。

'枪杆子'，政法部门是党和人民手中的'刀把子'"。① 在当代中国，尽管已经不再强调以阶级斗争为纲，但政法部门的重要任务仍是维护社会稳定。政法部门主要包括公安机关、检察院、法院、司法行政机关、国家安全机关和武装警察部队，在历史上，还包括新中国成立初期负责立法事务的政务院法制委员会、民族事务委员会和内务部（民政部）。就具体业务来说，其他各部门涉及综合治理、信访的事务也属于政法工作的范围。在最广的意义上，党的纪律检查委员会（以下简称"纪检委"）的部分职能也具有政法性质。② 20 世纪 90 年代以后，纪检委与检察院还就反贪案件建立了一套包括"双规"在内的办案对接机制。③

"体制"也是一个本土概念。"体制"在英文中常被翻译成 System，但这很难准确表达出"体制"所指向的中国经验。这里的"体制"概念，不仅指代国家政权的组织运作体系，还指代中国共产党的组织运作体系。中国体制是党的领导体制逐渐嵌入国家政权体制的形态，这是一种单向度的二元体制。④ 政法体制作为单向度二元体制的重要组成部分，其本质特征就是党的领导。坚持党的领导，不是一句空洞的口号："一方面，要坚持党总揽全局、协调各方的领导核心作用，统筹依法治国各领域工作，确保党的主张贯彻到依法治国全过程和各方面。另一方面，要改善党对依法治国的领导，不断提高党领导依法治国的能力和水平。"⑤ 但是，法学界对于党如何领导政法的经验研究，目前还并不多见。已有的少数研究也主要是围绕政法委员会、党与司法、群众路线等专门议题展开⑥，而缺乏对当代

---

① 《中共中央关于维护社会稳定加强政法工作的通知》（1990 年 4 月 2 日）。
② 政法与纪检的紧密关系，也体现在人事安排上。例如，董必武在担任最高人民法院院长时，曾兼任中央监察委员会（即中央纪律检查委员会的前身）书记，乔石在担任中央政法委书记时也曾兼任中央纪律检查委员会书记。
③ 参见刘忠《读解双规：侦查技术视域内的反贪非正式程序》，《中外法学》2014 年第 1 期。
④ 国外的研究中常用英文 Party-State 形容这一体制。参见 Ling Li, "'Rule of Law' in a Party-State: A Conceptual Interpretive Framework of the Constitutional Reality of China", 2 (1) *Asian Journal of Law and Society* 93 – 113（2015）。
⑤ 习近平：《加快建设社会主义法治国家》，《求是》2015 年第 1 期。
⑥ 参见苏力《中国司法中的政党》，《法律和社会科学》第 1 卷，法律出版社，2006；刘忠《"党管政法"思想的组织史生成》，《法学家》2013 年第 2 期；侯猛《"党与政法"关系的展开——以政法委员会为研究中心》，《法学家》2013 年第 2 期；陈柏峰《群众路线三十年（1978—2008）——以乡村治安工作为中心》，《北大法律评论》第 11 卷第 1 辑，北京大学出版社，2010。

中国的政法体制进行整体分析。

当代中国的政法体制，是建设中国特色社会主义法治国家的重要基石，而建设社会主义法治国家是实现国家治理体系和治理能力现代化的必然要求，"也是全面深化改革的必然要求，有利于在法治轨道上推进国家治理体系和治理能力现代化，有利于在全面深化改革总体框架内全面推进依法治国各项工作，有利于在法治轨道上不断深化改革"①。因此，从国家治理的现实紧迫性出发，也有必要对当代中国的政法体制进行整体分析，特别是分析这一体制如何形成、如何组织、如何运作的过程。

从静态结构上来观察，政法体制可以围绕三个机构设置来讨论：各级政法机关设立的党组；负责联系与指导各政法机关的党委政法委员会；负责牵头管理政法干部的党委组织部。本文更关心政法体制的动态形成过程，即它们是如何一步一步组织起来并展开运作的。正如钱穆教授所言，"某一制度之创立，决不是凭空忽然地创立，它必有渊源，早在此项制度创立之先，已有此项制度之前身，渐渐地在创立"，"某一项制度之逐渐创始而臻于成熟，在当时必有种种人事需要，逐渐在酝酿，又必有种种用意，来创设此制度"②。本文也将初步揭示，当代中国政法体制的基本格局，是中国共产党在新中国成立初期基于特定时期的历史任务所奠定的，并且随着制度变迁逐渐形成的。

本文所用文献材料主要包括：中央档案馆和中央文献研究室首次大规模出版的中共中央重要文件4569件，共计50册③，时间从1949年10月到1966年5月；散见的1966年至今的相关重要文件；党和国家领导人，特别是政法工作负责人的年谱、传记。④ 文章第二部分讨论在"条条"与"块块"关系（以下简称"条块关系"）中，以块块管理为主的同级党委领导体制是如何形成的；第三部分讨论在中央与地方关系（以下简称"央

---

① 习近平：《关于〈中共中央关于全面推进依法治国若干重大问题的决定〉的说明》，载《中国共产党第十八届中央委员会第四次全体会议文件汇编》，人民出版社，2014，第81页。
② 钱穆：《历代政治得失》，三联书店，2001，第5页。
③ 中央档案馆、中共中央文献研究室编《中共中央文件选集（1949年10月—1966年5月）》，人民出版社，2013。本文所引用的这一时期的中央文件，如果没有特别说明，均出于此。
④ 主要包括《毛泽东年谱（1949—1976）》、《刘少奇传》、《建国以来刘少奇文稿》（第1—5册）、《彭真传》（第1—4卷）、《彭真年谱》（第1—5卷）、《董必武年谱》、《罗瑞卿传》。

地关系")中，分级归口管理和中央集中统一领导的体制是如何形成的；第四部分讨论政法体制形成的启示意义。

二 条块关系下的同级党委领导制

1949年10月以前，中国共产党只建立过地方性的政权体制。新中国成立以后，中国共产党首要解决的问题就是，如何建立并进入全国性的国家政权体制，有效实现对国家各政法机关的领导。[①] 这是党与国家关系的一个根本问题，具体来说，它又涉及央地关系和条块关系。

"条条"与"块块"是中国的本土概念，最早是由毛泽东提出来的。1956年2月14日，毛泽东在听薄一波汇报国务院第三办公室工作时说："我去年出去了几趟，跟地方同志谈话，他们流露不满，总觉得中央束缚了他们。地方同中央有矛盾，若干事情不放手让他们管。他们是块块，你们是条条，你们无数条条往下达，而且规格不一，也不通知他们；他们的若干要求，你们也不批准，约束了他们。"[②] 在中国的政治语境下，"条条"是指业务的上下级关系，如最高人民法院与地方各级人民法院之间的管理关系，而"块块"是指同级各个机关之间的关系。这样，地方是"块块"，中央也是"块块"。"块块"管理的根本，就是同级各个机关接受同级党委的领导。例如，省级人民法院党组、省级人大常委会党组、省委政法委员会，都要接受省委的领导。

接受同级党委领导的具体组织形式，首先是在同级国家各政法机关中设立党组。1949年11月，中共中央决定在中央人民政府中担任负责工作的共产党员组成党组；政务院设立党组，政治法律委员会设立分党组，各部门设立党组小组；最高人民法院和最高人民检察署（以下简称"两高"）成立联合党组。[③] 地方各级政法机关也相应设立党组。从在各国家政法机关中设立党组，到最终确立以块块管理为主的同级党委领导体制，经历了较长的磨合过程，但其主要解决的是以下两个方面的问题。

---

① 参见〔美〕史景迁《追寻现代中国》下册，温洽溢译，台湾时报文化出版企业股份有限公司，2001，第19页。
② 薄一波：《若干重大决策与事件的回顾》上册，中共中央党校出版社，1991，第483页。
③ 参见《中共中央关于在中央人民政府内建立中国共产党党组的决定》（1949年11月9日）。

（一） 向谁负责：同级政府党组，还是同级党委

当党的领导体制进入到国家政权体制后，首要的具体问题是，同级机关中由谁最终负总责？以中央为例，按照《共同纲领》的制度设计，"两高"向中央人民政府委员会负责并报告工作；公安部和司法部在政务院政治法律委员会的指导下，向政务院负责并报告工作；政务院向中央人民政府委员会负责并报告工作。当中央各国家机关设立党组以后，哪些机关、在什么情况下要向中共中央政治局报告工作，这成为一个大问题。

在中央层面的国家政权体制中，有各部门、各委员会、政务院和中央人民政府委员会四级体制[①]，而在党的领导体制中，有各部门党组小组、委员会分党组干事会、政务院党组干事会和中央政治局四级体制。中央人民政府委员会不设党组，政务院党组直属中央政治局领导。"两高"联合党组与政务院党组之间虽无领导关系，却由政治法律委员会分党组干事会（以下简称"政法分党组"）书记董必武负责联系工作。按照这种关系架构，公安部、司法部党组只需向政务院党组干事会报告工作，而不必直接向中央政治局报告工作。"两高"联合党组由作为中央政治局委员的董必武代为联系，也不必直接向中央政治局报告工作。

作为中共中央主席的毛泽东，很快就意识到信息沟通不畅的问题。1950年9月13日，他为督促政府各部门向党中央报告工作情况致函周恩来："政法系统各部门，除李维汉管的民族事务委员会与中央有接触外，其余各部门，一年之久，干了些什么事，推行的是些什么政策，谁也不知道，是何原因，请查询。"[②] 周恩来、董必武为此进行了工作改进。1952年8月，政务院党组干事会改称中央人民政府党组干事会，随后在1953年3月被撤销。这样，政务院各部门党组就直接受党中央领导。刘少奇在同月的"对中央关于政法系统机构与干部配备等问题通知的批语"中写道："中央政法各部门过去工作的检查及今年工作的方针和计划，应分部门向

[①] "关于政府组织问题，中央人民政府的组织系统是在中央人民政府委员会下面分设许多机构，……政务院底下，设有三十个单位，……不可能经常领导这三十个单位，所以下面设四个委员会协助办理。……政法委员会下辖五个部门。"参见中共中央统一战线工作部、中共中央文献研究室编《周恩来统一战线文选》，人民出版社，1984，第141—142页。

[②] 《董必武年谱》编纂组编《董必武年谱》，中央文献出版社，2007，第379页。

中央作简要报告,并请准备向中央提出讨论和请示的问题。"① 政法分党组暂时仍存在,协助中央分管各政法部门党组。与此同时,中央还决定采取领导同志直接向党中央负责的分工体制:"为了更好地作到现在政府工作中的各领导同志直接向中央负责,并加重其责任,特规定明确的分工如下:……政法工作(包括公安、检察和法院工作)由董必武、彭真、罗瑞卿负责;……前述这些同志应就自己分工范围内,确定哪些事件应向中央报告请示,哪些事件应责成各部门负责进行,哪些事件应按政府系统报告请示,哪些事件可以自行处理,以及承办中央所交付的有关任务和有关工作。"②

这样来看,在形式上,新中国成立最初的公安部、司法部原本只需向政务院负责,"两高"只需向中央人民政府委员会负责,但经过几年磨合,公安部、司法部、"两高"通过各自党组向分管政法的党中央领导直至中央政治局负责并报告工作。与中央的变化相一致,地方各级政法机关最终是向同级地方党委,而不是向同级地方人民政府委员会党组负责。这样,在块块管理中,最终确立了同级党委负责体制。

(二) 向谁负责:向上一级政法机关党组,还是地方同级党委

对于地方各政法机关党组来说,还有一个重大问题:是向上一级政法机关党组还是向地方同级党委报告工作?特别是当地方同级党委与上一级政法机关党组意见不一致时,究竟应该服从谁的意见?这就涉及毛泽东所讲的"块块"与"条条"的矛盾。

这在检察系统中表现得尤为明显。依照1954年宪法第81条第2款的规定,地方各级人民检察院和专门人民检察院在上级人民检察院的领导下,并且一律在最高人民检察院的统一领导下,进行工作。这意味着,在国家政权体制中,检察机关上下级之间是垂直领导的条条关系。③ 另外,党内又突出了地方同级党委领导的重要性。中共中央为此专门下文强调:

---

① 中共中央文献研究室、中央档案馆编《建国以来刘少奇文稿》第5册,中央文献出版社,2008,第91页。
② 《中共中央印发关于加强中央人民政府系统各部门向中央请示报告制度及加强中央对于政府工作领导的决定(草案)的通知》(1953年3月10日)。
③ 这主要是借鉴了苏联的做法,参见田夫《依法独立行使检察权制度的宪法涵义——兼论重建检察机关垂直领导制》,《法制与社会发展》2015年第2期。

"在宪法颁布后,检察机关将实行垂直领导,但是这里所说的垂直领导和双重领导,都是指国家组织系统中的领导关系而说的,决不能把这误解为地方党委对本级检察署的工作可以放弃领导,更不是说,各级检察署的党组和党员,可以不服从本级党委的领导,或者检察署的党组也将实行垂直领导。相反的,今后各级党委对本级检察署党组的领导,不但不能削弱,而且必须加强。检察署的党组和所有党员必须严格服从党委的领导,检察署党组必须加强和改善向党委的请示报告工作,使检察工作除了受上级检察机关的领导外,同时又受本级党委的严密领导和监督。"① 结合宪法和中共中央的规定,可以看出,检察机关在"条条"上实行的是垂直领导,但在"块块"上又实行地方同级党委领导;在条块关系上,检察机关实行的是以块块管理为主的领导体制。

法院系统的情况就更为棘手。法院系统并不是垂直领导关系,也就不存在双重领导的问题。如果出现同级法院与上一级法院的意见一致,却与地方党委意见不一致时,应该如何处理?以审理死刑案件为例,中共中央提出:"在判处死刑时,党内必须经过省委、大市委、区党委及受委托的地委批准"②,"应该报请省、市、自治区党委批准的案件,高级人民法院的党组必须报请省、市、自治区党委批准,再由高级人民法院加以核准或者判决,然后报最高人民法院核准执行。如果检察、公安机关或者被告对案件的判决有不同意见,高级人民法院报最高人民法院核准时,应当将不同的意见附报"③。这就是说,高级人民法院党组在核准或判决死刑之前,先要报请地方同级党委批准,然后再报最高人民法院核准。如果法院党组与地方同级党委意见不一致时,又该如何处理?时任最高人民法院院长的董必武认为:"遇有经党委确定要杀的案子,法院发现确有可不杀的事实根据时,应向党委提出意见,党委确定还要杀时仍可声明保留意见向上级党委反映。这是对党负责,不是闹独立性。"④ 总之,在法院系统,最终形成了法院向同级党委负责,而再由下级党委向上级党委负责的体制。

---

① 《中共中央批转第二届全国检察工作会议决议等文件》(1954年6月12日)。
② 《中共中央关于镇压反革命活动的指示》(1950年10月10日)。
③ 《中共中央关于死刑案件审批办法的指示》(1957年9月10日)。
④ 董必武1956年6月15日至16日同各省、市法院院长的谈话,参见《董必武年谱》编纂组编《董必武年谱》,中央文献出版社,2007,第464页。

总体来说，当党的领导体制进入并逐渐嵌入国家政权体制时，各政法机关在业务上虽然往往归口同级政府或上一级政法机关管理或指导，但在重大事项上，最终是向同级党委负责并报告工作。① 这就是说，在条块关系中，形成了以"块块"管理为主由同级党委领导的政法体制。

三 分级归口管理与中央集中统一领导

在央地关系中，特别是在党内的央地关系中，通过分级归口管理的办法，最终实现的是中共中央集中统一领导的政法体制。"分级"，就是从地方到中央分成多个级别；"归口"，是指将国家各机关进行分类，归入党的相应职能部门进行管理，从而形成党的职能部门与国家各机关相应的对口关系。例如，公安机关、检察院、法院这些国家政权机关，可以称为"政法口"，主要由党委政法委员会进行管理。实际上，政法工作的归口管理主要涉及两方面。一是政法干部的管理，主要归由党委组织部牵头负责，而政法委员会协助管理干部。② 二是政法业务的管理，包括对各政法机关进行政治指导，主要归由党委政法委员会负责。不过，党内这种由政法委员会和组织部共同管理的体制，也经过了反复变动的过程。

（一）管干部：组织部，还是政法工作部

政法干部一开始并不是主要归由组织人事部门管理。1949 年 11 月，政务院设立人事局，协助中央组织部管理政府机关的干部人事。同时，政务院政法委员会也设有人事机构、主管政法系统的干部人事。一年以后，中共中央决定撤销政法委员会和其他部门的人事机构，合并成立中央人事部，负责管理全国政府系统及所属事业单位的机构、编制以及各项人事管理事宜。也就是说，到 1950 年底，全国的政法干部管理权力，才统一交由

---

① "各级政府中的党组，对于工作问题应向各同级党委报告，或通过党委向上级反映，不须直接向上级党组作报告。"参见《中共中央关于各大区政府、各省政府应向中央人民政府作工作报告的决定》（1950 年 1 月 26 日）。
② 实际上，所有系统的干部都归由党委组织部牵头管理。此外，干部管理的相关工作还涉及机构编制委员会、人力资源和社会保障部门机构。前者负责政法机关的机构设置，后者负责政法人员的人事管理。通常，机构编制委员会办公室主任和人力资源与社会保障部门负责人兼任党委组织部副部长。

中央组织部和中央人事部负责。

全国范围内的干部管理都由中央组织部负责，考察、征调、配备与审查干部的范围也相当广泛。中央组织部《关于政府干部任免手续的通知》（1953年4月20日）规定："凡属中央人民政府委员会或政务院任免范围的干部，在中央人民政府或政务院任免之前，仍需分别按党内管理干部的规定经过审批。"关于政法系统干部，《中央人民政府任免国家机关工作人员的暂行条例》（1951年11月5日）规定："中央人民政府委员会依据中央人民政府组织法第7条第9款之规定，分别任免或批准任免：中央人民政府最高人民法院院长、副院长、委员、秘书长、副秘书长；中央人民政府最高人民检察署检察长、副检察长、委员、秘书长、副秘书长；最高人民法院大行政区分院院长、副院长；最高人民检察署大行政区分署检察长、副检察长、委员"，"政务院依据中央人民政府组织法第15条第6款之规定、分别任免或批准任免下列人员：最高人民检察署大行政区分署秘书长、副秘书长；省级以上的民族自治区人民政府的人民法院院长、副院长；人民检察署检察长、副检察长、委员；省人民政府（人民行政公署）的人民法院院长、副院长；人民检察署检察长、副检察长、委员；市人民政府的人民法院院长、副院长；人民检察署检察长、副检察长、委员"。上述规定意味着，包括市一级的法院院长、检察署署长，也需要报请中央组织部审批。这样的规定大大增加了中央组织部的工作负担。

在这种情况下，《中共中央关于加强干部管理工作的决定》（1953年11月24日）提出，建立在中央及各级党委统一领导下，在中央及各级党委组织部统一管理下的分部分级管理干部的新体制。① 所谓分部，就是中共中央和地方党委设立部门归口管理本系统内干部；所谓分级，就是中共中央和地方各级党委分权分级管理干部。

分部管理政法系统干部，就是要设立政法工作部。刘少奇曾多提及设立中央政法工作部。1952年7月，他在《关于加强党中央办事机构问题》文件中批示，将中央组织部的权力分一部分给中共中央其他部委管理，其

---

① 该《决定》提出："在建立党委各部分管干部制度之后，中央及各级党委的各部除各自原有的业务外，有以下两项共同的任务：（一）管理干部：采取各种实际可行的办法，深入地、系统地考察、了解干部的政治品质和业务能力，并以此为依据来正确地挑选和提拔干部；（二）检查党的政策、决议在有关部门中的执行情况。"

中包括拟议设立的中央政法工作部，内定由彭真任部长。① 1953年1月19日，他在"对中央关于改变管理干部的方法和建立财经工作部的决定草案的批语"中，向时任中央组织部部长的安子文再次提出："将农村工作部及政法、统战工作部写进去，并将各部工作任务写完全，似乎要更好一些。"②《中共中央关于加强干部管理工作的决定》（1953年11月24日）明确规定："政法工作干部——由党委的政法工作部负责管理。"《中共中央批转中央组织部1955年8月1日的工作报告》（1955年10月28日）再次重申："中央及省委和大城市的市委在可能时，应设立政法工作部。中央管理干部的部有：宣传部，组织部，工业、交通部，财政、贸易部，农村工作部，文化、教育部（或教育部），政法工作部和统战部。……政法工作部：管理的干部总数为二十三万多人，其中属于《中央管理的干部职务名称表》内的干部约八百人。"在中央的推动下，大部分省委成立了政法工作部。例如，1956年2月，上海市委成立政法工作部。③ 1956年9月上中旬，兼任北京市委书记的彭真提议中共北京市委设立政法部，调北京市公安局常务副局长刘涌任市委政法部部长。④ 在中央，除了原有的中央宣传部、中央统战部以外，中央农村工作部、中央财贸工作部、中央工业交通工作部也相继设立。这样，"各系统内部干部的调动，统由中央管理干部的各部分别自行办理"，"报请中央任免的干部，应由中央管理干部的各部分别加以审查，并分别报送中央，而不必由中央组织部统一上报"。⑤ 不过，中央政法工作部却迟迟未能设立。

省一级党委设立政法工作部，至少说明地方初步实现了分部分级管理体制。由于中央没有设立统一的政法工作部，这也就意味着政法系统并没有如同其他系统，如农村工作系统、财贸工作系统、工业交通工作系统那

---

① 参见中共中央文献研究室、中央档案馆编《建国以来刘少奇文稿》第4册，中央文献出版社，2005，第333页。
② 参见中共中央文献研究室、中央档案馆编《建国以来刘少奇文稿》第5册，中央文献出版社，2005，第1页。
③ 上海市委在1952年8月设立政治法律委员会。政治法律委员会既是市委工作部门，又是市政府工作部门。1954年2月，政治法律委员会改为政法工作委员会，1956年2月被政法工作部所取代。
④ 参见《彭真传》编写组编《彭真年谱》第3卷，中央文献出版社，2012，第154页。
⑤ 《中共中央印发关于中央组织部与中央宣传部、中央农村工作部、中央统战部在干部管理工作上分工与结合的若干具体问题的暂行规定的通知》（1954年11月13日）。

样,实现全国范围内的分部分级管理干部体制。实际上,从上下级关系来看,政法系统的干部管理模式相当复杂:检察系统与公安系统的干部管理是一类,而法院系统与司法行政系统的干部管理则是另一类。

检察和公安系统的干部管理模式是:"中央一级机构只协助中央管理本系统中属于中央管理范围内的干部和自行管理本机关中的司局长以下的干部。他们应协助中央对中央管理范围内的干部进行考察、了解和培养教育,并可对干部的任免、调动提出建议,但决定权属于中央。这些系统的地方机构中的不属于中央管理范围以内的干部,由各级地方党委分级(分层)加以管理。这些系统的地方机构和中央一级的机构一样,也只协助同级党委管理干部和管理本机关中不属于上级和同级党委管理的干部。……采取这一办法管理干部的最高人民检察院、国务院所属各部门……可对中央管理以外的一定范围的干部进行了解工作,并可对这些干部的任免、调动,向主管这些干部的地方党委提出建议,地方党委在任免、调动这些干部时应考虑中央有关机关的意见,但决定权仍属于主管这些干部的下级党委。"① 这就是说,最高人民检察院和公安部协助中央管理本系统的"中管干部",而对于本系统中的"非中管干部",最高人民检察院和公安部也有协助地方党委管理的职责。但是,对最高人民法院和司法部来说,对于本系统内"非中管干部"并不负有协助地方党委管理的职责:司法部"对不是由其直接管理而是地方人民委员会组成部分的下级机构中的干部,不担负管理的责任"。"最高人民法院也不担负管理下级人民法院干部的责任。这些机构中的干部,除由中央管理和由这些机构自行管理者以外,统由地方党委负责管理。"② 之所以出现这样的差别,是因为检察和公安系统还强调块块为主的双重领导中垂直领导的一面,而法院和司法行政系统,除了"中管干部"以外,则必须接受地方同级党委的块块领导。

由于中央政法工作部没有建立、分部分级的政法干部管理体制并没有完全建立起来,中央组织部先是在 1954 年设立政法干部处,具体负责对政法干部的分工管理。③ 随后,《中共中央关于干部分管后有关干部任免调动

---

① 《中共中央关于颁发中共中央管理的干部职务名称表的决定》(1955 年 1 月 4 日)。
② 《中共中央关于颁发中共中央管理的干部职务名称表的决定》(1955 年 1 月 4 日)。
③ 参见中共中央组织部、中共中央党史研究室、中央档案馆编《中国共产党组织史资料》第 5 卷,中共党史出版社,2000,第 8 页。

应注意事项的通知》（1955年3月5日）进一步明确规定："今后各地报请中央任免干部时，均应由分局、省（市）委上报中央（而不是由哪一个部上报中央）。在上报时，应按以下分类，分别列出名单，……公安、民政、司法、法院、监察、人民检察等部门的干部分为一类……中央批准后，即分别由中央管理干部的各部通知分局和省（市）委，……属于……政法……等部管理的单位，其干部由中央组织部负责管理。"这就是说，全国（中央）其他各系统的干部，在经中央批准后，由中央各工作部负责管理，但全国（中央）政法系统的干部，因为还没有设立中央政法工作部，还是由中央组织部负责管理。实际上，省级政法工作部的存续时间并不长。以上海市为例，政法工作部在1962年被撤销，另外设立政法小组。① 但是，政法小组主要是协助同级党委管理政法业务，而不再负责管理政法干部。由此，省级管理政法干部的权力，最终还是交由省委组织部负责。这样一种主要由党委组织部分级管理政法干部的体制，一直延续至今。

（二）管业务：从政法分党组到政法小组

省级政法工作部的名称或业务的变更，主要与中央在1958年6月决定设立中央政法小组密切相关。在那之后，省级政法工作部陆续改为省委政法小组或政法领导小组，以便与中央对口。中央迟迟未能成立政法工作部，却为何能够另起炉灶迅速设立中央政法小组？这或许与当时的整体政经情势相关：中央政法工作部成立与否，只涉及干部管理权力是归组织部还是归政法工作部，无论归谁都没有在根本上削弱"党管干部"的原则；但是，设立中央政法小组，则涉及中共中央与国务院的工作关系，事关党政协调的重大问题。

建立小组制度，最初是周恩来的建议，目的是协调处理好国务院与中央书记处的关系。② 1958年1月11日，在南宁会议上，毛泽东提出反对分散主义。他说："……不向政治局通情报，没有共同语言。集中，只能集中于党委、政治局、书记处、常委，职能有一个核心。为了反对分散主

---

① 参见中共中央组织部、中共中央党史研究室、中央档案馆编《中国共产党组织史资料》第5卷，中共党史出版社，2000，第425页以下。
② 参见中共中央文献研究室编《毛泽东年谱（1949—1976）》第3卷，中央文献出版社，2013，第368页。

义，我编了一个口诀：'大权独揽，小权分散；党委决定，各方去办；办也有决，不离原则；工作检查，党委有责。'"① 这里强调了党委特别是党中央与各方权力的权责关系。随后，中央书记处在2月17日召开会议。彭真在会上传达毛泽东关于中央书记处对国务院和各部委的工作要管起来的指示，还传达了周恩来提出的"设立政法、经济、文教科学、农林、外交五个组，党政统一，但各组不议文件"等意见。② 同年6月8日，包括政法小组在内的中央五个小组正式设立，并且明确规定："这些小组是党中央的，直隶中央政治局和书记处，向它们直接作报告。大政方针在政治局，具体部署在书记处。……大政方针和具体部署，都是一元化，党政不分。具体执行和细节决策属政府机构及其党组。对大政方针和具体部署，政府机构及其党组有建议之权，但决定权在党中央。"③

中央政法小组的设立，是对1953年中央确定的政法口由董必武、彭真和罗瑞卿三人直接向中央负责这一分工体制的组织化，这也是1954年政法分党组被撤销以后新成立的中央归口管理机构，负责管理协调各政法机关事务。与原来从属于政务院党组的政法分党组相比，在制度设计上，中央政法小组是为了加强中央集中统一领导，更好地协助中央政治局和书记处决策。

从实际效果来看，中央政法小组设立以后，其协助中央管理政法事务的职能逐渐减弱。以人事安排为例，组长最初由彭真担任，但彭真同时还是中央书记处常务书记，在北京市、全国人大常委会、全国政协还担任重要职务。他担任组长只有短短4个月。1958年10月10日，中央任命公安部部长罗瑞卿担任组长。④ 罗瑞卿在1959年9月又兼任中央军委秘书长、总参谋长，也没有足够精力分管政法。直到1960年12月，组长改由时任公安部部长谢富治担任。人事变化其实也在一定程度上反映出中央政法小组政治地位的变化。从政法业务来看，1959年4月，二届全国人大一次会议决定撤销司法部，中央政法小组因此少了一个分管部门。1960年，中央

---

① 参见中共中央文献研究室编《毛泽东年谱（1949—1976）》第3卷，中央文献出版社，2013，第276—277页。
② 参见《彭真传》编写组编《彭真年谱》第3卷，中央文献出版社，2012，第288页。
③ 《中共中央关于成立财经、政法、外事、科学、文教各小组的通知》（1958年6月10日）。
④ 参见《彭真传》编写组编《彭真年谱》第3卷，中央文献出版社，2012，第348页。

号召精简机构，公检法三机关开始合署办公："三机关合署办公后，最高人民检察院保留二三十人，最高人民法院保留五十人左右，各设一办公室，分别处理检察、法院的必要业务工作。"同时，"内务部改归国务院直辖。内务部、民族事务委员会和国务院各直属局，由习仲勋同志统一管理，成为内务口，对中央负责"，"撤销国务院政法办公室"。在机构裁撤、合并和调整的背景下，中央书记处决定，中央政法小组今后专管政策和指导政法研究工作，如让中国科学院法律研究所业务上划归中央政法小组领导。① 由此，中央政法小组基本上变成了一个决策咨询机构，并没有很好实现中央集中统一领导政法工作的职能。

加强中央集中统一领导政法工作的另一面，是调动地方积极性，增强地方的政法权力。刘少奇在1958年强调中央权力下放："首先下放轻工业，然后再逐步下放重工业。其他经济事业和文教、政法等工作的管理权力也将同样下放。中央要注意发挥省、市、自治区的积极性，省、市、自治区也要注意发挥专区、自治州、县、自治县和乡的积极性。"② 而在地方，省委效仿中央纷纷设立政法小组以后，开始出现分管书记（政法书记）的现象。例如，遵照中央指示精神，山西省委领导成员明确分工主管政、军、统、群各系统业务工作，有工业书记、农业书记、文教书记、财贸书记、政法书记之称；多数常务委员兼任一些重要部门的主要领导职务；各项工作都强调"书记挂帅"，以体现"党的绝对领导"。③ 分管书记制度旨在增强地方党委领导，但实践中有时会变成分管书记一个人说了算，也就是毛泽东所批评的"重要问题的解决，不是由党委会议做决定，而是由个人做决定"④。因此，到了1962年，中央又开始纠偏，认为"近几年来，省委、地委、县委以至公社党委，党委书记分兵把口的现象甚为普遍，并有工业书记、农业书记、财贸书记、文教书记等名义，分管书记之间在工作上往往互不通气，甚至各自为政，很容易削弱党委的集体领导"⑤。这样，包括政法书记在内的分管书记制度后来被取消。

---

① 参见《中共中央关于中央政法机关精简机构和改变管理体制的批复》（1960年11月11日）。
② 《刘少奇在中国共产党第八届全国代表大会第二次会议上的工作报告》（1958年5月5日）。
③ 中共中央组织部、中共中央党史研究室、中央档案馆编《中国共产党组织史资料》第5卷，中央党史出版社，2000，第273页。
④ 《毛泽东选集》第4卷，人民出版社，1991，第1340页。
⑤ 《中共中央批转华东局关于取消党委分管书记名义的意见》（1962年7月10日）。

总之，中央政法小组作为议事协调机构，并没有完全达到制度设计的初衷，实际作用发挥有限。也正是看到了这一历史经验教训，彭真在复出以后，建议中央另设中央政法委员会作为党的职能部门，并担任第一任书记。中央政法委员会较之中央政法小组，是中央的常设职能部门，执行力更强。但是，作为归口管理各政法机关的中央政法委员会，按照彭真的定位，仍是作为党的助手、参谋、秘书："给中央当参谋"、"给中央做秘书工作，承办中央交办的事情。为此，要沟通，不要封锁"。[①] 也就是说，各级党委不论是设立政法工作部或政法小组，还是政法委员会，作为归口管理各政法机关的职能部门，最终都是要实现中央集中统一领导政法的目标。

四 可能的启示意义

研究中国政法体制的形成，对当代不仅具有制度意义，也具有学术意义。制度意义是指分析政法体制的形成对于现在正在进行的体制改革的可能影响，而学术意义则是指研究政法体制对于中国法治理论的可能贡献。

（一）制度意义

当代中国政法体制的形成，是党的领导体制进入并逐渐嵌入国家政权体制的过程。在条块关系方面，形成了以块块管理为主的同级党委领导体制。在党内的央地关系方面，形成了党内分级归口管理和实现中央集中统一领导的体制。当代中国政法体制的形成过程，反映出"我们党对依法治国问题的认识经历了一个不断深化的过程。新中国成立初期，我们党在废除旧法统的同时，积极运用新民主主义革命时期根据地法制建设的成功经验，抓紧建设社会主义法治，初步奠定了社会主义法治的基础"[②]。

这样一种政法体制得以形成的根本原因是贯彻民主集中制原则。[③] 所

[①] 《彭真传》编写组编《彭真年谱》第 5 卷，中央文献出版社，2012，第 50 页。
[②] 习近平：《在中共十八届四中全会第二次全体会议上的讲话》，载中共中央文献研究室编《习近平关于全面依法治国论述摘编》，中央文献出版社，2015，第 8 页。
[③] 如《关于一九五八年以来政法工作的总结报告》所归纳："政法工作方面，尤其要加强集中统一，尤其要坚决反对分散主义。这是我们在总结过去四年工作的时候，应当得到的一个最重要最基本的教训。"参见邓力群《邓力群自述（1915—1974）》，人民出版社，2015，第 418 页。

谓民主集中制，就是下级服从上级，全党服从中央。这在条块关系上表现为，强调块块管理是基础，条条管理是关键。块块管理，要求各级政法机关必须向同级党委负责并报告工作，而条条管理形式上是指政法机关的上下级关系，但更重要的是指党内关系，各级党委通过归口管理各政法机关的方式，逐级向上级党委报告工作，最终形成中央集中统一领导的体制。在这个意义上，可以说，中国共产党通过党内的条条管理完成了块块管理的任务。①

这样一种政法体制要真正发挥作用，必须实现中央集中统一领导。过去，中央决定设立中央政法小组，最终是为了实现中央政治局和书记处总揽全局和协调各方的核心作用。与此相类似，在最近这一轮司法改革进程中，中央政治局在 2013 年 12 月 30 日决定成立中共中央全面深化改革领导小组（以下简称"深改组"），其中分设社会体制改革专项小组（中央司法体制改革领导小组，简称"司改小组"）。"深改组"暨"司改小组"直接向中央政治局负责，具有司法改革重大决策的权力，其实际地位要高于目前作为党中央职能部门的政法委员会。中央深改组 2014 年 1 月 22 日至 2015 年底共计召开 19 次全体会议，其中 13 次涉及司法体制改革议题，审议通过了 27 个司法体制改革文件。② 中央"深改组"暨"司改小组"，要比新中国成立初期的中央政法小组的职权和职责范围都更大，在司法体制改革的"顶层设计"方面，也迈出了更加坚实的步伐。

加强党对政法的领导，并不是意味着党高于法、党干涉各政法机关的工作。刘少奇在 20 世纪 60 年代调整政法工作时提出设想："如果各方面的工作都有得力的业务部门去做，党委就能腾出手来做自己应当作的事情了"，"就可以站在监督的地位来指导和帮助业务部门的工作，即管理干部、检查工作和做思想政治工作，而不必直接地管他们的业务"。③ 最近，就学术界关于党与法关系的讨论和实践中个别党的领导干部干涉政法工作的现象，习近平特别强调："我们说不存在'党大还是法大'的问题，是把党作为一个执政整体而言的，是指党的执政地位和领导地位而言的，具

---

① 参见刘忠《条条与块块关系下的法院院长产生》，《环球法律评论》2012 年第 1 期。
② 参见最高人民法院《中国法院的司法改革》，人民法院出版社，2016，第 6 页。
③ 中共中央文献研究室编《刘少奇论党的建设》，中央文献出版社，1991，第 626 页。

体到每个党政组织、每个领导干部,就必须服从和遵守宪法法律,就不能以党自居,就不能把党的领导作为个人以言代法、以权压法、徇私枉法的挡箭牌。我们有些事情要提交党委把握,但这种把握不是私情插手,不是包庇性的插手,而是一种政治性、程序性、职责性的把握。这个界线一定要划分清楚。"①

针对党与法治、党与政法的关系,习近平提出:"要正确处理坚持党的领导和确保司法机关依法独立公正行使职权的关系。各级党组织和领导干部要支持政法系统各单位依照宪法法律独立负责、协调一致开展工作。党委政法委要明确职能定位,善于运用法治思维和法治方式领导政法工作,在推进国家治理体系和治理能力现代化中发挥重要作用。"② 这就是说,党对政法工作的领导,要按照全面推进依法治国的要求,适应国家治理现代化的时代需要,在具体理念、方式上作出调整。

当前正在大力推行的政法系统的组织人事改革,是我国政法体制改革的一个方面。以政法干部任免制度为例,省级公安厅局长兼任政法委书记的做法,是新中国成立以来所形成的制度惯例。③ 但最近几年,中央已经逐渐不再按照这一惯例任免干部。截至 2016 年 7 月,只有河北、湖南和云南三个省份还存在兼职现象。从政法干部管理体制改革来看,新中国成立初期,中央曾试图建立分部分级管理政法干部的体制,但效果不彰,最终仍由党委组织部负责管理政法干部。这次正在推行省级以下地方法院人财物统一管理,试图改变现有的政法管理体制。例如,法院编制的管理,管级以下地方法院机构编制实行由省级机构编制部门管理为主,高级人民法院协同管理的体制,市县两级机构编制部门不再承担法院编制管理工作。④

---

① 习近平:《在省部级主要领导干部学习贯彻党的十八届四中全会精神全面推进依法治国专题研讨班上的讲话》,载中共中央文献研究室编《习近平关于全面依法治国论述摘编》,中央文献出版社,2015,第 37 页。

② 《习近平谈治国理政》,外文出版社,2014,第 148 页。

③ 除了由公安部部长罗瑞卿和谢富治先后兼任中央政法小组组长以外,在地方,上海市从 1952 年 8 月至 1958 年 9 月,政治法律委员会以及后来的政法工作部的书记一直都是由许建国担任。许建国同时是上海市市委常委、副市长、公安局局长。河北省在 1956 年 1 月成立政法部,1958 年 11 月成立政法领导小组,部长和组长均为张明河。张明河同时担任河北省副省长、公安厅厅长。

④ 参见最高人民法院《中国法院的司法改革》,人民法院出版社,2016,第 9 页。

如果省级以下地方法院人财物统一管理改革能够成功，这将是对现有政法体制的重大突破。这将在确保中央集体统一领导的前提下，调动地方积极性，实现中央与地方真正意义上的政法分权。① 由于在党内的央地关系中，实行的是分级同级党委领导体制，而不是省委统管的领导体制，此项改革的最终效果如何，仍有待观察。

（二）学术意义

研究当代中国政法体制的形成，重要的学术意义在于探索形成中国社会主义法治理论：中国的政法体制能否构成现代法治国家的一个理想类型。从经验上观察，政法体制是单向度的二元的党和国家体制的组成部分。这与中国的立法体制、财经体制、工交体制、文教体制、科技体制相比，并无本质区别，都要坚持党的领导。因此，党的领导是社会主义法治的根本经验，也是研究者应该面对的社会事实。这种党领导政法的体制，作为一种法律与政治的关系类型，已经超出达玛什卡教授关于司法和国家权力关系的分类。达玛什卡所讨论的关系类型，关注的是司法如何嵌入到国家体制之中，从而分为科层式理想型和协作式理想型、纠纷解决型和政策实施型。② 中国在司法和国家体制的关系之外，还多了党的维度。中国共产党作为一个独立领导司法的政治力量，主动进入司法之中，呈现的是更为复杂的关系。这种法律与政治关系类型的形成至成熟，也说明法治并非只有西方式的发展道路和样态。

习近平说："我们有符合国情的一套理论、一套制度，同时我们也抱着开放的态度，无论是传统的还是外来的，都要取其精华、去其糟粕，但基本的东西必须是我们自己的，我们只能走自己的道路。"③ 中国特色社会主义法治需要吸收借鉴现代西方的法治经验，但中国新法治观念的生成、

---

① 参见苏力《当代中国的中央与地方分权——重读毛泽东〈论十大关系〉第五节》，《中国社会科学》2004年第2期。
② 参见〔美〕米尔伊安·R.达玛什卡《司法和国家权力的多种面孔——比较视野中的法律程序》，郑戈译，中国政法大学出版社，2004，第14页以下。
③ 习近平：《在省部级主要领导干部学习贯彻党的十八届四中全会精神全面推进依法治国专题研讨班上的讲话》，载中共中央文献研究室编《习近平关于全面依法治国论述摘编》，中央文献出版社，2015，第35页。

法治话语（文化）领导权的确立[①]，只能建基于中国现有的同时也在不断调适的政法体制之上。在这个意义上，我们需要更多对"物"——政法体制的研究，而不只是对"词"——法治话语的研究。

作为"物"的中国政法体制具有独特性，在西方学术话语中很难找到对应词准确描述这一体制。这就需要充分阐释本土概念，如政法、体制、条条、块块、归口管理、小组、党组、组织部、政法委员会、编制等。用西方概念还是本土概念来表述在地法律经验，这在西方学术传统中有过激烈争论。[②] 在当下的中国法学研究中，现代西方法治理论的讨论已经不少，但更需要的或许是借助于本土概念对政法体制进行深描和阐释。这样的本土经验研究，也有助于反思和建构真正意义上的"关于中国"的社会主义法治理论。

[①] "文化领导权"的概念，源于著名的西方马克思主义学者葛兰西的阐释。它是指西方社会的统治已不再是通过暴力，而是意识形态宣传，通过其在道德和精神方面的领导地位，让广大人民接受他们一系列的法律制度。相关论述，参见〔意〕安东尼奥·葛兰西《狱中札记》，曹雷雨等译，中国社会科学出版社，2000，第218—219页。

[②] 究竟使用哪一套概念体系表达在地法律经验，这在英美法律人类学界有过激烈争论。人类学者波赫南（Bohannan）将概念体系分为"民俗体系"和"分析体系"。他强调要用本地的概念，而不是西方法律概念来表达他们自己的法律。这与另一位人类学者格拉克曼（Gluckman）的主张形成对立。参见梁治平编《法律的文化解释》，三联书店，1998，第21页。

党管政法：党与政法关系的演进[*]

周尚君[**]

摘 要："党管政法"是中国共产党执政的基本治理经验之一。从新中国成立至今，党与政法的关系一直处于互动调适之中。随着不同时期党的工作重心转移和国家权力配置的调整，党与政法关系经历了为巩固新生政权的"诸权合一"、归口管理下的"一元分级"、"党政职能分开"的"一元多层、分工负责"，最终确立了"总揽全局、协调各方"的政法领导体制，"领导立法、保证执法、支持司法、带头守法"的十六字原则成为"党管政法"的根本指针。不同时期的领导体制伴随着不同的组织机制和运作技术，演进过程中显现出明显的目标主义逻辑和连续均衡特征。党与政法关系的演进逻辑表明，"党管政法"是通过探索性的组织机制、运作技术在党政关系、党法关系和其他关系的均衡互动中实现的。

关键词：政法领导体制 党管政法 党与政法关系

引 言

中国共产党作为执政党，是当代中国"同心圆"式政治结构的中

---

[*] 本文原载于《法学研究》2017年第1期，收入本书时有改动。本文得到国家社科基金重大项目"全面推进依法治国与全面深化改革关系研究"（14ZDC003）资助。
[**] 周尚君，西南政法大学行政法学院教授。

轴。① 研究中国问题，首先要研究中国共产党，"研究好中国共产党，实际上就抓住了研究中国的核心，就找到了解答当代中国从哪里来、向哪里去的'钥匙'"②。当前，政党史研究注重两个对象：一是"党治史"，主要研究政党从事政治运动和政治斗争的历史；二是"治党史"，主要研究政党自身的组织建设、组织管理和组织发展演进的历史。③ 对这两种历史的研究，既有助于说明历史成败，如"为什么列宁主义政党成功了，而自由主义政党却失败了"，也有利于提炼和总结政党自身组织机制建设和发展演进的规律性认识，如"列宁主义政党的等级结构、特殊的党员选择标准以及严格的纪律使它成为一个在混乱状态下能够进行快速、有效和集体行动的组织"。④ 从政党目标、组织机制和运作技术角度切入，有利于摆脱姓"资"与姓"社"、"左"与"右"的分析范式和意识形态路径依赖，有利于深刻分析中国共产党作为执政党所具有的优势、持久性、调适性以及长期执政的潜力。⑤

早在1970年，亨廷顿就提出过关于共产主义"政党—国家"演进的三阶段模型：政治体制转型、政权控制巩固和执政党对社会压力的调适。⑥ 他认为，这些国家会因为社会发展日益多元化的需求而发生制度性转型。布热津斯基在对苏联和东欧"政党—国家"出现的"政权空心化"及其统治弊端进行分析后认为，共产主义的"政党—国家"必将朝着"后共产主义的多元主义"演进。⑦ 然而，中国共产主义"政党—国家"并没有沿着部分西方学者所预期的路径发展。通过系统性改革和中国共产党自身的制

---

① 邹谠提出，"同心圆"图形既显示了列宁主义政党在与其他社会集团和组织关系中的角色以及它的自我感觉，也显示了在党的结构内部形形色色的领导与单位之间的"水平"关系。参见邹谠《中国革命再阐释》，牛津大学出版社（香港），2002，第10页以下。
② 刘云山：《认识中国共产党的几个维度》，《当代世界》2014年第7期。
③ 参见王奇生《党员、党权与党争：1924—1949年中国国民党的组织形态》，华文出版社，2010，"序言"，第2页。
④ 邹谠：《中国革命再阐释》，牛津大学出版社（香港），2002，第10页。
⑤ 参见〔美〕沈大伟《中国共产党：收缩与调适》，吕增奎、王新颖译，中央编译出版社，2012，第4—11页。
⑥ 参见Samuel P. Huntington, Clement Henry Moore (eds.), *Authoritarian Politics in Modern Society: The Dynamics of Established One-party Systems* (New York: Basic Books, 1970), pp. 23 - 40。
⑦ 参见Zbigniew Brezezinski, *The Grand Failure: The Birth and Death of Communism in the Twentieth Century* (New York: Charles Scribner's Sons, 1989), p. 255。

度化、规范化和程序化建设，党的执政体制和运作机制不断显现新的更大生机。不少西方学者不得不开始从对中国共产党执政体制"离心力"的关注中撤退，迈向对其"向心力"及其内在动力机理的深层研究。① 而这种研究如果没有中国历史的经验逻辑这根弦，就不可能揭示出中国共产党执政体制的主要特征，也就无法真正摆脱西方学术话语的殖民主义。

中国共产党的领导不是直接以党的命令来指挥国家机构，更不是用党的组织替代这些机构，而是通过一系列政治的、思想的和组织的建制与运作机制来实现的。其中，党管政法既是中国共产党从事政法治理、法治国家建设的"党治史"，也是党的自身制度体系和执政能力不断提升的"治党史"。如果不把"党管政法"僵化理解为一种固定不变的立场甚至"世界观"，而是将其视为解释中国法治建设动态运行的实践进路，那么，关于"党管政法"的分析还可以兼容党在革命、改革、建设各阶段、各领域关于党政关系、党民关系以及党的建设与国家治理之间关系的调适与互动，尤其是可以借以解释新中国成立以来中国法治建设的运作逻辑与实践方式。例如，党管政法模式是否与革命战争时期党委设置"总前委"的革命经验之间存在内在逻辑联系②；政法委员会职能的强弱，与社会政治形势特别是治安的好坏是否有正相关性③；如何有效解释政法委对治理资源的集中运用、政法委内部的运行机制、政法委与外在环境之间的关联互动、政法委推进政法队伍角色社会化的功能以及政法与法治之间的关系④；等等。基于此，本文主要运用文献史料，从政党目标、组织机制与运作技术角度，对党与政法关系的生成、发展与演变的特征和逻辑作系统回顾与审视，力图对中国共产党在不同历史时期"为何管政法"、"如何管政法"和"如何管好政法"等基础性问题作出经验性回应。

一 政权与政法：党管政法的开端

中国共产党从诞生之日起就肩负着挽救民族危亡、实现国家独立的历

---

① 参见吕增奎、赵超《海外学者视阈下的中国共产党研究》，载吕增奎主编《执政的转型：海外学者论中国共产党的建设》，中央编译出版社，2011，第5—8页。
② 参见刘忠《"党管政法"思想的组织史生成（1949—1958）》，《法学家》2013年第2期。
③ 参见侯猛《"党与政法"关系的展开》，《法学家》2013年第2期。
④ 参见刘涛《当代中国政法委员会研究》，博士学位论文，吉林大学，2012，第37页以下。

史重任。在1949年3月5日的中共七届二中全会上，毛泽东宣布"党的工作重心由乡村移到了城市"①。对于中国共产党而言，"进城"意味着双重考验，它不仅仅要求武装进驻，更要求政权合法性持续生产机制的重建。毛泽东将夺取和巩固政权的任务表达为，"强化人民的国家机器，这主要地是指人民的军队、人民的警察和人民的法庭"②。实际上，中国共产党在革命历程中锻造和积累了四项治理经验：党管武装、党管干部、党管意识形态和党管政法。在列宁主义"政党—国家"治理形态下，"暴力垄断"这一现代国家的核心职能主要由"党管武装"和"党管政法"来完成。这种具有"强政权"属性的治理逻辑，对新中国成立后很长时间的政法组织体制和政党组织建设产生了至关重要的影响。

（一）构建新民主主义"新法统"

早在1945年11月，中共中央就决定在陕甘宁边区政府成立宪法研究会。宪法研究会成立的目的在于，深刻揭批"五五宪草"，并着手起草"新民主主义宪法"。1946年6月，中央书记处决定在边区宪法研究会基础上成立中央法律问题研究委员会。中央法律问题研究委员会继承宪法研究会的核心使命，承担起新宪法研究起草任务③，实际发挥了新民主主义"新法统"论证职能。

1948年12月12日，中央发布《关于中央法律委员会任务与组织的决定》，明确中央法律委员会是"在中央书记处领导之下协助中央研究与处理全国立法和司法问题之工作机关"④。实际上，中央法律委员会除了重大司法政策的拟定，刑诉暂行条例、婚姻法起草任务外，大量任务是协助城市接管和改造法律类大学和各类法律研究会、研究机构。彭真在《关于政法工作的情况和目前任务的报告》中指出，政法工作的目标是"破旧立

---

① 《毛泽东选集》第4卷，人民出版社，1991，第1427页。
② 《毛泽东选集》第4卷，人民出版社，1991，第1476页。
③ 不过，该宪法草案并未公布。毛泽东在1947年11月18日给陈瑾昆的信中解释，"惟发表时机尚未成熟，内容亦宜从长斟酌，以工农民主专政为基本原则"（《毛泽东文集》第4卷，人民出版社，1996，第320页）。这里所说的"工农民主专政"是指，在创立社会主义国家制度条件尚不具备时，要建立"以全国绝大多数人民为基础而在工人阶级领导之下的统一战线的民主联盟的国家制度"（《毛泽东选集》第3卷，人民出版社，1991，第1056页）。
④ 中共中央档案馆编《中共中央文件选集》第17册，中共中央党校出版社，1992，第563页。

新"、"打倒反动政权，接着就是在被粉碎的旧政权的废墟上，建设人民的新政权"①。为此，在接管工作中，需要粉碎旧的"政权机关、军事机关、警察、法院"等国家机构，从法统上彻底摧毁旧制度的影响，为重建一套具有新民主主义性质的政权结构和意义体系作准备。

中央法律委员会承担的任务相对集中。一是拟定有关政权组织机构的法律法规，如《县、村、市政权组织条例》、《选举条例》、《各级人民代表会议组织条例草案》等。其中，由其草拟的《中共中央关于废除国民党的〈六法全书〉和确定解放区的司法原则的指示》（1949年2月22日），明令废止国民政府的"六法全书"，提出在人民的法律还不完备的情况下，司法机关的办事原则是：有纲领、法律、命令、条例、决议规定者，从纲领、法律、命令、条例、决议之规定；无纲领、法律、命令、条例、决议规定者，从新民主主义的政策。② 二是拟定刑事法律法规，如《反革命内战罪犯条例》、《危害解放区治罪条例》、《解放区惩治反革命条例草案》等。其中，《反革命内战罪犯条例（草案）》经中央法律委员会讨论后于1949年7月19日报送中央，对后来制定《惩治反革命条例》等一系列法律法规产生了重要影响。三是与中央妇委会共同研究婚姻法起草工作。

中央法律委员会采取委员会制度，任何委员初拟的文件，都需经全体会议审议通过，然后报中共中央审核，以"中共中央"或"中央书记处"名义发布。③

（二）政府内设政法组织

1949年9月27日通过的中央人民政府组织法第18条规定，"政务院设政治法律委员会、财政经济委员会、文化教育委员会、人民监察委员会和下列各部、会、院、署、行，主持各该部门的国家行政事宜"。10月19日，中央人民政府委员会第三次会议任命董必武为政务院政治法律委员会主任。董必武在第一次全会上的致辞中指出，"政法委员会隶属政务院，

---

① 《彭真文选》，人民出版社，1991，第212页。
② 参见中共中央档案馆编《中共中央文件选集》第18册，中共中央党校出版社，1992，第152页。
③ 参见张希坡《解放战争时期的"中央法律委员会"的变迁及其工作成就》，《法学家》2004年第6期。

任务是负责指导内务部、公安部、司法部、法制委员会、民族事务委员会的工作,并受主席毛泽东和总理周恩来的委托,指导与联系最高人民法院、最高人民检察署和人民监察委员会"①。

政务院政治法律委员会作为政府内设机构,与其"指导与联系"的最高人民法院、最高人民检察署、人民监察委员会法律地位和职能上并不具有行政隶属关系。之所以"指导与联系"这些机关,是受中共中央委员会主席、中央人民政府主席毛泽东和政务院总理周恩来的委托。这种权力配置结构为政法委的升级改造埋下了伏笔。彭真就政治法律委员会的性质指出,"政法委员会是个指导机构,又是个议事和执行机关"②。政法委主要负责在镇压反革命、治安工作和救灾抚恤工作中就政法各部门职能重叠的问题,进行指导和协调,而关于如何议事、怎样执行,则并没有一定之规。"在目前情况下,我们尚不宜过分强调各部门间的精细分工,应该提倡各个部门相互间和各个部门内部都围绕着中心工作而通力合作。"③ 根据董必武的要求,彭真对政法委全体工作人员提出的工作任务包括:一是学习共同纲领和组织法,同时要向同志学习;二是吸收各种有特长的人才进来,在最大多数人的最大利益原则上进行合作;三是要实事求是,吸取他人所长。④

在政治法律委员会委员中,非中共党员的比例略高,47 名委员中有 30 名民主党派和无党派人士。⑤ 这种人员构成与共同纲领所确立的"以新民主主义即人民民主主义为中华人民共和国建国的政治基础"相吻合。彭真在华北公安会议上的讲话中明确指出,"党、政府、群众组织要分开。过去实行'一揽子'、'一元化',现在是不行了。今后,该向党委请示的就向党委请示,该向政府请示的就向政府请示,群众组织也是一样,各有各的系统"⑥。

(三) 党组工作机制

然而,政务院政治法律委员会作为政府内设工作机构,既无法真正实

---

① 《董必武年谱》编纂组编《董必武年谱》,中央文献出版社,2007,第 348 页。
② 《彭真传》编写组编《彭真年谱》第 2 卷,中央文献出版社,2012,第 69 页。
③ 《彭真文选》,人民出版社,1991,第 213 页。
④ 《彭真传》编写组编《彭真年谱》第 2 卷,中央文献出版社,2012,第 73 页。
⑤ 参见《政治法律委员会主任副主任及委员名单》,《人民日报》1949 年 10 月 20 日。
⑥ 《彭真文选》,人民出版社,1991,第 192 页。

现"指导与协调"功能，又无法实现"各有各的系统"。1949年11月9日，《关于在中央人民政府内组织中国共产党党委会的决定》和《关于在中央人民政府内建立中国共产党组的决定》指出，党的领导是通过党的路线、方针、政策及在政权机关担任公职的党员发挥作用来实现的。据此，中共中央决定在政务院设立党组，最高人民法院及最高人民检察署成立联合党组；在中央人民政府委员会、人民革命军事委员会及中国人民政治协商会议全国委员会担任负责工作的党员中不设党组，而由中共中央政治局直接领导。①

党组的设置有进一步加强和充实党对国家工作"一元化"领导的理论构想。然而，政法分党组干事会成立后，根据党内组织体制，政务院党组和政法分党组干事会是不能直接向法院、检察署联合党组发布命令或决定的，除非以中央名义转发。根据党章规定，党组与本单位机关党组织和直属单位党组织是指导关系，不是领导关系。机关党组织和直属单位党组织不隶属于本单位的党组，而是隶属于同级直属机关党委或同级党委，受同级直属机关党委或同级党委的领导。因此，分党组干事会的制度设计无法有效加强党的领导，反而还增加了在共同纲领和组织法中所未设置的一个工作层级，与党章也不匹配。

二 归口管理：一元分级体制的产生

以区分"团结体系"与"利益体系"的组织社会学视角来观察，中国共产党的政法领导体系明显更倾向于前者。它基于人人平等的"共同体"概念和一致的治理目标组织起来，而非建立在组织内部的利益竞争均势基础上。② 因此，当政法组织结构与目标变量发生矛盾，尤其是与组织发展的根本目标发生矛盾时，组织演进就是不可避免的。政府内设的政法组织机制，在运作中表现出"亦分亦合、不分不合"的明显弊端，而党组工作

---

① 参见徐高峰《中国共产党在人大设立党组的前前后后》，《红广角》2014年第9期。
② 参见〔意〕安格鲁·帕尼比昂科《政党：组织与权力》，周建勇译，上海人民出版社，2013，第16页。

机制又无法有效弥补这种弊病，只能以其他统合方式取代。

（一）"归口"管理模式的形成

1950 年 9 月 27 日，毛泽东在批阅公安部部长罗瑞卿关于全国经济保卫工作会议总结时，作出了批示："保卫工作必须特别强调党的领导作用，并在实际上受党委直接领导，否则是危险的。"① 这份批示送刘少奇、周恩来、董必武阅后交给罗瑞卿。而在此前的 9 月 13 日，毛泽东就检查督促中央政府各部门向中共中央报告工作问题，致信周恩来："政法系统各部门，除李维汉管的民族事务委员会与中央有接触外，其余各部门，一年之久，干了些什么事，推行的是些什么方针政策，谁也不知道，是何原因，请查询。"② 毛泽东对政府各部门包括政法系统的严厉批评，在一定程度上表明了中央人民政府委员会体制在国家权力结构配置上的失衡，也揭示了政府内设政法组织体制的弊端。

根据"共同纲领"的规定，在全国政治协商会议闭会期间，中央人民政府委员会暂行国家最高权力，统辖新中国最高立法、行政、司法、军事权，属于"诸权合一"政治体制。政务院是中央人民政府下属国家政务的最高执行机关。政务院下设政治法律、财政经济、文化教育、人民监察四个委员会和 31 个部门，管理国家行政工作。这种体制构成了"单线行政权力结构"，上下级机构之间信息流动性弱，而且无法形成有效的横向权力制约机制。因此，1953 年 3 月 10 日，中央印发了由政务院牵头起草的《中共中央关于加强中央人民政府系统各部门向中央请示报告制度及加强中央对于政府工作领导的决定（草案）》（以下简称"请示报告决定"），以加强党的"一元化"领导，减少纵向行政层级。

建立请示报告制度的目的在于避免政府工作出现"脱离党中央领导的危险"③。"请示报告决定"要求，"今后政府工作中一切主要的和重要的方针、政策、计划和重大事项，必须经过党中央的讨论和决定或批准"。"政府的主要重大事项决策均须请示中央，党中央是唯一的最高决策中

---

① 中共中央文献研究室编《毛泽东年谱》第 1 卷，中央文献出版社，2013，第 198 页。
② 中共中央文献研究室编《毛泽东年谱》第 1 卷，中央文献出版社，2013，第 190 页。
③ 中共中央文献研究室编《建国以来重要文献选编》第 4 册，中央文献出版社，1993，第 67 页。

心",这形成了权力来源的唯一性以及权力行使的集中性和统合性特征。在"一元化"领导体制下,"政府完全成为党的组织体系的组成部分"。①"请示报告决定"要求,"现在的中央人民政府党组干事会已无存在的必要,应即撤销","政务院各委的党组组织,暂时仍应存在,直接受中央领导,并分管其所属的各部、会、院、署、行的党组"。② 政府各部门领导同志要直接向中央负责,具体落实时分六个板块,即国家计划工作、政法工作、财经工作、文教工作、外交工作、其他工作,由此形成了"计划口"、"政法口"、"财经口"、"文教口"、"外交口"等。各"口"负责同志有权确定哪些事件应向中央报告请示,哪些应责成各部门负责,哪些应按政府系统报告请示,哪些可以自行处理。党中央将就各"口"工作专列讨论计划。③ 由此,党领导国家事务的"归口管理"模式建立起来,"归口"成为党领导体制的特色之一,"政法口"也成为"党管政法"的代称。

从地方组织来看,1953年4月26日,中共中央西南局向中央报告情况,决定撤销行政委员会党组干事会,财经、文教、政法、民族、监察各党组均直接归中共西南局领导,并要求各党组和党小组严格执行每月定期综合报告一次和领导同志分工负责的制度。彭真在1953年4月19日主持召开的政法工作座谈会上讲话指出,"政法委党组对中央起助手作用","政法委没有把机构和业务建立起来,各地政法委的工作主要是地方党委来领导。但现在如果再不抓业务,就要犯大错误",政法委工作的关键是政治思想和业务工作都要加强党的领导。④

随着中央和地方各级党委归口管理、直接请示报告制度的推行,由政府内设机构政务院政治法律委员会"指导与联系"政法工作的运作方式逐渐退出,"党管政法"逐渐体现为政府各部门党组(包括政务院政法委党组)、法检联合党组向中共中央、大区中央局以及同级党委请示报告、直接负责的制度。

---

① 景跃进等:《当代中国政府与政治》,中国人民大学出版社,2016,第18页。
② 中共中央文献研究室编《建国以来重要文献选编》第4册,中央文献出版社,1993,第69页。
③ 中共中央文献研究室编《建国以来重要文献选编》第4册,中央文献出版社,1993,第70页以下。
④ 《彭真传》编写组编《彭真年谱》第2卷,中央文献出版社,2012,第353页。

（二）宪法下的统一协调组织体制

1954年9月20日，中华人民共和国第一部宪法颁布。宪法在序言中确立了"在中国共产党的领导下"、"以中国共产党为领导"的根本原则，建立了"一府两院"向国家权力机关负责的国家体制。行政机关、司法机关对国家权力机关负责，司法权与行政权相分离。宪法第78条明确规定，"人民法院独立进行审判，只服从法律"。"一府两院"的国家体制，有利于党通过人大工作这一宪法体制实现执政；司法权和行政权分离设置，有利于建立起党内外联动的治理约束体系和监督体系。

政府内设机制显然与宪法中的"一府两院"体制不协调。在宪法颁布次日，第一届全国人民代表大会第一次会议就通过了《中华人民共和国国务院组织法》，对国务院的各部和各委员会作出调整，财经、文教、人民监察委员会和政治法律委员会都被撤销。政府内设政法组织机制即告终结。但是，政务院政治法律委员会撤销后，原有的政法各级各部门向中央和地方党委请示报告的制度，不足以担当起"党管政法"的运作职能，特殊化的多头汇报请示无法有制度化，党对政法的统一领导仍然缺少一个统一的协调组织。

1956年7月6日，中央政治局决定成立中共中央法律委员会。中央法律委员会第一次会议确定法律委员会的主要任务是，"办理中央交办的工作，研究法律工作的方针政策和各部门的分工制约等问题，不受理具体案件。各有关部门的党组直接对中央负责"[1]。会议责成最高人民法院、最高人民检察院、公安部、司法部组织六个检查组，分赴原来的大区，对各级政法部门错捕、错判情况进行清查。会议认为，"镇反"期间公检法联合办案形式是必要的，但是"今后公安、检察、法院必须逐渐做到分工独立负责，既要互相配合，又要互相制约，党委加强统一领导"[2]。中央法律委员会制定党的法律工作方针政策，研究公安、法院、检察院、司法行政部门之间分工负责、相互制约的体制机制，以及不受理具体案件的基本原则，与宪法体制所确立的司法制度没有明显的矛盾，董必武称，这"在组

---

[1] 《彭真传》编写组编《彭真年谱》第3卷，中央文献出版社，2012，第140页。
[2] 《彭真传》编写组编《彭真年谱》第3卷，中央文献出版社，2012，第141页。

织上解决了国家机关中政法部门的统筹和协调问题"①。

（三）政法组织体制的破坏

中央法律委员会统一协调的组织体制，随着1957年"反右斗争"的发展而遭到了破坏。1957年最高人民法院党组和司法部党组的工作报告提出，地方政法部门必须接受党的领导和监督，党委有权过问一切案件，凡是党委规定的审批范围的案件应在审理后宣判前交党委审批。② 之后，在精简机构的名义下，一些地方公安、检察院、法院合并为公安政法部，公证和律师制度取消。1959年，司法部和各级司法行政机构被撤销。1969年，各级检察院被撤销，人民法院实行军管，国家机构陷入全面瘫痪。

可以说，直到"反右"扩大化前，"党管政法"的组织体制与党的创立者们最初的目标大体是一致的。五四宪法序言所宣示的"通过和平的道路消灭剥削和贫困，建成繁荣幸福的社会主义社会"的目标，需要确保中国共产党有足够的组织权威和领导力方能实现。但是，如何才能切实有效地实现党对政法工作的"一元化"领导，以何种组织机制实现这种目标等更深层次的问题，在国家顶层制度结构和制度约束上并未得到清晰表达，这也为后来"反右"扩大化以及"文革"十年停滞埋下了伏笔。从"治党史"角度看，"党管政法"的党内组织体制（如党组）和运作机制（如请示报告）尚未制度化定型，"党管政法"的规范体系、执行能力与执行效力等执政体系建构尚付阙如。

三 党政职能分开：党与政法关系的调适

"文革"给中国带来了灾难性影响，法制建设完全停滞。1978年中共十一届三中全会召开以后，中国经历了三次思想大解放：1978年破除"两

---

① 《董必武传》撰写组编撰《董必武传》下册，中央文献出版社，2006，第916页。
② 参见景跃进等《当代中国政府与政治》，中国人民大学出版社，2016，第126页。而在1957年9月19日的全国各省、市、自治区高级人民法院院长和司法厅局长座谈会上，彭真还发言指出："公安、检察、法院既要互相监督、互相制约，又要分工负责、通力合作，目的是为了准确有力地狠狠打击敌人。要报请党委审批的只是一些重大政治案件，而不是一切案件。"参见《彭真传》编写组编《彭真年谱》第3卷，中央文献出版社，2012，第258页。

个凡是"的权威；1992 年邓小平"南方谈话"摆脱姓"资"姓"社"的争论；1997 年中共十五大排除姓"公"姓"私"的困扰。① 经过三次思想大解放及各方面的努力，党的治理目标最终转到"实现四个现代化"这个根本方针上来。在 1978 年 12 月 13 日中央工作会议闭幕会上，邓小平提出了"研究新情况，解决新问题"的三个办法：一是管理方法上克服官僚主义，学会用经济方法管理经济；二是管理制度上加强责任制；三是经济政策上允许一部分人先富起来。② 随着党和国家工作重心的转移，党对政法机关的认识，也从"枪杆子"、"刀把子"等人民民主专政的武器，转向为经济建设保驾护航。"党管政法"开始超越专政工具的政治范畴，逐步衍生出政治经济学内涵，政法工作开始强调职能分工与专业化。

（一）党与政法关系的展开

1978 年 6 月 20 日，中共中央决定成立中央政法小组，协助党中央处理最高人民法院、最高人民检察院、公安部、民政部四个部门的政策方针制定工作。中央政法小组成立后，着手研究亟须修改和重新制定的刑法、刑事诉讼法、环境法、婚姻法和一系列组织法，以及农村人民公社工作条例、森林保护条例等行政法规。这些法律法规经由广泛调研和征求意见，反复修改后提交全国人民代表大会或国务院审定并公布施行。③ 对于"文革"后百废待举的中国政治和法制事业而言，中央政法小组的工作发挥了显著的促进作用。

1978 年 10 月，中央政法小组建立刑法、刑事诉讼法草案修订组。1979 年 7 月 1 日，第五届全国人民代表大会第二次会议通过了地方各级人民代表大会和地方各级人民政府组织法、全国人民代表大会和地方各级人民代表大会选举法、刑法、刑事诉讼法、人民法院组织法、人民检察院组织法、中外合资经营企业法。这七部法律中，刑法和刑事诉讼法，从保障公民权利的角度，结束了"文化大革命"乱抓乱捕、无法无天的混乱局面；中外合资经营企业法被认为是"社会主义的经济法典"，"在国内外引

---

① 参见晨曦《我国三次思想大解放的历史回望》，《理论参考》2008 年第 7 期。
② 参见《邓小平文选》第 2 卷，人民出版社，1994，第 149—152 页。
③ 参见王洪模等《1949—1989 年的中国：改革开放的历程》，河南人民出版社，1989，第 98 页。

起了很大的关注和强烈的反应"。①

在七部法律草案修订的同时，中央已经酝酿就刑法、刑事诉讼法的颁布和实施发布一个指导性文件，旨在对党与司法的关系、公检法的关系以及政法队伍建设等问题统一思想，提高认识。② 1979年9月9日，中央制定下发《关于坚决保证刑法、刑事诉讼法切实实施的指示》（以下简称"刑事法实施指示"），在总结反思"文革"期间法制遭严重践踏的经验教训基础上，深刻认识到"我们党内，由于建国以来对建立和健全社会主义法制长期没有重视，否定法律，轻视法律，以党代政，以言代法，有法不依，在很多同志身上已经成为习惯；认为法律可有可无，法律束手束脚，政策就是法律，有了政策可以不要法律等思想，在党员干部中相当流行"的严峻现实，首次创造性地提出"社会主义法治"的概念，首次明确界定了法律、司法权威与党的领导的关系，首次提出"取消党委审批案件的制度"。"刑事法实施指示"明确指出："国家法律是党领导制定的，司法机关是党领导建立的，任何人不尊重法律和司法机关的职权，这首先就是损害党的领导和党的威信"，"党委与司法机关各有专责，不能互相代替，不应互相混淆"。③ "刑事法实施指示"的这些规定表明，新时期"党管政法"的目标已经调整为推动宪法法律的正确有效实施。1979年6月25日，邓小平在党内负责人会议上明确提出，"以后，党委领导的作用第一条就是应该保证法律生效、有效"④。为保证宪法法律正确实施，党委政法委的主要工作就是研究方针政策、检查监督执行、选配干部队伍。

（二）党与政法关系的延伸

1980年1月24日，中共中央决定成立中央政法委员会，原中央政法小组及其办公室撤销。中央政法委员会的主要任务是：在中共中央领导下，研究处理全国政法工作中的重大问题，并向中央提出建议；协助中央处理各地有关政法工作的请示报告；协调政法各部门工作，对政法各部门

---

① 张序九等：《中外合资经营企业法的本质和作用》，《现代法学》1979年第2期。
② 参见刘海年《实现社会主义法治的坚实一步》，《人民政协报》2014年10月30日。
③ 《中共中央关于坚决保证刑法、刑事诉讼法切实实施的指示》（中发〔1979〕64号），1979年9月9日。
④ 中共中央文献研究室编《邓小平年谱（1975—1997）》上卷，中央文献出版社，2004，第527页。

共同的有关全局的问题,根据中央的方针、政策、指示统一认识,统一部署,统一行动;调查研究贯彻执行中央方针、政策和国家法律、法令的情况;调查研究政法队伍的组织情况和思想情况;办理中央文办的其他工作。① 中央政法委第一次会议对中央政法委的性质和职能作了解释:一是给中央当参谋,即调查研究,提出意见,提出工作计划;二是做组织工作,即组织政法各部门贯彻执行中央的方针和任务,统一认识,统一行动,互相配合,协同作战;三是给中央做秘书,承办中央交办的事情。政法委书记彭真在讲话中明确要求,政法各部门党组要直接向中央请示报告。

1980年8月18日,邓小平在中共中央政治局扩大会议上发表了"党和国家领导制度的改革"的重要讲话。这次讲话对十一届三中全会所开启的政治体制改革具有指导性。邓小平指出,改革党和国家的领导制度,"是为了充分发挥社会主义制度的优越性,加速现代化建设事业的发展"。他认为,"权力过分集中的现象,就是在加强党的一元化领导的口号下,不适当地、不加分析地把一切权力集中于党委,党委的权力又往往集中于几个书记,特别是集中于第一书记,什么事都要第一书记挂帅、拍板。党的一元化领导,往往因此而变成了个人领导。全国各级都不同程度地存在这个问题"。② 因此,必须对党和国家领导制度进行改革:关于党与国家权力机关的关系,要修改宪法,改善人民代表大会制度,切实保证人民真正享有管理国家各级组织和各项企业事业的权力;关于党和政府的关系,要"真正建立从国务院到地方各级政府从上到下的强有力的工作系统"。邓小平强调:"坚持四项基本原则的核心,就是坚持党的领导。问题是党要善于领导;要不断地改善领导,才能加强领导。"③ 邓小平的讲话在党和国家政治生活和经济社会生活中产生了巨大影响,尤其在发挥地方、企业、职工的积极性方面,起到了激活社会生产力、推动社会主义商品经济繁荣发展的重要作用。

在政法领域,1982年1月13日,中共中央发出《关于加强政法工作的指示》(以下简称"政法工作指示"),要求各级政法部门继续克服

---

① 参见《彭真传》编写组编《彭真年谱》第5卷,中央文献出版社,2012,第49页。
② 《邓小平文选》第2卷,人民出版社,1994,第322、328页。
③ 《邓小平文选》第2卷,人民出版社,1994,第342页。

"左"的思想影响，防止右的偏差，根据新情况，改革不合理的体制、规章制度，探索新路子，解决新问题。"各级党委对政法工作的领导，主要是管方针、政策，管干部，管思想政治工作，监督所属政法机关模范地依照国家的宪法、法律和法令办事。"① "政法工作指示"确立了政法委员会是党委"工作部门"的机构定位，"联系、指导政法各部门"的职能定位，以及"协助党委和组织部门考察、管理干部"、"组织和开展政策、法律和理论的研究"、"组织党内联合办公，妥善处理重大疑难案件"的工作任务。

依据"政法工作指示"精神和当时印发全党的"彭真在京、津、沪、穗、汉五大城市治安座谈会上的讲话"②，可以比较清晰地辨识出20世纪80年代初所欲确立的党与政法的关系结构。（1）关于党的领导与公、检、法的关系。改善党的领导是为了加强党的领导，绝不是取消党的领导。政法工作人员不可将法律、法令同党的方针、政策对立起来，将依法办事同党的领导对立起来。彭真在讲话中指出，"政法机关是专政机关，掌握生杀大权，更要置于各级党委领导之下"。（2）关于公、检、法之间分工负责、相互制约的关系。彭真在讲话中提出，"公、检、法三机关是分工负责的三道工序，互相协作、配合，互相制约"。这实际上确立了"一元多层、分工负责"的政法组织体制。（3）关于专门机关与群众路线的关系。群众路线是党领导一切工作的根本路线，专门机关同样要坚持这个路线。因此，无论是党委、政法委，还是公安机关、检察机关、审判机关等具体政法部门，都应当特别注重动员、激励和引导群众对政法活动的参与和认同。（4）关于党委审批个案的问题。1986年中央发布的《关于全党必须坚决维护社会主义法制的通知》明确要求，党对司法工作的领导，主要是保证司法机关严格按照宪法和法律，依法独立行使职权。"司法机关党组提请党委讨论研究的重大、疑难案件，党委可以依照法律和政策充分发表意见。司法机关应该认真听取和严肃对待党委的意见。但是，这种党内讨论，绝不意味着党委可以代替司法机关的职能，直接审批案件。对案件的

---

① 中共中央文献研究室编《三中全会以来重要文献选编》下册，中央文献出版社，2011，第400页。
② 《彭真文选》，人民出版社，1991，第405—420页。

具体处理，必须分别由人民检察院和人民法院依法作出决定。"①

在"党政分开"的政治体制改革背景下，1987年12月16日，中央政治局讨论并原则同意中央机构改革领导小组提交的《关于党中央、国务院机构改革方案的报告》，决定撤销中央政法委员会。1988年5月19日，中共中央发出《关于成立中央政法领导小组的通知》，撤销了中央政法委员会，成立中央政法领导小组，由中央政治局常委乔石担任组长。中央政法领导小组的主要职责，是研究政法工作政策方针、探讨政法工作改革、支持政法各部门严格依法办事、办理中央交办工作。乔石在三省主管政法工作负责同志座谈会上说："凡是政法部门职责范围内的事，都由政法各部门依法去办，从而使党真正从具体领导管理状况中摆脱出来，集中力量加强对政法工作的政治思想领导和方针政策领导，使政法工作更好地为建立社会主义商品经济新秩序作出贡献，保障改革开放和社会主义现代化建设的顺利进行。"② 这个讲话将"党管政法"的目标与"社会主义商品经济新秩序"扣合起来，使政法的政治经济学功能更加凸显，同时，这也有助于解释政法工作在坚持"群众路线"的同时，开始强调职业化、专业化分工的逻辑因由。

四 总揽全局，协调各方：党与政法关系的定位

中共十三大确定了"一个中心、两个基本点"的基本路线，并提出"四项基本原则"是立国之本，改革开放是强国之路。在"立国"与"强国"的国家建设目标演进的同时，"党管政法"的社会环境从最初的、特定的"共同体"居优（如集体主义）的单一结构，转向社会多元化需求并存的专业化社会治理阶段。基于社会环境的显著变化，"党管政法"也从主导和改造环境的"进取性"策略居优的阶段，步入"调适性"策略居优的阶段。这种"调适性"策略比较广泛地体现在维护社会稳定、提升国家治理能力等方面。

---

① 中共中央文献研究室编《十二大以来重要文献选编》下册，中央文献出版社，2011，第25页。

② 乔石：《乔石谈民主与法制》上册，人民出版社、中国长安出版社，2012，第164页。

1990年4月2日，中共中央决定恢复中央政法委员会。恢复后的中央政法委员会"仍然要贯彻党政职能分开的原则"。其职能主要是，"对政法工作进行宏观指导和协调，当好党委的参谋和助手，其办事机构主要做调查研究工作，不要过于具体干预各部门的业务，使各级政府切实负起对所属的公安、安全、司法部门业务工作的领导责任，以保证法院、检察院依法独立行使审判权、检察权，充分发挥政法各部门的职能作用"①。时任中央政法委书记乔石指出，"在新形势下，各级党委都要更加重视加强和改善对政法工作的政治思想领导、方针政策领导和组织上的领导；监督和支持政法各部门严格执行宪法和法律，既要依法各司其职，又要通力合作"，"恢复政法委员会后，仍然必须贯彻党政职能分开的原则，不论哪一级政法委员会都要管得虚一点，着重抓宏观指导和协调，当好党委的参谋和助手"②。中央对各地政法委职能和机构建设也提出了指导性要求，"各级党委政法委员会的职责任务可由各省、自治区、直辖市党委参照中央政法委员会的职责任务自行确定"③。根据这一要求，各级党委政法委在职能职责、内部机构、人事编制等方面都获得了全面充实。

1994年3月12日，中共中央印发《政法委员会机关职能配置、内设机构和人员编制方案》。该方案明确中央政法委不再是"工作部门"，而是"党中央领导政法工作的职能部门"。1995年6月7日，《中共中央政法委关于加强各级党委政法委员会工作的通知》进一步明确，"各级党委政法委员会是党领导政法工作的职能部门"。1998年5月12日，中共中央批准印发的《政法委员会工作制度》指出，"中央政法委是党中央领导政法工作的职能部门，从宏观上组织领导中央政法各部门的工作，指导各省、自治区、直辖市党委政法委员会的工作"。1999年4月15日发布的《中共中央关于进一步加强政法干部队伍建设的决定》再次明确指出："政法委员会是各级党委领导、管理政法工作的职能部门。"由此，政法委员会由最初的党中央法律政策问题的研究机构、政府内设协调机构、党内协调机构或工作部门，演进为同级党委领导政法工作的职能部门。作为职能部门的党委政法委，其运作逻辑逐渐清晰规范：坚持党政职能分开原则；组织上

---

① 中共中央文献研究室编《十三大以来重要文献选编》中册，人民出版社，2011，第405页。
② 乔石：《乔石谈民主与法制》上册，人民出版社，2012，第193、194页。
③ 乔石：《乔石谈民主与法制》上册，人民出版社，2012，第193页。

受同级党委领导;发挥政法工作宏观指导职能;协调政法各部门关系,但不干预政法各部门具体业务。

中共十八大以来,党的制度建设被提升到国家治理体系和治理能力现代化的新高度。从"党治"角度看,党与政法各部门的规范关系逐渐清晰,运作方式渐趋成熟,中共十八届四中全会所确立的党"领导立法、保证执法、支持司法、带头守法"的十六字原则成为"党管政法"的根本指针。其中,"领导立法"主要是完善立法体制,加强党对涉及重大体制和重大政策调整方面立法的领导;"保证执法"主要是强化对行政权力的监督;"支持司法"主要是完善确保依法独立公正行使审判权和检察权的制度,坚决禁止任何党政机关和领导干部干预司法活动、插手具体案件处理;"带头守法"主要是要让全党深刻认识到,维护宪法法律权威就是维护党和人民的共同意志的权威。在组织运作上,加强党"总揽全局,协调各方"的体系和能力建设,坚持党组向批准其设立的党组织负责的制度。中共十八届四中全会就各级党委政法委员会的职能给予了重新定位:"把握政治方向、协调各方职能、统筹政法工作、建设政法队伍、督促依法履职、创造公正司法环境。"①

结 论

在中国共产党的领导体制中,政法机关是仅次于军队的掌握国家暴力机器的组织机构。新中国成立初期,政法工作涵盖了内务(民政)、公安(治安)、司法(检察、审判、执行)、民族事务(民族关系)等社会生活多个领域。随着政法组织从政务院内设机构中剥离,政法各部门逐渐成为党领导下行使侦查权、检察权、审判权、执行权的专业性国家机关,包括公安、检察院、法院、国家安全机关和司法行政机关。各级政法委员会由"工作部门"充实为"职能部门",负责指导和协调政法各部门工作,并强化其宏观职能,逐步取消个案干预。随着政党目标的变迁,中国共产党政法组织体制经历了多次"连续均衡"的动态调整,组织机制和运作技术也发生了制度性变革。党与政法关系演进的逻辑与党的中心工作、国家治理

---

① 《中共中央关于全面推进依法治国若干重大问题的决定》,人民出版社,2014,第34页。

目标以及多元化社会需求之间，保持着紧密的回应性联系。

从中共七届二中全会"党的工作重心由乡村转移到城市"开始，"党管政法"的目标就开始从暴力夺取政权这个主导型、进取性的"单一革命性目标"，演变成合法维系政权、维护商品经济、保持社会稳定、提升国家治理能力等"多元复合"的"调适性"目标。党的政法组织机构所担当的职能不断增多，政法组织机制复合化程度不断提高。新中国成立初期政法的政权合法性生产和意义体系重建功能，极大地和较长时段地赋予了"党管政法"的"强政权"属性。中共十一届三中全会"把全党工作的着重点和全国人民的注意力转移到社会主义现代化建设上来"，诞生了与商品经济秩序相扣合的"党管政法"的专业逻辑，从而要求政法各部门的职能分工与专业化。随着中国的社会转型向纵深进展，这种各司其职、相互制约的专业逻辑将会更加凸显。从中共七大后成立的边区宪法委员会、中央法律问题研究会，到1956年成立的中央法律委员会和1990年以后中央政法委员会的重建，政法组织机制的历史使命，是法统建构、社会结构化改造以及推进政法各部门正式沟通机制和运作技术的成熟。党与政法关系的演进逻辑表明，"党管政法"实际上是通过探索性的组织机制、运作技术，在党政关系、党法关系和其他关系的均衡互动中实现的。

中国司法体制改革的经验[*]

——习近平司法体制改革理论研究

陈卫东[**]

摘　要：本轮司法体制改革在中央的领导下取得了积极成效，积累了丰富的改革经验，如将司法体制改革作为全面深化改革的重要突破口，将司法体制改革作为全面推进依法治国的重要保障，司法体制改革坚持党的领导、强调顶层设计，依法进行、于法有据，稳步推进、试点先行，分清矛盾主次、牵住"牛鼻子"等。这些被实践证明了的司法体制改革经验，构成了习近平司法体制改革思想的重要内容，是习近平法治思想的重要组成部分。学习、研究、阐释习近平同志关于司法体制改革的思想，对进一步全面深化司法体制改革、全面推进依法治国具有重大意义。

关键词：全面深化改革　依法治国　司法体制改革　习近平法治思想

党的十八大以来，以习近平同志为核心的党中央在战略层面提出全面深化改革、加快建设法治中国的重要方略。司法体制改革作为全面深化改革、全面推进依法治国的重要组成部分，在实现国家治理体系和治理能力现代化、坚持和发展中国特色社会主义、实现"中国梦"的历史征程中，

---

[*]　本文原载于《法学研究》2017 年第 5 期，收入本书时有改动。
[**]　陈卫东，中国人民大学法学院教授。

具有举足轻重的意义。在本轮司法体制改革中,习近平同志参加司法体制改革方案和文件的审议,从全局性、整体性的战略高度,对司法体制改革的战略方向、价值追求、实施原则、推进重点等进行了全面部署。本轮司法体制改革彰显了以习近平同志为核心的中国共产党人的司法体制改革思想,是习近平法治思想的重要内容。在本轮司法体制改革即将结束、新一轮司法体制改革即将开启的关键时刻,认真总结这些司法体制改革的经验与规律,对进一步全面深化司法体制改革、加快法治中国建设、全面深化改革有着重要的现实意义。

一 将司法体制改革作为全面深化改革的重要突破口

当前,全面深化改革是一场广度和深度都前所未有的改革,涵盖经济、政治、文化、社会、生态文明、国防和军队的方方面面,牵涉到上至党和国家、下至人民群众的错综复杂的利益格局,可谓牵一发而动全身。如何选好改革突破的方向、确定改革的方案,成为摆在我们面前的重大课题,直接影响到改革的进展与成效。

改革现实展现出蕴含规律的历史一致性,无论是习近平的系列重要讲话精神还是正在向纵深发展的改革实践,都将司法体制改革作为全面深化改革的重要突破口。习近平在对司法体制改革作重要指示时强调,司法体制改革在全面深化改革、全面依法治国中居于重要地位,对推进国家治理体系和治理能力现代化意义重大。① 中共十八届三中全会、四中全会通过了两份文件,一份文件是关于全面深化改革的,另一份文件则是关于全面推进依法治国的。根据两者之间的内在联系,依法治国对于全面深化改革的重要性不言自明。而且,自中央全面深化改革领导小组(以下简称"中央深改组")2014年1月举行第一次会议以来,司法体制改革一直是议事的重要内容。据统计,仅2015年中央深改组就审议了22份司法改革文件,占全年审议文件的1/3;截至2016年10月,中央深改组总共召开了27次会议,其中21次涉及法治建设议题,18次涉及司法体制改革;到2017年

---

① 《习近平对司法体制改革作出重要指示强调:坚定不移推进司法体制改革,坚定不移走中国特色社会主义法治道路》,《法制日报》2017年7月11日,第1版。

7月,党的十八届三中、四中全会确定的129项司法体制改革任务中,118项已经出台改革意见,11项正在深入研究制定改革方案。由此可见,司法体制改革在全面深化改革中具有非常重要的地位。

将司法体制改革作为全面深化改革的重要突破口,是一项意义深远的重大战略决策。① 从司法权的性质来看,司法权是一种判断权,即对案件事实和法律适用的判断权和裁判权。这是一种被动性的权力,其对社会生活的介入以当事人提起纠纷为前提。"司法部门既无军权、又无财权,不能支配社会的力量与财富,不能采取任何主动的行动",是各项国家权力中最弱的权力。② 孟德斯鸠认为,"司法权从某种程度上讲是不存在的"③。换言之,司法权是最不危险的权力,在国家权力结构调整过程中所涉及的利益较小。因此,将司法体制改革作为全面深化改革的重要突破口,改革风险相对较小,最容易达成广泛共识,最能避免社会动荡,实践操作起来也比较容易。而且,司法制度本身是上层建筑的重要组成部分,司法体制改革本身便具有政治改革的试点意义,可以作为其他领域改革的试金石,为其他领域的改革积累经验。在某种意义上,司法体制改革是我国能否推行法治、能否全面推行国家治理体系法治化的试金石,也是一根非常重要的"操作杠杆"。④

从司法的功能来看,司法作为一种规范有效的纠纷解决机制,在现代社会发挥着社会稳定器和政治稳定器的作用。一方面,随着改革开放的深入推进,各种社会矛盾突出,需要司法化解纠纷,维护社会秩序的稳定。自改革开放以来,我国社会主义市场经济与精神文明不断发展,人民的物质、精神生活水平得到极大提高,但随之而来的民事法律关系也愈加复杂,民事纠纷数量呈现爆炸式的增长态势。而且,当今社会处于矛盾高发期,刑事案件的发案量居高不下,尤其是新型犯罪、金融犯罪、网络犯罪频发,这些对于社会治理都是巨大的考验,司法机关承担着刑事案件侦查、起诉、审判、执行的法律义务,如何提高司法能力以应对大量、复杂的刑事案件,以维护社会治安、保障人民安全,亦为司法所必须承担的责

---

① 习近平:《在十八届中央政治局第四次集体学习时的讲话》,2013年2月23日。
② 参见〔美〕汉密尔顿等《联邦党人文集》,程逢如等译,商务印书馆,1980,第391页。
③ 〔法〕孟德斯鸠:《论法的精神》上册,孙立坚等译,陕西人民出版社,2001,第188页。
④ 参见季卫东《司法体制改革的关键》,《东方法学》2014年第5期。

任。司法作为一项终局性权力,需要为社会主体提供有效的权利救济渠道,尤其对于行政权之不当侵害,更需要司法来提供救济,以保障公民合法的财产权利与人身权利。习近平指出,公正司法,就是受到侵害的权利一定会得到保护和救济,而违法犯罪活动一定要受到制裁和惩罚。① 一旦司法的运转出现问题,大量的社会矛盾将无法得到化解,社会治安将无法得到保障,公民权利将无法得到救济,这些将对社会秩序构成重大威胁,容易引起社会混乱。另一方面,当前我国正处于社会转型期,改革开放不断深化,特别是经济改革、政治改革作为改革的重要内容正在不断推进。关乎这些改革成效的,不仅是这些改革举措自身科学与否,也与改革的环境密切相关。也就是说,改革、发展需要一个稳定的社会环境和政治环境,没有稳定的社会环境和政治环境,一切改革都无法有序推进。而社会稳定和政治稳定,需要司法予以保障。司法作为一种定分止争的常规性解决机制,其所具有的公开性、平等性、参与性、终局性等特质,决定了其具有最高的权威和最终的纠纷解决功能,对于改革过程中所遇到的各种矛盾和纠纷,可以提供制度化的缓释机制。可以说,司法是社会、政治的稳定力量,它能够促进社会的秩序化和规范化。② 作为一种消除社会矛盾的常规性机制,司法常被称作政治稳定的"安全阀"。③ 从这个角度来讲,司法体制改革是全面深化改革的前提和基础。习近平在《关于〈中共中央关于全面推进依法治国若干重大问题的决定〉的说明》中指出,党的十八大提出的全面建成小康社会的奋斗目标、全面深化改革的顶层设计,需要从法治上提供可靠的保障。

司法体制改革也是对我国司法实践提出的一项迫在眉睫的任务。司法实践中,司法不公、司法公信力不高、司法人员作风不正、办案不廉等问题十分突出,这不仅影响到司法应有功能的发挥,也影响到社会公平正义的实现。司法是维护社会公平正义的最后一道防线,而公正则是司法的灵魂和生命。"一次不公的判断比多次不平的举动为祸犹烈。因为这些不平

---

① 习近平:《在十八届中央政治局第四次集体学习时的讲话》,2013 年 2 月 23 日。
② 参见章武生《我国政治体制改革的最佳突破口:司法体制改革》,《复旦学报》(社会科学版) 2009 年第 1 期。
③ 参见程竹汝《司法改革与政治发展》,中国社会科学出版社,2001,第 234 页。

的举动不过弄脏了水流,而不公的判断则把水源败坏了。"① 公正是法治的生命线,司法公正对社会公正具有重要引领作用,司法不公对社会公正具有致命破坏作用,如果司法这道防线缺乏公信力,社会公正就会受到普遍质疑,社会和谐稳定就难以保障。② 而要解决这些问题,就要靠深化司法体制改革,要努力让人民群众在每一个司法案件中都能感受到公平正义,决不能让不公正的审判伤害人民群众感情、损害人民群众权益。③

总之,司法在国家治理和改革中的重要地位,以及司法能力、司法公正亟待提高的现状,使司法层面的改革尤其是体制性改革成为全面深化改革的重要内容和重要突破口。将司法体制改革作为全面深化改革的重要突破口,对于理清改革步骤、有序推进改革具有重要意义。可以说,将司法体制改革作为全面深化改革的重要突破口,是习近平司法体制改革思想的一项重要内容,也是中国全面深化改革的一项宝贵经验。

二 司法体制改革是全面推进依法治国的重要保障

作为国家的基本方略和治国理政的基本方式,全面推进依法治国在本质上强调的是法治在国家治理中的重要地位和作用。法治,即法律的统治,是与人治相对应的概念。对于法治概念的界定可能有千百种,其中最为经典的当属亚里士多德的法治说,即"已成立的法律获得普遍的服从,而大家所服从的法律又应该本身是制定得良好的法律"④。与人治相比,法治的优势在于,它是一种规则之治和理性之治。在法治之下,将权力纳入制度的牢笼,使权力的运行不再恣意,任何人都处于法律规则之下,可以消除人治所带来的非理性,"常人既不能完全消除兽欲,虽最好的人们(贤良)也未免有热忱,这就往往在执政的时候引起偏向。法律恰恰正是

---

① 〔英〕培根:《培根论说文集》,水天同译,商务印书馆,2009,第197页。
② 习近平:《在首都各界纪念现行宪法公布施行三十周年大会上的讲话》,载中共中央文献研究室编《十八大以来重要文献选编》上,中央文献出版社,2014,第91页;习近平:《关于〈中共中央关于全面推进依法治国若干重大问题的决定〉的说明》,2014年10月28日。
③ 习近平:《在首都各界纪念现行宪法公布施行三十周年大会上的讲话》,载中共中央文献研究室编《十八大以来重要文献选编》上,中央文献出版社,2014,第91页。
④ 参见〔古希腊〕亚里士多德《政治学》,吴寿彭译,商务印书馆,1965,第199页。

免除一切情欲影响的神祇和理智的体现"①。而且，在法治之下，国家治理依靠的是明文制定的规则，这种治理是规范透明的，也是可预期的。更为重要的是，法治意味着稳定性和可持续性，不因领导人的改变而改变，也不会因为领导人注意力的改变而改变。此外，法治也可以克服政策治理的局限性，确保制度体系运行的效能。② 在这种治理模式下，人的尊严才得以彰显，人之为人的地位方得以确立。习近平指出，"法治是治国理政不可或缺的重要手段。法治兴则国家兴，法治衰则国家乱。什么时候重视法治、法治昌明，什么时候就国泰民安；什么时候忽视法治、法治松弛，什么时候就国乱民怨"③。

依法治国概念的提出和发展，正是遵循法治、摒弃人治的过程，是我们党总结历史经验、教训后所确定的正确道路。"文化大革命"结束后，邓小平通过反思过去党在国家治理方面出现的重大失误、总结经验教训，提出了一系列关于法制的重要理论。在人治与法治的对立中，邓小平认识到了法制的重要性："必须使民主制度化、法律化，使这种制度和法律不因领导人的改变而改变，不因领导人的看法和注意力的改变而改变"④；"一个国家的命运建立在一两个人的声望上面，是很不健康的，是很危险的。不出事没问题，一出事就不可收拾"⑤。在此基础上，邓小平提出，必须"做到有法可依，有法必依，执法必严，违法必究"⑥。这为后来依法治国的提出奠定了坚实的基础。在邓小平法制思想的基础上，江泽民提出了"依法治国"理论，系统阐述了依法治国的意义与内涵，并将其上升为国家治理的"基本方略"。胡锦涛进一步发展了"依法治国"理论，指出"依法治国首先要依宪治国，依法执政首先要依宪执政"。习近平继承和发扬了中国特色社会主义的依法治国理论，将其与党在新时期的新任务、新实践相结合，作出了进一步的深刻阐释，深化和发展了党的领导、人民当家作主、依法治国有机统一理论，依法治国和以德治国相结合理论等。

依法治国既体现了法治原则的精神，也对法治原则进行了进一步的丰

---

① 〔古希腊〕亚里士多德：《政治学》，吴寿彭译，商务印书馆，1965，第169页。
② 参见张文显《法治与国家治理现代化》，《中国法学》2014年第4期。
③ 习近平：《在中共十八届四中全会第二次全体会议上的讲话》，2014年10月23日。
④ 《邓小平文选》第2卷，人民出版社，1994，第146页。
⑤ 《邓小平文选》第3卷，人民出版社，1993，第311页。
⑥ 《邓小平文选》第2卷，人民出版社，1994，第146—147页。

富和深化。当前,依法治国已经进入一个新的阶段:依法治国是有法可依、有法必依、执法必严、违法必究的有机统一;依法治国是法治国家、法治社会、法治政府、法治政党的有机统一;依法治国的转型升级,从建设法治国家走向建设法治中国,从法律之治走向良法善治,从法律大国走向法治强国。① 习近平指出,"我们面对的改革发展稳定任务之重前所未有,矛盾风险挑战之多前所未有,依法治国地位更加突出、作用更加重大"②。可以说,依法治国已经成为国家治理体系和治理能力现代化的重要依托。

全面推进依法治国、强调法治作为治国理政的方式,决定了必须重视司法在全面推进依法治国中的作用,法治实践的深化需要进行司法体制改革。

必须重视司法在全面推进依法治国中的作用,是因为"徒法不足以自行",没有司法,法律条文也只能是没有生命力的具文。依法治国不仅需要有制定良好的法律,还必须有法律的遵守和制裁机制,必须有法律捍卫者,而司法则是确保法律得到遵守、违法行为得到制裁的最佳机制。所谓司法,就是将法律规则适用于具体的案件事实的过程,是判断法律是否得到遵守的公正、公开、权威的机制。脱离了司法的保障,对法律是否得到遵守就无法作出权威的判断,对权力的运行是否妥当便无法得到判定,处于法律争议中的各方也只能陷入"公说公有理、婆说婆有理"的状态。换言之,司法提供了一种制度化、规范化的纠纷解决机制。而且,司法是一种最终的、最具权威的纠纷解决机制和法律捍卫机制。法律最终是否得到遵守,各主体的行为是否合法、是否承担违法责任、承担何种违法责任,需要由司法作出最终的判断,而这一判断结果需要得到各主体的遵守和执行。正是司法才使法律由静态的条文转变为各主体规范、有序的行为,促使社会主体"尊法、信法、守法、用法、护法",使全体人民都成为社会主义法治的忠实崇尚者、自觉遵守者和坚定捍卫者。

全面推进依法治国不仅需要司法,还需要司法的公正、高效、权威。只有公正、高效的司法才能有权威,而有权威的司法才可能得到遵守,司

---

① 参见张文显《法治与国家治理现代化》,《中国法学》2014 年第 4 期。
② 习近平:《在中共中央召开的党外人士座谈会上的讲话》,2014 年 8 月 19 日。

法保障依法治国实现的功能才得以发挥。当前实践中的司法不公、司法公信力不足等问题十分突出，已经到了不得不改革的地步。习近平 2014 年在中央政法工作会议上强调，司法不公的深层次原因在于司法体制不完善，要解决这些问题就要靠深化司法体制改革。体制改革既是我国司法改革的重点和难点，也是解决社会冲突、完善治理机制的突破口。随着法律的修改和完善，机制改革的空间和余地变小，如果不进行体制改革，机制改革的效果也将不明显。① 以往的司法改革中，改革举措往往因为有意或无意地绕开"体制性捆绑"，而导致对一些体制性问题不作深入的涉及，主要致力于司法本身运行机制的修补和完善，结果是改革效果不理想，人民群众反映强烈的问题无法从根本上得到解决，司法实践中的问题常常久治不愈。② 新一轮司法体制改革正是对这一问题作出了清晰的判断和明智的选择，从体制性问题入手，致力于解决我国司法中的深层次问题。

在我国，司法不公的体制性问题中，最为突出的就是司法机关和司法人员不能够依法独立行使职权的问题，这集中体现为司法的行政化和司法的地方化问题。③ 就司法的行政化而言，由于行政色彩浓厚的院庭长架构，审判权在有些地方是以某种非司法化的状态运行，决定案件最终判决的并非审案法官，而是院庭长或审委会，这明显与司法的亲历性原则相悖。更为严重的是，这种审批式司法的模式分散了原本应有审判者承担的司法责任，一方面在审判发生错误时无人对此负责，另一方面权责不等导致了审判者玩忽职守、专权擅断的情况出现。这进一步减损了司法的权威性、公正性，导致司法公信力不足、部分人民群众"信访而不信法"，使社会治理能力、治理水平始终处于较低水平。就司法的地方化而言，我国各级地方司法机关虽名义上独立于各级政府部门，但实际上与地方机关存在某种程度的依附关系，如司法经费、司法物资由同级政府发放等，从而产生了审判的"主客场"现象、法律适用不统一、地方政府干预司法等司法地方化的问题，严重影响到司法的公正性与权威性。

---

① 参见吴卫军、廖斌《我国司法改革的五大特征——基于党的十八届三中、四中全会〈决定〉的分析》，《学习论坛》2016 年第 8 期。
② 参见马长山《新一轮司法改革的可能与限度》，《政法论坛》2015 年第 5 期。
③ 关于司法机关依法独立行使职权问题的研究，参见陈卫东《司法机关依法独立行使职权问题研究》，《中国法学》2014 年第 2 期。

针对司法实践中的深层次问题,党的十八届三中全会、四中全会提出了一系列关于司法改革的重要举措,包括:省以下地方法院、检察院人财物统一管理;建立与行政区划适当分离的司法管辖制度;建立符合职业特点的司法人员管理制度;完善司法人员分类管理制度;优化司法职权配置,加强和规范对司法活动的法律监督和社会监督;改革审判委员会制度;推进审判公开、检务公开;完善人权司法保障制度和机制;健全国家司法救助制度,完善法律援助制度;完善审级制度;明确司法机关内部各层级权限,健全内部监督制约机制;推进以审判为中心的诉讼制度改革;保障人民群众参与司法;加强对司法活动的监督;完善主审法官、合议庭、主任检察官、主办侦查员办案责任制;健全司法人员职业保障制度;等等。这些举措主要是围绕建立公正司法而展开,特别是要解决维护司法机关依法独立行使职权这个体制性问题与核心问题。

通过体制性改革,我国司法权运作的体制环境得到了极大的改善,司法机关依法司法和办案独立性得到了极大提升。以人财物省级统管为例,在广东,据统计,除深圳、广州外,284家省级以下两院已全部纳入省级财政保障,2016年两院省级经费预算达到110.23亿元,比2014年决算数增加了48.62%,大幅加大了检法财政保障力度,极大地提升了市县两级司法机关免受地方政府干预的能力。① 应该说,通过司法体制改革营造良好的法治环境,保障全面推进依法治国的进行,是实践证明了的一条有益经验,是习近平司法体制改革思想的重要内容。

三 司法体制改革要坚持党的领导、强调顶层设计

推进司法体制改革面临着方方面面的问题,不是一条简单的命令、一句响亮的号召就可以解决的。首先,我国是一个发展中国家,地域辽阔,人口众多,东西部政治、经济、文化、社会发展极不平衡。在这样一个国家,推进司法体制改革所触及的利益是非常广泛的,遇到的问题是非常棘手的,面临的挑战是巨大的,改革的风险也是需要慎重估量的,这些都是

---

① 参见陈卫东、程雷《司法革命是如何展开的——党的十八大以来四项基础性司法体制改革成效评估》,《法制日报》2017年7月10日。

其他国家所没有遇到过的复杂局面。

其次，司法体制改革作为一种体制性改革，触及的是国家权力的重新配置和调整，是改革的深水区。多年来，国家公权力的运作已经形成了特定的机关、部门利益。而司法体制改革触动的是权力，改革的是利益，这不可避免地要遇到被改革者的阻力。例如，在改革过程中，被改革者可能会采取功利主义和策略主义的改革行为，对涉及司法机关切身利益的问题不改革或者只进行形式上的改革，甚至可能以正当利益掩盖不正当利益的形式阻碍改革，而对于有利于自身利益的改革则极具改革热情。①

再次，司法体制改革需要人力、物力、财力的支撑。例如，建立司法人员单独职务序列问题，这些人员的编制如何解决，这些人员的职业待遇如何解决，提高司法人员职业保障的经费如何落实；建立巡回法院，其办案人员、办案经费和办案场所如何解决；等等。这些问题显然都超出了司法机关自身的职责和能力范围，是司法机关自身无法解决的问题。

最后，司法体制改革是政治体制改革以及全面深化改革的组成部分。司法体制改革作为我国政治体制改革和全面深化改革的重要突破口，对它的认识不能局限于司法领域，必须提高到宏观的国家治理能力和治理体系的高度加以考虑。也就是说，司法体制改革关乎国家的发展大局，影响我国政治体制改革和全面深化改革的成效和发展方向，必须将之纳入一个整体予以考虑。

我国司法体制改革所面临的上述问题，决定了在我国推进司法体制改革必须坚持党的领导，注重顶层设计的作用。中国共产党作为执政党的地位，决定了其领导司法体制改革具有重要的优势。

第一，坚持党的领导可以将司法体制改革纳入政治体制改革和全面深化改革的范畴，确保司法体制改革的政治正确性和方向正确性。"党和法治的关系是法治建设的核心问题。全面推进依法治国这件大事能不能办好，最关键的是方向是不是正确、政治保证是不是坚强有力，具体讲就是要坚持党的领导，坚持中国特色社会主义制度，贯彻中国特色社会主义法治理论。"② 司法权是中央事权，司法体制改革事关全局，政治性、政策性

---

① 参见左卫民《十字路口的中国司法改革：反思与前瞻》，《现代法学》2008年第6期。
② 习近平：《关于〈中共中央关于全面推进依法治国若干重大问题的决定〉的说明》，2014年10月20日。

很强，必须在中央统一领导下，加强顶层设计，自上而下有序推进，确保司法体制改革的方向、思路、目标符合中央精神。①坚持党的领导，不仅能保证改革方向的政治正确，也能从全局出发，战略性部署司法改革的各项举措与任务，保证改革顺利渡过"深水区"、啃下"硬骨头"，这对于深化改革有着极其重要的意义。深化司法体制改革，是要更好坚持党的领导，更好发挥我国司法制度的特色，更好促进社会公平正义。②

第二，只有作为执政党的中国共产党才有政治魄力和政治智慧去面对司法体制改革中所面临的各种风险和挑战，也只有中国共产党具有强大的号召力，能够推动司法体制改革的进一步全面深化。党的领导是中国特色社会主义法治之魂，是我们的法治与西方资本主义法治最大的区别，离开了中国共产党的领导，中国特色社会主义法治体系、社会主义法治国家就建不起来。③

第三，司法体制改革所需要的人力、物力、财力支持需要由党加以统一协调。在我国，中国共产党具有最高的权威和最大的资源协调能力，只有坚持党的领导，司法体制改革才能调动各方面的资源，为司法体制改革提供最大程度的人力、物力和财力保障。习近平要求，中央有关部门要支持司法体制改革工作，帮助地方解决试点中遇到的难题，确保改革部署落到实处。试点地方的党委和政府要加强对司法体制改革的组织领导，细化试点实施方案，及时启动工作，按照可复制、可推广的要求，推动制度创新。④从四年多的改革实践来看，党的领导是确保司法体制改革成功的关键，凡是司法体制改革好的省市，都是坚持党的领导、当地政法委积极主动推进改革的。

改革中注重顶层设计的作用，也具有非常重要的积极意义。以往的司法改革一般由政法机关、司法部门各自牵头进行，探索实施的各项制度虽具有一定的针对性，但其对于司法制度系统性、全局性的关注不足，各地、各部门的改革配套性不强，有些甚至互相冲突，容易导致各自为政。

---

① 参见孟建柱《完善司法管理体制和司法权力运行机制》，《人民日报》2014 年 11 月 7 日。
② 习近平：《在中央政法工作会议上的讲话》，2014 年 1 月 7 日。
③ 习近平：《在省部级主要领导干部学习贯彻党的十八届四中全会精神全面推进依法治国专题研讨班上的讲话》，2015 年 2 月 2 日。
④ 习近平：《在中央全面深化改革领导小组第三次会议上的讲话》，2014 年 6 月 7 日。

就改革的具体内容来说，由于主导改革的主体局限于部门或地区，改革的指向往往表面化、外在化，如法院检察院内设机构的调整、办案方式与方法的完善等，这些部门主导的改革无法深入司法体制层面，未能解决困扰司法的突出问题。习近平强调："法治领域改革涉及的主要是公检法司等国家政权机关和强力部门，社会关注度高，改革难度大，更需要自我革新的胸襟。如果心中只有自己的'一亩三分地'，拘泥于部门权限和利益，甚至在一些具体问题上讨价还价，必然是磕磕绊绊、难有作为。改革哪有不触动现有职能、权限、利益的？需要触动的就要敢于触动，各方面都要服从大局。"① 要跳出部门利益的掣肘，就必须加强顶层设计。司法体制改革事关全局，要加强顶层设计，自上而下有序推进。"法治"要解决司法中的体制性问题，就必须统筹全局、作出战略性安排，做好顶层设计。在本轮司法改革设计与推进实施中，党中央将司法体制改革纳入了直接领导的范围，改革方案必须经中央深改组讨论通过，截至2017年6月，中央深改组召开了35次会议，审议通过了46份关于司法改革的文件。可以说，"将司法权归于中央事权，自上而下地启动改革"，是本轮司法体制改革的最大特点。② 这种制度模式既严格坚持党的领导，保证了司法改革各项措施的方向正确，也将各项举措有机地统一起来，在战略层面运筹全局，确保了改革思路和改革措施切实有效地得到落实。

四 司法体制改革要依法进行、于法有据

一般而言，改革要求对现有的生产关系、上层建筑作出局部或全局性的调整，以使之适应社会发展与实践需要，而对于现存法律所规范的社会关系、上层建筑能不能改、该不该改、在多大范围内改，是深化改革必须回答的问题。在全面推进依法治国的当下，处理好改革与法治的关系显得尤为重要。

中国特色社会主义建设事业始终伴随着改革与法治的关系问题。在法

---

① 习近平：《在中共十八届四中全会第二次全体会议上的讲话》，2014年10月23日。
② 参见葛洪义《顶层设计与摸着石头过河——当前中国的司法改革》，《法制与社会发展》2015年第2期。

制建设初期,由于法律制度不健全,许多社会关系缺乏相应法律规范的调整,此时将改革成果与经验制度化、法律化是法制建设的必经之路。但是,进入改革开放的新时期以来,中国特色社会主义法制体系已经建成,绝大多数法律关系都有法律调整,改革与法治的矛盾愈发明显。一方面,改革在一些情况下需要突破现有的法律制度。过去,我国的法治建设过程是一个从无到有的摸索、总结、提高的过程,首要的是构建充足完备的法律体系。而且,由于我国处于社会转型期,立法所要解决的问题随着社会的发展而不断变化,法律无法定型,需要随社会的发展而作出新的调整。未来,我国法治建设过程应当是一个从有到优的过程。这就要求突破现有的法律制度进行改革,建设更加优化、更加符合司法规律的法制,不突破现有的法律规定,则难以完成深化改革、完善制度、革新理念的任务。从某种意义上来讲,司法体制改革在本质上是一个立法活动。[①] 另一方面,改革又需要遵从法治的要求。依法治国意味着所有的权力都必须纳入法治轨道,依法改革也是依法治国的必然要求。如果允许违法改革,可能会导致制定好的成文法律不断被违反的恶性循环,无法治可言。只有依法改革才能够确保改革获得最广泛的支持,也才能够确保改革的规范有序以及社会的稳定。当然,于法有据并非将改革完全限制在现有的法律框架内,而是强调以法治化的程序来规范改革、推进改革,既可保证改革实施的规范化,也能通过改革推动法制的进一步完善,使改革与法治形成合力,共同促进国家治理能力与治理水平的提高。

在本轮司法体制改革中,中央高度强调改革的合法性。习近平多次强调改革要遵循法律的要求,不能破坏法治的尊严:"凡属重大改革要于法有据,需要修改法律的可以先修改法律,先立后破,有序进行。有的重要改革举措,需要得到法律授权的,要按法律程序进行。"[②]

综合我国的司法体制改革实际来看,司法体制改革依法进行主要包括三个方面的内容。第一,司法体制改革要有法律依据,在法律的规范指引下进行改革。比如,法官、检察官的员额制改革,其依据为法官法第 50 条、检察官法第 53 条;司法责任制改革,其依据为法官法第 32 条、检察

---

① 参见史立梅《论司法改革的合法性》,《北京师范大学学报》(哲学社会科学版) 2005 年第 6 期。

② 习近平:《在中共十八届三中全会第二次全体会议上的讲话》,2013 年 11 月 12 日。

官法第 35 条。根据现行法律规定，法官、检察官职务需要同级人大任命，在法官、检察官遴选的改革中也应有此程序。第二，当改革需要突破现行法律规定时，则应通过立法、修法获得法律依据后再行改革。习近平指出："法治领域改革有一个特点，就是很多问题都涉及法律规定。改革要于法有据，但也不能因为现行法律规定就不敢越雷池一步，那是无法推进改革的，正所谓'苟利于民不必法古，苟周于事不必循旧'。需要推进的改革，将来可以先修改法律规定再推进。"① 目前，关于司法体制领域的法官法、检察官法、法院组织法、检察院组织法的修改，正在紧锣密鼓地筹备当中，将吸收当下进行的司法体制改革的部分内容，并为进一步深化司法体制改革指明方向；关于司法执行领域的看守所法、社区矫正法的修正案也已加紧起草，将为该领域的改革提供法律依据。第三，对于一些现行法律没有规定而又十分迫切的改革，经全国人大常委会授权进行试点，行之有效后再上升为法律。十八大以来，全国人大常委会已作出 14 项授权决定，其中关于司法制度的有《关于授权最高人民法院、最高人民检察院在部分地区开展刑事案件速裁程序试点工作的决定》、《关于授权在部分地区开展人民陪审员制度改革试点工作的决定》、《关于授权最高人民检察院在部分地区开展公益诉讼试点工作的决定》、《关于授权最高人民法院、最高人民检察院在部分地区开展刑事案件认罪认罚从宽制度试点工作的决定》。这些授权决定的及时出台，一方面保障了相关改革工作推进的合法性，使改革在法治的框架下顺利进行，另一方面为各试点地区的改革实践指明了方向，确保了实践内容的正确性，切实防止改革出现偏误的情况，对深化司法改革具有重要意义。

总体来看，我国当前正在推进的司法体制改革，不仅强调改革自身的合法性，也解决了改革的需求问题，实现了改革和法治的双赢。改革不是目的而是手段，要通过司法改革来推进法治的进步，实现司法公信力与司法能力的双提高。在制度层面，本轮司法改革的主要目的在于推动建立公正高效权威的社会主义司法制度，并以法律的形式将这些制度固定下来，以保证其在司法实践中正确、妥当地运行，服务于法治中国建设。立法工作应当与改革紧密结合起来，只有这样才能在法治的框架下深化改革，才

---

① 习近平：《在中共十八届四中全会第二次全体会议上的讲话》，2014 年 10 月 23 日。

能将改革的成果法律化、制度化，为全面依法治国的实现打下制度基础。

五 司法体制改革要稳步推进、试点先行

稳步推进、试点先行的司法体制改革路径，也是本轮司法体制改革的一项重要经验，构成了习近平司法体制改革思想的一项重要内涵。本轮司法体制改革在中央的统一领导下，分批次、有步骤地推进了各项改革。第一，注重调研，对司法体制改革深入调查研究，摸清情况，找准问题，反复研究论证后再进行改革，做到谋定而后动。第二，注重改革循序渐进地推进，做到了司法体制改革既不迁就于现状，也不冒进。比如，人财物的省级统管问题。司法机关人财物的管理在性质上属于中央事权，应该在国家层面统一进行管理，但是考虑到我国的现实情况，由中央统一管理存在一定的困难，而人财物的管理问题又是一个不得不改的问题，本轮司法体制改革采取了循序渐进的改革思路，先将省级以下地方人财物由省一级管理。① 第三，注重改革的分类推进。习近平指出，要坚持从实际出发，结合不同地区、不同层级司法机关实际情况积极实践，推动制度创新。在改革的过程中，既强调地方的改革方向与中央保持一致，也允许地方发挥自身的积极能动性。例如，员额制改革问题，各地的情况不一样，基层院的情况和中院、高院的情况也不一样，如何推进改革需要提出切实有效的措施。整体来看，这次改革确保了既要在整体上向前推进，也要考虑各地的实际情况，如允许一些地区将员额制的比例提高到40%。② 第四，试点先行。对于一些改革，在中央的统一领导下，先行试点，然后再总结经验、推向全国。以四项基础性司法体制改革为例，改革方案按照省级行政区划将全国划分为三批试点地区，第一批包括上海、湖北、青海等7个省份，第二批包括江苏、山西、云南等11个省份。从先行试点的地区来看，既有东部经济发展水平较高的发达地区，也有西部欠发达地区，还有发展较为平衡的中部地区，基本上囊括了现阶段我国省域之间不同的发展水平。在这些地区进行试点，不仅能考察体制改革运行本身的情况，也兼顾了各地

---

① 参见孟建柱《深化司法体制改革》，《人民日报》2013年11月25日。
② 参见孟建柱《坚定不移推动司法责任制改革全面开展》，《人民公安报》2016年10月20日。

发展的差异，为改革的普遍推开做好准备。目前，四项基础性改革已在全国范围内铺开，各项改革措施的制度建设已基本得到落实，一些改革措施已发挥了实际作用，取得了很大的成绩，这些都离不开"试点先行"的改革模式。

这种稳步推进、试点先行的司法改革方式深深根植于我国社会生活的土壤中，与特定历史阶段的社会需要相结合，具有很强的生命力。① 在我国，强调司法体制改革积极稳妥推进、试点先行具有重要意义。

首先，强调司法体制改革积极稳妥推进、试点先行，有助于降低社会风险，维护社会稳定。稳步推进司法改革，一方面要深入推进司法体制改革，建设公正高效权威的社会主义司法制度，提高我国的司法治理能力与司法水平，另一方面必须注重维护司法制度的稳定，防止因急于求成而影响司法的正常运行，导致治理失灵的情况出现，切实把握好司法改革与司法稳定之间的关系。当今中国不仅处于发展的战略机遇期，也面临着社会矛盾凸显的问题，改革与发展必须以社会稳定作为基础，否则改革布局与战略发展都有可能落空。司法稳定作为社会稳定的重要组成部分，是包括司法改革在内的所有改革的基础，对全面深化改革的顺利进行具有重要的保障作用。司法作为社会得以正常运行的必要职能，对其进行体制机制层面的调整必然会导致司法制度短时间的不适应，暂时影响其权力职能的正常运转，有必要维持一定程度的司法稳定。而且，全面深化司法体制改革已经进入"深水区"、"攻坚区"，需要解决的问题都是一些重大性、根本性的问题，一旦解决不好，将对社会稳定造成重大负面影响。"司法体制改革在性质上属于政治体制改革，在内容上涉及诸多重大利益调整和重要关系变更，牵一发而动全身，需要在中央统一领导下，部分地方省份先行试点，为全国整体推进改革积累经验。"②

其次，强调司法体制改革稳步推进、试点先行，有助于探寻构建中国特色社会主义法治的道路。司法体制改革既有世界各国共通性的规律，也各有各的特点。习近平认为，中国的实际情况决定了，我国的司法体制改

---

① 参见刘风景《论司法体制改革的"试点"方法》，《东方法学》2015年第3期。
② 李林、熊秋红：《积极稳妥有序推进司法体制改革试点》，《求是》2014年第16期。

革不可能完全照搬域外司法改革的经验和做法。马克思主义的一个基本观点是，"权利决不能超出社会的经济结构以及由经济结构所制约的社会的文化发展"①。我们的司法体制改革走什么样的道路，必须立足于我国的实际，必须同推进国家的治理体系和治理能力的现代化相适应，既不能罔顾国情、超越阶段，也不能因循守旧、墨守成规。② 当然，强调我国的国情并不是忽视世界各国法治建设的共同经验，"对世界上的优秀法治文明成果，要积极吸收借鉴，也要加以甄别，有选择地吸收和转化，不能囫囵吞枣、照搬照抄"③。"历史的经验已经反复地证明，理论上很完善的制度并不一定可以付诸实施，而行之有效的制度却未必是事先设计好的。"④ 这种现实情况决定了我国的司法体制改革既没有现成的经验可循，也没有现成的模板可以借鉴，必须务实有效地探寻自主的中国特色社会主义法治道路。而受到各种因素的制约，我国司法体制改革的空间和限度是不明确的，只能在具体的改革程序中予以摸索和实验，进而探寻中国特色社会主义法治的方向。⑤

最后，强调司法体制改革稳步推进、试点先行，有助于防止改革的冒进主义和急功近利主义，确保改革实效。习近平要求，要有序推进改革，该中央统一部署的不要抢跑，该尽早推进的不要拖宕，该试点的不要仓促推开，该深入研究后再推进的不要急于求成，该得到法律授权的不要超前推进。司法体制改革的方案不能脑袋一热就随便拍板决定，要经过调查研究，在实践的基础上总结、提高，不进行试点，不在实践中检验改革的措施，进而推广改革的措施，容易造成司法体制改革出现重大失误。⑥ 稳步推进司法体制改革，对全面推进的改革措施及时做好评估工作，发现改革实践中的问题及时反映、研究解决，对必须推进但认识还不深入的改革举措，通过大胆探索、先试先行，在实践中总结经验、发现问题，可以为改革的全面铺开做好准备，确保改革取得实效。

---

① 《马克思恩格斯全集》第 19 卷，人民出版社，1963，第 22 页。
② 习近平：《在中共十八届四中全会第二次全体会议上的讲话》，2014 年 10 月 23 日。
③ 习近平：《在中国政法大学考察时的讲话》，2017 年 5 月 3 日。
④ 季卫东：《法治与选择》，《中外法学》1993 年第 4 期。
⑤ 参见马长山《新一轮司法改革的可能与限度》，《政法论坛》2015 年第 5 期。
⑥ 参见刘风景《论司法体制改革的"试点"方法》，《东方法学》2015 年第 3 期。

六　司法体制改革要分清矛盾主次、牵住"牛鼻子"

司法体制改革涉及的问题广泛、复杂，改革任务重、压力大，改革举措庞杂，如何有效推进司法体制改革是改革中必须解决的问题。对此，习近平站在战略高度，全面审视分析了改革推进的理论问题，提出了"牵住'牛鼻子'"的改革方法论。面对复杂形势和繁重任务，他多次指出，要牵住改革"牛鼻子"，既抓重要领域、重要任务、重要试点，又抓关键主体、关键环节、关键节点[1]；对各种矛盾要心中有数，同时又要优先解决主要矛盾和矛盾的主要方面，以此带动其他矛盾的解决；既要注重总体谋划，又要注重牵住"牛鼻子"，既要讲两点论，也要讲重点论，没有主次、不加区别、"眉毛胡子一把抓"的改革方式是做不好工作的[2]；要坚持问题导向，哪里矛盾和问题最突出，哪个疙瘩最难解，就重点抓哪项改革[3]。

分清主次、牵住"牛鼻子"的改革方法论，是马克思主义矛盾论在改革中的贯彻和应用。马克思主义认为，事物存在多种矛盾，但主要矛盾只有一个，余下的都是次要矛盾，只有抓住主要矛盾、解决主要矛盾，才能彻底化解矛盾所带来的问题与困局。改革工作也必须以主要矛盾为中心，围绕主要矛盾部署改革任务、制定改革措施、推进改革实践，才能从根本上完善制度、促进发展。除此之外，次要矛盾一般由主要矛盾衍生而来，解决了主要矛盾，其他矛盾往往能够迎刃而解。牵住"牛鼻子"，强调的正是抓住事物的主要矛盾，抓住问题的要害与关键，在全面深化改革的伟大征程中，必须首先具有全局性、战略性的眼光，全面审视改革问题，做好整体规划、构建顶层设计，也要分清改革问题、矛盾的主次，紧抓主要矛盾，注重牵住"牛鼻子"。如果对改革问题不分主次，一体推动，则会导致改革工作的失序，难以收到改革实效。

这种分清矛盾主次、牵住"牛鼻子"的改革方法论，在司法体制改革实践中得到了很好的贯彻和体现。党的十八届三中、四中全会提出了上百

---

[1] 习近平：《在中央深改组第二十九次会议上的讲话》，2016 年 11 月 1 日。
[2] 习近平：《在十八届中央政治局第二十六次集体学习时的讲话》，2015 年 1 月 23 日。
[3] 习近平：《在中央深改组第二十九次会议上的讲话》，2016 年 11 月 1 日。

项改革任务，在众多的改革任务中，必须确定司法体制改革的中心，如果不理清司法体制改革的中心问题，则仍会产生改革"眉毛胡子一把抓"的问题。找准司法体制改革的"牛鼻子"，对此项改革的全面推进具有至关重要的意义。习近平指出，完善司法人员分类管理、完善司法责任制、健全司法人员职业保障、推动省以下地方法院、检察院人财物统一管理等，都是司法体制改革的基础性、制度性措施。①

将完善司法人员分类管理、完善司法责任制、健全司法人员职业保障、人财物省级统管，作为司法体制改革的四梁八柱性质的改革，抓住了我国司法体制改革中最核心、最基础的问题，即司法的职业化问题、专业化问题以及依法独立司法问题。司法人员分类管理与司法职业化密切相关。司法人员分类管理的目标是在区分司法人员、司法行政人员、司法辅助人员的基础上，打造一支职业化的司法人员队伍。完善司法责任制与司法专业化密切相关。司法责任制要求构建起权责明晰的、专业化的司法权运作机制，由审理者裁判，让裁判者负责，凡是进入法官、检察官员额的，都要在一线办案，并对案件的办理质量负责。而健全司法人员职业保障、人财物省级统管所要解决的，则是司法机关和司法人员依法独立办案的问题。健全司法人员职业保障，确保司法人员不因而免职或承担相应的责任，保障了司法人员在办案中的独立自主性；人财物省级统管，则切断了省以下地方司法机关和地方党政之间的关联，确保了司法机关依法独立司法。应该说，司法人员的职业化、专业化、依法独立司法问题是当前司法体制改革中的几大关键性问题，解决好这些关键性问题，有助于打造一支职业化、专业化、具备依法独立性的司法人员队伍，为司法权运行机制的改革奠定坚实的基础。

在上述问题中，司法责任制是整个司法体制改革的"牛鼻子"。司法责任制是针对司法不公这一主要矛盾的重要改革举措。当前，司法不公、司法公信力不高的问题非常突出，是当下司法领域的主要矛盾，乃司法改革必须解决的首要问题，而解决这一问题的重要手段就是以责任制的方式严格规范司法人员的办案行为，明晰办案人员的权力和责任，构建有权、有责、权责一致的权力运作机制。司法责任制改革不仅是解决司法不公、

---

① 习近平：《在中央全面深化改革领导小组第三次会议上的讲话》，2014年6月7日。

司法公信力不足的重要举措，也是引领其他司法体制改革措施的中心。①司法责任制要求明确司法人员的办案责任，并通过科学的责任认定与责任追究程序来落实责任，根据"权责统一"原则的要求，必须依法保障司法人员独立行使职权、切实提高司法人员的职业水平、严格落实司法人员的职业保障，以此来实现司法体制的整体完善，提高司法公信力与司法能力。具体而言，要使司法责任制落到实处，必须改革以往的司法审批体制，还权、分权于法官、检察官，使其独立办案、自己负责，因此需要改革现行的司法体制架构、提高一线司法人员的办案能力、切实阻断行政与地方干预，这也就是司法人员分类管理、法官检察官员额制改革及司法机关人财物省级统管改革所要解决的问题。而且，司法人员的责任较以往有所增加，对其职业保障也必须跟上，这也是司法人员职业保障改革的着眼点与着力处。可见，四项基础性司法体制改革工作必须以司法责任制作为"牛鼻子"，才能全面有效地推进各项改革的顺利进行。

实践中，司法责任制改革取得了积极成效。例如，上海法院系统改革后，直接由独任法官、合议庭裁判的案件比例为99.9%，依法提交审委会讨论的案件仅占0.1%；上海检察系统改革后，建立了检察官权力清单制度，检察官独立决定的案件达到82%，检察长或检委会行使的职权减少了2/3。② 司法责任制改革也推动了其他改革的顺利进行，分类管理与员额制改革使法官检察官队伍专业化、职业化水平提升，办案质量提高，司法职业保障使法官检察官待遇提高，提高了尊荣感与工作积极性，人财物省级统管有效降低了外部干预。我国司法体制改革的实践，充分证明了明确改革的主要矛盾、牵对改革的"牛鼻子"在实践改革、深化改革中的重要意义。

结　语

司法体制改革作为全面深化改革与全面推进依法治国的重要内容，在

---

① 关于司法责任制改革推动其他改革的详细阐述，参见张文显《论司法责任制》，《中州学刊》2017年第1期。
② 参见陈卫东、程雷《司法革命是如何展开的——党的十八大以来四项基础性司法体制改革成效评估》，《法制日报》2017年7月10日。

推进"四个全面"建设工作中起着关键作用。切实推进司法改革各项措施,不仅对全面深化改革,也对全面推进依法治国、建设法治中国具有极为重要的意义。司法体制改革的全面推进不能是无源之水、无本之木,必须有科学、坚实的理论思想作为支撑。通过梳理可以发现,将司法体制改革作为全面深化改革的重要突破口,将司法体制改革作为全面推进依法治国的重要保障,强调司法体制改革要坚持党的领导、强调顶层设计,要依法进行、于法有据,要积极稳妥、试点先行,要分清主次矛盾、抓住"牛鼻子",是本轮司法体制改革能够取得成效的重要原因,也是本轮司法体制改革的重要经验。这些经验构成了习近平司法体制改革思想的重要内涵。

习近平法治思想是"中国特色社会主义法治理论的最新成果,是当代中国马克思主义法学思想的最新发展,是党中央指导法治工作、法治建设和法学研究的最新精神,也是中国特色社会主义法治理论的核心部分"[①]。这些思想为深入推进司法改革、建成公正高效权威的社会主义司法制度、实现法治中国的美好愿景,提供了科学理论与行动指南。十九大召开在即,下一步司法体制改革如何部署、怎么进行,是需要我们认真研究的重要课题。在此背景下,总结本轮司法体制改革的经验,学习、研究、阐释习近平关于司法体制改革的思想,对进一步丰富习近平法治思想的内涵,对进一步深化司法改革、推进依法治国都有着重要的理论意义与实践意义。

---

① 陈冀平:《以中国特色社会主义法治理论引领和繁荣法学研究》,《法治现代化研究》2017年第4期。

图书在版编目(CIP)数据

马克思主义法学及其中国化/顾培东主编. -- 北京：社会科学文献出版社，2021.3（2021.12 重印）
（《法学研究》专题选辑）
ISBN 978 - 7 - 5201 - 6239 - 5

Ⅰ.①马… Ⅱ.①顾… Ⅲ.①马克思主义 - 法学 - 研究 - 中国 Ⅳ.①D920.0

中国版本图书馆 CIP 数据核字（2020）第 029109 号

《法学研究》专题选辑
马克思主义法学及其中国化

主　　编 / 顾培东

出 版 人 / 王利民
组稿编辑 / 芮素平
责任编辑 / 郭瑞萍
文稿编辑 / 孙连芹
责任印制 / 王京美

出　　版 / 社会科学文献出版社·联合出版中心（010）59367281
　　　　　　地址：北京市北三环中路甲 29 号院华龙大厦　邮编：100029
　　　　　　网址：www.ssap.com.cn
发　　行 / 市场营销中心（010）59367081　59367083
印　　装 / 北京虎彩文化传播有限公司

规　　格 / 开　本：787mm × 1092mm　1/16
　　　　　　印　张：23.5　字　数：379 千字
版　　次 / 2021 年 3 月第 1 版　2021 年 12 月第 2 次印刷
书　　号 / ISBN 978 - 7 - 5201 - 6239 - 5
定　　价 / 138.00 元

本书如有印装质量问题，请与读者服务中心（010 - 59367028）联系

▲ 版权所有 翻印必究